역자서문

역자들이 본서를 번역하게 된 계기는 2009년 봄 본서의 편저자인 신타쿠 교수와의 미팅이었다. 역자 중 한 사람은 신타쿠 교수와 20년 이상 알고 지내온 관계이었고, 또 다른 사람은 수년 전부터 잘 알고 있던 관계였다. 당시 미팅은 한일교류 사업에 관한 것이었는데, 미팅이 끝난 뒤 우연히 본서의 번역에 관한 이야기가 나왔다. 사연은, 본서의 원저가 나온 직후 한국의 지식경제부 기술표준원이 원저자 및 출판사의 허락을 얻어 내부자료용으로 번역한 적이 있었지만, 아쉽게도 정식 번역본이 한국에 출판되지 않았다는 것이었다.

역자들은 그 자리에서 이 좋은 책을 꼭 한국의 독자들에게 소개해야 하겠다는 생각으로 신타쿠 교수에게 번역을 추진하겠다고 약속을 하였다. 그리고 귀국 후 번역과 관련하여 기술표준원의 양해를 구하고, 출판사를 정한 후 번역작업에 들어갔다. 당초에는 번역이 빨리 끝날 것으로 예상되었으나, 생각보다 많은 시간이 걸려 이제서야 완성을 보게 되었다.

이와 같이 역자들은 본서를 우연한 계기로 번역하게 되었지만, 실제 번역을 해가면서 책의 가치를 점차 많이 알게 되었다. 그 가치를 몇 가지로 나누어 들어보면 다음과 같다.

첫째, 본서는 경영전략 분야의 도서로서 높은 가치를 지니고 있다. 21세기에 들어와 경영전략 분야에서 주요 이슈가 되고 있는 것 중 하나가 표준전략인데도 불구하고, 실제 교과서나 연구서적이 많지 않은 것이 현실이다. 이러한 학문적 흐름을 고려해 볼 때 본서는 경영전략 분야에서 매우 의미 있는 연구도서라고 할 수 있다.

둘째, 본서는 표준전략 중에서도 컨센서스 표준을 주로 다루고 있다는 점에서 매우 흥미롭다. 본문에 자세히 설명되어 있는 바와 같이 표준전략으로서 일반적으로 디팩토 표준전략을 생각하기 쉽지만, 본서에서는 앞으로의 시대는 디팩토 표준이 아니라 컨센서스 표준이라고 역설하고 있다. 본서는 이와 같이 표준전략과 관련한 시대의 흐름을 정확히 파악하면서 그에 대한 기업의 명확한 대응책을 제시하고 있다.

셋째, 본서는 표준전략과 관련하여 단순히 이론을 제시하는 것이 아니라, 다양한 실제 사례를 제시하고 있다. 표준전략과 관련한 이론은 논문 등을 통해서 알 수 있지만, 사례와 이론을 접목시킨 연구가 많지 않다는 점을 고려할 때 본서는 이론적으로나 실무적으로나 매우 의미가 크다고 할 수 있다.

역자들은 본서가 다음과 같이 활용될 수 있을 것으로 기대한다. 무엇보다 먼저 전략을 담당하고 있는 기업의 최고경영진이나 관리자에게 본서를 꼭 권하고 싶다. 우리나라 기업도 이제는 모방의 단계를 지나 독자적인 전략을 강구해야 하는 단계에 접어들었다. 특히 표준전략이 기업의 성패를 좌우하는 오늘날의 상황을 고려하면 본서는 글로벌 경쟁의 현장에 있는 경영자나 관리자들이 꼭 읽어야 하는 도서라고 생각된다.

그리고 본서는 대학에서 MBA 과정 경영전략 과목의 주교재 또는 부교재로 활용될 수 있을 것으로 기대된다. 오늘날 경영전략 과목의 내용은 이미 성숙단계에 와 있기에, 수업에서는 새로운 분야를 개척하고 그 내용을 학생들에게 가르칠 필요가 있다. 이러한 상황에서 본서는 경영전략 특히 표준전략 분야의 훌륭한 교재로서 활용될 수 있을 것이다.

    역자들은 본서를 번역하면서 가능한 한 원문 내용에 충실하도록 노력하였기에 독자들에게 문장의 내용이 약간 어렵게 느껴질 수도 있을 것이다. 다만 본문의 내용을 꼼꼼히 읽어보면 책의 내용이 매우 깊이가 있음을 알 수 있을 것이다. 독자들이 본서를 활용하여 표준전략에 대한 이해를 높이고, 나아가 이를 통해 한국기업들이 글로벌 경쟁시장에서 더욱 높은 단계의 전략으로 선전하기를 기대한다.

    끝으로 본서의 번역과정에서 교정 등의 도움을 준 숙명여대 권일숙 석사과정 학생과 안지영 박사과정 학생에게 고마움의 뜻을 전한다. 그리고 무엇보다 출판환경이 어려운 상황에서도 본서의 출판을 흔쾌히 허락해 주신 한국생산성본부 정보문화원 관계자분들께 감사의 뜻을 전한다.

2010년 10월
역자 이형오
이면헌

머리말

소극적인 일본

표준화는 문명의 확대, 산업발전과 무역확장, 많은 산업 및 경제문제를 해결하는 열쇠로서, 또 사회경제가 받아들일 수 밖에 없는 규율로서 큰 역할을 해 왔다. 기업이 경제활동을 수행하는데 있어서 표준화와 관련하지 않고 일이 되는 경우는 없다고 해도 과언이 아니다. 그러나 많은 기업과 경영자에게 있어서 표준화는 따라야 하는 제약조건이라는 부정적인 것으로 인식되고 있고, 사업이나 이익의 확대를 위한 유익한 수단이라는 인식은 아직도 적다.

그런데 1980년대 후반 이후 일시적으로 표준화가 경영전략으로서 주목된 시기도 있었다. 그 계기는 소위 디팩토 스탠더드(사실상의 표준) 경쟁이었다. 즉 공적인 표준과는 별도로 기업이 제창하는 표준이 시장경쟁의 결과로서 표준으로 보급되어, 그 독자적인 표준을 추진한 기업이 시장을 독점적으로 지배하고, 막대한 이익을 누릴 수 있는 현상이다. 그 경쟁에서는 「Winner takes all (승자독식)」이라는 결과가 초래된다고 선전되었고, 그 전형적인 예로서 마이크로소프트나 인텔의 경영이 유명하게 되었다.

그러나 그 후 디팩토 스탠더드에 의해 독점적 지배를 달성하는 것은 곤란해지고 있다. 디팩토 스탠더드에 의한 지배에 대한 경계감이 만연하여, 정부도 시장도 경쟁기업도 그것을 간단히 허락하지 않게 되었기 때문이다. 그와 함께 표준화를 경영전략 차원에서 다루는 열기도 식어버린 것 같다.

일본에서 표준화에 대한 자세가 소극적인 또 하나의 이유는 일본 경제발전의 역사적인 경위에 있다. 일본은 대량생산기술의 향상에 의해 같은 제품을 빠르고 싸게 세계시장에 판매함으로써 전후(戰後) 급속한 성장을 이루었다. 이 시기 표준화의 성과로 생겨나는 「규격」은 세계에 제품을 팔기 위한 중요한 「교과서」였지만, 그 교과서는 선진 구미국가가 작성하는 것이 당연하다고 인식되고 있었다. 이 때문에 표준화를 사업활동에 적극적으로 활용하려는 생각은 하지 못하였을 것이다.

국가 주도의 국제표준화 전략

그러나 1980년대 일본의 기술력이 선진국과 어깨를 나란히 하며 캐치 업에서 선두 경쟁으로 일본 제조업의 입장이 변화하였을 때 처음으로 중시된 것이 「지적재산」이었다. 일본정부에서도 내각부 종합과학기술회의에 지적재산전략 전문조사회가 설치되었고, 내각 관방에는 지적재산전략본부가 설치되었다. 그리고 2002년 종합과학기술회의의 보고서인 「지적재산 전략에 관하여」를 시작으로 매년 여러 가지 전략이 제안되었다. 이노베이션을 통해 어떻게 지적재산을 형성할 것인가, 또 그러한 지적재산을 특허 등을 통해 어떻게 권리보호 할 것인가와 같은 문제가 부각되었다.

그러한 상황에서 매년 보고되는 「지적재산 전략」 내에서 「표준화」의 비중이 최근 수년간 급속히 증가하고 있다. 이러한 흐름에 따라 경단련(經團連)이 「전략적인 국제표준화의 추진에 관한 제언」(2004년)을 발표하고, 경제산업성이 「국제표준화 활동 기반강화 액션플랜」(2004년)을 제언하는 등, 표준화에 대한 국가 차원의 대응이 시작되고 있다.

2006년 연말에는 경제산업성이 「국제표준화 전략목표」(2006년 11월)를 발표하고, 지적재산전략본부가 「국제규격 종합전략」(2006년 12월)을 발표하는 등, 그 활동도 정점에 달한 느낌이 있다. 이러한 제언을 보면, 개별적인 시책에 대해서는 매년 조금씩 변화하고 있지만 기본이 되는 사고방식은 전혀 바뀌지 않고 있다. 그것은 ① 국제표준화 활동은 사회·경제의 이익이 되어야 하고, ② 표준화를 적극적으로 리드하는 편이 유리하고, ③ 일본에서 개발된 기술을 적극적으로 국제표준화하여야 한다는 세가지 논점으로 집약된다.

이 세가지 점은 확실히 표준화 활동을 하는데 있어서 중요한 핵심점이다. 그러나 「② 표준화를 적극적으로 리드하는 편이 유리」하다는 전제는 반드시 산업계 비즈니스 최전선에서 일하는 사람들에게는 공유되지 않고 있다. 작금에 표방되고 있는 국제표준화가 디팩토 표준이 아니라는 것이 그 한 원인이 되고 있다. 비즈니스를 하는 사람들 사이에서는 「공적인 국제표준화나 포럼을 통한 국제표준화를 리드하는 것이 정말 우리 회사의 이익으로 이어지는 것일까?」하는 의문이 만연하고 있다.

기업 측에 필요한 세 가지 시각

사업활동에서 표준화를 전략적 도구로 사용하는 경우, 위의 세가지 점과 함께 다음 세가지 시각이 필요하다. 즉 ① 표준화 활동은 자사에게 있어 이익이 되는가, ② 표준화를 어떻게 적극적으로 리드하는 편이 자사에 유리한가, ③ 자사가 가진 어떤 기술을 적극적으로 표준화해야 하는 것인가, 이 세가지가 본질적으로 중요한 검토과제이다. 이것들이 불명확하기 때문에 정부 등의 국제표준화 추진 정책에도 본격적으로 임하지 않는 기업이 많다. 국제표준화에 의해 자사기술을 공개하는 것은 자사의 이익 기회를 스스로 상실하는 것으로 이어지지 않을까 하는 걱정을 갖고 있는 경영자도 적지 않을 것이다. 분명히 국제표준화와 이익의 관계가 정리되어 있지 않으면, 기업의 이익이 손상될 뿐만 아니라 일본이라는 국가의 이익 손실로도 이어질지 모른다.

특허 취득수만 늘린다고 그 기업이나 국가의 이익으로 직결되는 것이 아님은 지금은 널리 인식되게 되었다. 지적재산 활용의 하나로서 특허를 사업전략 내에 전략적으로 위치시키지 않고 특허를 취득하는 것의 효과는 한정적이다. 마찬가지로 표준화도 지적재산 전략의 하나이며, 동시에 사업전략과의 결합이 불가결하다. 국제표준을 몇 개 취득하였는지 그 자체는 국제표준화 활동에 대한 공헌을 나타내는 지표는 되지만 경제적 공헌을 나타내는 지표는 되지 않는다. 표준화와 사업전략을 하나로 생각해야 한다는 것이 우리들의 기본적인 입장이다.

지금까지 사업활동에서의 표준화 효과에 관한 연구는 특정 한 회사가 시장의 과반수를 차지함으로써 시장선택의 결과 성립하는 디팩토 표준을 대상으로 하고 있었으므로, 어떻게 시장을 확대하고 그 시장을 독점할 것인가를 연구한 것이 대부분이었다. 이 때문에 사업활동에서의 표준화 활용이 논해지는 것은 오로지 시장의 형성과 시장의 확대 시기이며, 시장이 포화되어 소위 디팩토 표준이 정해지고 난 이후의 상황에 대한 논의는 거의 이루어지지 않았다. 디팩토 표준의 경우는 그 표준기술을 특정 기업이 독점하고 있으므로, 시장이 확대된 경우의 이익 확보에 대해서는 당연한 것으로서 여겨져 전혀 논의되지 않았다. 즉 디팩토 표준에서 시장을 획득하면 이익은 반드시 확보되므로 디팩토 표준을 어떻게 획득하느냐가 가장 중요한 사업전략이었던 것이다.

컨센서스 표준의 시대

디팩토 표준에 대비하여, 포럼 표준이나 디쥬르 표준 등과 같이 여러 사람들이 모여 합의에 의해 작성하는 표준을 본서에서는 「컨센서스 표준」이라 부른다. 컨센서스 표준은 그것을 작성한 회사가 통제하는 것은 곤란하다는 인식 속에서 사업전략과는 분리되어 기업의 사회공헌적 활동으로 논의되는 경우가 많았다. 이 때문에 이러한 컨센서스 표준을 대상으로 해서 그 작성과 영향을 전략적으로 분석한 연구는 거의 보이지 않았다.

국제표준화에 관한 논의에서는 자칫하면 디팩토 표준의 경우와 마찬가지로 어떻게 해서 표준을 획득하느냐 하는 것에 관심의 초점이 가기 쉽다. 일본인의 많은 경우가 ISO(국제표준화기구)나 국제적인 연합단체에서 그 논의를 리드하는 의사소통 능력이 결여되어 있다는 점이 그러한 논의에 박차를 가하고 있다. 영어로 프레젠테이션 하는 능력, 회의의 조정 방법 등등이 확실히 국제무대에서는 중요한 문제이다. 그러나 어떻게 특정한 표준을 획득하느냐에 앞서 무엇을 무엇 때문에 표준화하여야 하는지에 대한 논의가 많은 경우 결여되어 있다.

컨센서스 표준에서는 기술정보를 세계의 경쟁상대에게 공개하거나 경우에 따라서는 저자로 공여하는 것이 널리 요구되기도 한다. 즉 독자 기술을 독점하여 이익을 올리려고 하는 디팩토 표준의 사고방식에 반하는 것이다. 따라서 공적인 연구기관이라면 괜찮겠지만, 기업의 입장에서는 컨센서스 표준을 적극적으로 활용하려고 하는 인센티브는 낮았다.

그러나 다양한 사업환경의 변화에 따라 한 회사가 기술을 독점하는 디팩토 표준이 시장에서 생겨나는 일은 드문 일이 되고 있으며, 컨센서스 표준이 일반화하고 있는 가운데서는 표준을 획득하는 것이 그대로 이익을 확보하는 것으로 연결되지는 않는다. 이러한 전제 하에 표준화 활동을 생각하고, 컨센서스 표준에 대한 활동도 사업활동에 큰 영향을 주는 것임을 인식하여야 한다.

본서의 목적

유감스럽게도 지금까지는 컨센서스 표준을 위한 활동이 기업에서 「봉사활동」으로 받아들여지고 있었기 때문에 일본에서 민간기업의 표준화 활동에 대한 적극성은 충분하다고 할 수 없는 상황이 계속되어 왔다. 2003년 봄에 개최된 일본공업표준조사회 총회에서도 민간기업의 표준화 활동이 활성화되지 않는 이유를 다음과 같이 지적하고 있다. 첫째, 국제표준화 활동의 경영전략상의 「의의」나 그 활동의 「가치」가 정리되지 않고 있다. 둘째, 국제표준화 활동에 「할애해야 할 경영자원」(예: 질적 및 양적 측면)이 명확하지 않다. 셋째, 사업전략과 국제표준화 활동을 연동시키기 위한 「방법론」이 제시되지 않고 있다.

이러한 문제의식 아래에서 기업경영이나 정책이 국제표준화 활동에 대해 가지는 「의의」와 「가치」를 다시 정리하기 위하여 경제산업성이 주도하여 2003년 6월에 「표준화경제성연구회」가 설치되어 검토가 개시되었다. 본 연구회의 주요 회원은 경영전략론, 경쟁전략론, 전략제휴론 등의 경영학자, 계량경제학, 산업조직론, 환경경제학 등의 경제학자, 전략적으로 활동하고 있는 산업계 대표 및 높은 식견을 가진 관계자로 구성되어 있었다.

동 연구회는 2007년에 5년 동안의 연구를 마치고 일단 종료하였지만, 그 사이에 20개에 가까운 제품 또는 제품군의 표준화에 대하여 사례조사를 하여 표준화가 사업에 미치는 영향을 분석·정리하였다. 〈도표 1〉은 연구회에서 연구대상으로 다룬 사례의 일람표이다. 이 사례연구 그 자체의 일부는 경제산업성 표준화경제성연구회 편 『국제경쟁과 글로벌·스탠더드』(일본규격협회, 2006년)에 게재되어 있고, 그 밖의 것도 연구회 보고서나 각 담당자의 논문으로서 발표되어 있다. 연구회의 최종연도에는 연구회에 참가한 연구자가 각각 다른 시각에서 표준화의 영향분석을 분담하여 그때까지 수집한 사례를 재분석하였다. 본서는 이 최종 연도의 연구 성과를 정리한 것이다.

〈도표 1〉 표준화경제성연구회에서 다룬 연구사례

No.	대상 제품	연구 기간	구체적 대상
1	DVD	2004~2007	DVD, 기록형 DVD
2	전자부품	2005~2006	DVD부품, PC부품, 휴대전화부품 등
3	휴대전화	2004~2007	제2세대 휴대전화(GSM, CDMA) 제3세대 휴대전화단말기
4	자동차 차량내 전자시스템	2004~2006	차량내 LAN의 표준화
5	차량외부 네트워크	2006~2007	차량간 통신의 표준화
6	FAX	2004	G3FAX의 표준화
7	반도체 제조장치	2005~2006	300mm웨이퍼 반송장치의 표준화
8	QR코드	2005	QR코드와 핸디리더
9	메모리카드	2005	SD카드와 메모리스틱의 표준화
10	철강산업	2006~2007	강도시험규격과 자동차용 강판규격
11	PC인터페이스	2006~2007	USB와 IEEE 1394의 표준화 후의 시장경쟁
12	자동인식기술	2006~2007	IC Tag, 바이오메트릭스
13	가정용 에어컨 냉매	2006	에어컨용 냉매의 시험방법
14	배출허가증	2006	배출권 거래방법의 국제표준화 절차
15	자전거	2006	자전거 메이커 및 시마노.야마하의 성공
16	광커넥터	2006~2007	NTT+각사에 의한 광커넥터의 표준화

注: 각 연구사례의 상세한 내용은 일본케이스센터 홈페이지(http://www.casecenter.jp) 및 일본공업표준조사회 홈페이지(http://www.jisc.go.jp)를 참조

그래서 본서에서는 같은 사례가 다른 장에서 몇 번이나 다루어지는 경우가 있다. 그러나 각각의 장에 따라 분석의 시각이 다르고, 그 시각에 입각한 사례분석이 이루어져 있다. 또 본서는 기업에서 사업전략을 입안하는 관리자가 읽고 사업전략 내에 표준화 활동을 효과적으로 대처하는 것을 상정하고 있다. 그래서 각 장을 단독으로 읽어도 문제가 없도록 하기 위해서는 사례설명에 중복이 있는 것은 어느 정도 필요하다고 판단하고 있다.

본서는 「컨센서스 표준」이라는 개념을 정리하여 그 효용을 파악하고, 그것을

사업전략으로 활용하기 위한 기본적 사고방식을 구축하고, 그리고 구체적 전략으로 연결하는 것을 목적으로 하고 있다. 우리가 생각하는 컨센서스 표준의 전략적 활용에서의 기본은, 자사의 내용을 공개하여 타사와 협조하는 표준화 영역과 이익확보를 위하여 공개하지 않는 차별화 영역을 확실히 구별하는 전략을 추진하는 것이다. 먼저 제1장에서 컨센서스 표준의 개념을 정리하고 제2장부터 제7장에서는 사업단계에 따른 다양한 시각에서의 표준화전략을 제시하고 있다. 그리고 제8장에서는 전체를 총괄하여 컨센서스 표준을 이용한 사업전략의 전체상을 제시하고 있다. 각 장의 개요는 이하와 같다. 독자의 흥미에 맞게 먼저 총괄적 내용을 다룬 제8장부터 읽어도 좋고, 각 장을 선택하여 읽어도 좋을 것이다.

본서의 구성

제1장 「컨센서스 표준이란」에서는 본서의 키워드인 「컨센서스 표준」의 기본개념을 정리한다. 표준화의 목적, 경제발전과의 관계, 또 작금의 표준화를 둘러싼 세계 동향을 정리하여, 디팩토 표준이 감소하고 많은 경우 컨센서스 표준이 되고 있는 현 상황을 보여준다. 마지막으로 표준화가 사업활동에서 차지하는 역할을 시장확대와 비용절감이라는 시각에서 정리한다.

제2장 「컨센서스 표준을 둘러싼 경쟁전략」에서는 컨센서스 표준을 이용한 경쟁전략의 분석틀을 제시한다. 컨센서스 표준에서는 표준화를 리드하여 자사에게 유리한 상황을 만들어낸 기업과 그 주변에서 이익획득을 노리는 기업, 이 두 가지 유형의 기업이 존재한다. 전자를 표준화 리더기업, 후자를 표준화 주변기업이라고 부른다. 표준화를 주도하는 기업의 경우는 다른 표준보다 자사가 옹호하는 표준이 빨리 침투되도록 하는 전략을 생각한다. 이 전략을 표준화 보급 전략이라 부른다. 한편 표준이 침투한 후에 자사가 어떤 포지션에 서서 이익을 확보할지를 고려하는 것이 표준화 포지셔닝 전략이다. 표준화 포지셔닝 전략은 표준화 리더기업에게 있어서도 표준화 주변기업에게 있어서도 중요한 전략이 된다.

제3장 「컨센서스 표준을 활용한 비즈니스 모델」에서는 제2장에서 제창된 표준화 포지셔닝 전략, 즉 표준화되어 있지 않은 부분에서 이익을 낸다는 전략을 더욱 깊

게 파고 들어간다. 각 기업이 독자적으로 축적하는 기술을, 표준화된 제품과 사용자 요구를 매칭시키는 「적응력」으로서 활용하여 비즈니스를 개척해 나가는 경우를 살펴보는데, 몇 가지 자동인식기술에서의 표준화 경위를 살펴보면서 사례를 분석해 본다. 이러한 비즈니스 모델은 리더기업이든 주변기업이든 활용 가능한 「자사의 논리로 진행시키는 비즈니스」 모델이라고 할 수 있을 것이다.

제4장 「시험 및 검사방법 표준의 전략적 활용」에서는 제3장까지와는 다른 표준화 활용 전략을 제시한다. 제3장에서는 기본적으로는 자사가 자신 있는 부분 이외를 표준화하는 포지셔닝 전략을 정리해 왔지만, 자사가 자신 있는 기술을 표준화함으로써 제품의 차별화를 촉진하는 방법도 있다. 시험 및 검사방법의 표준화를 활용하는 방법이다. 그러나 지금까지 시험 및 검사방법 표준을 사용한 차별화를 사업전략으로 활용하는 시각은 거의 찾아볼 수 없었다. 제4장에서는 이 새로운 전략 수단인 시험 및 검사방법 표준의 활용방법에 관하여 종합적으로 정리하였다.

제5장 「국제표준화에서의 경쟁과 협조의 전략」에서는 국제표준의 효과와 비즈니스 모델의 변화에 대하여 논의한다. 표준화는 그 제품을 모듈러화하기 때문에 시장이 확대되는 동시에 이익배분의 변화가 발생한다. 오늘날 글로벌 사회에서는 그 변화는 국제적인 규모로 발생하므로 표준화에 의한 이익을 누리려면 국제적인 분업구조의 설계와 그 실현이 반드시 필요하다. DVD의 사례를 토대로 DVD의 표준화가 일본기업에게 어떤 변화를 초래하였는지, 또 거기에서 이익을 올리는 기업은 어떤 전략을 취하였는지를 구체적으로 제시한다. 이 논문은, IEC(국제전기표준회의)가 설립 100주년 기념으로 전세계 규모로 실시한 논문대회에서 제2위로 입상한 영어논문을 기초로 작성된 것이다.

제6장 「컨센서스 표준에서의 지적재산의 역할」에서는 컨센서스 표준에서의 이익 기회를 추구하기 위해 어떻게 특허 등을 활용하는지에 대하여 논의한다. 전장까지는 「이익」이라는 관점에서 컨센서스 표준의 활용을 살펴보았기 때문에 표준에 특허를 집어넣음으로써 이익을 얻는다는 비즈니스 모델을 상정하는 독자도 많을 것이다. 분명히 디팩토 표준의 시대에는 이익의 원천은 표준에 포함된 특허의 존재였다. 그러나 컨센서스 표준에서는 그런 종류의 특허 전략은 통용되지 않는다. 「표준에 지적

재산권을 넣어 이익을 올린다」는 비즈니스 모델에 반기를 들고, 컨센서스 표준화에서 지적재산을 효과적으로 활용하는 방법에 관하여 논한다.

제7장 「컨센서스 형성의 조직화」에서는 조직론의 관점에서 기업 내, 경쟁상대, 표준화기관 등 어떠한 조직화가 컨센서스 표준의 추진에 있어 필요한가 하는 문제를 정리하였다. 컨센서스 표준은 컨센서스를 기본으로 하기 때문에 어떤 조직에서 무엇을 결정할지, 그 조직의 활용방법도 중요한 전략이 된다.

제8장 「컨센서스 표준 활용전략의 핵심점」은 본서에서의 논의 전체를 정리한 것이며, 그것을 바탕으로 한 제언내용이다. 제7장까지를 순서대로 읽어 온 독자에게는 컨센서스 표준을 사업활동에 다양한 형태로 활용할 수 있다는 것이 구체적으로 보일 것이다. 그러나 많은 정보량 때문에 오히려 혼란스러워 하는 독자도 많을 지도 모른다. 제8장에서는 이 장만 읽어도 컨센서스 표준화의 전체상과 그 사업전략에 대한 활용방법을 알 수 있도록 본서 전체를 간결하게 정리하였고, 그 실현에 필요한 조직과 인재의 전략을 함께 제언하였다.

그리고 컨센서스 표준과 관련된 논의로서는 중요하지만 본서의 흐름상 별도로 정리되는 것이 좋다고 판단된 이하 연구성과는 권말 보론으로 수록하였으므로 부디 참조하기 바란다.

- 디쥬르 표준화의 가치란
- 그룹에 의한 컨센서스 표준화
- 배출허가증 인증에서의 표준화

마지막으로 본서를 간행하는 데 있어서 도움을 주신 여러분들에게 깊은 감사의 말씀을 드린다. 본서를 집필하는데 있어서 기초가 된 것은 사례연구의 축적이다. 그 사례연구의 경우는 당사자의 협력 없이는 정확한 실태를 파악할 수 없다. 우리의 조사에 협력해 주시면서, 실패한 사례, 성공한 사례를 솔직하게 말씀해 주신 분들의 협력이나 지원이 없었다면 이런 형태로 연구를 정리할 수는 없었을 것이다. 한 사례 조사에 있어서 20개 회사 이상의 분들에게 협력을 얻은 경우도 있다. 모든 사례를 합계하면 200개사 이상의 분들에게 조사와 관련한 도움을 받았다. 도와주신 분들의 성함을 일일이 표기해 고마움을 전해야 하지만, 그렇게 하지 못하는 점에 대해 양해를 구한다. 다시 한번 조사에 협력해 주신 분들에게 감사의 뜻을 전하며, 본서를 출판하는 것으로 고마움을 대신하고자 한다. 본서가 표준화의 최전선에서 분투하면서 우리의 연구에 협력해 주신 분들에게 유익한 자료가 되기를 바란다.

본서는 5년에 걸친 표준화경제성연구회의 운영이 없었다면 실현되지 못했을 것이다. 표준화 전략에 대하여 문제의식이 희박했던 우리에게 본서의 기초가 되는 문제의식을 명확히 해 주셨고, 또 표준화경제성연구회의 출발과 운영에 많은 노력을 해주신 경제산업성 표준과(당시)의 전 책임자였던 츠지 요시노부(辻義信)씨와 요코타 마코토(橫田真)씨에게 진심으로 감사 드린다. 또 본서의 구성상, 각 장의 저자로는 되지 못했던 연구회 회원들도 많다. 연구회 회원에게는 연구회에서 활발하고 솔직한 토론으로 우리를 항상 자극해 주신 것에 감사 드린다. 연구회에서의 토론은, 사례연구에서부터 일반적인 전략 제안을 도출하는 것에 주저하던 우리들을 자극하였고, 그 결과 우리들이 일반론을 전개하는데 큰 힘이 되었다. 나아가 이 표준화경제성연구회의 운영에 관련된 사무적인 일 전반을 5년간 담당한 오오쿠마 켄지(大熊謙治)씨를 비롯하여 재단법인 일본시스템개발연구소의 직원 여러분들에게 감사 드린다.

본서의 계기를 만드신 츠지 요시노부(辻義信)씨는 2001년 조직개편으로 새롭게 생긴 경제산업성 초대표준과장으로서 일본의 표준화 정책에 위대한 족적을 남기셨지만, 2008년 2월 27일에 저 세상으로 떠나시고 말았다. 본서를 고 츠지 요시노부(辻義信)씨의 영전에 바친다.

2008년 5월
저자를 대표하여
신타쿠 준지로(新宅 純二郞)
에토 마나부(江藤 学)

Contents
목 차

제 1 장 컨센서스 표준이란 025
¯머리말 026
1 ── **표준화의 목적과 역할** 027
    1. 표준화의 목적 027
    2. 역할별 표준의 분류 030
    3. 형식별 표준의 분류 032

2 ── **경제발전과 표준화의 관계** 039
    1. 표준화와 경제활동에 관한 연구동향 039
    2. 경제발전에 관한 컨센서스 표준의 역할 041

3 ── **표준화 환경의 변화** 043
    1. 기술 환경의 변화 044
    2. 멀티스탠더드(복수 표준) 환경의 진전 045
    3. 지적재산과의 관계 심화 047
    4. 페이턴트 폴리시의 정비 049
    5. 포럼의 융성 050
    6. 협의의 디팩토 표준과 컨센서스 표준 052

4 ── **표준화와 사업활동** 054
    1. 사업자가 본 표준화 055
    2. 시장확대를 위한 제품표준화 057
    3. 비용절감을 위한 제품표준화 061
    4. 제품표준화와 경쟁력 064
    5. 제품차별화를 실현하는 시험 및 검사방법 표준 064
_맺음말 066

제 2 장 컨센서스 표준을 둘러싼 경쟁 전략　067
⎯머리말　068
1 ── 표준을 둘러싼 경쟁전략의 분석 틀　069
　　1. 표준화 리더기업과 표준화 주변기업의 정의　070
　　2. 전략상의 핵심점　071
　　3. 표준화 리더기업·표준화 주변기업과 보급 전략·포지셔닝 전략의 관계　076

2 ── 표준화 리더기업의 표준화 보급 전략　077
　　1. 표준의 보급과 아키텍처의 관계　077
　　2. 표준 보급의 핵심추진체 조직　082
　　3. 단계적 확대에 의한 표준의 보급 촉진　087
　　4. 사용자와 공급자의 컨센서스에 의한 표준의 보급 촉진　090

3 ── 표준화 리더기업의 포지셔닝 전략 : 비즈니스 모델과 표준화　093
　　1. 표준화에 의한 경쟁력 획득과 신규 진입증대에 의한 경쟁력 후퇴　093
　　2. 표준에 의한 개방화와 국제분업　096
　　3. 블랙박스 영역으로부터의 개방 영역에 대한 통제　100
　　4. 필수 특허화와 라이선싱에 의한 국제분업　103

4 ── 표준화 주변기업의 포지셔닝 전략　106
　　1. 표준화, 아키텍처, 부가가치 이동과 포지셔닝 전략　106
　　2. 상위 레이어에서의 위치 잡기 전략　107
　　3. 하위 레이어에서의 위치 잡기 전략　110
　　4. 상하 양쪽의 레이어에서의 동시 위치 잡기 전략　112
　　5. 표준화 주변기업의 포지셔닝 전략과 경쟁우위의 지속성　115
_맺음말　116

Contents

목 차

제 3 장 컨센서스 표준을 활용한 비즈니스 모델 119
- 머리말 120
1. 전체의 논리에서 만들어지는 표준 121

2. 자사의 논리로 추진되는 비즈니스 124
   1. 경쟁전략의 추구 124
   2. 사례 소개 125

3. 비표준화 영역에서의 특수성 형성과 비즈니스 모델 132

4. 표준화와 적응화의 비즈니스 모델 133

제 4 장 시험 및 검사방법 표준의 전략적 활용 137
- 머리말 138
1. 시험 및 검사방법 표준의 역할 140
   1. 시험 및 검사방법 표준이란 무엇인가 140
   2. 평가 및 측정의 사회적 역할 142
   3. 시험 및 검사기술과 경쟁력 143

2. 시험 및 검사방법의 표준화와 전략적 의의 145
   1. 네트워크 외부성과 시험 및 검사방법의 표준화 145
   2. 표준화의 가치: 고객에 대한 정보공개의 의의 146
   3. 표준화의 가치: 공급자에 대한 정보공개의 의의 150

3 __ 시험 및 검사방법의 표준화 활용 사례   153
    1. 시험방법 표준에 의한 차별화: 자동차 강판의 시험표준   153
    2. 시험방법의 표준화에 의한 시장창조: 광촉매의 시험방법 표준화   155
    3. 시험 및 검사방법의 공유에 의한 디팩토 표준화: 가정용 에어컨의 신냉매   157
    4. 소비자의 사용실태에 맞춘 평가방법의 도입: 가정용 에어컨의 에너지절약 기준   160

4 __ 시험 및 검사방법 표준의 전략적 활용에 관한 유의점   162
    1. 시험 및 측정방법의 독점적 소유와 공개화   162
    2. 표준형성에서 교섭의 초점   163
_맺음말   165

제 5 장 국제표준화에서의 경쟁과 협조의 전략   167
─머리말   168
1 __ 국제표준 제정의 경제적 영향   170
    1. 제품 아키텍처와 국제표준   170
    2. 국제표준화와 모듈러화를 통한 광학 스토리지 산업의 발전   173
    3. NIEs/BRICs에 대한 기술이전의 가속   177

2 __ 국제표준에 기초한 제휴형 비즈니스 모델의 모색   180

3 __ 국제표준이 가져다 주는 경제성장   182
    1. 동아시아의 무역 구조   182
    2. 시장의 성장과 가치사슬의 구조변화   186
_맺음말   190

비즈니스 성공을 위한 21세기 표준전략 : 컨센서스 표준의 전략적 활용

Contents
목 차

제 6 장 컨센서스 표준에서 지적재산의 역할   191
머리말   192
1 ___ 지적재산과 표준화의 교착   193

2 ___ 시장확대를 통제하는 지적재산의 존재   196

3 ___ 페이턴트풀에 의한 시장 확대   210
     1. 페이턴트풀에 의한 해결   212
     2. 페이턴트풀과 독금법   213
     3. 표준에 관련된 페이턴트풀의 예   215

4 ___ 지적재산과 표준화의 사용구분   219
     1. 개방화와 폐쇄화   220
     2. 주변 특허의 유지   222
     3. 노하우로서의 유지   223
     4. 인터페이스 표준에 의한 캡슐화   225

5 ___ 타사특허 이용비용의 절감   229
맺음말   230

제 7 장 컨센서스 형성의 조직화   233
머리말   234
1 ___ 협조형의 선택   236
     1. 거래비용의 비교: 비용효과   236

2. 거래가치의 비교: 간접적 이익의 중요성   239
3. 컨센서스형 표준화의 비용: 합의참가 비용   241

2 ── 합의형성 및 유지시스템의 구축   242
1. 기업전략과 협조의 조직화: 표준화 조직의 유형   243
2. 컨센서스의 지속 및 확대: 표준화 조직의 행동   245

3 ── 합의형성 프로세스의 성공과 실패: 사례를 통한 시사점   246
1. 자동차산업에서의 합의 실패: 조직의 지배구조   247
2. DVD에서의 협조조직의 분열: 라이선스 조건의 불일치   249
3. 표준형 MPEG2 페이턴트풀의 형성: 성공한 표준관리   250
4. 철강제품의 표준화: 업계단체 주도에 의한 성공   252
5. 사실상의 컨센서스 표준: 표준화 조직과의 협동   253
6. 사례를 통한 교훈   254

_맺음말   256

제 8 장 컨센서스 표준 활용전략의 핵심점   261

─머리말   262

1 ── 컨센서스 표준 활용전략이란   263

2 ── 컨센서스 표준 활용전략에 대한 효과별 재정리   265
1. 시장확대   266
2. 차별화   270
3. 이익확보   275
4. 비용절감   280

Contents
목 차

3 ___ 컨센서스 표준전략 활용을 위하여　287
　　　1. 전략의 기본요소　287
　　　2. 어떤 조직이 필요한가?　289
　　　3. 어떤 인재가 필요한가?　291
_맺음말　294

*보론　295
*보론1 디쥬르 표준의 가치란　296
⎯머리말　296
1 ___ 국제표준화기관　297

2 ___ 국가표준/역내표준　301

3 ___ 다른 디쥬르 표준화기관　304

4 ___ 디쥬르 표준화기관의 상호관계　305

5 ___ 국제표준화의 프로세스: ISO의 경우　306

6 ___ WTO(세계무역기구)　309
_맺음말　313

*보론2 그룹에 의한 컨센서스 표준화　　314
─머리말　　314
1 ─── 그룹의 실태　　316

2 ─── 그룹의 연구　　317
　　　　1. 그룹과 업계표준의 개념　　317
　　　　2. 그룹과 마케팅　　318
　　　　3. 업계단체　　320

3 ─── 표준화의 융합과 수렴　　322
_맺음말　　325

*보론3 배출허가증 인증에서의 표준화　　328
─머리말　　328
　　　　1. 문제의식　　328
　　　　2. 배출허가증의 종류　　329
　　　　3. 교토 크레디트란　　330

1 ─── 배출허가증 인증표준의 현황　　332
　　　　1. 국가 차원에서의 배출량 인증　　332
　　　　2. 프로젝트 차원에서의 인증　　332
　　　　3. EUETS가 초래하는 문제　　335

Contents

목 차

2 ___ 표준화에 의한 프리미엄 서비스의 확립   336
_맺음말   337

참고문헌   339
집필자 일람   349
편저자 소개   351

01
컨센서스 표준이란

01 컨센서스 표준이란

많은 독자들에게 컨센서스 표준은 그다지 익숙하지 않은 단어일 것이다. 그러나 컨센서스 표준은 결코 드문 것이 아니다. 서로 합의하여 만드는 표준, 그것이 컨센서스 표준이며, 오늘날 표준의 대부분은 컨센서스 표준이라고 해도 좋다. 그리고 그 컨센서스 표준은 디팩토 표준과는 전혀 다른 영향을 기업에게 준다. 이 때문에 만약 기업이 디팩토 표준 획득과 같은 전략을 컨센서스 표준에서도 취한 경우, 그 표준화가 사업에 전혀 효과를 내지 않을 뿐 아니라 사업을 실패시키는 원인이 될 수도 있다. 왜 이런 일이 일어나는지를 알기 위하여 우선 컨센서스 표준이란 무엇인지, 시장에 대하여 어떤 효과를 가지며, 사업에 어떻게 도움이 되는지에 대하여 기본적인 정리를 해 보자.

▬ 머리말

이 책을 손에 든 독자가 표준화 전략이라는 말을 듣고 생각하는 것은 어떤 사례일까? 많은 독자가 처음으로 머리에 떠올리는 것은 가정용 비디오에서의 Betamax 대 VHS 주도권 다툼일 것이다. 거기에서 VHS-C 대 8밀리를 경유하여 DVD(디지털비디오)로 이어지는 역사를 생각하는 사람도 있을 것이다. 또 VHD 대 LD의 다툼이 DVD로 결착이 났음에도 불구하고, 기록형 DVD에서는 RAM과 +-R로 나뉘고, 다시 Blue-ray 대 HD-DVD의 경쟁으로 돌입한 역사를 생각해 내는 사람도 있을 것이다. 규격이 통일된 것처럼 보이는 DVD도 그 위에 실려지는 콘텐츠에는 NTSC와 PAL이라는 텔레비전 방식의 차이가 있다는 것을 아는 사람도 많을 것이다. 또 일본이 개발한 아날로

그 하이비전 규격이 국제표준이 되지 못한 역사를 떠올리는 사람도 있을지 모른다.

 이처럼 가정용 영상기기만을 보더라도 여러 가지 규격간의 경쟁이 계속해서 일어나서, 몇 가지 규격은 단기간에 시장에서 사라졌다. 또 경쟁에서 이긴 규격도 몇 개는 다음의 신기술에 기반한 새로운 규격의 제품으로 대체되고 있다. 이러한 싸움을 자신에게 유리한 방향으로 이끄는 것도 하나의 표준화 전략이다. 그러나 규격간 경쟁에서 이기는 것만이 표준화 전략인 것은 결코 아니다. 표준화 전략이란, 표준화에서 어떤 효과를 얻고 싶은지, 그 목적과 예상되는 결과를 충분히 검토한 후에 자신에게 유리한 표준 즉 표준화하는 영역, 장소, 규격 유형, 내용 등을 정하고, 그것을 실현하기 위한 활동을 계획하는 아주 폭넓은 활동의 총칭이다.

 이러한 표준화 전략을 입안하기 위해서는 먼저 표준화의 목적 및 역할, 효과, 표준화대상, 작성형식 등 「표준화」 전반에 대하여 개관하고 「표준화란 무엇인가」를 아는 것이 중요하다. 그리고 그렇게 정리하는 가운데 본서에서 다루는 컨센서스 표준의 중요성이 부각되게 된다.

 그리고 본 장에서 「표준」과 「규격」의 2가지 단어를 사용하고 있는데, 영어로는 모두 Standard 이며 특별히 구별하지 않고 있다. 다만 문서화된 표준을 「규격」이라 부르는 경우가 많으므로 이에 따라 적절히 구분하여 쓰고 있다.

1. 표준화의 목적과 역할

1. 표준화의 목적

 표준화의 목적이나 역할은 여러 가지이며, 하나의 표준화가 복수의 목적을 가진 경우도 있고, 하나의 목적을 달성하기 위하여 몇 개의 표준을 작성하여야 하는 경우도 있다. 그런 의미에서 표준화의 목적이나 역할을 분류 정리하는 것은 곤란한 작업이라고 할 수 있다.

표준화의 목적에 대해서는 ISO(국제표준화기구)가 1972년에 창립 25주년을 기념하여 출판한 T.R.B Sanders편 The aims and principles of standardization(일본번역 『標準化の目的と原理(표준화의 목적과 원리)』 松浦四郎 번역 및 해설)에 잘 정리되어 있다. 거기에서는 과거 10년간의 표준화에 관해 재검토하여 표준화의 목적으로서 다음 9개 항목을 들고 있다.

① 단순화

인간사회는 끊임없이 복잡해지는 방향으로 나아가기 때문에 그 정보와 제품이 넘쳐나는 것을 억제하고 좋은 방향으로 흐르게 하는 역할을 하는 것이 표준화의 첫 번째 목적이다.

② 호환성의 확보

단순화에 의해 제품의 종류를 줄이고 제조비용을 삭감하려면 호환성의 유지도 중요해진다. 하나의 부품을 세계 여러 곳에서 이용할 수 있다면 단순화의 효과도 크다.

③ 전달수단으로서의 표준

언어와 문자는 표준화의 가장 중요한 성과 중 하나이다. 그 덕분에 같은 언어와 같은 문자를 이용하는 사람들 사이의 의사소통이 실현되었다. 이와 똑같은 것이 표시방법이나 용어의 통일이라고도 할 수 있다.

④ 기호와 코드의 통일

길이, 무게 등의 물리량을 측정하고 그것을 전세계에 통하는 형태로 표시하기 위해서는 단위계의 통일이나 기호 및 코드의 통일이 필수적이다.

⑤ 전체적인 경제에 대한 효과

표준화가 경제적 측면에 미치는 공헌은 위 보고서가 나오기 이전까지는 경시되고 있었다. 그러나 이 시기 이후, 표준화가 경제에 미치는 영향이 크다는 것이 알려지게 되었고, 또한 이것을 중요한 목적으로 하는 표준화도 일어나게 되었다.

⑥ 안전·생명·건강의 확보

안전·생명·건강에 관한 표준은 많으며, 이는 표준화의 목적에서 빠질 수 없다. 어떤 표준의 주요목적이 안전에 있는 경우, 안전은 그 표준의 목적 중 가장 상위에 위치되어야 할 것이다.

⑦ 소비자 이익의 보호

소비자의 이익을 지키는 것은 표준화의 가장 중요한 목적 중 하나이지만, 소비자가 표준작성에 참가하는 경우는 적다.

⑧ 소비사회 이익의 보호

환경문제 등 일개 소비자가 아니라 사회전체가 이익을 거둘 수 있도록 하는 것도 표준화의 목적 중 하나라고 할 수 있을 것이다.

⑨ 무역 장벽 제거

전세계에서 제품무역이 활발해지는 가운데 여러 가지 기술적인 무역장애가 발생하고 있는데, 이것도 표준화에 의해 해결책이 모색되고 있다.

이 9개 항목의 목적과 관련하여 ⑥번 항목에 환경보전이나 생활의 질(QOL)을 추가하여야 한다는 의견도 있지만(栗原·竹內 2001), 위 내용은 오늘날에도 충분히 통용되는「표준화의 목적」이라고 할 수 있을 것이다.

그리고 이러한 목적은 사회·경제 전체에 대한 효과를 염두에 둔 것이므로, 사업전략에 대한 표준화의 활용을 고려할 경우는 이러한 많은 목적을 염두에 둘 필요가 없다는 점은 추후 언급하도록 한다.

2. 역할별 표준의 분류

표준은 그 역할을 기준으로 분류할 수도 있다. 예를 들면 일본의 공업표준화법에서는 표준을 「기본표준」, 「방법표준」, 「제품표준」의 세가지 종류로 분류하고 있다(그리고 JIS규격에서는 「○○표준」이라고 규정하고 있지만, 이 책에서는 「○○규격」이라는 용어를 쓰기로 한다). 기본표준은 용어·용법, 단위 등 모든 표준작성에서도 가장 「기본적인」 표준이다. 여기에는 예를 들어 「표준화」라는 용어의 정의나 「표준의 작성법」이라는 표준까지 포함된다. 이러한 표준은 일반적으로 관계자가 모여 이야기를 나누며 작성하는 것으로 그 작업은 자발적인 활동으로 이루어진다.

다만, 이러한 기본규격의 표준화는 그 규격이 필요한 시점에서 빨리 실시해두지 않으면, 시간이 지남에 따라 그 작성이 곤란해진다. 일례를 들면 현재 환경분야에서 용어의 통일을 위한 표준작성이 검토되고 있지만, 이미 환경활동이 많은 산업에서 이루어져 각 산업마다 환경관계 용어의 의미가 다르게 되어 있기 때문에 그 통일은 매우 어렵다.

방법표준이란 여러 가지 시험방법이나 검사방법을 정한 것이나 작업방법을 정한 것으로 특히 시험 및 검사방법의 표준은 표준화 중에서도 공적 의미가 강한 표준이다. 이런 시험 및 검사방법의 표준은 그 공평성이 무엇보다 중요하기 때문에 국제표준이나 국가표준 등 디쥬르 표준에 의해 만들어지는 경우가 많고, 또 표준작성 주체도 국립연구소 등 공적기관이 중심이 되는 경우가 많다. 그러나 뒤에서 언급되는 바와 같이 이러한 시험 및 검사방법 표준의 책정도 비즈니스에 큰 영향을 준다는 점을 잊어서는 안 된다.

그리고 이 방법표준의 하나로서 「안전을 위한 표준」을 들 수 있다. 일반적으로 알려져 있는 「안전을 위한 표준」은 헬멧의 안전성이나 어린이용 시트의 안전성 등과 같이 제품표준으로 분류하여야 할 것이 많다. 그러나 제품의 품질이 아니라 표준에 의해서만 달성되는 안전도 있다. 예를 들면 옆으로 돌리면 가스가 멈추는 가스 코크의 방향, 비행기의 코크피트에서의 스위치의 방향 등이다. 도표 1-1에 제시된 비상구의 마크 등도 「안전을 위한 표준」이며, 이런 약속을 만들어서 안전을 확보하는 것은 방법표준의 중요한 역할 중 하나이다.

도표 1-1 안전을 위한 표준의 예

비상구의 그림기호는 일본의 제안으로 국제 표준화되었다(ISO7010)

도표 1-2 휴대용 가스레인지 봄베의 규격

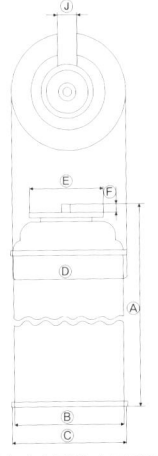

가스 봄베의 외형치수가 상세하게 규격으로 정해져 있다.

마지막으로 제품표준은 가장 사업활동과 관계가 깊은 표준이다. 원래 제품표준은 제품의 품질을 유지하기 위한 것으로, 앞에서 말한 헬멧의 안전성이나 어린이용 시트의 안전성 등과 같이 제품표준으로 분류되어야 할 안전을 위한 표준도 바로 제품의 안전에 관한 품질을 유지하기 위한 표준이라고 할 수 있다.

이 표준의 가장 이해하기 쉬운 형태는 재료, 사이즈, 구조 등을 상세하게 정해놓은 것이며, 이는 소위 사양(仕樣)표준이라 불린다. 그런데 이러한 표준은 재료나 구조의 개량을 통해 성능을 향상시키는 기술개발을 저해하는 경우가 있다. 이 때문에 오늘날에는 제품의 성능·내구성 등 그 제품이 목적을 달성하기 위해서 필요한 지표만을 표준화하고 재료나 형상은 규정하지 않는, 소위 「성능표준화」에 의해 표준 작성을 추진하는 것이 권장되고 있다. WTO/TBT협정에서도 성능표준화가 권장되고 있어서, 앞으로 제품표준의 많은 경우는 이 성능표준화로 될 것으로 예상된다. 다만 성능표준화는 사양표준화에 비하면 기술이전 기능이 작기 때문에 진입자의 수가 늘어나는 것을 그다지 기대할 수 없고 따라서 시장확대 효과는 작다고 할 수 밖에 없다.

이와 같은 제품표준은 품질을 균일화하는 것과 아울러 또 하나 중요한 기능을 가지고 있다. 그것은 주변기기와의 상호접속성(인터페이스)을 확립하는 것이다. 이러한 표준의 경우는 제품 전체가 아니라 부분적으로 사이즈 및 재료만을 정함으로써 목적을 달성할 수 있다. 예를 들면 휴대형 가스레인지의 경우 가스봄베 착탈구의 사이즈와 모양이 상세하게 규정되어 있기 때문에 가스봄베의 제조사업자가 달라도 어떤 가스레인지에도 이용할 수 있게 되어 있다. 이러한 표준은 인터페이스 표준이라 불리는 경우도 있으며, 이는 시장과 시장을 잇는 기능을 가진 중요한 표준이다.

3. 형식별 표준의 분류

표준의 형식별 분류에 관해서는 다양한 분류방법이 있다. 자주 거론되는 것이 디쥬르 표준과 디팩토 표준이라는 구분법인데, 이것은 표준의 성립과정에 주목한 분류이다. 간단히 정리하면 정해진 절차에 따라 공적기관에 의해 정해진 표준이 디쥬르 표준이며, 시장에서 복수의 표준(실제로는 그 표준기술을 이용한 제품)이 경쟁을 한 후 시장을 거의 독점하게 된 제품표준을 디팩토 표준이라고 부른다.

이전에는 디쥬르 표준의 많은 경우는 시장이 디팩토 표준을 거의 결정한 후 이것을 공적으로 인증하는 역할을 담당하고 있었다. 그러나 최근 수년에는 디쥬르 표준에 대한 생각이 사후(事後) 표준화에서 사전(事前) 표준화로 변화하였기 때문에 시장에서 디팩토 표준이 선택되기 전에 디쥬르 표준으로 결정되는 표준이 증가하고 있다.

이 점에 대해서는 나중에 상세하게 언급되지만, 이런 상황 속에서 디쥬르 표준과 디팩토 표준의 구별은 매우 어려워지고 있다. 그리고 강제법규에서 기술기준이라고 하면「정해진 절차에 따라 공적기관에 의해 정해진 표준」을 의미하지만, 일반적으로 디쥬르 표준이라 부르는 경우는 이러한 강제표준은 포함하지 않고, 국제기관에 의해 정해진 국제표준과 국가표준화기관에 의해 정해진 국가표준을 가리키는 경우가 많다.

EU(유럽연합)는 2001년 보고서에서 표준을, 시장이 표준을 선택하는 디팩토 표준, 참가자의 합의에 의해 표준을 작성하는 컨센서스 표준, 법령 등에 의해 결정되는 강제표준, 이 세 가지로 나누어 논의하고 있다. 이 보고서에서의「컨센서스 표준」은 국제표준화기관이나 국가표준화기관 등에서 작성되는 디쥬르 표준인데, 컨센서스 표준은 특정분야마다 하나이며 컨센서스 표준 간의 경쟁은 존재하지 않는다고 생각하면 이해하기 쉽다. 그러나 실제로는 디쥬르 표준의 경우에도 최근에는 시장에 복수의 표준이 출현하여「디팩토 경쟁」을 벌이는 경우도 많아서, 통상적으로 사용되고 있는「디팩토 표준」과「컨센서스 표준」에는 겹치는 부분이 있다.

도표 1-3 표준화의 유형별 분류

				플러스 효과	마이너스 효과
공개표준	디쥬르	강제표준	강제법규	시장 강제력이 있음 수명이 김	해당 국내 시장 한정 기업관여 곤란
		합의표준	국제기관표준	시장 영향력 큼 신뢰성 높음	합의형성 곤란 개정 곤란
			국내표준	신뢰성 높음 지역특성화 가능	합의형성 곤란 개정 곤란
	디팩토		포럼표준 업계표준	단기간에 하이레벨의 표준 지적재산을 집어넣는 것이 용이	규격난립의 가능성 신뢰성 보증 없음
비공개 표준		단독표준	기업내 표준	기술적 자유도 높음 기술의 은익성 높음	규격난립의 가능성 신뢰성 보증 없음 시장확대 기능 약함 신뢰성 보증 없음
		합의표준	컨소시엄표준	단기간에 하이레벨의 표준 기술의 은익성 높음	시장확대 기능 없음

출처 : 公正取引委員会「技術標準と競争政策に関する研究会報告書」(2003) 등을 참고하여 작성

 EU의 보고서에서는「디팩토 표준」으로 분류되고 있는 것은, 한 회사가 단독으로 자사기술을 이용한 제품으로 시장을 점유하여 표준을 획득한 경우를 상정하고 있다. 이 분류를 더욱 명확히 하기 위하여 본서에서는 이러한 디팩토 표준을「협의의 디팩토 표준」이라 부르기로 한다.
 즉「협의의 디팩토 표준」이란, 상호논의에 의한 합의(컨센서스)라는 과정을 거치지 않고 특정한 한 회사가 개발한 제품이 시장을 석권하여, 그 제품에 이용되고 있는 기술이「표준」으로서 시장에 받아들여진 경우(이후, 이것을 디팩토 표준의 획득이라 부른다)로 한정한다. 그리고 그 이외의 표준은「컨센서스 표준」으로 분류하기로 한다. 디팩토 표준이 디쥬르 표준으로 된 경우, 그 과정에서「상호논의에 의한 합의」가

이루어지기 때문에 디쥬르 표준은 모두 「컨센서스 표준」으로 분류할 수 있다.

　이상과 같은 논의를 정리하면 표준을 작성방법에 따라 도표 1-3과 같이 단독표준, 합의표준(컨센서스 표준), 강제표준의 세 가지로 나누는 것이 가장 합리적일 것이다. 단독표준이란 한 회사가 독자적으로 개발한 자사제품의 표준으로, 당연히 시장에는 여러 가지 단독표준이 존재한다. 이 중 시장에 제품이 나와서 점유율이 높아진 것이 앞에서 언급한 「협의의 디팩토 표준」이다. 시장에 내놓지 않고 사내에서만 이용하고 있는 조직 내 표준도 단독표준의 일종이다. 이러한 단일조직 내 표준이나 복수회사 유통시스템의 표준화와 같이 관계되는 회사가 모여서, 그 회사들 내에서만 사용하는 것을 목적으로 작성한 표준(여기에서는 컨소시엄표준이라 한다)은 비공개형 표준이며, 이는 공개형 표준과는 구별된다.

　결과적으로 컨센서스 표준 중에는 ISO 등 국제표준화단체에서 작성되는 것, JIS처럼 국가표준으로서 작성되는 것, 업계가 업계단체 등에서 작성하는 것, 복수의 기업이 모여서 포럼을 조직하여 작성하는 것 등 여러 가지 종류가 포함된다. 그리고 이 포럼표준과 앞서 언급한 컨소시엄표준에 관해서는 용어가 통일되어 있지 않아 혼란이 일어나고 있다.

　이 두 가지 분류를 시도한 것은 2003년에 공정거래위원회가 정리한 보고서 「기술표준과 경쟁정책에 관한 연구회보고서에 대하여」이며 거기에서는 규격간 경쟁이 상정되는 경우의 폐쇄적 모임을 「컨소시엄」, 규격간 경쟁을 상정하지 않은 개방된 모임을 「포럼」이라고 정의하고 있지만, 실제로는 포럼이라고 파악하여야 할지 컨소시엄이라고 파악하여야 할지 반드시 명확하지 않은 경우도 적지 않다고 주석을 덧붙이고 있다.

　실제 규격간 경쟁이 존재하는 포럼도 많이 있고, 최근에는 기업 간의 모임은 많은 경우 컨소시엄이라고 하지 않고 포럼이라고 부르기 때문에 여기에서는 편의상 컨소시엄은 폐쇄적 모임이며, 포럼은 개방적인 모임이라고 정리한다.

　이상의 논의를 통하여 컨센서스 표준은 크게 이하의 세 가지 유형으로 분류할 수 있다.

국제기관표준

컨센서스 표준 중 가장 대표적인 것이 국제표준화기구(ISO)나 국제전기표준회의(IEC)에서 작성되는, 소위 국제표준이라 불리는 표준이다. ISO, IEC 이외에는 통신 분야의 표준화를 실시하는 국제전기통신연합(ITU), 계량관련 표준을 결정하는 국제법정계량기관 (OIML) 등 대규모 표준화기관이 있다. 예를 들면 폭발방지와 관련해서는 국제연합이, 항공기안전과 관련해서는 국제민간항공기관(ICAO)이 표준화 활동을 하는 등, 다양한 국제기관이 표준화에 관여하고 있다.

ISO는 1946년에 그 전신인 만국표준통일협회(ISA: 1928년 설립)를 대체하여 설립된 조직으로 법적으로는 스위스의 한 민간법인에 불과하다. 그러나 여기에 세계 147개 국가 및 조직의 대표가 참가하여 전기와 통신을 제외한 모든 분야의 국제표준을 작성하고 있다. 2005년 현재 1만 5000개에 가까운 규격이 있고, 해마다 규격 수는 증가하고 있다.

IEC는 ISO보다 빨리 1906년에 설립되었으며, 전기기술 분야의 국제표준화 기관으로서 약 5000개의 규격을 작성하고 있다. 조직 측면에서는 역시 스위스의 한 민간법인이며, 표준화 분야가 전기기술 분야이기 때문에 참가 국가 및 기관의 수는 65개로 ISO에 비하면 적다. 그리고 ISO와 IEC의 공통분야라고 할 수 있는 소프트웨어와 관련해서는 ISO와 IEC가 공동회의(Joint Committee)를 설립하여, 그곳에서 표준화 활동이 이루어지고 있다.

ITU는 ISO 및 IEC와 달리 국제연합의 한 기관으로서 통신 관련의 ITU-T, 방송 관련의 ITU-R, 개도국 관련의 ITU-D로 나누어진다. 표준화는 주로 ITU-T에 의해 이루어지고 있다. 국제연합의 한 기관이기도 하므로 가맹국은 189개국에 이르지만, 동시에 650개 이상의 기업회원이 직접 표준화 회의에 참가하고 있다는 것도 특징이라고 할 수 있다.

이러한「국제표준화기관」에 관해서는 특별히 정의가 내려져 있는 것도 아니며, WTO/TBT 협정에서도 국제표준이 무엇인지를 구체적으로 한정해 놓고 있지 않다.

국가표준

국제표준과는 달리, 각각의 국가가 독자적으로 정한 표준이 국가표준 또는 국내표준이다. 일본의 경우, 일본공업규격(JIS) 과 일본농림규격(JAS)이 여기에 해당한다.

JIS 규격에는 현재 약 1만개의 규격이 있고, 일본의 공업표준화법에서 규정된 일본공업표준조사회가 최종적으로 규격을 결정하고 있다. 그러나 실제로 규격원안을 작성하고 있는 것은 주로 공업회이며, 이 표준은 공업회에서의 컨센서스 표준이라고 할 수 있다.

다만, 이 국가표준의 성격에 관해서는 국가마다 그 내용이 크게 다르다는 점에 주의할 필요가 있다. 예를 들면 중국에서는 국가표준의 많은 경우가 강제표준이며, 그 규격을 이용하는 것이 의무화되어 컨센서스 표준이라 부를 수 없는 것도 포함되어 있다. 일본의 경우 국가표준은 기본적으로는 임의 표준이며 표준에 맞출지 여부는 자유이고 컨센서스에 의해 작성된다. 그런데 일본에서도 몇 개의 규격은 강제법규에 인용되고 있어서 강제표준과 같은 효과를 갖고 있는 것도 있다.

이처럼 국가표준을 국가 스스로가 작성하는 것은 주로 개도국의 스타일이며 구미에서는 국가표준의 작성을 민간조직이 담당하고 있는 경우가 많다. 정부와 민간기관이 상호 각서 등을 체결함으로써 국가표준의 제정권을 민간기관으로 이전하고 있는 것이다. 영국의 BSI, 독일의 DIN, 프랑스의 AFNOR 등, 표준화 분야의 선진국에서 국가표준의 책정을 담당하고 있는 것은 모두 민간조직이다. 그리고 미국의 ANSI도 NIST(미국국립표준기술연구소)와의 각서에 따라 국가표준의 제정권한을 부여 받고 있다. 다만 미국의 경우, 표준을 작성하고 있는 것은 국내의 다수 표준화기관(SDO: Standard Developing Organization)이며, ANSI는 자신이 인정한 SDO가 작성한 표준을 ANS(미국규격)으로 단지 지정하는 형식을 취하고 있다.

이러한 국가표준은 WTO 회원국의 경우 WTO/TBT협정에 따라 국제표준에 맞추도록 의무화되어 있고, 그래서 많은 표준은 각국에서 공통으로 되어 있다. 다만, 여전히 각국의 독자적인 표준도 다수 존재하고 있다.

업계표준, 포럼표준, 컨소시엄표준

원래 「컨센서스 표준」이라는 용어는 앞서 언급한 국제표준 및 국가표준의 작성방법을 가리키는 것인데, 오늘날 컨센서스 표준의 대표적인 모습은 기업이 모여서 독자조직을 통해 표준을 작성하는 형태이다. 여기에는 업계표준, 포럼표준, 컨소시엄표준 등의 호칭방법이 있지만, 이들의 구별은 명확하지 않고 혼동되어 사용되고 있다.

일반적으로 업계표준이라고 하면, 업계 단체가 중심이 되어 개발한 표준을 가리키는 경우가 많다. 일본에서는 일본전자기계공업회(EIAJ)가 작성하고 있던 EIAJ규격이 잘 알려져 있다. 그런데 2000년에 그 기관이 일본전자공업진흥협회(JEIDA)와 합병되어 전자정보기술산업협회(JEITA)가 되었기 때문에 EIAJ는 JEITA규격이라 불리게 되었다.

이러한 형태의 업계표준은 업계단체에 가입하는 전 회원의 합의 아래 만들어지는 것이 전제이며, 그런 의미에서 공공성이 높다. 실제 앞서 말하였듯이 일본의 JIS규격, 미국의 ANSI규격 등도 원안작성자는 업계단체이며, 업계표준 중 국가표준으로 할 필요가 없는 전문적인 것이 업계표준으로 남아있다고도 할 수 있다.

이에 반해 포럼표준이나 컨소시엄표준은 업계단체 가입회사 전체가 아니라 그 표준에 흥미가 있는 일부 회사가 모여서 작성하는 것이다. 회원은 특정업계로 한정되지 않고 다양한 업계의 기업이 모이는 경우도 있다. 이 때문에 하나의 기술영역에 복수의 포럼이나 컨소시엄이 조직되어 경쟁관계가 되는 표준이 작성되는 수도 있고, 표준작성에 있어서 얼마나 많은 회원을 포럼 또는 컨소시엄에 모을 수 있느냐가 작성된 표준의 보급 정도를 크게 좌우하게 된다.

앞서 언급한 바와 같이 처음에는 이런 경쟁이 없는 것을 포럼이라 부르고 있었지만, 최근에는 포럼 간의 경쟁도 많이 나타나 경쟁의 유무로는 포럼표준과 컨소시엄표준을 구별할 수 없다. 본 장에서는 편의상 그룹 내의 비공개표준을 컨소시엄표준이라고 하고, 일반에게 개방되는 표준은 포럼표준이라고 부르기로 하였다.

포럼표준의 이점은 표준에 흥미를 가진 회사가 모여서 작성하며 보통 그 중 한 회사 또는 여러 회사의 리더기업이 존재하기 때문에 표준의 작성 및 결정이 빠르고 기술진보에 맞춘 갱신이나 그 경우 상위 호환성 확보도 신속하게 이루어진다는 점이다. 특허의 처리 등도 동시에 협의되는 수가 많으므로 지적재산 측면의 문제도 일어나기 어렵고, 최첨단기술이라도 표준에 넣는 것이 가능하다.

다만, 앞서 말한 국제표준이나 국가표준과 비교하면, 표준작성의 구성원은 기본적으로는 해당 표준을 추진하고 싶은 구성원이므로 과학적 데이터를 근거로 한 기술적 정당성의 검증이나 표준의 단점이나 불완전성이나 결점 등에 대한 검토가 충분히 이루어진다고 할 수는 없다. 또 외부로부터 그런 지적을 받아들이는 시스템도 없기 때문에 디쥬르 표준과 비교하면 신뢰성이 상대적으로 낮다고 하지 않을 수 없다. 또 공적인 표준화 기관의 경우는 반드시 갖고 있는 표준에 대한 유지보수 시스템도 없는 경우가 많기 때문에 표준의 계속성이나 수명에 관해서도 불안정성이 높다. 이러한 점들이 디쥬르 표준에 비교되는 결점이 되고 있다.

2. 경제발전과 표준화의 관계

지금까지는 표준화 활동의 목적이나 효과에 관하여 전체적으로 살펴봐 왔는데, 지금부터는 본서에서 주목적으로 하고 있는 사업전략에서 표준화 활동을 활용하는 것에 초점을 맞춰 나가기로 한다.

1. 표준화와 경제활동에 관한 연구동향

표준화 활동은 오래 전부터 이루어져 왔으며 그 활동이 사업활동에 큰 영향을 준다는 것은 논할 필요도 없지만, 표준화의 효과에 관한 학술연구의 역사는 일천하다. 맨체스터 비즈니스 스쿨의 G. M. Peter Swann씨가 정리한 The Economics of Standardization (2000)에는 약 400편의 논문이 실려 표준화에 관한 동향이 정리되어 있다. 그 내용을 살펴보면, Hemenway가 쓴 자동차기술협회의 자동차 표준작성에 관한 고전적 저서가 있지만(Hemenway 1975), 1985년 이전에는 표준화에 관한 논문을 거의 볼 수 없다고 기술하고 있다.

그리고 그 책에서는 400편의 논문을
① 표준의 유형, 정의, 품질
② 디팩토 표준 작성의 시장 프로세스
③ 표준작성 제도와 프로세스
④ 시장과 조직의 비교
⑤ 표준이용의 개시와 보급
⑥ 거시 지표상의 표준의 효과
⑦ 기업 성과상의 표준의 효과
⑧ 소비자에게 있어서의 표준의 효과
라는 8가지 범주로 분류하여, 앞부분 4개 범주에 관한 논문은 많이 보이지만 뒷부분 4개 범주의 논문은 적다고 말하고 있다.

이 8개의 범주 중, 사업활동과의 관계가 깊은 것은 ②디팩토 표준 작성의 시장 프로세스와 ⑦기업 성과상의 표준의 효과 이 두 가지이다. ②번 범주에 관해서는 1985년 QWERTY 키보드의 로크인 효과를 다룬 David의 논문(David 1985) 이후 연구가 본격적으로 활발해져 수많은 논문이 발표되고 있다. 그러한 논문의 대부분이 표준의 로크인 효과와 스위칭코스트, 그리고 네트워크 외부성에 주목한 분석을 하고 있고, Katz와 Shapiro의 초기 논문(Katz & Shapiro 1985)이나 Farrell과 Saloner의 초기 논문(Farrell & Saloner 1985) 등 관련 논문은 많다. 그리고 이러한 논문이 대상으로 하고 있는 표준은 그 대부분이 한 회사가 기술을 독점하는 「협의의 디팩토 표준」이다. 이러한 디팩토 표준을 획득하면 이익으로 직결된다는 것이 명확하므로 논문 분석의 중심은 어떻게 해서 시장을 독점하느냐에 집중되어 있고 디팩토 표준을 획득하면 왜 이익으로 연결되는지는 거의 논의되지 않고 있다.

일본에서의 「표준」 연구의 제1세대는 야마다 히데오(山田英夫, 와세다대학)와 시바타 타카시(柴田高, 당시 요코하마시립대) 두 사람이라고 할 수 있을 것이다. 두 사람의 연구는 주로 전기전자산업에서의 경쟁 속에서 표준화가 가지는 효과를 분석한 것으로(山田 1992, 1996, 1998), 표준의 획득이 시장에서의 제품경쟁에 큰 영향을 준다는 것을 지적하고 있다. 그 당시, 연구 매니지먼트는 물론 사업 매니지먼트의 관점에서조차 「표준화」는 경시되고 있었던 점을 고려하면, 두 사람의 연구는 빠른 시기에 자기노력으로 표준을 획득하는 것의 중요성을 지적한 선구적인 연구라 할 수 있다.

그러나 이 사례도 앞에서 말한 협의의 디팩토 표준을 대상으로 한 것이며, 「표준을 획득하는 것」이 이익으로 직결된다는 전제에서 표준(시장)의 획득방법을 분석 및 정리한 것이었다. 2000년대에 들어서서 디팩토 표준의 중요성이 네트워크 외부성과 관련하여 더욱 부각되게 되어 몇 가지 연구가 발표되고 있다. 그러나 많은 연구자들에게 있어서 표준화는 「기술관리」에 영향을 주는 한 항목은 되지만, 그 자체는 주어진 것 또는 연구개발의 부산물로서 생기는 것이라는 이미지가 강해서 「표준」을 사업전략 또는 연구개발전략과 묶어서 적극적으로 관리하려고 하는 의식은 찾아볼 수 없다.

2. 경제발전에 관한 컨센서스 표준의 역할

이처럼 사업전략과 관련해서 디팩토 표준만이 중시되어 온 환경에서 컨센서스 표준의 경제적 가치에 대하여 발언하기 시작한 것은 연구자가 아니라 컨센서스 표준을 작성하는 표준화 단체였다. 이것이 본격화된 것은 1980년대 이후이다. 1970년대 후반에 ISO에서 표준화의 편익을 널리 일반에게 알리기 위한 프로젝트가 개시되어, 1982년에 그 보고가 정리되었다(ISO 1982). 그 보고서에서는 과거 17편의 문헌을 정리하여 표준화의 경제활동에 대한 편익을 정량적으로 보여주는 시도가 이루어지고 있다. 예를 들면 ISO, IEC에서의 63개 표준이 만들어내는 경제효과를 연간 평균 6억 7500만 US달러로 계산하고 있다. 이 숫자 자체에는 여러 가지 문제가 있지만, 이러한 거시적 경제효과를 숫자로 나타내었다는 점에서 이 보고서에는 큰 의미가 있었다.

2000년에 독일 DIN이 「표준화의 경제적 이익」이라는 보고서를 내고, 디팩토 표준이 아닌 소위 컨센서스 표준이 기업경영이나 경제발전에 어떻게 공헌하고 있는지에 대한 연구를 발표하였다. DIN의 보고서는 경제 전체에서 본 표준화의 이익으로서 사회 전체 효율화의 향상, 기술개발 성과의 효율적 보급, 기술혁신에 대한 플러스 효과 등을 들고 있다. 특히 그 가운데 기업에서 본 표준화의 의의로서 경쟁력의 우위성 확보, 연구개발 및 사업리스크의 감소, 해외시장에 대한 대응 등을 들고, DIN 등이 작성하는 컨센서스 표준이 기업에게 있어 높은 가치가 있다는 것을 알리고 있다.

다만, DIN은 이와 동시에 컨센서스 표준의 약점으로서 표준 작성에 3~5년이 필요하므로 상품수명이 짧은 제품에서는 이점이 적다는 점도 지적하고 있다. 이것은 DIN의 보고서가 대상으로 하는 표준이 독일의 국가표준인 DIN규격이며 엄격한 절차에 따라 작성되고 있기 때문이다. 포럼표준 등의 경우는 단기간에 작성 가능하다는 점은 논의되어 있지 않다.

2005년에는 영국 DTI(무역산업성)와 BSI(영국규격협회)가 공동으로 『표준의 실증적 경제학』을 출판하였고, 미국 ASTM이 표준화의 비용과 이익, 특히 기업에게 있어서 표준화 활동이 가져다 주는 보상에 대한 연구를 개시하였다. 이러한 연구에 의해 컨센서스 표준이 기업수익에 큰 영향을 준다는 것이 시사되었지만, 이 보고들은 모두 표준화 기관이 중심이 되어 이루어졌기 때문에 표준의 정비가 진전될수록 경제효과가 크다는 결론을 이끌어내는 경향이 있지 않을까 하는 의문을 남겼다.

그 진위를 확인하기 위하여 2003년에 개시된 것이 본서의 모체가 된 경제산업성의 「표준화경제성연구회」이다. 이 연구회에서도 처음에는 거시경제학적 관점에서 표준화 활동이 경제성장에 미치는 공헌을 명확히 하려고 하였지만, 경제성장에 대한 표준화 활동의 영향 정도를 거시적으로 산정하는 것은 곤란하다는 결론에 도달하였다. 그래서 2004년 이후에는 사례조사를 통한 연구로 그 방향을 변경하였다.

이 연구회와 병행하듯이 해외에서도 표준이 기업 활동에 미치는 영향에 관한 연구가 나타나기 시작하였다. 타사보다 빨리 표준을 만들어 시장에 내보내는 것이 독점적 활용과 선행자 이익의 획득으로 이어진다는 것을 보여주고 표준을 획득해 나가는 방법을 제시한 Shapiro & Varian(1999)의 연구는 협의의 디팩토 표준이 아니라 컨센서스 표준협정의 장에서 기업에게 필요한 활동 지침을 제시한 획기적인 연구였다. 또 신기술의 시장개척에 표준화가 큰 역할을 한다는 것을 보여준 Swann & Watts(2002)의 연구 등도 디팩토 표준과 컨센서스 표준을 구별하고 있지는 않지만, 실질적으로는 컨센서스 표준에 관하여 언급하고 있다.

또 1990년대 후반부터 컨소시엄 등에서의 그룹 활동에 의한 표준화가 진전되고 있다는 보고도 증가하고 있으며, Vries(1999)나 Rada(2000) 등이 이러한 점을 지적하고 있다. 일본 국내에서도 梶浦(2005), 竹田(2006) 등에 의한 지적이 이어지고 있고, 디팩토 표준보다도 컨소시엄 등의 모임을 통한 컨센서스 표준의 확대가 보이고 있다. 이러한 컨소시엄 표준은 특히 IT업계의 기술 분야에서 현저하며, 이 때문에 IT 분야에서의 표준화 연구도 다른 분야와 비교하면 현격하게 많이 진행되고 있다. 이 분야에서의 그룹 연구 증가에 관하여 특히 권말의 보론에서 별도로 정리하였기 때문에 그 부분을 참고하기 바란다.

3. 표준화 환경의 변화

지금까지 살펴본 바와 같이 표준화에는 여러 가지 목적, 여러 가지 형식, 그리고 여러 가지 효과를 찾아볼 수 있다. 사업활동에 대한 영향에 관해서도 다양한 지적이 있고, 표준화가 사업활동에 큰 영향을 준다는 점이 알려지고 있다.

그리고 오늘날 표준화와 사업활동의 관계는 새로운 시대로 들어서고 있다. 예전에는 사업활동과 관계가 깊은 것은 협의의 디팩토 표준이며, 컨센서스 표준과 사업활동과의 관계는 논의되지 않았다. 그러나 오늘날에는 표준의 많은 경우가 컨센서스 표준이며, 또 이 합의에 의한 표준화가 사업활동에 큰 영향을 주게 되었다. 왜 이러한 표준화의 구조나 효과가 변화해 왔을까가 다음 문제이다.

지금까지 기존의 표준화 활동에 관한 연구가 협의의 디팩토 표준의 획득과 그 이익을 대상으로 해서 이루어졌기 때문에 표준화가 사업활동에 미치는 영향에 대하여 연구한 것은 적었다. 그러나 최근 점점 컨센서스 표준의 형성이나 그 효과에 관한 연구가 시작되고 있다는 점이 보여지기 시작했다. 이것은 시장에서의 표준화 활동의 중심이 협의의 디팩토 표준의 획득에서 컨센서스 표준의 형성으로 변화하고 있다는 것을 보여주고 있다. 그러면 왜 이러한 변화가 일어나고 있는 것일까?

이하에서는 표준화 활동이나 그 효과에 큰 영향을 주고 있는 기술 환경의 변화에 대하여 정리한다. 그리고 그러한 환경변화 속에서 표준화 활동 자체도 변화하여 협의의 디팩토 표준의 획득이 곤란해져, 기업의 표준화 활동의 중심이 컨센서스 표준의 작성과 그 활용으로 옮겨가고 있다는 점을 제시한다.

1. 기술 환경의 변화

기업에서의 표준화 활동에 가장 큰 영향을 주고 있는 것이 기술의 개발에서 이노베이션의 실현에 이르기까지의 기술 환경의 변화이다.

그 중에서도 하나의 제품에 이용되는 기술이 다양해져 제품기술이 복잡해졌다는 것과, 기술개발에서 제품화까지의 리드타임이 짧아져서 최신 기술이 잇달아 제품으로 구현되게 되었다는 것, 이 두 가지 점이 가장 중요한 환경변화라고 할 수 있다.

예를 들면 DVD 레코더 한 대를 만들기 위해 라이선스계약이 필요한 페이턴트풀

(Patent Pool)은 10개 가까이 되고, 특허 총수는 1000개를 훌쩍 넘는다. 이러한 현상은 전기기기분야에서만 보이는 것이 아니다. 많은 산업분야에서 한 제품당 특허수는 증가하는 경향을 보이고 있고 제품기술이 점점 복잡해지고 있다.

동시에 기술개발에서 제품화까지의 리드타임이 짧아지고 있다는 점에 관해서는 일본 정부도 10년 이상 전부터 지적해 왔다(通商産業省 1988). 특허보호기간(15~20년)에 비해 현격하게 빠른 속도로 신개발 기술의 실용화와 갱신이 이루어지게 되었다는 것은 잘 알려진 사실이다.

2. 멀티스탠더드(복수 표준) 환경의 진전

이러한 기술환경의 변화는 표준화 활동에도 여러 가지 영향을 주었다. 기술갱신 속도가 빨라짐에 따라 예전에 시장이 기술을 선택하고 나서 표준화 작업을 하는 「사후(事後)표준화」는 가치가 없어지게 되었다. 그 대신 기술이 시장에 나오기 전에 표준화 작업을 하는 「사전(事前)표준화」가 추진되게 되었다. 그러나 이 사전 표준화는 기술이 복잡한 경우는 매우 어려워, 결과적으로 복수의 표준이 생겨나게 되었다. 원래 표준은 하나의 기술영역에서 하나인 것이 바람직함에도 불구하고, 오늘날에는 특히 IT 등 첨단분야에서 같은 영역에서 서로 경쟁하는 멀티스탠더드가 많이 나타나게 되었다.

도표 1-4 멀티스탠더드의 예

비디오 시스템	
IEC 60774-1(1994-01)	VHS
IEC 61053-1 (1991-03)	Beta format
IEC 60843-1(1994-01)	8mm video
비접촉 IC카드	
ISO/IEC 14443-1:2000	Type A : Philips

상동	Type B : Motorola
기록형 DVD	
ISO/IEC 17342:2004	DVD-RW
ISO/IEC 17592:2004	DVD-RAM
화상포맷	
ISO/IEC 10918-1:1994	JPEG
ISO/IEC 15948:2004	PNG
홈네트워크(예정)	
ISO/IEC FCD 14543-3-1	Siemens KONNEX Base
ISO/IEC WD 14543-4	Echelon사 LonWorks Base
ISO/IEC WD 14543-5	ECHONET(일본)
64비트 블록 암호	
ISO/IEC 18033-3:2005	TDEA (4.1)
상동	MISTY1 (4.2)
상동	CAST-128 (4.3)
3G 휴대전화 (IMT2000)	
IMT-DS	W-CDMA
IMT-MC	cdma 2000
IMT-TC	UTRA-TDD, TD-SCDMA
IMT-SC	UWC-136
IMT-FT	DECT
2차원 바코드	
ISO 15438:2006	PDF417
ISO 16022:2000	DATA MATRIX
ISO 16023:2000	MAXICODE
ISO 18004:2000	QR코드

도표 1-4는 ISO, IEC, ITU-T라는 국제기관에서 표준으로 인정받고 있는 내용들인데, 최신의 하이테크기술에서 멀티스탠더드가 많이 보인다는 것을 알 수

있다. 여기에는 최근 국제표준화기관이 채용하고 있는 패스트트랙제도, PAS, IWA 등과 같이 간편하게 국제표준을 제정할 수 있는 제도가 보편화된 점도 관련이 있다. 특히 무선 LAN 표준화 시기에 논의가 된 패스트트랙 제도는 국제적인 표준화 포럼의 도구로서 적극적으로 활용되고 있고, 이것도 멀티스탠더드가 생기기 쉬운 환경을 만드는데 일조하고 있다. ISO, IEC에서 검토가 진행되고 있는 Global Relevance(국제시장성)라는 움직임도 이 경향에 박차를 가하고 있다. Global Relevance란 세계의 어느 시장 및 지역에서나 받아들여지는 표준으로하기 위하여 하나의 표준에 어느 정도의 다양성을 인정하려고 하는 움직임으로 현재 그 룰 정비가 진행되고 있다(ISO 2004).

이러한 멀티스탠더드화는 단기적으로는 국제표준화 기관에게도 이익이 될 가능성이 있다. 그것은 국제표준화 기관의 수입이 규격표의 판매에 의해 발생하고 있기 때문이다. 시장에서 사용되는 표준을 많이 국제표준화 할수록 표준화단체의 규격표 매출은 증가한다. 이 때문에 표준화단체 자신도 멀티스탠더드화를 명확히 그만두려는 쪽으로 움직이지는 않는다. 이것이 표준화기관 그 자체의 가치 저하를 초래한다는 것을 깨닫지 못하고 있는 것이다.

3. 지적재산과의 관계 심화

기술개발부터 실용화까지의 시간적 길이가 짧아지고 표준화 활동이 사전 표준화 활동 쪽으로 변화한 것은, 작성되는 표준에 또 하나의 큰 변화를 주었다. 그것은 지적재산과의 관계 심화이다. 표준화와 지적재산의 관계가 가까워지고 있다는 점은 1970년경부터 국제적인 표준화 기관에서는 논의되어 왔다. 일본 국내에서도 名和(1990)나 藤野(1998)가 이 문제를 종합적으로 정리하였지만, 이 문제가 일본에서 널리 알려지게 된 것은 JPEG에 대한 홀드업 사건(2002) 이후일 것이다.

도표 1-5 IEC에서의 특허선언서 제출수

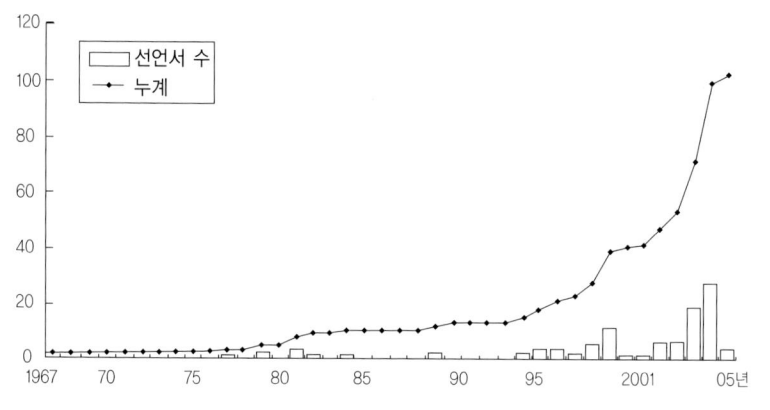

출처 : 三菱総合研究所(2006)을 참고로 작성

도표 1-6 주요 페이턴트풀의 라이선서 수와 특허 수

기술표준명	라이선스 회사	라이선서 수	특허 수(약)
MPEG2(video)	MPEG-LA	25사	840건
MPEG4 Visual	MPEG-LA	26사	443건
AVC/H.264	MPEG-LA	24사	336건
DVD6C	도시바	9사	844건
DVD3C	필립스	4사	1120건
MOEG2 AAC	Via Licensing	5사	280건
MPEG4 Audio	Via Licensing	12사	100건
W-CDMA	3G Licensing Ltd.	11사	261건
IEEE802.11	Via Licensing	7사	불명

출처 : 加藤恒(2006)「パテントプール 概説」을 참고로 작성

도표 1-5는 IEC에서 작성된 표준 중, 특허 등의 권리가 포함되어 있는 경우가 증가하고 있는 상황을 나타내고 있다. 이것을 보더라도 특허를 포함한 표준이 서서히 증가하고 있다는 것을 알 수 있다. 기술진보가 빨라지고 있는 환경에서 네트워크 사회가 요구하는 호환성과 접속성 등을 유지하기 위해서는 개발된 지 얼마 안 되어 아직 지적재산으로서의 권리가 남아있는 기술이라도 이것을 표준 안에 넣어 표준화를 해야 하는 상황이 되었다.

그리고 이와 같이 지적재산과 표준의 관계가 깊어지는 것은 기술의 복잡성이 증대하고 있다는 것을 반영하고 있으며, 하나의 표준에 포함되는 지적재산의 수를 증가시켜 많은 기업의 지적재산이 하나의 표준 안에 존재하는 사례를 증가시키고 있다. 도표 1-6은 주요 표준화 기술 특허풀에서의 라이선서 수와 특허 수를 표로 나타낸 것이다. 이것을 보더라도 하나의 기술에 많은 회사의 많은 특허가 포함되는 사례가 늘고 있다는 것을 알 수 있다.

이러한 지적재산과 표준화의 관계심화와 관련하여 최근의 화제와 문제의 확대에 관해서는 이미 별도의 원고에서 발표하였으므로(江藤 2007a) 상세한 것은 생략하지만, 지적재산과 표준의 관계가 심화된 것은 표준화 활동에 여러 가지 문제와 제약을 만들어내고 있다. 그 대표적인 것이 홀드업이라 불리는 행위이다.

홀드업이란 표준이 작성되어 보급된 후에 그 표준 안에 자사의 지적재산이 존재한다는 것을 주장하며 과다한 라이선스료 등을 요구하는 행위이다. 특히 오늘날 제품의 제조를 하지 않는 개발전문기업이 늘어나고 있는 점과, 나아가서는 제품기술에 내포된 거품특허에 의한 소송이익을 노리는 특허괴물(Patent Troll)이라고 불리는 활동이 생겨나고 있는 점은 홀드업의 위험을 높이는 원인이 되고 있는데, 이는 큰 문제가 되고 있다.

4. 페이턴트 폴리시의 정비

이 때문에 이러한 컨센서스 표준을 만드는 자리에서는 오래 전부터 표준 안에 특허를 포함하는 경우의 절차에 관해 논의가 되어 왔다. 이 절차를 페이턴트 폴리시

(Patent Policy)라 부르고 있다.

역사적으로 보면 페이턴트 폴리시를 최초로 정한 것은 1974년 ANSI라고 되어있지만, 국제표준화기구(ISO)에서도 똑같은 검토가 병행적으로 추진되어, 1970년에 미국의 워싱턴에서 개최된 이사회에서 「Note for guidance of ISO and IEC Technical Committees on reference to patented items in their publications」라는 문서가 합의되어 있다. 이 합의는, 1989년에 ISO/IEC가 표준절차서(directives)를 정비하고 거기에 페이턴트 폴리시를 정식으로 기재할 때까지 약 20년간 유효하였다.

페이턴트 폴리시의 기본은 표준 안에 자사의 지적재산이 포함되는 경우 그 지적재산을 합당한 가격으로 상대를 차별하지 않고(RAND조건이라 함) 제공한다는 것을 표준 작성 전에 선언하는 것이며, 이를 통해 표준의 보급 후에 지적재산의 권리주장이 갑자기 발생하는 것을 막으려고 하는 것이다.

이처럼 표준화 단체에서의 특허에 대한 취급은 잘 진전되고 있지만, 유감스럽게도 이 페이턴트 폴리시의 정비만으로 지적재산 문제를 모두 해결하는 것은 불가능하다. 페이턴트 폴리시의 기능에는 한계가 있고 현재로서는 어떠한 표준에 있어서도 지적재산 문제가 일어날 가능성은 배제할 수 없다는데 주의해야 한다(江藤 2008).

5. 포럼의 융성

지금까지 살펴본 바와 같이 기술이 복잡해지고 실용화 속도가 매우 빨라지는 가운데 기술의 범위가 확대되고 지적재산 문제가 복잡해지는 상황에서 한 회사가 모든 기술권리를 보유하는 소위 협의의 디팩토 표준이 생겨나기 어려운 것은 당연한 결과였다. 이러한 지적은 예를 들면 原田도 그 저서에서 말하고 있지만(原田 2004), 현재로서는 제품개발활동에서도 복수 기업이 참여하는 기업연계형의 개발이 활발해지고 있다. 또 이것과 병행하여 표준화에 관해서도 개방된 포럼 형식으로 서로가 가지고 온 것으로 참여하여 기술을 완성하는 형태가 많아지고 있다는 것은 앞의 절 제2항에서도 언급했던 바이다.

도표 1-7 포럼에 의한 DVD의 표준화

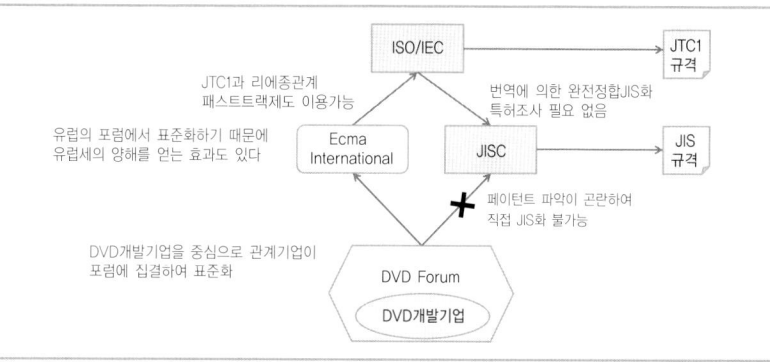

　이와 같은 포럼에 의한 표준화 활동은 그 후 디쥬르 표준 획득의 경우에도 적극적으로 활용되고 있다. 그 대표적인 것이 Ecma International의 활용이다. Ecma International은 1961년에 European Computer Manufacturers Association으로서 설립된 유럽 컴퓨터 제조업자의 표준화 단체였다. 1994년에 조직의 명칭을 변경하여 현재는 Ecma International - European association for standardizing information and communication systems로서 유럽기업뿐만 아니라 많은 IT관계 기업이 참가한 표준화 단체로서 활동하고 있다.

　Ecma는 설립 이후 450개가 넘는 표준을 작성하였고, 그 3분의 2는 그 후 ISO, IEC, ITU-T에서 국제표준으로서 채용되어 있다. 특히 1987년에 ISO, IEC에서의 패스트트랙 제도가 사용될 수 있게 된 이후, 그 제도에서 작성된 표준의 80%에 해당하는 200개 규격은 Ecma에서 작성된 표준이다. 그리고 이러한 표준의 80%정도는 번역JIS로서 JIS규격으로 되어 있다고 생각된다.

　실은 이 Ecma를 가장 잘 활용하고 있는 곳은 유럽기업이 아니라 일본기업이다. Ecma International 회원기업 중 대기업 회원의 3분의 1은 일본기업이며, 이들 기업이 제안한 표준의 많은 경우가 Ecma 규격이 되어 있다. 예를 들면 도표 1-7에 제시한 바와 같이 DVD-RAM의 규격도 2002년에 Ecma에서 작성되어 2003년에 패스트트랙 제도에 의해 ISO/IEC규격이 되었다. 또 이것이 번역되어 2005년에 JIS 규격이 되었다. 이 DVD관련 규격을 Ecma에서 표준화한 것에 관해서는 Ecma에서 특허 등의 취급이 간편해지고 있다는 점도 큰 이유의 하나였다. 최근에는 미국기업도 적극적으로 활동하고 있고, Microsoft사의 C# 등도 Ecma에서 표준화되어 있다.

6. 협의의 디팩토 표준과 컨센서스 표준

지금까지 살펴본 바와 같이 기술환경의 변화가 기업에서의 표준화 활동을 변화시켰고, 예전에 한 회사가 단독으로 표준을 획득한 것에서 복수의 기업이 모여 포럼 표준을 작성하는 것으로 상황이 변화하고 있다. 그러나 이 변화는 능동적인 것이 아니라, 기술이 복잡해지고 다양해지는 것을 받아들인 어쩔 수 없는 기업활동의 변화라고 볼 수 있다. 그래서 지금까지 포럼에서의 표준화 활동은 한 회사에 의한 디팩토 표준 획득 활동의 한 형태이거나 발전형이라고 생각되는 경우가 많았다. 또 표준화 연구에서도 이 두 개 모두 디팩토 표준으로서 디쥬르 표준과 구별하여 논의하고 있는 경우가 많았다.

그러나 지금까지 살펴본 바와 같이 한 회사에서 기술을 독점하는 협의의 디팩토 표준과 상호논의를 통해 표준을 작성하는 컨센서스 표준 사이에는 큰 차이가 있다는 것을 인식하여야 한다. 그 대표적인 차이가 페이턴트 폴리시와 관련해 잘 나타나 있는 지적재산의 취급 상황이다.

협의의 디팩토 표준에서는 기술을 개발한 회사가 지적재산을 독점적으로 가지고 있고, 타사에 대한 라이선스 가부나 라이선스료율은 자유롭게 결정할 수 있다. 그래서 라이선스를 전혀 하지 않고 자기회사가 시장을 독점하는 것도 가능하다. 지적소유권은 독점금지법이 적용되지 않는 권리로서 확립되어 있기 때문이다. 이런 환경 아래에서는 가령 시장을 지배하고 자사 기술이「디팩토 표준」이라 불리게 된 경우에도 그 기술을 계속 점유할 수 있고 시장경쟁을 통제할 수 있다. 그 결과, 앞서 말하였듯이「협의의 디팩토 표준 획득 = 시장획득」은 이익확보로 바로 연결되기 때문에 기업에게 있어 협의의 디팩토 표준을 어떻게 해서 획득하느냐가 가장 중요한 전략이 되는 것은 당연했다.

그러나 컨센서스 표준에서는 통상 페이턴트 폴리시에 따라 그 표준에 포함되는 지적재산은 합당한 가격으로 누구에게나 라이선스하도록 되어 있다. 다수의 특허를 포함하는 경우, 페이턴트풀이 조직되는 수도 있지만, 페이턴트풀의 운용에는 독점금지법상의 여러 가지 제한이 있고(公正取引委員会 2005), 라이선스 조건을 상대에 따라 변경하는 것은 곤란하다. 가령 페이턴트 폴리시 등이 존재하지 않는 여러 기업 사이에서의 컨센서스 표준이라도 복수기업의 합의에 의한 라이선스 제한은 독점금지법상의 문제가 되기 때문에(公正取引委員会 1999, 2007) 이러한 기술은 저렴한 가격으로 개방할 수 밖에 없다.

도표 1-8 디팩토 표준과 컨센서스 표준의 자유도 차이와 보급효과

		라이선스 가격	라이선스 상태	표준의 개량	제품 차별화	보급
디팩토 표준	협의의 디팩토 표준	자유	자유	시장을 잃지 않는 범위에서 자유롭게 표준을 개량가능	자사독자제품으로 시장을 점유 가능	개발기업의 사업전략에 따름
	디팩토 표준의 개방화	자유지만 그다지 높은 효과는 없음	제한은 가능하지만 보급과의 균형	사용자의 의견을 계속 들으면서 유지·개량하는 자세가 중요	개방한 부분에서의 차별화는 곤란 하지만 선행 기간은 확보가능	매력적인 표준이라면 보급 하지만 개발기업의 노력이 불가결
컨센서스 표준	포럼표준	포럼의 규칙에 따르지만 통상 저가	제한하면 독금법 위반이 될 가능성 있음	포럼회원이 합의하면 개량가능	표준화된 부분에서의 차별화는 곤란	포럼 회원이 많을수록 보급은 빠름
	디쥬르표준	합리적인 가격으로 제공할 의무 있음	누구에게나 차별없이 제공할 의무 있음	개량에 시간이 걸림	표준화된 부분에서의 차별화는 곤란	가장 보급하기 쉬움

그래서 컨센서스 표준에 포함된 기술은 표준작성자에 의해 독점될 수 없고, 반대로 표준작성에 의한 기술도입 장벽의 저하 등으로 인해 다른 사람이 이용하기 쉬운 기술이 된다. 즉 컨센서스 표준을 작성하는 경우는 그 표준에 포함된 기술에 관하여 자사의 시장점유율을 줄이는 방향으로만 표준화 효과가 나타나는 것이다.

실은 협의의 디팩토 표준이라도 그 표준의 네트워크 외부성을 확대하여 제품 보급을

위해 표준을 개방하는 경우에 이와 유사한 문제가 발생하고, 그에 따라 생기는 가격경쟁 격화에 관해서는 몇 가지의 선행연구가 있다(Farrell & Saloner 1986, 国領 1999 등). 다만 이들 연구는 이 문제를 「디팩토 표준의 개방화」에서 생기는 문제로 파악해왔다.

그러나 도표 1-8에서 정리하였듯이 이러한 문제는 실은 컨센서스 표준의 경우라면 당연히 발생하는 것이며, 개방화된 표준화의 기본적인 문제이다. 이러한 협의의 디팩토 표준과 컨센서스 표준의 차이가 당연히 사업전략상의 이용방법에도 큰 차이를 만든다. 예전 연구에서 논의되었던 협의의 디팩토 표준을 획득하는 전략은 컨센서스 표준에서는 전혀 통용되지 않는 것이다. 컨센서스 표준을 이용하는 경우, 그 특성을 충분히 인식한 후에 전략을 구축할 필요가 있다.

지금까지 논의해 온 바와 같이 기술환경의 변화가 표준화 활동을 변화시켜, 그 활동의 중심을 협의의 디팩토 표준의 획득에서 컨센서스 표준의 작성으로 이행시켰다. 그러나 그에 따라 표준의 성격이 시장의 독점에서 시장의 개방으로 바뀌었다는 것을 기업이 충분히 이해하지 않고 있다.

그 때문에 「한 회사로는 역부족이고 시장을 독점할 수 없으니, 동료를 모아서 표준을 만들고 시장을 독점하자」라고 안이하게 생각하기 쉽다. 그 결과, 표준화가 기업의 이익으로 연결되지 않고 표준화에 의해 이익을 잃어버리는 사례가 발생하고 있다.

그러면 시장 독점기능을 갖지 않고 자사의 시장점유율을 낮출 가능성이 높은 컨센서스 표준은 어떻게 사업전략에 활용해야 할까? 다음 절에서는 이 컨센서스 표준에 초점을 맞춰, 사업자의 관점에서 표준화의 가치를 파악하기로 한다.

4. 표준화와 사업활동

지금까지 기업에서의 표준화 활동이 협의의 디팩토 표준 획득에서 컨센서스 표준 획득으로 변화하여 기업에 있어서 표준화의 효과 자체가 크게 변화하고 있다는 것을 살펴보았다. 본절에서는 이 컨센서스 표준에 초점을 맞춰, 기업(사업자)의 관점에서 표준이 사업활동에 미치는 영향에 관하여 정리한다. 그리고 여기에서 논의하는 표준화란 제품표준의 작성을 말한다는데 주의하기 바란다. 표준화에는 그 밖에도 기본표준이나 방법표준이 있다는 것은 앞에서도 말했지만, 본절에서는 기업이 자사제품의 전략으로서 활용하기 쉬운 제품표준화에 집중하여 표준화의 효과를 살펴보도록 한다.

1. 사업자가 본 표준화

앞서 언급한 DIN의 보고서(DIN 2000)에서는 기업에 있어서의 표준화의 이점을 다양한 관점에서 보고하고 있는데, 그 대부분은 제조·판매·연구개발 활동에서 표준이 비용절감에 도움이 된다는 것이었다. 유엔공업개발기관(UNIDO)이 중소기업을 대상으로 배포한 보고서(UNIDO 2006)에서도 표준이 제조업자에게 주는 이익으로서 제조 프로세스의 합리화, 재료 및 노동력의 절약, 원료·완성제품의 품목 삭감, 제조원가의 저하라는 네 가지 점을 지적하고 있고, 표준의 비용절감 효과에 주목하고 있다. ISO가 정리한 보고서(ISO 1982)에서도 표준화의 가치로서 그 비용절감 효과를 들고 있고, 그것을 수치적으로 정량화하는 시도를 하고 있다. 이처럼 표준화의 효용으로서 가장 전형적이고 이해하기 쉬운 효과가 비용절감이다.

그리고 이용되는 표준이 공적인 조직에 의해 작성된 디쥬르 표준인 경우, 그 표준은 품질의 확보나 안전성 확보를 위한 비용을 낮추는 효과도 갖는다. 공적인 표준의 수준을 달성하는 것이 기업으로서 일정한 책임을 완수하는 것으로 간주되기 때문이다.

그러나 표준화는 비용절감 이상으로 중요하고 또 본질적인 효과를 가지고 있다. 그것은 「시장의 확대」이다. 앞서 말한 국제연합 보고에서는 표준이 가져다 주는 이점으로서 구입품 및 서비스의 품질안정, 가치가 높은 제품의 입수, 공급자와의 트러블 원인 규명 가능 등 세 가지 점을 들고 있다. 이것들은 모두 비용절감 효과와 함께 조달자에게 안도감을 높여주는 효과를 가지고 있고, 표준화된 제품이 조달자에게 공급되기 쉬운 환경을 만든다는 것을 알 수 있다.

Fomin & Lyytinen(2000)은 유럽의 이동통신을 예로 들어 표준이 기술을 사회에 보급시키는 과정을 분석하고, 표준을 기술과 시장을 연결하는 매체로서 분석하고 있다. 나아가 Katz & Shapiro(1985)는 표준화에 의해 호환성이 유지된 경우, 소비자는 그 제품을 높게 평가하는 경향이 있다는 것을 지적하고 있다. 이것도 표준화의 시장확대 효과를 지적한 것이라고 할 수 있다.

기업에 있어서 제품표준화의 효과는 품질의 확보, 생산성 향상, 시장에 대한 안도감 제공 등 여러 가지로 나타나고 있는데, 이러한 효과도 결과적으로는 시장확대나 비용절감 중 어느 한 쪽 또는 그 한 쪽을 실현하기 위한 일차적인 효과라고 생각할 수 있다.

이와 같이 표준화의 효과는 「시장확대」와 「비용절감」의 두 가지로 거의 집약할 수 있는데, 컨센서스 표준인 경우 이 두 가지의 효과는 사업자에게 있어서 이점이 되는 것과 동시에 여러 가지 단점이 될 가능성을 갖고 있다. 왜냐하면 컨센서스 표준화는 다른 사업활동과 달리 과거에 행한 활동의 결과를 취소할 수 없고 그 후의 사업활동에 영원히 영향을 주기 때문이다.

시장확대를 위하여 표준화를 통하여 경쟁이 없는 영역으로 한 부분은, 시장이 포화되어 진입자 간의 시장점유율 다툼이 일어나도 경쟁영역으로 돌이킬 수는 없다. 표준화한 영역을 경쟁영역으로 되돌리려면 표준화되어 있지 않은 제품을 투입하여 표준화되어 있는 제품과 경쟁해야 한다. 그런데 표준화에는 로크인 효과가 있어서 표준 이외의 제품을 사는 것에는 전환비용이 들기 때문에(Farrell & Shapiro 1988), 그 제품이 획기적으로 새로운 기능을 갖고 있지 않는 한 경쟁에서 이길 방법이 없다. 결국 애써 표준화에 의해 확대된 시장을 눈 앞에 두고 보면서 잃게 되는 것이다.

또 비용절감은 기업에 있어서 플러스의 이익이지만, 컨센서스 표준을 이용한 비용절감 효과는 각 기업에게 공평하게 적용되기 때문에 당연히 제품의 가격 경쟁으로 이어지게 된다.

도표 1-9 컨센서스 표준의 이점과 단점

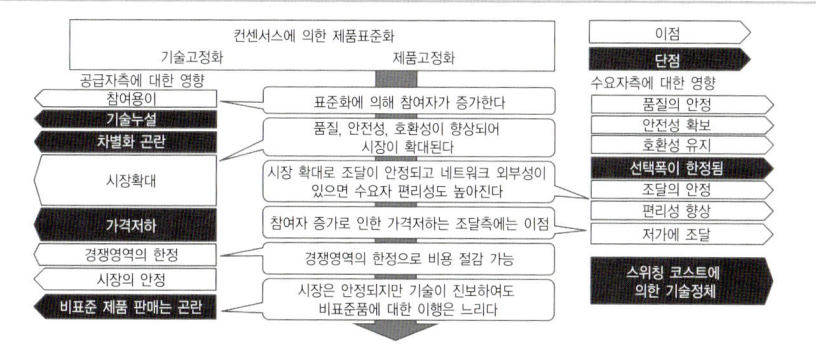

이와 같은 컨센서스 표준화의 이점과 단점은 도표 1-9와 같이 정리할 수 있다. 즉 표준화의 효과는 공급자 측인지, 수요자 측인지, 시장이 어떤 단계인지, 자사 및 관계기업의 기술력이 어떤 상황인지 등에 따라 같은 표준이라도 이점이 되기도 단점이 되기도 하는 것이다. 그래서 표준화 활동에서 시장환경이나 자사 기술력에 맞는 최적의 표준화를 그때 그때 선택하는 것이 매우 중요해진다.

2. 시장확대를 위한 제품표준화

앞에서도 언급한 바와 같이 표준화의 기본은 「단순화」이며, 달리 말하면 기술을 하나로 고정하는 것이다. 이것은 사업자 입장에서 보면 제품의 종류가 줄어들거나 필요한 기술을 한정하여 기술적인 진입장벽을 낮추는 것(진입자 증가와 가격 저하) 이다. 또 소비자 입장에서 보면 일정한 품질을 보증하고 장기간의 제품보증을 통한 안심감을 가져다 준다. 이 두 가지 효과로 「시장확대를 실현하는」 것이 가능해진다.

현실적으로는 먼저 소비자의 증가가 선행하고, 소비자가 표준화된 제품을 우선적으로 선택하고 있다는 것이 명백해진 시점에서 많은 기업이 그 제품시장에 진입하여 급격하게 시장이 확대되는 것이 보통이다. 이러한 상황에서 저렴한 가격으로 이용가능한 특허가 있다는 것도 시장진입자의 확대를 촉진한다.

　이러한 시장확대 효과는 당연히 기술의 단순화 및 고정화 범위가 넓을수록 크게 된다. 사용자의 다양성이나 개성에 대한 요구를 무시한다면, 어떤 제품의 모든 사양을 전부 표준화하는 경우 시장확대 효과가 가장 커진다. 그러나 그 결과 진입자가 증가하는데도 불구하고 표준화로 제품의 차별화가 곤란해지기 때문에 그 제품은 제조기술의 연구로 인한 극심한 가격경쟁에 노출되게 된다. 가격의 저하는 사용자에게는 바람직한 현상이며 시장확대로 이어지지만, 제조자에게는 이익의 감소를 의미한다는 점에 주의하여야 한다.

　사업전략을 고려하는 경우, 그 전략은 반드시 사업상의 이익으로 연결되어야 한다. 시장이 확대된다고 해서 자기 기업의 이익으로 연결되는 것은 아니다. 그러면 시장확대와 이익확보를 동시에 달성하려면 어떻게 해야 할까?

　예를 들면 100% 표준화된 환경 아래에서 이익을 획득하기 위한 경쟁방법은 표준에 적합한 제품을 가능한 한 싸게 빨리 제공하는 것이다. 20년 전에 고도성장을 이룬 일본은 이 경쟁에서 세계 최고의 능력을 갖고 있었다. 그러나 기술의 전파속도가 빨라짐에 따라 세계의 제조공장으로 된 아시아 공업국가의 제조기술력이 높아져 일본의 수준에 가깝게 되었다. 그 결과 일본은 「싸고」, 「빨리」라는 우위를 이들 신흥공업국에게 빼앗겼다.

　특히 조립형 제품의 경우 제품차별화가 곤란한 시장에서는 시장이 급속하게 성장하는데, 일본 기업은 성장기에 시장을 확보하는 것도 또 시장으로부터 이익을 확보하는 것도 점점 어려워지고 있다. 기술이 표준화되어 버리면 그 기술이 공개되어 있기 때문에 시장의 확대는 더욱 빠르게 일어난다. 즉 인건비 등 비용이 높은 일본이 소위 선행자 이익으로 충분히 이익을 확보하는 것이 곤란한 시장 환경이 되고 있다. 이러한 실태에 관해서는 자전거산업의 예로 잘 보고되어 있지만(江藤 2007b), 이는 모든 산업에서 일본 기업이 제조기술만으로 이익을 확보하는 것은 곤란해지고 있다는 것을 나타내고 있다.

　일본 기업이 표준화에 의해 확대되는 시장에서 점유율과 이익을 확보하기 위해서는 그 높은 수준의 기술을 활용하는 「차별화 영역」을 표준화 범위에서 제외시키고, 표준화된 제품에 플러스 알파의 기능을 덧붙여 차별화를 실현해야 한다. 그렇게 해서 표준화로 인해 빠르게 다가오는 시장포화기에 계속 이익을 확보할 수 있는 사업전략을 구축하는 것이 필수조건이 된다.

그 하나의 예로서 安井(2007)은 시장의 확대기에 「지적재산에 의한 기술의 폐쇄화」와 「표준화에 의한 기술의 개방화」를 잘 조합시켜 적절하게 필요한 표준화를 수행하는 것이 「시장의 확대」와 「이익의 확보」를 양립시키는데 중요한 과제라고 분석하였다.

이러한 지적재산의 개방화와 폐쇄화를 잘 조합시켜 시장확대와 이익확보를 양립시키기 위한 방법으로는 몇 가지를 생각할 수 있다. 가장 이해하기 쉬운 것은 제품의 표준화 영역을 한정하는 것이다. 이 경우 앞에서도 말하였듯이 시장확대의 효과가 표준화 범위의 크기에 비례하기 때문에 가능한 한 넓은 범위를 표준화하면서도 이익의 원천이 되는 차별화 영역을 어떻게 확보할지 그 균형을 찾는 것이 중요한 사업전략이 된다.

반대로 표준화 영역을 극단적으로 좁게 한정하고 차별화 영역의 확보를 우선시킨 궁극적인 형태가 인터페이스 표준이다. 인터페이스 표준은 제품의 사양이나 성능이 아니라 어떤 제품과 다른 제품의 접속부분의 호환성을 확보하기 위한 표준이다. 이는, 사이즈나 재료의 기능 등을 세세하게 정하는 사양표준에는 없는 독특한 기능을 갖고 있다.

먼저, 인터페이스표준의 경우는 표준화하는 기술의 범위가 좁고 지금까지 말해온 제품표준화에 의한 차별화의 곤란이라는 단점이 발생하기 어렵다. 또 인터페이스 표준화를 하여도 그 인터페이스의 양쪽 제품 모두가 제품혁신을 계속할 수 있다는 특징이 있다. 그러나 반면 그 표준 자체에는 제품기술의 고정화나 진입의 용이화 효과가 적어서, 호환성 확보에 의한 사용자의 안심감 증대라는 시장확대 효과를 제외하면, 시장확대 효과가 적기 때문에 그것 자체로 시장을 확대하는 것은 곤란하다.

그런데 인터페이스 표준에는 시장과 시장을 접속하는 효과가 있기 때문에 한쪽의 시장이 이미 확대되어 있으면 반대쪽 시장도 그에 이끌려 확대되는 것을 기대할 수 있다. 새로운 개발제품에 있어서 그것이 이용될 가능성이 있는 주변의 거대시장과 인터페이스 표준을 마련해 놓으면, 자신의 시장이 이미 거대해져 있는 기존 시장의 크기까지 단숨에 확대될 가능성이 있다.

다음의 도표 1-10에 나타낸 디지털카메라와 가정용 프린터가 그 좋은 예라고 할 수 있을 것이다. 디지털카메라와 가정용 프린터는 가정용 PC의 주변기기로서 PC 시장의 확대와 함께 성장하고 있었지만, 그 시장이 PC시장으로 한정되었기 때문에 PC의 가격경쟁에 휘말려 들어 가격경쟁에 빠져 있었다. 그러나 디지털카메라와 DPE(디지털카메라인쇄서비스)점포 사이의 인터페이스와 디지털카메라를 프린터에 직접 연결할 수 있는 인터페이스가 정비됨에 따라 디지털카메라와 가정용 프린터는 PC의 주변기기라는 위치를 탈피하게 되었다. 그래서 독자 시장을 구축함으로써 시장규모를 확대하였고, 부가가치도 높일 수 있게 되었다.

도표 1-10 디지털카메라와 프린터의 인터페이스 표준화

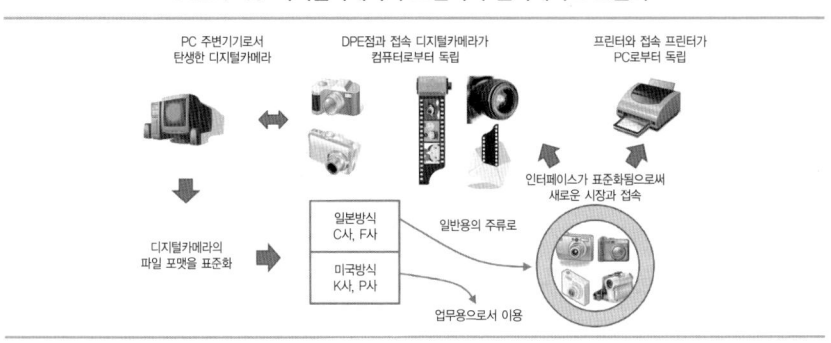

출처 : 경제산업성 작성 자료

그리고 인터페이스 표준의 중요한 기능으로서 기술영역의 장벽 효과가 있다는 점에 주목할 필요가 있다. 인터페이스 표준을 결정하면 제품은 그 인터페이스를 경계로 해서 따로 발전할 수 있게 된다. 이것은 반대로 인터페이스를 초월한 제품기능의 도입이 일어나기 어렵다는 것을 의미한다. 인터페이스 표준부분이 제품기술의 범위를 정하는 마디의 기능을 하는 것이다.

즉 인터페이스 표준은 「경쟁영역 A와 경쟁영역 B를 나누는」 기능을 갖고 있다. 이 기능을 잘 활용하면 특정제품의 주변 인터페이스를 표준화함으로써 특정기술 영역을 독점하는 것이 가능해진다.

차별화 영역을 남기는 것에 있어서 또 하나의 선구적인 방법은, 표준화를 할 때 사이즈, 재료, 기능 등을 세세하게 모두 정하는 「사양표준화」가 아니라 제품이 가져야 할 성능의 목표값만을 「성능표준화」로 하고, 그 성능의 실현은 각사의 기술력에 맡기는 것이다.

이 성능표준화의 경우, 작성된 표준은 앞서 말한 시장확대 효과 중 기술의 단순화 및 고정화 효과를 갖지 않기 때문에 급격한 진입자의 증가나 그에 따른 가격저하 등은 바랄 수 없다. 따라서 시장확대 효과는 「사용자측의 안심」만으로 한정되며, 시장확대 효과가 반감된다. 그러나 제조자 측면에서는 제품 전체에 대한 제품혁신의 가능성을 유지할 수 있기 때문에, 이는 제조비용뿐만 아니라 제품개량에 높은 기술력을 가진 기업에게는 유리한 표준화 방식이라고 할 수 있다. 이러한 「성능표준화」는 WTO/TBT협정에서도 기술개발을 저해하지 않는 표준으로서 권장되고 있고, 앞으로도 「차별화 영역을 남기는」 표준화로서 그 활용이 확대될 것으로 기대된다.

3. 비용절감을 위한 제품표준화

본절의 머리 부분에서 정리하였듯이 제품표준에는 시장확대와 함께 비용절감 기능이 있다. 표준화에 의한 비용절감으로서 가장 이해하기 쉬운 것은 부품의 공통화나 제조라인의 표준화에 의한 운영상의 비용절감일 것이다. 이러한 표준화는 정도의 차이는 있지만 대규모 기업이라면 당연히 이미 도입되어 있는 표준화이다. 그러나 이러한 표준화는 각 기업에서 모두 실시한 경우는 그 이점이 각 기업에게 돌아가기 때문에 결국 제품의 경쟁력으로는 이어지지 않는다. 그런 의미에서도 조달품목수의 삭감이나 제조라인의 표준화는 사내에서 독자적으로 실시하는 것이 기본이다. 앞서 언급한 기업에 있어서의 표준화 효용으로서 비용절감 효과를 강조한 DIN의 조사에서도 표준화 효과를 가장 잘 발휘할 수 있는 것은 기업내 표준화라는 조사결과가 나와 있다.

그러나 컨센서스 표준에 의한 비용절감은 전혀 다른 효과에 의해 생겨난다. 먼저 첫 번째 효과는, 컨센서스 표준화에 의해 표준화된 원재료나 제조설비 시장이 확대되어 가격 경쟁이 일어나게 되고, 그에 따라 표준화된 원재료나 제조설비의 구입단가가 낮아지는 것이다.

앞서 말한 「시장확대 표준화」의 경우, 진입자 증가에 따른 가격저하는 소비자에게는 이점이지만, 사업자에게 있어서는 단점 중 하나가 된다. 그러나 사업자가 물품을 조달하는 경우라면 자신이 소비자와 같은 입장이기 때문에 표준화에 의한 가격저하는 당연히 이점이 된다. 즉 시장확대에 의한 이익을 제품의 매출증대가 아니라 원재료의 구입비용 삭감이라는 형태로 직접적으로 얻는 것이 컨센서스 표준에 의한 비용절감이다. 그런 의미에서 보면, 제2장에서 다루는 바와 같이 컨센서스 표준이 「시장확대 효과」를 통하여 여러 가지 이익을 가져다 주지만, 표준화를 통하여 비용을 절감하는 것은 그 중 가장 직접적이고 이해하기 쉬운 예라고 할 수 있을 것이다.

또 하나의 효과는 표준화된 부분을 비경쟁영역으로 하고, 연구개발 투자나 제품종류의 구색 갖추기를 위한 투자를 줄이는 것이다. 앞서 언급한 것처럼 제품기술이 복잡해지고 제조설비가 거대해짐에 따라 제품개발이나 제조를 한 회사가 전부 하는 것이 불가능한 환경으로 되어 가고 있다. 그래서 각 기업은 자사의 기술에 더하여 많은 기술을 외부로부터 모아 하나의 제품을 상품화할 필요가 있다.

이 경우 자사 개발기술 부분에서 제품차별화와 이익확보를 꾀하는 것이 가장 효과적이라는 것은 의심의 여지가 없다. 그래서 각 기업은 각각의 경영자원을 이 차별화 가능 부분에 집중 투자하여 부가가치를 높이는 방향으로 사업을 전개하고 있다. 이것을 효율적으로 하기 위해서는 차별화에 이용하지 않는 부분, 타사로부터 기술을 도입한 부분, 부품을 구입하는 부분 등에는 가능한 한 자원을 투입하지 않는 것이 중요하다. 이러한 부분에서는 타사와 협동 및 협조하는 것이 바람직하다. 이것을 실현하는 것이 컨센서스에 의한 표준화이다.

기술이 복잡해진 환경 하에서 각사가 공동으로 특정 기술영역을 비경쟁영역으로 하고, 그것으로 비용을 줄인다. 이것이야말로 컨센서스 표준화에서만 얻을 수 있는 사업효과이다.

다만, 이러한 비용절감을 위한 표준화는 표준화 제품의 사용자측에서 요구하는 표준화이다. 그래서 제조를 하는 사업자들이 표준화를 하도록 하기 위해서는 많은 기업이 협력하는 것이 대전제가 된다. 이것을 실현하기 위해서는 시장개척을 위한 표준화와는 달리 표준화에 의해 시장이 확대된다는 것을 제품을 조달하는 쪽이 보증해 줄 필요가 있다. 그리고 그것이 공급자들이 표준화를 하는 인센티브가 되고, 그 결과 표준화가 진전되는 것이다. 즉, 어느 정도 규모의 시장이 존재한다는 것을 전제로 해서 비로소 성립되는 표준화이며, 이는 시장의 성숙기에 이루어지는 경우가 많다. 이 때문에 표준화에 의한 시장확대 효과를 필요로 하지 않는 경우에는 표준화 영역을 무리하게 넓게 할 필요는 없다는 점에도 주의할 필요가 있다.

이 경우 전략적으로 중요한 것은, 어느 부분을 표준화함으로써 가장 큰 비용절감 효과를 기대할 수 있느냐는 것이다. 시장확대 표준화에서는 어느 부분을 표준화하지 않고 남기느냐가 중요했다는 것을 생각하면, 양자가 지향하는 바는 같지만 보는 관점이 약간 다르다는 것을 알 수 있다. 그리고 자사에게는 비용절감 효과가 높고 한편 타사와 경쟁하고 싶지 않은 영역을 표준화하는 것이 비용을 절감하는 표준화에 있어서 핵심적인 내용이다.

원래 비용절감 능력은 경쟁력 중 하나이며 앞서도 말했듯이 자사 단독으로 실현하여 비용우위를 갖는 것이 통상적인 사업전략이다. 그러나 이처럼 기술이 복잡해지고 한 회사에서 모든 기술을 커버하는 것이 불가능해진 오늘날에는 공동으로 비용절감을 위한 기술개발과 표준화를 실시하여, 관련 부분을 자원투입이 불필요한 비경쟁 영역으로 하는 활동이 점점 증가할 것으로 예상된다.

도표 1-11 제품표준화와 경쟁력의 관계

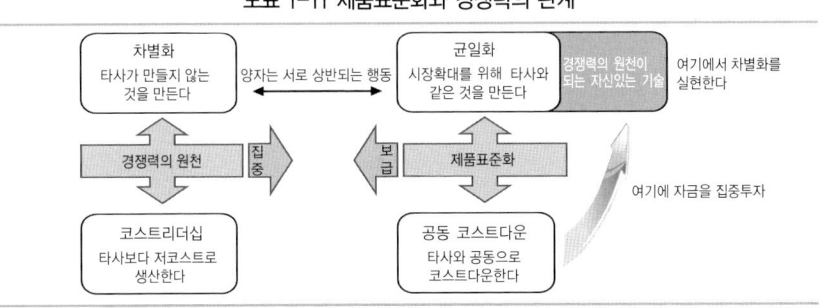

출처 : M.E.포터-「競争の戦略」 ダイヤモンド社(1985)등을 참고로 작성

4. 제품표준화와 경쟁력

마이클 포터 교수는 그의 저서에서 기업의 경쟁력은 「차별화」와 「비용우위」로 실현되며, 이를 특정시장에 집중하여 실시하는 것이 경쟁력을 높인다고 하였다.

이 「경쟁력」과 「제품표준화」를 비교하면 재미있는 점을 발견할 수 있다. 제품의 표준화는 그 제품의 차별화를 곤란하게 하며, 또 각사가 공동으로 비용을 줄이도록 하기에 기업들이 비용우위를 갖는 것도 곤란하게 한다. 그리고 표준화의 혜택은 누구나 평등하게 얻을 수 있으므로, 특정 영역에 대해 집중화하여도 다른 기업이 거기에 진입해 올 가능성이 높아진다.

즉 도표 1-11에서 보는 바와 같이 제품표준화는 포터 교수가 말하는 「경쟁력」을 저해하는 활동이 된다. 이것만을 보면 비즈니스 차원에서 표준화를 도구로 활용하는 이점은 보이지 않는다. 표준화에서 이점을 얻는 것은, 제품을 균일화하여 국가차원에서 가격경쟁으로 몰고 가고 싶은 중국을 비롯한 아시아공업국 경우만인 것으로 보인다. 일본기업과 같이 기술력을 가진 기업에게 비즈니스 차원에서 표준화가 효과적일 수 있는 것은, 시장확대 표준화 항목에서 말하였듯이, 제품차별화를 실현할 수 있는 부분을 표준화 영역 이외에 가지고 있는 경우이다. 이러한 기술영역을 갖고 있다면 차별화가 곤란한 부분은 표준화 함으로써, 반대로 차별화 부분의 우위성을 부각시킬 수 있게 된다. 그리고 공동의 표준화를 통한 비용절감으로 얻어진 자금을 이 차별화 부분의 개발 등 경쟁력을 더욱 높이기 위한 활동의 자금으로 이용할 수 있게 된다.

5. 제품차별화를 실현하는 시험 및 검사방법 표준

지금까지는 기업이 대응하기 쉬운 표준화 활동으로서 제품표준의 작성에 한정하여 분석을 하였다. 그러나 처음에 말하였듯이 기본표준, 시험 및 검사방법 표준도 사업전략에 여러 가지 영향을 준다. 시험이나 검사방법의 표준화는 공적인 인정이 필요해서 기업이 실시하는 표준화라고는 보기 어렵지만, 현실적으로는 세계의 많은 기업들이 이 시험 및 검사 방법의 표준화에 적극적으로 대응하고 있다.

제품시장에서의 시험 및 검사방법 표준의 역할은, 먼저 시장 형성기에 그 제품의 성능을 정확하게 누구나 알 수 있는 형태로 보여주는 것이다. 예를 들면 광촉매에서는 해당 촉매의 항균능력을 측정하는 방법이 표준화되어, 기존의 항균제와의 비교를 가능하게 하였다. 이처럼 새로운 제품을 시장에 투입하여 보급시키기 위해서는 그 새로운 제품의 기능 및 능력을 기존제품의 기능 및 능력과 정당하게 비교하여, 비교우위가 있다는 것을 나타내는 것이 절대적으로 중요하며, 시험 및 검사방법 표준은 시장확대에 큰 역할을 하게 된다(安井 2007).

그런데 이 시험 및 검사방법 표준은 시장이 확대되어 다수의 진입자가 제품을 공급하는 단계에서는 그 신제품들 사이의 성능을 비교하기 위하여 사용되게 된다. 즉, 시장 형성기에는 예전 제품과의 차별화에 도움을 주어 시장확대에 기여한 표준이 시장의 포화기에는 신제품 간의 성능 차이를 보여주는 차별화 기능을 갖는다. 이것을 제품표준과 비교하면, 시장 형성기에서의 역할은 같지만, 시장 포화기에서의 역할은 제품표준의 경우와 전혀 반대가 된다는 것을 알 수 있다. 앞 항목에서 말하였듯이 제품표준은 시장포화기에 제품의 차별화를 곤란하게 하지만, 시험 및 검사방법 표준은 시장포화기에는 그야말로 제품의 차별화를 촉진하는 표준으로서 작용하는 것이다.

이 때문에 시험 및 검사방법 표준의 제정에는 자사제품의 특징을 충분히 이해한 후에 자사제품의 높은 기능성이 높게 평가되는 시험 및 검사방법 표준을 설정하는 것이 중요하다. 언뜻 보면, 이러한 시험 및 검사방법 표준은 디쥬르 표준을 중심으로 한 컨센서스 표준이기 때문에 그 내용을 통제하는 것은 곤란한 것처럼 보인다. 그러나 현실적으로는 가정용 에어컨의 냉매나 철강 산업에서의 인장력의 시험방법 등에서 보는 바와 같이, 특정기업이나 업계가 시험 및 검사방법 표준을 유리하게 설정한 예는 많이 볼 수 있고, 이를 사업전략에 포함하는 것은 충분히 가능하다고 할 수 있다.

다만 시험 및 검사방법 표준에는 제품표준에는 없는 단점도 있다. 이러한 시험 및 검사방법 표준의 특징을 이해하면, 이 표준을 제품표준과 조합시킴으로써 사업전략상 더욱 유효한 표준화 전략을 구축할 수 있다는 것을 쉽게 예상할 수 있다. 문제는 어떠한 시험 및 검사방법 표준을 언제 누구와 함께 만들어 그 표준을 어떤 제품표준과 조합시키는 것이 효과적인지에 대하여 충분히 분석할 필요가 있다는 것이다. 이 시험 및 검사방법 표준의 활용에 대해서는 제4장에서 상세하게 분석한다.

_맺음말

이상에서 살펴보았듯이 표준화는 그 대상, 형태, 시장 그리고 각사의 기술력에 따라 사업활동에 대하여 여러 가지 플러스 효과와 마이너스 효과를 준다. 이러한 효과를 정확히 이해하고 예측하는 것이 사업활동에서 표준화를 활용하는 최소한의 조건이다.

그리고 현대의 기술환경 및 시장환경은 표준화 활동의 중심을 「디팩토 표준의 획득」에서 「컨센서스 표준의 활용」으로 옮겨가고 있다. 그리고 그 두 가지 표준은 전혀 다른 사업효과를 가지기 때문에 과거의 디팩토 표준 획득을 위해 축적된 여러 가지 전략은 전혀 도움이 되지 않는다. 이 때문에 컨센서스 표준을 이용한 전략을 새롭게 구축하는 것이 표준화를 사업전략에 활용하는 데 있어서 필수과제가 되고 있다.

본서는 이 과제에 정면으로 대응하여 여러 가지 컨센서스 표준 전략을 정리하였다. 다음 장 이후에서 그 전략을 살펴보기로 하자.

(江藤 学)

02

컨센서스
표준을 둘러싼
경쟁 전략

02 컨센서스 표준을 둘러싼 경쟁 전략

제1장에서 오늘날 표준화는 컨센서스 표준을 사용하지 않으면 실현이 곤란하다는 것을 보여주었다. 동시에 컨센서스 표준의 효과는 시장확대와 각사 공통의 비용절감이기 때문에 표준화만으로는 이익으로 연결되기 어렵다는 점도 설명하였다. 그러면 컨센서스 표준을 활용하여 사업에서 이익을 올리려면 어떻게 하면 될까? 제2장에서는 컨센서스 표준을 이용한 경쟁전략의 분석틀을 제시한다. 컨센서스 표준이 존재하는 시장에서 기업이 이익을 올리기 위해서는 그 포지셔닝이 중요하다. 어떤 포지셔닝이 어떤 이유로 기업에 이익을 가져다 주는가? 표준화에 관련된 기업군을, 표준화를 주도하여 자사에게 유리한 상황을 만들려고 하는 표준화 리더기업과 그 주변에서 이익을 획득하려는 표준화 주변기업으로 나누고, 각각에 관하여 이 포지셔닝에 관한 여러 가지 패턴을 분석해 보자.

― 머리말

시장보급을 추구하는 복수의 표준이 경쟁하고 있는 상황에서 어떻게 이익을 획득할 수 있을지, 그 수단은 기업이 처해 있는 입장에 따라 다르다. 본 장에서는 표준 책정 시에 어떻게 비즈니스 모델을 표준에 내포시켜 경쟁우위를 획득하여야 할지에 관하여, 분석틀을 구축한 후에 실제 예를 들어 설명한다.

제1절에서는 먼저 표준화 리더기업과 표준화 주변기업의 두 가지 전략에 관하여 고찰한다. 그리고 앞으로 소개하는 사례가 분석틀 위에서 어떤 위치를 갖게 되는지를 설명한다.

제2절에서는 표준화 리더기업의 전략상 핵심요인을 정리한다. 그것들은 표준의 보급 속도에 영향을 주는 요인이기도 하고, 표준

화 리더기업에게는 이러한 요인을 어떻게 잘 이용하거나 구축하여 자사이익으로 연결되도록 표준을 보급시켜 나가는지가 중요하다.

제3절에서는 표준화 리더기업이 직면한 이익의 원천 확보와 표준화의 트레이드 오프의 문제에 관하여 고찰을 한다. 제2절에서 언급한 표준의 보급속도를 높이는 요인은 자사의 이익확보라는 관점에서는 상반되는 부분이 많다. 여기에서는 표준화에 의해 개방된 영역을 어떻게 설정하는가에 따라 표준이 보급되어도 자사 이익을 반드시 확보할 수는 없을 가능성이 있다는 딜레마를 고찰하고, 그 대처방법을 제시한다. 제4절과 관련하여 보면, 제3절은 표준화 리더기업이 취하는 표준화 포지셔닝 전략을 다루고 있다.

제4절에서는 표준화 주변기업이 취하는 표준화 포지셔닝 전략을 고찰한다. 제품의 어떤 영역이 표준화되면 부가가치의 이동이 일어난다. 이 변화를 파악하여 자사의 사업영역을 그 상위 층 또는 하위 층에 위치시킴으로써 부가가치의 획득을 노리는 전략이 표준화 포지셔닝 전략이다.

마지막절에서는 이러한 고찰을 정리하고 시사점을 논한다.

1. 표준을 둘러싼 경쟁전략의 분석 틀

표준을 보급시키는 최대의 목적은 표준을 통한 통일된 시장을 만드는 것이다. 보급의 범위가 넓으면 넓을수록 거대한 시장이 출현하여, 앞 장에서 말하였듯이 거기에서 많은 이익 획득의 기회를 기대할 수 있다. 이 때문에 기업은 표준책정이나 표준에 따른 제품개발에 많은 투자를 한다.

표준을 둘러싼 경쟁에서는 기업의 입장은 크게 나눠 두 가지가 있다. 하나는 표준화 리더기업이고 또 하나는 표준화 주변기업이다.

표준화 리더기업은 표준을 신속하게 보급시킴으로써 자사에게 유리한 환경으로 확대하는 것을 노린다. 복수의 표준이 난립하고 있는 경우에는 다른 표준을 이기는 것도 노린다. 표준화 리더기업에 있어서 표준의 보급 속도를 조절하는 것이 중요한 전략이 된다. 이것을 표준화 보급 전략이라 부른다.

한편 표준화 주변기업은 표준책정을 받아들여 이익을 최대화하기 위하여 행동한다. 표준화를 통하여 출현하는 거대한 시장의 어떤 위치를 점하여 자사에게 유리한 상황을 만들어내는 전략이다. 이것을 표준화 포지셔닝 전략이라 부른다. 뒤에서 언급하는 바와 같이 표준화 포지셔닝 전략은 표준화 리더기업에게 있어서도 중요한 전략이다.

1. 표준화 리더기업과 표준화 주변기업의 정의

컨센서스 표준을 책정하는 경우, 표준화를 주도하여 자사에 유리한 상황을 만들어내는 기업과 그 주변에서 이익 획득을 노리는 기업, 즉 두 가지 유형의 기업이 존재한다. 전자를 표준화 리더기업, 후자를 표준화 주변기업이라 부른다.

표준화를 주도하는 기업에서는 표준의 보급 속도를 조정하여 다른 표준보다도 빨리 자사가 옹호하는 표준의 침투를 노리는 전략을 생각한다. 이 전략을 표준화 보급 전략이라 한다. 표준화 보급 전략은 표준화 리더기업에게 중요한 전략이 된다.

한편, 표준화는 전체 시스템의 어떤 영역을 공개함으로써 아키텍처를 전환시키는 특성을 지니고 있다. 아키텍처가 변화하면 전체 시스템에서의 부가가치 분포도 변화한다. 부가가치의 이동을 신속하게 파악하여 자사의 사업영역을 설정하는 전략을 표준화 포지셔닝 전략이라 한다. 표준화 포지셔닝 전략은 표준화 리더기업에게 있어서나 표준화 주변기업에 있어서나 중요한 전략이 된다.

기업은 이들 두 가지 형태로 명확히 분류되는 것은 아니다. 기업이 가지고 있는 사람, 물건, 돈, 정보라는 경영자원의 축적도가 사업 분야에 따라 다르기 때문에 하나의 기업이 어떤 분야 또는 어떤 시점에서는 표준화 리더기업이 되고, 어떤 분야 또는 어떤 시점에서는 표준화 주변기업이 된다. 따라서 기업은 각각의 사업 분야에서의 경영자원 축적도에 따라 전략을 구분하여 사용하는 것이 바람직하다.

다음으로 각 전략의 중요한 핵심점을 살펴보기로 하자.

2. 전략상의 핵심점

① 표준화 보급 전략

표준 사이에서 경쟁이 일어난 경우, 표준을 추진하는 기업에게 있어서 가장 큰 문제는 「어떻게 해서 신속하게 표준을 보급시키는가」이다. 표준의 보급이 진행되면 그만큼 표준의 이용자도 늘어난다. 표준의 가치는 표준의 이용자가 늘면 늘수록 커진다.

예를 들면 휴대전화의 GSM 규격과 CDMA 규격에서 GSM 규격에 대한 참가자(통신회사, 통신기기제조업자, 이용자)가 늘면 그만큼 GSM 규격에 대한 참가의 유인이 커진다. 이것은 왕왕 GSM 규격의 내용 그 자체와는 별개로 일어나는 현상으로, 네트워크 외부성이 초래하는 효과라고 한다.

어떻게 표준 보급 속도를 높이는가를 생각했을 때, 네트워크 외부성이 가져다주는 효과의 존재는 무시할 수 없다. 그러나 종전의 논의에서는 네트워크 외부성이 가져다주는 효과의 논의와 표준 보급 속도의 논의를 동일선상에서 다루고 있었다. 이 때문에 자칫하면 경영상 현실적인 결론을 낼 수 없었다. 예를 들면 네트워크 외부성을 일으키기 위해서는 일정 규모의 이용자가 필요한데, 이용자가 늘기 위해서는 일정한 네트워크 효과가 필요하다. 이 때문에 「닭과 달걀」과 같은 순환 논리에 빠지는 경향이 있다.

네트워크 외부성이 이용자 확대에 영향을 줄 정도의 이용자 규모를 크리티컬 매스(critical mass)라 부른다. 경영의 관점에서 말하면, 이 크리티컬 매스까지의 기간에 얼마나 원활하게 사업을 추진하여 이용자 규모를 늘려 나가느냐가 과제가 된다. 그러나 한 회사에서 크리티컬 매스까지 도달할 수 있는 기업은 거의 없을 것이다. 많은 경우, 보완관계의 기업이나 때로는 경합관계의 타사와 연계하는 등, 타기업과의 협력을 거치면서 크리티컬 매스를 달성하여야 한다. 문제는 각각의 기업은 각각의 의도로 이익을 올리기 위하여 활동하려고 한다는 것이다. 이해가 복잡하게 나뉘는 것이다. 이러한 기업을 어떻게 조정하여 보급 속도를 높여 나가느냐가 중요해진다(Shapiro & Varian 1999, Gawer & Cusumano 2002).

그러면 어떻게 하면 찬동자가 확실하게 증가하고, 일단 찬동한 기업이 규격에서 일탈하는 일 없이 전체적으로 하나가 되어 보급의 속도를 높여 나가는 것이 가능해질 것인가? 규격간 경쟁에서는 이러한 문제에 대한 해결책을 교묘하게 준비할 수 있는 기업이 우세하게 된다. 즉 보급 속도를 통제하는 과정에서 다른 규격을 이기는 것을 구축한 기업이 표준화 경쟁에서 승리한다고 할 수 있다.

구체적으로는 ①「전체 아키텍처에서의 개방(표준화)영역의 조정」, ②「핵심추진체 조직의 정비」, ③「단계적 확대에 의한 표준의 보급」, ④「사용자와 공급자의 합의 형성」이며, 이것들은 서로 관련하여 보급 속도에 영향을 줄 것으로 생각된다.

나아가 이 네 가지 핵심점은 비즈니스 모델을 구축해 나갈 때에도 큰 영향을 준다. 표준화 리더 기업은 이 네 가지 핵심점을 전략적으로 전개해 나가고 이것이 잘 이루어진다면, 스스로의 우위성을 발휘하기 쉬운 비즈니스 모델을 구축할 수 있는 가능성이 높아진다. 그러나 경쟁에 진 경우는 비즈니스 모델의 재구축이 요구되며 매몰비용도 발생하기 때문에 손해가 크다. 이런 의미에서도 경쟁이 아니라 합의 형성에 의한 컨센서스 표준화가 바람직한 것이 된다. 그러나 한편으로 컨센서스를 형성하는 것은 표준을 둘러싼 이해관계가 복잡하므로 쉬운 것이 아니며, 원하거나 원하지 않거나 상관없이 경쟁상황에 빠질 가능성은 높다. 따라서 경쟁을 유리하게 이끌기 위해서는 이러한 네 가지 핵심점을 고려하는 것은 도움이 된다. 그러면 구체적으로 네 가지 핵심점에 관해서 살펴보자.

① 전체 아키텍처에서의 개방 영역의 조정
　　표준화란, 시스템의 어떤 부분에 대하여 규약을 정하고 개방 영역으로 하는 것이다. 규약화된 영역의 정보는 많은 주체들에게 공유되므로 시스템 안에서 개방 영역이 된다. 개방 영역이 클수록 시스템의 보급은 빨라진다.
　　한편, 표준화는 표준화된 영역에 존재하는 특허를 필수 특허로 해 버리는 상황도 동시에 만들어낸다. 필수 특허는 표준화와 표리일체의 현상이다. 필수 특허의 로열티 처리

방법도 보급 속도에 큰 영향을 준다. 필수특허에 고액의 로열티가 설정되면 개방화의 효과는 줄어든다. 표준화와 특허 로열티의 처리 방법에 따라 아키텍처의 개방 영역과 그 정도가 결정된다. 개방 영역이 크면 클수록 표준과 그것을 내포하는 전체 시스템이 보급되는 속도가 빨라진다. 상세한 것에 대해서는 제2절 1항에서 다룬다.

② 핵심추진체 조직의 정비

통상 표준화 프로세스에는 표준 책정을 위한 조직이 중심이 되기 쉽다. 그러나 책정된 표준 이용자의 조직화도 똑같이 중요한 것이다.

표준과 관련된 통일적 절차의 설정, 표준에 관한 지식의 집약과 공유화의 방법, 표준에서의 일탈행위를 막는 조치, 표준 채용에 대한 인센티브를 높이는 방법 등을 구축하는 것이 표준보급에 있어서 중요하다. 이러한 일련의 방법을 통하여 표준 이용자를 하나의 조직으로 묶음으로써 이들을 표준 보급의 핵심추진체로 할 수 있게 된다.

나아가 표준은 인터페이스가 되는 영역에 설정되는 경우가 많다. 이것은 네트워크 외부성이 발생하는 것을 의미한다. 네트워크 외부성은 표준이 보급되게 하는 요인이지만, 만약 올바르게 표준이 지켜지지 않는 경우 네트워크 외부성의 효과는 줄어들게 된다. 그 때문에 표준이 올바르게 지켜지는 것을 담보하기 위하여 지속성을 평가하는 조직화를 할 수 있다면 네트워크 외부성의 효과를 최대로 할 수 있다. 상세한 것에 대해서는 제2절 2항에서 다룬다.

③ 단계적 확대에 의한 표준의 보급

표준이 보급되는 과정에서는 새로운 협업 및 분업구조가 필요한 경우가 많다. 예를 들면, 표준에 의해 개방 영역이 된 시장에서는 비용우위의 기업이 대두할 것이고, 네트워크 외부성이 발생하면 새로운 보완재 업체가 중요한 포지션을 차지한다. 그런데 이러한 새로운 관계는 기존의 협업구조나 분업구조에 대하여 재조정을 요구하기 때문에 그 과정에는 시간이 걸리고 혼란이 일어난다. 특히 컨센서스 표준화의 과정에서는 복수의 주체가 참가하기 때문에 이 문제가 발생하기 쉽다.

이 문제에 대한 대처방법으로 표준의 보급을 단계적으로 실시하는 것이 효과적이다. 처음에는 작은 시장에서 표준을 보급하고, 그 후 큰 시장에서 표준을 보급한다. 이렇게 함으로써 작은 시장에서 조정된 관계성을 그대로 확대하여 큰 시장에 적응할 수 있는 것이다. 단계적으로 보급함으로써 혼란을 최소한으로 하고, 표준이 적용되는 시장을 신속하게 확대할 수 있는 것이다. 상세한 것에 대해서는 제2절 3항에서 다룬다.

④ 사용자와 공급자의 합의 형성

　사용자와 공급자가 합의 형성의 장으로서 컨센서스 표준을 이용하는 경우, 표준을 채용한 제품의 보급은 빨라진다. 컨센서스 표준 책정의 자리에서는 사용자측의 요구가 제안되는 한편, 공급자 측에서는 그러한 제안이 가능한지가 고려된다.
　이러한 사용자와 공급자의 대화는 시장 경쟁에 의한 디팩토 표준에서도 달성할 수 있지만, 컨센서스 표준 쪽이 신속하고 광범위하게 달성할 가능성이 크다. 특히 개발투자에 거액의 비용이 필요한 사안에 있어서는 컨센서스 표준이 효과적인 경우가 많다.
　컨센서스 표준의 이점은 표준을 채용한 제품의 양적 확대가 약속된다는 점이다. 공급자 측은 안심하고 개발에 대한 투자를 할 수 있다. 한편 사용자 측에서는 표준을 채용한 제품이 가격경쟁을 일으키기 때문에 저가격으로 그 제품을 조달을 할 수 있다. 즉 컨센서스 표준은 사용자와 공급자 양쪽에게 이점을 제공하기 때문에 신속하게 보급되는 것이다. 상세한 것에 대해서는 제2절 4항에서 다룬다.

　위에서 든 네 가지 핵심점은 표준화의 보급 속도를 높이기 위하여 효과적인 요인이다. 이러한 요인은 표준 채용자를 늘리는 역할을 한다. 그런데 표준의 채용자가 늘어난다는 것은 신규 진입자도 늘어난다는 것을 의미하고, 당연히 기대수익률은 낮아진다. 나아가 표준화된 부분은 차별화를 할 수 없으므로 이익의 원천이 되지 않을 가능성이 있다. 즉 네 가지 요인을 사용하면 사용할수록 이익의 원천을 확보하는 문제가 중요해진다.
　표준화의 보급과 이익원천의 확보라는 두 가지 문제의 균형을 어떻게 잡느냐가 표준화 리더 기업에게 있어서의 과제이다. 제2절에서 각 요인이 표준을 보급시키는 속도를 높인다는 점을 확인한 다음, 양립의 어려움에 대해서는 제3절에서 다룬다.

② 표준화 포지셔닝 전략

　규격간 경쟁 속에서 자사의 사업공간을 잘 찾아내는 전략을 취하는 표준화 주변 기업에 있어서는, 표준화되어 있는 영역과 그 주변을 합한 전체 시스템 속에서 자신의 사업영역을 어디에 위치시키는가 즉 표준화 포지셔닝이 전략상 핵심점이다. 또 표준화 리더기업에게 있어서도 표준이 보급된 후에 전체 시스템 속에서 어느 부분에서 부가가치를 획득하느냐는 큰 문제이다. 즉 표준화 포지셔닝 전략은 표준화 리더기업에게 있어서나 표준화 주변기업에게 있어서나 필수 전략이 된다. 그 경우 해당 표준이 전체 아키텍처에서 어떤 부분에 관계되는지, 그 전체 모습을 그리는 것이 중요하다.

표준은 그것만으로는 존재할 수 없고, 반드시 전체 시스템의 아키텍처에서 어떤 범위를 차지하면서 관련되어 있다. 바꿔 말하면 전체 시스템의 특정한 서브시스템에 대하여 표준의 체계가 구축되어 있는 것이다.

서브시스템이 표준화되면 부가가치 분포가 바뀌게 된다. 일반적으로 표준화에 의해 개방된 영역에는 신규진입이 이루어지므로 부가가치는 축적되기 어렵다. 반대로 차별화의 원천이 되는 노하우를 블랙박스로 보호한 폐쇄 영역에는 부가가치가 축적되기 쉽다. 즉, 표준화가 이루어진 영역에서 다른 영역으로 부가가치가 이동하는 일이 일어난다.

이 메커니즘을 이용하는 것이 표준화 포지셔닝 전략이다. 그리고 부가가치의 이동작용을 효과적으로 이용하기 위하여 표준화된 영역 이외의 아키텍처도 변경하는 경우가 많다. 즉 표준화되어 있지 않은 영역에 대하여 부가가치가 축적되도록 아키텍처를 변경하는 것이다.

예를 들면 완성품 영역이 표준화된 경우 그 하위 층에 해당하는 부품 및 부재 영역의 아키텍처를 변경하여 Turn-Key 솔루션을 제공하는 일 등은 이러한 움직임에 해당한다.

또 규격간 경쟁이 된 경우, 제품기능을 논리적으로 통합하여 규격간 차이를 사용자들이 의식하지 못하도록 하는 방법, 즉 소위 표준영역의 상위 층 아키텍처를 교체하는 경우도 있다. 표준화는 부가가치를 표준영역에서 흩어져 나가게 하지만, 표준화되지 않은 영역의 아키텍처를 재편성함으로써 흩어져 나간 부가가치를 모아서 획득할 수 있다.

즉 표준화 포지셔닝 전략이란, 표준화에 의해 생긴 부가가치의 이동을 민감하게 파악하여, 표준화되어 있지 않은 영역의 아키텍처를 변경하면서 부가가치가 축적될 수 있는 영역을 자사의 사업영역으로 하는 포지셔닝을 하는 것이다.

당연히 표준화 포지셔닝 전략을 취하는 기업은 스스로가 가진 기술이나 노하우가 시장에서 경쟁을 하고 있는 표준이나 새로 보급된 표준에 대하여 시스템의 아키텍처 상

어떤 위치에 있는지, 또 어디에서 이익을 얻을 수 있을지를 잘 파악해야 한다. 이러한 파악을 통하여 비즈니스 모델을 구축하여야 한다. 즉 표준화 리더기업은 표준화 보급 전략과 동시에 표준화 포지셔닝 전략을 취하게 된다. 상세한 것은 제3절에서 다룬다. 한편 표준화 주변기업이 취하는 표준화 포지셔닝 전략은 제4절에서 다룬다.

3. 표준화 리더기업 · 표준화 주변기업과 보급 전략 · 포지셔닝 전략의 관계

도표 2-1은 표준화 전략의 분석틀과 제시하는 사례의 관계를 나타낸 것이다.

제2절에서는 표준화 리더기업이 취하는 보급 전략에 관하여 고찰한다. 보급 전략에서는 규격의 보급 속도에 영향을 주는 요인을 고찰하는 것이 중요하며, 표준화 리더기업에게는 이러한 요인을 이용하여 자사 이익으로 연결되도록 규격을 보급시키고 표준으로 만들어 가는 것이 중요하다.

도표 2-1 표준화 전략의 분석틀과 사례의 관계

	표준화 리더기업	표준화 주변기업
표준화 보급 전략	사례① 표준화 영역 확대를 이용한 대량보급 전략 사례② 특허 로열티 처리방식에 의한 표준보급 사례③ 표준 보급을 위한 두 가지의 조직화 사례④ 네트워크 외부성을 위한 핵심추진체 조직 사례⑤ 2단계의 보급 확대와 조정된 관계성의 신속한 전개 사례⑥ 사용자와 공급자의 합의형성 장으로서의 표준화 <div align="right">제2절에서 해설</div>	
표준화 포지셔닝 전략	사례⑦ 표준화에 의한 일본자전거 산업의 경쟁력 획득과 신흥국 기업의 진입 사례⑧ 인텔의 마더보드 표준화와 대만기업과의 협업 사례⑨ GSM휴대전화에서의 개방 영역의 조정 사례⑩ 표준화와 라이선싱을 통한 퀄컴과 한국기업의 연계 <div align="right">제3절에서 해설</div>	사례⑪ 표준화 영역의 상위에 위치하는 논리 레이어에서의 부가가치 획득 사례⑫ 부품을 이용한 플랫폼 전략 사례⑬ 상위 레이어와 하위 레이어의 동시 위치 잡기 <div align="right">제4절에서 해설</div>

제3절에서는 표준화 리더기업이 취하는 표준화 포지셔닝 전략을 설명한다. 표준화 리더 기업에게 있어서 표준화 보급 전략과 표준화 포지셔닝 전략은 표리일체의 전략이다. 왜냐하면 표준을 보급시키는 것이 표준 보급 전략인 한편, 표준화에서 부가가치를 획득하는 전략이 표준화 포지셔닝 전략이기 때문이다. 그러나 표준화의 보급 속도를 높이는 요인은 부가가치의 원천을 잃게 하는 경우가 많다. 이 딜레마를 어떠한 비즈니스 모델로 해결하는 지를 제3절에서 다룬다.

제4절에서는 표준화 주변기업이 취하는 표준화 포지셔닝 전략을 고찰한다.

2. 표준화 리더기업의 표준화 보급 전략

1. 표준의 보급과 아키텍처의 관계

표준의 보급 속도에 가장 큰 영향을 주는 것이 표준을 포함하는 전체 시스템의 개방도이다. 시스템을 표준화할 때 어디를 개방하고 어디를 폐쇄로 유지할지(개방도), 그리고 표준에 대하여 어떻게 지적재산권을 설정하고 어느 정도 어떤 형태로 로열티를 과금할지(지적재산의 설정)는 보급 속도에 영향을 준다.

자사의 이익을 확보하기 위하여 폐쇄 부분을 많게 하거나 자사의 이익을 지키기 위하여 로열티를 과금하거나 하면, 표준의 보급이 저해된다. 폐쇄 부분이 많으면 표준을 채용하는데 따른 이점이 작아지고, 표준의 채용자에게 있어서는 매력이 작아진다.

또 시장이 형성될지 안될지를 모르는 초기부터 로열티를 받는 경우는 큰 비용이 드는 표준의 채용을 보류하는 기업도 많을 것이다.

그러나 그렇다고 해서 표준의 보급을 촉진하기 위해 자사의 이익을 고려하지 않고 개방 영역을 확대하면, 표준은 보급되었지만 이익은 올릴 수 없게 된다. 즉 어디를 개방으로 하고 어디를 폐쇄로 하느냐 하는 판단은 「어느 영역에 신규진입자를 인정하고, 어느 부분을 비즈니스 영역으로 지키느냐」 하는 비즈니스 플랜과 표리일체의 관계에 있다. 제2절에서는 표준의 보급 속도에 초점을 맞추어 논하고, 비즈니스 모델과 관련된 논의는 제3절에서 한다.

① 개방된 영역 및 정도와 보급 속도

표준화는 기업전략 수행상 매우 유효한 도구이다. 표준화를 주도하여 자사에게 유리한 표준을 세계에 보급시킴으로써 자사 제품 시장을 급속하게 확대할 수 있고 많은 이익을 거둘 수 있게 된다.

그러나 그 사용법이 잘못되면, 단지 경쟁상대의 진입을 촉진하거나 기술유출의 계기가 되거나 할 위험한 도구이기도 하다. 표준화는 정도의 차이는 있지만 기술정보를 공개하는 것을 의미하고 있기 때문이다. 그 위험성에 대해서는 제3절에서 다루기로 하고, 본절에서는 표준을 보급시키는 데 집중하여 논의를 해보자.

표준은 전체 시스템의 어떤 영역에 대하여 책정되어 있다. 전체 시스템 속에서 표준화되어 있는 부분이 많으면 많을수록, 시스템을 채용하거나 그 시스템을 지원하는 부품을 공급하는 신규 진입자가 늘어난다. 그 결과 표준의 채용자가 확대되어 보급이 촉진된다.

즉 전체 시스템 속에서 표준화되어 있는 부분은 신규진입자에게 있어서 장벽이 낮은 개방 영역으로서 기능하는 것이다. 개방 영역이 넓으면 넓을수록 표준과 그것에 대응하는 시스템이 보급되는 속도는 빨라진다.

이 구조를 전략적으로 이용하고 있는 대표적인 기업이 PC용 CPU 메이커인 인텔이다. 다음 인텔의 사례를 소개한다.

사례 ① 표준화 영역 확대를 이용한 대량보급 전략

그다지 알려져 있지 않지만 자사에게 유리하도록 표준화를 준비하여 이용한 기업 중 하나가 인텔이다. 인텔은 자사 CPU를 대량으로 판매함으로써 거액의 CPU 개발비용을 회수하고 고수익을 올릴 수 있다. 자사 CPU의 대량보급 사이클을 계속 돌리는 것이 인텔의 기본전략이다.

이 기본 전략의 실현을 위하여 표준화가 큰 역할을 담당하고 있다. CPU를 대량 보급시키기 위해서는 PC의 대량보급이 필요하다. 이 때문에 인텔은 CPU메이커임에도 불구하고 완성품인 PC의 표준화를 다양한 영역에서 실시하고 있다. 특히 1990년대 후반에는 표준화에 대한 관여가 급격히 늘고 있고, 이를 전략적으로 추진해 온 것으로 생각된다.

도표 2-2 인텔이 주도한 표준과 발행연도

대상영역	명칭	'90	'91	'92	'93	'94	'95	'96	'97	'98	'99	'00
로컬버스	PCI 1.0/1.1											
시스템버스	PCI 2.0											
전원	ACPI 1.0											
마더보드 형상	ATX											
주변기기버스(저속)	USB 1.0											
주변기기버스(고속)	USB 2.0											
HDD I/F	Ultra DMA											
그래픽버스 I/F	AGP 1.0											
온보드사운드	AC97											
PC전체설계	PC98:System Design Guide											
메모리 I/F	PC100, ...											

인텔에 있어서 표준화의 목적은 크게 두 가지이다.

첫째는 엔트리 레벨의 PC를 급속하게 일상재로 만들어 대량보급에 탄력을 붙이는 것이다. 예를 들어 마더보드를 표준화하면, 대만의 마더보드 메이커로부터 최첨단 CPU용의 저가 마더보드가 공급되게 된다.

예전에는 최첨단용 마더보드는 기술력이 있는 PC메이커 내부에서 일정 기간 보유되어, 수량이 한정된 프리미엄 상품으로서 판매되고 있었다. 그러나 표준화된 후에는 최첨단 CPU를 탑재한 마더보드는 대만의 마더보드 메이커로부터 대량으로 공급되게 되었다.

최첨단 CPU를 탑재한 마더보드를 이용한 PC가 여러 PC 메이커에서 발매되어, 최신의 CPU는 출시되자마자 신속하게 보급되게 되었다.

둘째 목적은 최종소비자가 고기능 CPU파워의 혜택을 실감할 수 있는 기능(PnP 기능이나 멀티미디어 기능)을 표준기능으로 정의하고, PC 사용자의 저변을 넓히는 것이다. CPU의 처리 속도를 높였다고 해도 그것을 사용자가 실제 느끼고 만족하지 않으면 아무런 의미가 없다. 과잉 기술로 받아들여져 PC가격은 불필요하게 하락하고 만다. CPU의 처리능력이 사용자에게 있어서 혜택으로 느껴질 수 있어야 한다. 그래서 인텔은 사용자에게 도움이 되는 기능을 계속해서 표준화하여, 소프트웨어 회사나 하드웨어 회사가 이런 기능을 이용하거나 개발하는 것을 지원했다.

인텔이 강력하게 표준화를 추진한 결과, 표준화된 외부 인터페이스에 연결되는 DRAM, HDD 등의 부품은 치열한 가격 경쟁에 노출되었다. 2003년 HDD의 가격은 1995년의 약 40%까지 하락하고 있었다. 부품 부문만이 아니라 완성품 부문의 평균단가도 똑같이 크게 하락하였다. 브랜드 PC 메이커가 발매하는 PC의 평균단가는 1995년을 기준으로 하였을 때 2003년에서는 약 60%로 하락하고 있었다.

PC의 평균단가가 내려간 것은 PC 출하수량 확대에 공헌하였다. 종전에 도저히 PC를 구매할 수 없었던 신흥국 시장에서도 구매할 수 있는 수준으로 PC의 가격은 내려가고 있었다. PC의 출하량은 1990년대 동안 계속 확대되었다. 표준화를 통하여 인텔은 자사 CPU의 대량보급에 성공한 것이다(立本 2007, 新宅 · 立本 2007).

② 특허 로열티의 설정과 보급 속도

지적재산의 설정을 어떻게 하는가도 표준의 보급 속도에 큰 영향을 준다. 지적재산권의 설정방법 즉 해당 기업의 권리 처리방법에 따라 보급 속도를 높일 수 있다. 특허 로열티 지불을 요구하지 않는 것은 아키텍처의 개방화를 가속화한다.

이하의 예는 1990년대 중반에 등장한 USB와 IEEE1394라는 2가지의 범용 인터페이스 표준 사이에서 일어난 표준화 경쟁에서 지적재산이 어떻게 설정되었는지를 잘 나타내고 있다. 현재 PC시장에서 널리 보급되어 있는 USB와 제한된 좁은 시장으로 쫓겨난 IEEE1394에서는 분명히 지적재산의 설정에 차이가 있었고, 이것이 표준의 보급에 큰 영향을 주었다.

사례 ② 특허 로열티 처리방식에 의한 표준보급

1990년대 중반부터 2000년대 초에 걸쳐 PC 업계에서는 USB와 IEEE1394(이하 1394)라는 두 개의 범용 인터페이스(이하 I/F)가 SCSI 이후의 자리를 노리고 표준화 경쟁을 펼쳤다. 결국 PC시장에서는 USB가 크게 보급되고, 1394는 좁은 시장으로 쫓겨났다. 배경에는 양쪽의 특허 로열티 처리 정책이 크게 관계되어 있다.

당초 USB는 저속의 I/F, 1394는 고속의 범용 I/F로서 양쪽이 공존하는 것이 목표였다.

USB의 경우는 표준에 포함되는 특허(즉, 필수특허)를 무상으로 공개하였다. 핵심규격의 책정에 관여한 기업에게는 크로스라이선스에 합의하도록 하여, 특허 로열티를 요구하지 않는 영역이 설정되었다. 이러한 조치가 이루어진 것은, 기업이 자사의 상업적 이익을 도모하기 위하여 독점적으로 표준기술을 사용하는 것을 저지하기 위해서였다(Gawer & Cusumano 2002).

그에 반해 1394에서는 필수특허에 관하여 로열티를 받을 수 있도록 하였다. 중심이 되어 규격을 책정해 온 애플이 방침을 전환하여, 포트당 1달러를 과금한다고 주장하였다고 한다. 애플에서는 당초 1394에 관해서는 9개의 기술에 대하여 특허를 소유하고 있다는 점을 밝히고 있었다. 기술자 차원에서는 기술을 무상으로 공개하기로 하였다. 그러나 스티브 잡스가 애플에 복귀함(1997년)에 따라 상황은 일변하였다. 앞서 언급한 숫자를 넘는 43개의 기술에 대하여 로열티를 요구하겠다는 방침을 내세운 것이다.

특허 로열티가 부과되면 새로운 I/F의 보급에 지장이 생긴다고 판단한 인텔은 1999년 2월에는 1394의 컨트롤러 회로를 자사의 칩셋에 싣는 것을 보류하고, USB를 고속화하는 계획을 발표하였다. 여기에 USB와 1394의 표준이 경합하는 상황이 일어났다.

결국 1999년에 1394 라이선스 사무국이 설립되어 페이턴트풀 관리단체가 된 후, 당초 예정보다 훨씬 싼 1포트당 25센트를 과금하는 것으로 사태는 수습되었다. 그러나 1394 I/F를 탑재한 제품을 판매하였을 경우, 특허 로열티가 유상이라는 것에는 변함이 없었다.

1394의 필수특허를 보유하고 있는 대기업 그룹 이외에는 1394에는 진입하려고 하지 않았다. 대기업은 크로스라이선스에 의해 로열티를 상쇄할 수 있기 때문에 실질적으로는 무상으로 1394 규격을 사용할 수 있다. 그러나 크로스라이선스를 할 만한 특허를 보유하지 않고 있는 소기업은 그렇게 할 수 없다. 이러한 점이 틀림 없이 PC 주변기기메이커에게 1394를 보급시키는 일에 큰 장애가 된 것이다(高梨 2007a).

2. 표준 보급의 핵심추진체 조직

표준을 보급시키기 위해서는 표준을 책정하는 구성원을 조직화하여 매력적인 표준을 신속하게 책정하는 것만으로는 표준화를 추진하는 관점에서는 불충분하다. 타사가 해당 표준을 채용하기 쉬운 구조를 만들어내는 것이 중요하다. 그렇게 해서 표준의 책정자는 표준을 채용하는 기업과 공동으로 표준을 보급시키는 것이 가능해지기 때문이다.

이 표준책정의 조직과 표준보급의 핵심추진체 조직은 모두 복수의 표준 사이에 경쟁이 일어난 경우, 경쟁에 영향을 주는 요인이 된다. 그러나 표준화에서는 지금까지 표준책정을 위한 조직에만 주목하는 경향이 있고, 표준의 채용을 촉진하고 채용자를 끌어들여 보급을 촉진해나가는 조직에는 이목이 집중되지 않고 있었다. 보급의 관점에서 보면, 이 핵심추진체 조직이야말로 중요하다. 많은 기업에 채용되어 제품으로 시장에 출하됨으로써 정말 표준으로 인정되기 때문이다. 보급을 촉진시키도록 채용자를 조직화할 수 있느냐 없느냐에 따라 그 후의 보급 속도가 빨라지거나 느려지거나 한다.

그러면 구체적으로 채용자를 조직화한다는 것은 어떤 것일까? 어떤 기술표준이 보급되기 위해서는 소비자에게 네트워크 외부성을 제공하는 것이 중요하다. 그러기 위해서는 우선은 제조업체에게 규격의 채용을 촉구하고 제품화하도록 하여야 한다. 그리고 해당 규격을 채용하여 개발된 제품 간에는, 그것들을 시스템 내에 실제 사용했을 때 문제없이 사용할 수 있다는 상호운용성(Interoperability)이 시장 출시 전에 확보되어야 한다. 그렇지 않으면 소비자는 해당 시스템에서 이용할 수 있도록 되어 있는 기기를 구입했는데도 제품들이 상호 작동되지 않는 상황에 빠지고 말기 때문이다.

그러면 어떻게 상호운용성을 실현시킬 수 있을까? 여기에서 중요한 것이 채용자의 조직화이다. 채용자 사이에서 표준화에 관한 지식을 공유하고, 또 문제가 발생한 경우에 그 해결을 위해 그 지식을 기존 지식에 적절하게 부가하거나 수정하는 창구역할을 하는 조직을 만드는 것이다. 어떤 표준을 채용하려고 하는 기업의 경우는 이러한 조직에 참가하는 것이 좋다. 특히 보급 초기단계에 존재하는 사양상의 어려움이나 미비점에 대하여 하나의 기업이 대응하는 것보다 같이 짧은 시간에 대처하는 것이 가능해져, 그 표준을 채용하기 쉽게 된다. 그리고 실제 제품을 만드는 과정에서 생기는 문제를 이 조직에 피드백하는 체계를 만들어, 표준 관련의 지식이 한 곳으로 집약되어 재활용되는 것이 가능해진다(高梨 2007b).

사례 ③ 표준 보급을 위한 두 가지의 조직화

표준책정 조직과 표준규격 이용 조직은 서로 다른 목적을 가지며, 참가자의 동기도 다르다. 그러나 이 차이를 의식하고 두 가지 유형의 조직화를 계획적으로 이루어내면, 이들이 표준의 보급에 있어서 강력한 핵심추진체가 된다.

GSM이동통신 시스템은 제2세대 디지털 이동통신방식에서 세계적으로 가장 많이 보급된 방식이다. 보급의 관점에서 GSM방식을 살펴보면, 표준 이용자를 조직화한 것이 보급의 촉진에 큰 도움이 되었다.

GSM표준화 프로세스에서는 「표준화를 담당하는 CEPT, ETSI¹」와 「보급을 담당하는 GSM MoU 그룹」이라는 두 조직이 있었다. 두 조직이 다른 회원으로 구성되었으며, 각각이 명확한 행동목적을 가질 수 있었다는 점이 성공의 한 요인일 것이다.

표준책정에 관해서는 CEPT와 ETSI의 공헌한 바가 매우 크다. 표준화란 시스템의 인터페이스를 개방하는 것이다. 그리고 개방된 인터페이스를 참가자가 따르게 되면 거대한 통일된 시장이 생겨난다. GSM방식 표준화의 경우 이렇게 해서 유럽에 거대한 통일된 이동통신 시장이 출현하였고, 유럽의 통신기기 산업은 발전의 큰 기회를 얻을 수 있었다. 나아가 GSM방식이 유럽 이외의 통신회사에서 채용됨에 따라, 유럽통신기기 산업은 전 세계에서 시장을 확보할 수 있게 되었다.

표준화의 효과를 충분히 얻기 위해서 ETSI에는 통신회사뿐만 아니라 통신기기 메이커도 정식으로 참가할 수 있도록 하였다. 유럽의 통신분야 표준화의 역사상 이는 새로운 모습이었다. 그 자리에서는 통신회사의 이익뿐만 아니라 통신기기 메이커의 이익도 염두에 둔 표준화가 이루어지게 되었다.

한편 GSM방식의 보급을 위하여 GSM MoU[2]를 통신회사에게 체결하게 함으로써 GSM방식 통신회사가 통신기기를 구입하는 것을 약속하게 한 것도 GSM방식의 초기 성공 요인이다. GSM MoU를 체결한 통신회사 그룹이 존재하게 됨에 따라, 통신기기 메이커가 막대한 개발투자가 필요한 GSM시스템에 확신을 갖고 투자를 할 수 있게 되었다. GSM MoU는 약속된 시장을 위하여 개발이 이루어지도록 한 것이다.

도표 2-3 표준을 위한 두 가지의 조직화: 표준책정의 조직화와 표준활용의 조직화

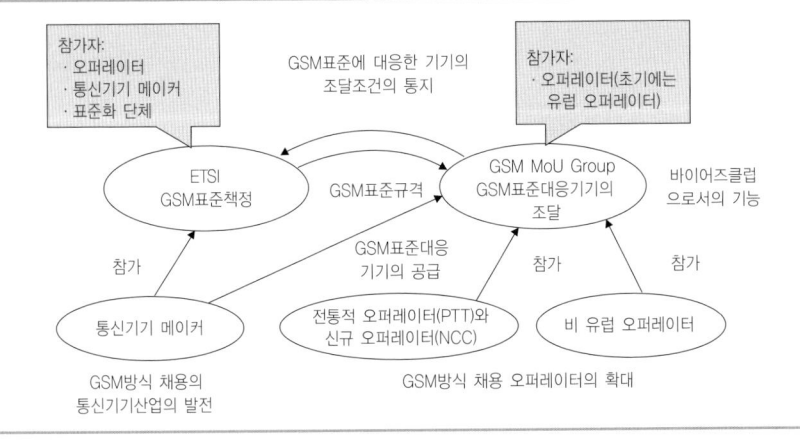

나아가 GSM MoU를 체결한 통신회사들은 그룹을 형성하여 상호접속성을 위한 승인 프로그램(Type Approval)의 개발에도 노력하였다. 그래서 신규로 진입하는 통신회사는 GSM MoU그룹에 가입하면, 이런 종류의 문제를 혼자 해결해야 하는 번거로움을 대폭 줄

일 수 있었다. GSM MoU는 거대한 구매자 클럽 (Buyer's Club)으로서 기능한 셈이다.

이용자 조직으로서 GSM MoU 그룹이 존재한다는 것은, 나중에 GSM을 채용한 유럽 이외의 통신회사에게 더 효과가 있는 것이었다. 그들은 GSM방식의 초기 기술적 논의에 참가하지 않았음에도 불구하고, 이미 문제가 해결된 통신기기 솔루션을 손에 넣을 수 있었기 때문이다. GSM 방식을 채용한 통신회사 중에는 전통적인 PTT(Postal Telephone and Telegraph) 이외에 NCC[3](제2통신회사)가 수없이 많이 존재한다. 제2통신회사의 경우는 신규진입자도 많은데, 그들은 일반적으로는 PTT보다도 기술축적이 적다. 그러나 그러한 신규진입 통신회사의 경우도 거대한 구매자 클럽의 혜택을 받게 되어 GSM 서비스가 가능해진 것이다.

ETSI와 GSM MoU그룹은 밀접하게 연계하면서 활동하고 있었지만, 다른 목표를 갖고 있었다. 이것이 양 조직의 활동을 원활하게 하고, GSM방식을 전세계로 보급시킨 하나의 요인이라고 생각된다(立本 2008).

GSM의 사례에서는 표준책정 조직과 표준이용 조직이라는 두 가지 조직화의 사례를 설명하였다. 표준화에서의 중요한 조직화는 그것에만 한정되지 않는다. 인터페이스에 대한 표준은 접속성을 가지기 때문에 네트워크 외부성을 일으키기 쉽다. 네트워크 외부성은 표준보급을 위한 중요한 요소이며, 그 외부성을 만들어내는 조직화는 기본적인 전략이 된다. 예를 들면 표준이 확실하게 지켜지고 상호운용성이 지켜지고 있는지를 인증하는 것이 조직화의 중요한 동기가 된다. 이러한 사실을 다음 USB와 1394의 조직화 사례에서 찾아 볼 수 있다(高梨 2007b).

사례 ④ 네트워크 외부성을 위한 핵심추진체 조직

표준을 이용한 제품이 시스템 안에서 확실하게 사용될 수 있는지의 여부는 표준보급에 큰 영향을 준다. 특히 인터페이스 영역은 다른 디바이스와의 상호운용성이 문제가 되기 쉽고, 표준의 책정과 함께 상호운용성을 검증하기 위한 메커니즘을 만드는 것이 중요하다. 만약 상호운용성이 확보되지 않으면 표준 그 자체의 가치도 하락해 버리기 때문이다. USB나 1394와 같은 PC의 인터페이스 표준은 이 문제를 다룬 대표적인 사례이다.

USB의 표준책정에는 두 가지 조직이 관여하였다. 첫 번째 조직은 인텔, 마이크로소프트, NEC, 필립스 등에 의한 컨소시엄(USB-SIG)인데, USB규격의 기본적인 사양을 개발하였다. 비교적 소수의 기업으로 표준을 개발하였기 때문에 표준을 책정하는 것은 신속하게 이루어졌다. 그러나 보급에 있어서는 USB-IF(USB Implementers Forum) 라는 조직이 중요한 역할을 하였다.

USB-IF는, USB-SIG에서 개발된 핵심 사양으로 기본을 하여, 디바이스 쪽의 표준을 책정했다. 예를 들면, 주변기기와 호스트 사이에 어떻게 전기를 흐르게 할까, 디바이스와 PC가 어떻게 커뮤니케이션 할까 등의 표준을 책정했다. USB-SIG와 USB-IF는 서로 밀접한 교류를 가지면서 운영되었다.

USB-IF가 중심이 되어, 제조업체들이 USB를 채용하도록 하는 촉진활동이 이루어졌다. 이 USB-IF는 USB 1.0이 발표된 1995년에 설립되었는데, 당초의 회원 수는 340개 사였다. USB-IF에서는 플러그 페스트(Plug Fest: 국제 호환성 테스트 행사)나 개발자 포럼을 개최하여, SIG가 개발한 개발 툴이나 연구보고서나 부속문서를 배포하고 제품개발을 지원하였다. 또 이러한 행사는 사양에 대하여 많은 엔지니어를 훈련시키는 장이 되기도 하였고, 실제 표준을 제품에 심어 넣는 일을 담당한 엔지니어들로부터의 의견을 이를 통하여 모을 수 있었다.

USB-IF에서는 또 해마다 5회의 규격준거 테스트를 실시하여, 채용자가 만든 상품의 호환성 등을 테스트하였다. 규격준거 테스트에 합격한 기업에게는 로고가 부여되었다. 시장이 성장함에 따라 참가자 사이에는 계속 테스트에 참가하여 로고를 취득하는 일에 대한 인센티브는 높아졌다. USB-IF의 경우는 제3자 기관에게 테스트서비스를 위탁하고 있었고, 벤더는 언제든지 규격준거 테스트를 받을 수 있었다. 그리고 디버그 관련 테스트도 제공되고 있었기에 한번에 일을 다 처리할 수 있는 곳으로서 기능하였다.

한편, 1394는 IEEE에서 책정된 산업용 컴퓨터용 진단 버스를 기초로 1986년부터 애플의「셰프캣」이라는 프로젝트 아래에서 기술개발이 이루어졌다. 기본기술의 개략을 다 만든 1992년, 애플은 IEEE에 1394를 제안하였다. 1394는 IEEE에서 1995년에 인증 받았다. 인증을 받은 기술은 핵심기술이었으며, 관련규격은 그 후에 IEEE작업부나 1394TA

등 몇 개의 단체에서 책정되었다. 기본적으로 이러한 기관은 개방적이며, 다양한 기업이 여기에 참여하였다.

당초, 메이커들이 표준을 채용하도록 촉진활동을 한 곳은 애플의 「셰프캣」이라는 프로젝트였다. IEEE에 제안한 것과 더불어 애플에서는 1394에 FireWire라는 이름을 붙여 업계에 홍보활동을 하여 많은 기업으로부터 찬동을 얻었다.

애플이 경영난에 빠져 「셰프캣」이 해산되자, 1994년에 설립된 1394 Trade Association(1394TA)이 그 역할을 계승하였다. 다만, 1394TA는 메이커들이 그 표준을 채용하도록 적극적으로 촉진활동을 할 수 있을 정도로 리더십이나 자원을 가진 조직이 아니었다. 1394에서의 규격준거 테스트와 상호운용성에 관한 워크숍(플러그 페스트)은 1394a가 발표된 2000년부터 개시되었지만, 포괄적인 규격준거 테스트 체제가 정비된 것은 2002년 8월이었다. 또 아종(亞種) 규격에서 먼저 로고가 설정되어 버렸기 때문에 1394 로고를 취득하는 인센티브는 작용하지 않았다.

USB규격이나 1394규격이나 모두 핵심사양의 책정은 순조롭게 이루어졌지만, 그 후 주변 규격의 책정과 상호운용성의 검증을 위한 조직화에는 큰 차이가 있었다.

USB에서는 USB-IF를 통해 상호운용성 검증이 철저하게 되었지만, 1394규격에서는 아종 규격이 등장하게 되어버렸다. 상호운용성에 대한 시책을 정비하고 있던 USB는 그 후 채용 디바이스의 수를 늘려 보급 속도를 높여나갔다(高梨 2007a).

이상 두 가지 예에서 보았듯이 표준의 채용을 기업에게 맡기는 것이 아니라, 채용자를 전략적으로 조직화함으로써 보급 속도를 가속화해 나가는 것이 가능해진다.

3. 단계적 확대에 의한 표준의 보급 촉진

표준화에 의해 신시장이 창출되어 새로운 협업 및 분업 구조가 정해지면, 표준은 급속한 속도로 확대된다. 그러나 이 새로운 구조가 정해지기까지는 시간이 걸리고 혼란도 생긴다. 기존의 협업구조나 분업구조를 재조정하게 되기 때문이다. 그러나 일단 이러한 구조가 정해져 버리면 시장은 급속히 확대될 가능성이 있다. 이러한 현상은 GSM 휴대전화 표준에 참가자가 확대되어 간 예에서 찾아볼 수 있다.

GSM 휴대전화 사례에서는 초기시장과 확대시장이라는 2단계로 보급이 이루어졌다. 이 방식이 효과적인 이유는 먼저 초기시장에서 규격에 참가하고 있는 주체들 사이의 이해가 상호조정되고 나서, 그 다음에 조정된 관계성이 유지된 채 시장이 확대되는 단계로 이행하기 때문이다. 다시 조정을 할 필요가 없기 때문에 신속하게 표준을 보급할 수 있다.

사례 ⑤ 2단계의 보급 확대와 조정된 관계성의 신속한 전개

제2세대 이동통신 시스템인 GSM은 세계로 표준을 확대해 나가는데 있어서 2단계로 표준화를 실시한 대표적인 사례일 것이다. GSM방식은 현재는 가장 널리 보급된 제2세대 이동통신 방식인데, 처음에는 유럽에 보급되었고 그리고 나서 세계시장을 목표로 하였다.

1987년 이전의 CEPT[4]내 워킹 그룹의 토의는 유럽의 대표들에 의해 이루어졌다. 그 안에서 전체의 약 80% 정도 사양을 정해 놓은 셈이다. 이 기간에 유럽 내의 다양한 주체가 자신의 이익을 위하여 주장하거나 타협을 하였다. 제1단계에서는 유럽 내의 이해 조정이 주된 성과였다.

여기서 특별히 주목할 점은 그것으로 끝나지 않고 1988년에 ETSI를 설립하여 유럽 이외 기업의 참가도 인정한 것이다. ETSI에는 유럽 이외 기업의 유럽법인이 참가할 수 있다. 그에 따라 전체의 나머지 20% 부분이지만 실은 마지막으로 조정하기 어려운 부분의 표준화를 실시할 수 있었다. 비유럽 메이커도 마지막 부분에서 표준화에 참가할 수 있도록 하였기 때문에 세계 표준으로의 길이 열린 것이다.

도표 2-4 2단계의 조정

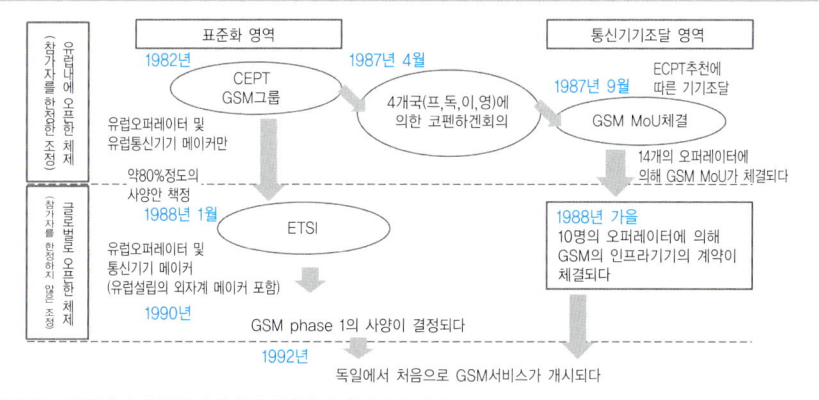

미국의 IS-54방식이나 일본의 PDC방식 등 GSM과 같은 시기에 개발된 제2세대의 이동통신 시스템에서는 이러한 일이 이루어지지 않았고, 어디까지나 자국의 주체가 중심이 된 표준화가 이루어졌다. 이 점을 보면 GSM방식은 개방적인 표준이었다고 평가할 수 있다. 그러나 주요 논의는 제1단계에서 이루어지고 있었다는 점도 잊어서는 안 된다. 2단계로 표준화를 하는 것의 효과는 주목할 만하다. 너무나 많은 주체가 표준화 초기 프로세스에 참가하는 경우 실효성이 있는 표준이 책정되지 않는 사례가 많기 때문이다.

2단계 표준화는 유럽 통신기기 산업의 이익을 지키는 일에도 기여하였다. 그것은, 통신회사의 기기조달에 큰 영향을 주는 GSM MoU 안에 「CEPT의 추천을 기반으로 GSM 네트워크의 통신기기를 구입한다」는 조항을 넣음으로써 실현되었다.

1987년에 체결된 GSM MoU에서는 1991년에 GSM서비스 개시를 표명하고 있었고, 실질적인 개발기간은 1988~90년 3년간으로 짧았다. 해외 메이커가 GSM규격에 광범위하게 접근할 수 있게 된 것은 1988년 1월의 ETSI 설립 이후이다. 게다가 ETSI 설립 시에는 80% 정도의 표준사양이 정해져 있었다고 하지만, 20%는 아직 정해지지 않고 있었다. 당연히 CEPT의 추천을 얻기 위해서도 시간이 걸렸다.

여기에서 중요한 것은, 2단계 표준화 프로세스로 하는 경우는 그 보급 메커니즘 속에 반드시 제1단계에 참가한 구성원에게 있어 유리한 조건이 들어간다는 점이다. 그것은 어떤 의미에서 당연한 일이다. 왜냐하면 제1단계에서 제2단계로 확대될 때, 암묵적인 전제로서 제1단계의 조건을 기본으로 하기 때문이다. 그러한 조건에는 제1단계에 참가한 구성원에게 좋지 않은 내용이 포함되어 있을 가능성은 적다.

해외 메이커는 1988년부터 기기 개발을 시작하였기에 단기간에 GSM시스템을 개발해야 하고, GSM의 초기시장에 기기를 공급하는 것이 곤란했을 것으로 생각된다. 그 때문에 주요 유럽 통신회사는 이미 1988년 가을에 GSM 통신기반 기기에 관해서 통신기기 메이커와 계약을 체결하고 말았다. 그 속에 유럽 이외의 통신기기 메이커가 진입하는 것은 매우 곤란했다. 역시 1987년 이전 CEPT내 워킹 그룹의 논의에 참가하고 있었던 유럽기업은 GSM 초기 시장에서 유리한 입장에 서 있었다고 생각된다. 즉 2단계 표준화는 표준의 신속한 보급과 함께 제1단계 표준화 참가자의 이익을 지키는 일에도 도움이 된 셈이다.

4. 사용자와 공급자의 컨센서스에 의한 표준의 보급 촉진

사용자와 공급자가 합의를 형성하여 컨센서스 표준을 책정함으로써 지금까지 없었던 시장을 만들어내고 표준을 채용한 제품을 신속하게 보급시킬 수 있다. 컨센서스 표준에 의해 약속된 시장에 대한 투자활동이 활발해지며, 만약 컨센서스에 의한 표준이 없었다면 도저히 달성되기 어려울 정도로 급속히 시장이 확립되는 것이다.

시장경쟁에 의한 디팩토 표준보다 컨센서스 표준 쪽이 사용자와 공급자의 관계를 신속하고 광범위하게 조정할 수 있을 가능성이 크다. 막대한 투자가 필요한 경우, 그러한 이유 때문에 컨센서스 표준을 통하여 사용자와 공급자가 서로 합의할 수 있는 장이 설치되는 일이 많다. 예로서, 1990년대에 반도체 장치산업에서 300mm 지름 웨이퍼에 대응하는 장치를 표준화한 것을 들 수 있다. 300mm 웨이퍼 대응 장치는 표준을 광범위하게 만듦으로써 애당초 존재하지 않았던 「300mm 웨이퍼 대응장치」라는 시장을 만들어낸 것이다. 종전에도 장치시장은 존재하였지만, 「300mm 대응」

하는 장치시장은 존재하지 않았다. 그 이전의 장치시장은 시장경쟁을 통해 디팩토 표준이 형성되고 있었다. 그러나 디팩토 표준이 형성될 때까지는 시간이 걸렸고, 사용자인 반도체 메이커나 공급자인 장치메이커에게 있어서 투자에 대한 불확실성의 위험이 항상 따라다녔다.

반도체산업에서는 거액의 투자가 필요한 300mm 웨이퍼 대응장치를 개발했을 때 처음 본격적으로 컨센서스 표준의 장을 마련하였다. 컨센서스 표준 덕분에 개발규모를 고려하면 종전에는 생각할 수 없을 정도로 빠르게 300mm 대응장치 시장이 확립되었다. 그에 따라 사용자인 반도체 메이커도 적시에 300mm에 대응한 반도체 디바이스를 생산할 수 있게 되었다.

사례 ⑥ 사용자와 공급자의 합의형성 장으로서의 표준화

반도체산업 공장에 대한 투자는 1990년대 이후 급격히 확대되고 있다. 특히 장치의 개발비용이 급격히 증가해 왔다. 장치메이커 입장에서 볼 때 특정 반도체메이커에 납품하는 장치를 개발하는 것만으로는 장치개발 비용을 회수할 수 없게 되었다. 그 결과, 어떤 형태로든 표준화를 하지 않는 한, 장치시장이 형성되지 않는다라는 사태가 발생하였다. 그래서 반도체산업에서는 1994~97년 사이에 SEMI를 중심으로 300mm 대응 장치를 표준화하는 작업이 이루어졌다. 그 결과 장치메이커는 300mm 장치시장을 대상으로 값이 싼 생산장치를 판매할 수 있었다. 만약 300mm 장치의 표준화가 없었다면, 막대한 개발비용이 필요한 대 구경화 대응장치를 어떤 주어진 시간 내에 개발하고자 하는 인센티브는 생겨나지 않았을 것이다.

중요한 점은「표준화한 장치가 설치된 300mm 공장이 몇 년경에 가동되기 시작할 것인가」라는 공통인식이 반도체메이커와 장치메이커 사이에 컨센서스로서 생겨나고 있었다는 것이다. 그 결과, 장치메이커는 안심하고 300mm 대응장치에 대해 R&D 투자를 할 수 있게 된 것이다(富田·立本 2007, 2008).

사용자 기업인 반도체기업 입장에서는 자사의 기술전략 차원에서, 공동작업을 하는 것이나 자사에서는 하지 않는 것에 관해서는 기술로드맵에 따른 표준적인 것을 채용한다.

그러기 위해서는 이 기술로드맵에 공급자인 장치메이커를 끌어들여야 한다. 한편, 장치메이커 입장에서는 사용자에게 채용되기 위하여 기술로드맵에 따른 표준책정 프로세스에 적극 참가함으로써 개발투자의 불확실성을 회피할 수 있다. 막대한 투자가 필요한 경우는 더욱 더 그렇다.

표준에 대응한 장치를 만든다는 것은, 공급자 입장에서 보면 거대한 시장을 약속받고 있다는 것과 다름 없다. 그래서 불확실성을 없애고 거대한 투자를 할 수 있다. 반대로 사용자 입장에서는, 표준에 대응하고 있는 장치 사이에 가격 경쟁이 일어나기 때문에 싸게 장치를 조달할 수 있다는 이점도 있다. 사용자와 공급자의 합의에 의해 형성된 컨센서스 표준을 통해서 양자가 이익을 달성할 수 있게 된다.

도표 2-5 반도체기업에서의 300mm 대응 반도체장치의 표준화 전략

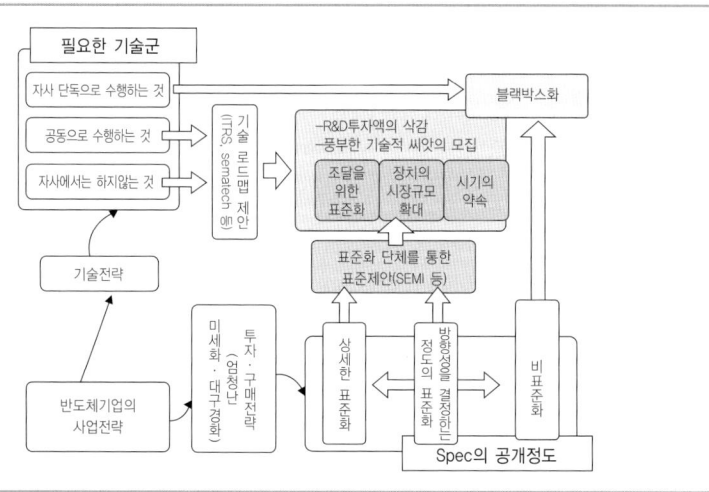

3. 표준화 리더기업의 포지셔닝 전략: 비즈니스 모델과 표준화

1. 표준화에 의한 경쟁력 획득과 신규 진입증대에 의한 경쟁력 후퇴

규격간 경쟁에서 이기기 위해서는 표준의 보급 속도를 높이는 것이 중요하다. 이를 위한 몇 가지 방법을 규격간 경쟁의 절에서 말하였다. 보급 속도를 높이기 위해서는 「개방 영역의 조정」, 「핵심추진체 조직의 정비」, 「단계적 보급에 의한 표준의 보급」, 「사용자와 공급자의 합의 형성」 등이 효과가 있다는 것을 설명하였다.

표준화에 의해 제품이나 시스템의 어떤 부분은 개방 영역으로 된다. 개방 영역을 확대하면 할수록 보급속도는 올라간다. 앞서 말하였듯이 표준영역을 확대하면 보급속도는 높아지고, 지적재산을 무상으로 공개하면 보급속도는 올라간다. 핵심추진체 조직을 정비하면, 표준을 채용하는 기업이 이용할 때의 장벽이 제거되기 때문에 보급속도는 올라간다. 사용자와 공급자가 합의한 표준을 채용하면, 시장이 약속되기 때문에 표준에 대응한 제품이 신속하게 보급되어 간다.

그러나 이러한 추진요인들을 이용하여 표준을 보급시키면, 표준화 리더기업에 남는 부가가치가 적어지는 경향이 있다. 왜냐하면, 표준을 사용하여 그 보급을 추진하게 되면, 어떤 면에서는 예전에는 노하우이거나 차별화의 원천이었던 영역이 표준화에 의해 부분적으로라도 공개되어 신규기업의 진입을 촉진하기 때문이다.

따라서 표준화 리더기업은 표준의 보급을 통해 자사에게 유리한 환경이 만들어질 수 있도록 표준화 보급 전략과 동시에 비즈니스 모델도 고려하여야 한다. 만약 표준에 이러한 비즈니스 모델이 내포되어 있지 않은 경우는 경쟁우위가 손상될 가능성이 있다. 그러한 사례를 일본 자전거 산업의 영고성쇠에서 찾아볼 수 있다.

사례 ⑦ 표준화에 의한 일본 자전거산업의 경쟁력 획득과 신흥국 기업의 진입

제2차 세계대전 전에 크게 발전했던 일본의 자전거 산업이 낮은 품질, 유럽 자전거 산업의 확대, 영국의 파운드 절하에 의한 영국제 자전거의 가격 저하 등에 따라 전후에는 급속히 제품경쟁력을 잃게 되었다. 이런 상황을 타파하기 위하여 자전거 품질을 유지하기 위한 새로운 공업규격(JIS)이 1947년에 작성되었다. 이것은 수출품의 품질검사를 목적으로 한 자전거용 공업규격이었다.

그 규격에서는 자전거를 크게 14개의 부품(타이어, 튜브 제외)으로 나누고 이 부품에 관하여 114~124 곳의 치수를 규정하고 있었다. 이러한 부품은 각각 다시 평균 18개의 부분품으로 구성되어 있었고, 자전거 부분품으로서 194 종류의 부분품 명칭이 규정되어 있었다. 이 규격은 공업규격으로서 아주 정밀하게 정비된 것이었으며, 제품의 신뢰성 향상에 크게 기여하였다고 한다.

1954년에는 JIS마크의 표시도 시작되었는데, 처음에는 부품 단위의 JIS마크 취득이 진행되었다. JIS마크 표시는 그때까지 품질관리의 인증이라는 경험이 없던 일본이 국영으로 나선 인증제도였으며, 영국 규격협회에서 실시되고 있던 BSI마크를 모방한 것이었다.

상세한 JIS규격의 책정에 맞춘 품질을 실현함으로써 일본 자전거산업의 기술력은 향상되었고, 이것이 산업의 경쟁력 향상으로 이어졌다. JIS규격은 성공사례로서 받아들여져 그 후에도 정비가 계속되었다. 유럽규격의 일본 국내도입을 마친 후에는 일본의 독자적인 상세한 규격을 계속해서 설정하였다.

이처럼 순조롭게 정비된 JIS규격이었지만, 그 혜택을 입은 것은 국내기업만이 아니었다. 대만 및 중국 등에서는 유럽규격 이상으로 상세한 일본의 JIS규격을 이용하여 자전거의 부품제조에 진입하는 경우가 많이 발생하였다. 상세하고 정밀한 규격이 대만 및 중국 기업의 제품제조를 용이하게 한 것이다.

1990년의 자전거 관세 폐지가 최종적으로 자전거 산업에 큰 타격을 주게 되었다. 자전거 관세가 폐지됨에 따라 대만에서 대량으로 완성품 자전거가 수입되어 일본 국내의 시장을 빼앗기 시작하였다. 1998년에는 중국이 대만을 추월하여 일본에 대한 수출국 1위가 되었고, 2000년에는 마침내 수입이 국내생산을 웃돌았다. 이미 대만이나 중국의 많은 공장이 JIS인정을 받고 있었고, JIS규격에 적합하다는 것으로는 국내시장에서 차별화하는 것은 불가능했다. 그 결과, 오늘날 일본 국내 자전거 산업은 중국으로부터 대량으로 수입된 완제품에 시장을 빼앗겨 빈사 상태라고 해도 과언이 아닐 정도의 상황이 되어 버렸다(江藤 2007b).

국제표준화는 전략 수행상의 매우 효과적인 도구이다. 국제표준화에 의해 제품시장을 급속히 확대하거나 많은 이익을 올릴 수 있게 된다. 그러나 그 사용방법이 잘못되면 단지 경쟁상대의 진입을 촉진하거나 기술유출의 계기가 되는 위험한 도구이기도 하다. 자전거 산업의 예에서는 일본기업뿐만 아니라 해외의 대만 및 중국기업도 상세한 JIS규격의 혜택을 똑같이 받았던 것이다.[5]

표준화는 정도의 차이는 있지만 기술정보를 개방하는 것을 의미하고 있다.

그래서 「전략 없는 국제표준화 추진」은 매우 위험하다. 언제, 어느 부분을, 어떻게 해서 국제표준으로 하느냐는 고도의 전략적 과제이다. 기술적인 관점으로만 국제표준화에 접근하면 기업으로서 또는 국가로서의 이익을 손상시키는 사태를 초래하기 쉽다.

표준화 전략에서는 표준화 영역과 차별화 영역을 구별하는 것이 중요하다. 차별화 영역은 어떤 비즈니스를 전개하느냐에 따라 각 회사마다 달라진다.

예를 들면 범용 전자부품인 콘덴서의 표준화를 생각해 보자. 콘덴서의 외형적인 표준화는 공급자 측인 콘덴서 메이커에 있어서나 사용자 측인 세트 메이커에 있어서나 유익한 것이다. 그러나 공급자에게 있어서 콘덴서의 내부구조나 제조방법까지 표준화를 해버리면 자사 노하우의 유출로 이어진다. 한편, 사용자는 되도록 싸게 매입할 수 있으므로 내부구조나 제조방법까지 표준화하여 부품 메이커끼리 같은 품질의 제품을 가지고 가격경쟁을 해주는 쪽이 좋다.

또, 같은 콘덴서 메이커라도 회사마다 노하우가 존재하는 영역이 다르므로 어느 부분을 표준화하고 싶은지는 달라진다. 어떤 회사는 제품 원재료의 구성내용을 표준화하고 싶을지도 모르고, 다른 회사는 콘덴서의 특성이나 신뢰성을 표준화하고 싶을지도 모른다. 그 차이는 각사의 노하우에 따른 전략의 차이 때문에 발생한다.

이처럼 각사가 표준화에 대해 요구하는 내용의 차이는, 표준화에서의 비즈니스 모델을 생각할 때에는 근본적인 문제가 된다. 일반적으로 보면, 기존 기업 사이에서는 표준화에 바라는 것이 경합해서 배반해 버리는 경우가 많다. 어떻게 하면 이 배반 경합을 해결할 수 있느냐가 비즈니스 모델을 구축하는데 있어서 중요한 과제가 된다. 다음 항 이후에 이 문제에 대하여 고찰해 보자.

2. 표준에 의한 개방화와 국제분업

표준에 내포된 비즈니스 모델은 때로는 기존 기업에게 있어서는 마이너스가 되는 수도 있다. 예를 들면 기존 기업에게는 현재의 비즈니스 영역을 개방화시켜 버리는 표준은 환영할 만한 일이 아니다. 이것이 표준화에서 각 기업이 요구하는 내용이 서로 부딪히는 원인이 되고 있다.

그러나 신규진입 기업에게는 전혀 다른 이야기가 된다. 비즈니스 지식을 갖지 않은, 즉 그 산업에서의 흐름을 알지 못하는 신규진입 기업에게는 표준화는 큰 도움이 되는 것이다. 표준에 맞는 제품만 공급할 수 있다면 그 시장에서 경쟁우위를 확보할 수 있기 때문이다.

일반적으로 낮은 비용으로 기업운영이 가능한 신흥국 기업은 표준화된 제품을 선진국 기업보다 저비용으로 만들 수 있다. 기존 기업이 하고 있는 것을 좀 더 싼 가격으로 하였다고 해도 이와 같이 저비용으로 운영을 잘 하는 기업은 충분히 이익을 낼 수 있다. 그 결과, 선진국의 기존 기업에게는 환영 받지 못하는 표준도 신흥국 기업에게는 환영받는 경우가 있다. 신규진입 기업이나 신흥국 기업에게 있어서 표준화는 시장진입을 위한 절호의 기회로 받아들여지고 있다.

지금까지의 이야기를 정리하면 다음과 같다. 어떤 제품이나 시스템을 표준화하는 경우, 기존 기업만을 고려하였을 때는 모순을 가진 시스템이라도 신규진입 기업의 존재를 고려하면 모순되지 않은 시스템으로 전환할 수 있는 가능성이 있다.

앞서 말했듯이 모순의 대표적인 예는 기대이익률이다. 표준화를 통해서 얻어지는 시장의 기대이익률은 표준화의 정도에 의해 영향을 받는다. 상세하게 표준이 책정되어 있고 차별화의 원천이 제거되어 있으면 기대이익률은 낮아진다. 이러한 경우, 기존 기업만을 생각하면 누구도 자사의 기대이익률을 낮추고 싶지 않기 때문에 모순을 가진 시스템이 된다. 그러나 신흥국 기업을 포함한 신규진입 기업 중에는 저비용 운영으로 경쟁우위를 획득하고 있는 기업이 다수 존재한다. 그런 기업에게 있어서는 상세한 표준화가 책정되면 기존 기업과의 기술이나 경험의 격차를 해소할 수 있는 기회를 얻을 수 있다. 신규진입 기업에게 있어서 표준화는 중요한 비즈니스 기회인 것이다. 기대이익률이 낮아도 감수할 수 있는 신규 기업은 기대이익률이 높아야 하는 기존 기업을 표준화 시기에 따라잡을 수 있다. 한편, 기존 기업은 전체 시스템 속에서 그다지 표준화되어 있지 않은 부분이나 노하우가 필요한 부분에 집중함으로써 기대이익률을 높게 유지할 수 있다.

다른 관점에서 말하자면 표준화 리더기업은 상세하게 표준을 책정하는 영역을 설정하는 한편, 거의 표준화하지 않고 블랙박스를 유지하는 영역을 의식적으로 설정할 필요가 있다. 모든 부분을 표준화하여 이익을 획득할 수 있는 표준화 리더기업은 존재하지 않는다.

제품이나 시스템의 어느 부분에 블랙박스 영역을 만들고, 그 주변에 개방 영역을 만드는 것으로 부가가치를 유지하면서 제품이나 시스템으로서는 보급하기 쉬운 체계를 만드는 것이 표준화 리더기업의 큰 목표가 된다. 이 프로세스에서 발생하는 기존 기업 사이의 동기부여상의 마찰을 줄이는 하나의 방법이 신규진입 기업을 통하여 보완을 하는 것이다. 그것은 기존 기업과 신규 기업 사이에는 기대이익률이 다르므로 기존 기업과 신규 기업의 분업이 가능해지기 때문이다.

기존 기업과 신규 기업의 분업을 잘 조합시킴으로써 표준화된 시스템의 보급속도를 높일 수 있다. 즉, 표준화 리더기업은 표준에서의 분업구조를 만드는 것을 통해 자사의 이익을 지키면서 표준의 보급속도를 조정할 수 있다.

사례 ⑧ 인텔의 마더보드 표준화와 대만기업과의 협업

기존 기업과 신규 기업의 다른 기대이익률을 잘 이용함으로써 표준화된 시스템 전체의 보급속도를 조정한 예로 인텔과 대만 마더보드 기업의 연계를 들 수 있다. 마더보드는 CPU를 탑재한 PC내의 메인 기판이다.

원래 최신 CPU를 탑재한 마더보드를 생산하고 있었던 것은 기술력이 있는 PC메이커였다. 그들은 자사 PC용으로 최첨단 CPU에 대응하는 마더보드를 개발하고 있었다. 최첨단 마더보드를 이용한 최첨단 PC는 18~24개월간 프리미엄을 얻을 수 있었다. 기술력이 있는 PC메이커는 그 사이에 충분히 R&D비용을 회수하고 이익을 얻고 있었다. 충분히 가격이 내려가면 대량판매용의 낮은 가격대 PC를 대량으로 생산하지만, 그때까지는 높은 사양의 PC를 소량으로 생산하고 있었다.

그러나 CPU메이커인 인텔에게는 18~24개월이라는 사이클은 너무나 긴 사이클이었다. 그 사이 소량의 최첨단 CPU밖에 시장에 공급할 수 없었다. 이 상황을 바꾸기 위하여 인텔은 1995년에 ATX규격이라는 마더보드 규격을 발표하였다. 그리고 대만의 마더보드 메이커가 ATX규격 도입을 강력하게 지원하였다.

ATX규격이 발표되기 이전의 데스크톱 PC의 표준적인 마더보드의 규격인 AT규격은 IBM/PC AT에 채용된 규격이었다. AT규격은 IBM/PC AT를 위한 IBM의 자사내 규격이었으며, 내용상 애매한 점도 많았다. 상세한 나사위치나 전원위치가 정해져 있지 않았기 때문에 물리적인 간섭을 일으키는 경우도 많았다. 실제 AT규격에 준거한 마더보드를 호환 PC메이커가 구매하여 사용하더라도, PC 케이스 내에 넣기 위해서는 새로운 조정작업이 필요하였다. 그 때문에 호환 PC메이커는 발매하는 모델마다 마더보드 메이커와 상세하게 사양을 결정한 후가 아니면 마더보드를 발주할 수 없었다.

그 당시 대만 마더보드 기업은 충분히 가격이 내린 대량판매용 마더보드를 중심으로 생산하고 있었다. 최첨단의 마더보드는 북미의 마더보드 기업이 생산하고 있었다. 최첨단 마더보드를 만들기 위해서는 PC메이커와의 밀접한 커뮤니케이션이 필요하고, 그러기 위해서는 PC메이커의 개발거점이 있는 북미에 가까이 있을 필요가 있었다.

도표 2-6 표준화에 의한 PC 산업의 변화
인텔에 있어서 표준화와 대만 마더보드와의 협업

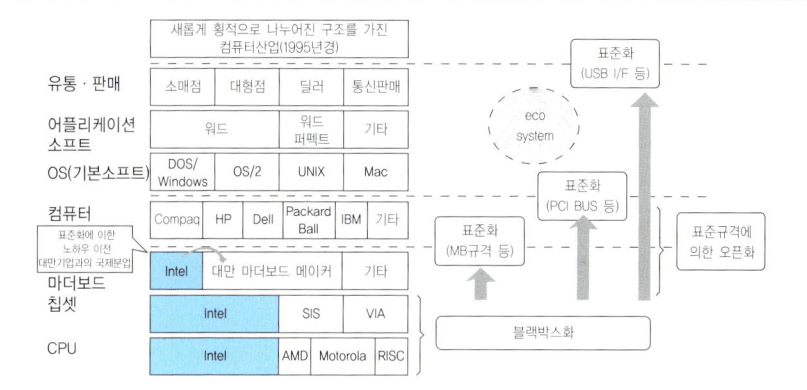

출처 : 立本(2007)

그러나 표준화에 의해 그러한 필요가 적어졌다. 아울러 대만의 마더보드 메이커 입장에서는 최첨단 마더보드는 부가가치가 높은 제품으로 부가가치가 높은 시장에 대한 진입 기회가 생긴 것이다. 그 결과, 대만 마더보드 메이커의 생산량은 급속히 증가하여, 최종적으로는 세계수요의 약 90%이상을 대만 마더보드 메이커가 공급하기에 이르렀다.

그 결과 ATX규격은 고작 5년 남짓한 사이에 전세계에 보급되었다. 표준화 작업 속에 분업 구조를 집어넣은 것이 경이적인 표준 보급의 원동력이 된 것이다.

그런데 인텔이 실시한 표준화는 PC의 모든 것을 표준화하려고 한 것처럼 보이지만 실은 그렇지 않다. 그 표준화 대상 영역을 자세히 살펴보면, CPU와 칩셋으로 구축한 인텔 플랫폼의 외부 인터페이스만을 표준화하고 있다는 것을 알 수 있다. 그런 한편 플랫폼 내부는 블랙박스화하여 다시 특허로 보호도 하고 있다. 그래서 인텔이 구축한 플랫폼 내부에 호환 CPU메이커가 진입할 수 없다.

플랫폼의 외부 인터페이스에 접속되는 부품 (DRAM, HDD 등)은 인터페이스가 표준화되어 버렸기 때문에 아주 심한 가격경쟁에 노출되게 되었다. 또 완성품인 PC도, CPU와 칩셋이 연계하여 제공하는 기능이 표준화되었기 때문에, 차별화가 어려운 제품으로 급격하게 변해버렸고 가격이 하락해 갔다. 한편, 플랫폼 내부에 있는 CPU의 가격은 안정적으로 유지되어 갔고, 평균 판매단가는 거의 내려가지 않았다. 이에 따라 인텔은 높은 이익률을 유지한 채 1990년대 기간 동안 약 8배에 달하는 매출 성장을 달성하는데 성공하였다.

3. 블랙박스 영역으로부터의 개방 영역에 대한 통제

표준화에 의해 만들어진 개방 영역을 신규진입 기업에게 맡김으로써 자사 CPU를 전세계에 보급시킨 인텔의 성공사례를 소개하였다. 표준화에 의해 개방화된 영역은 일반적으로 이익률이 낮아서 저비용 우위의 신흥국 기업이 진입하는 기회가 된다. 그러나 비즈니스 모델의 구축방법에 따라서는 표준화에 의해 개방 영역이 된 분야에서도 표준화 리더기업이 경쟁력을 유지할 수 있다.

그러한 경우의 가까운 사례가 GSM 휴대전화에서 표준화 리더기업의 비즈니스 모델이다. GSM 휴대전화에서는 표준화가 광범위하게 이루어져 있고, 특히 단말기 분야에 관해서는 상세하게 표준이 책정되어 있다. 그러나 GSM 단말기의 경우 그런 개방 영역에 있음에도 불구하고 오늘날에도 표준화 리더기업의 시장 점유율은 높다. 왜 이런 일이 가능할까?

사례 ⑨ GSM 휴대전화에서의 개방 영역의 조정
GSM 아키텍처를 인터페이스의 측면에서 살펴보면, 통신 인프라라고 불리는 교환국 및 기지제어국이 블랙박스 영역의 역할을 하고 있다. 그리고 표준화된 무선 인터페이스를 매개로 거대한 단말기 시장이 형성되어 있다. 단말기 시장과 인프라 시장은 표준화된 개방 인터페이스로 나뉘어져 있다.

도표 2-7 GSM 휴대전화에 있어서 개방 영역의 조정

GSM 이동통신 시스템의 전체도

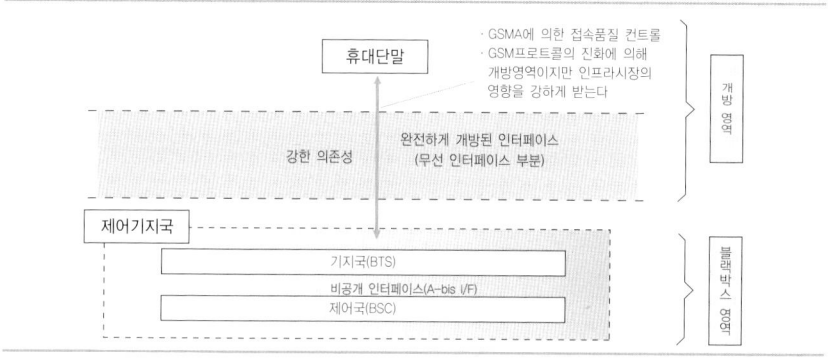

일반적으로 표준화에 의해 개방 인터페이스로 구분된 GSM 단말기 시장에는 신흥국 기업을 포함한 신규진입 기업이 등장해야 한다. 그러나 실제로는 현재에 이르기까지 GSM 표준규격을 주도한 GSM 표준화 리더기업이 단말기 시장에서 큰 경쟁력을 발휘하고 있다.

그 배경에 있는 것은 인프라 시장 측이 단말기 시장 측에 영향을 준다는 사실이다. 개방 인터페이스가 존재하기 때문에 인프라 시장이 단말기 시장에 영향을 주는 것은 본래는 있을 수 없는 일이다. 언뜻 보기에는 기묘하게 생각되는 이 사실은 다음과 같은 메커니즘을 통해서 유지되고 있다.

메커니즘 중 첫 번째는 표준 인터페이스인 GSM 프로토콜이 매년 진화하여 개정된다는 것이다. 매년 진화하기 때문에 단말기와 인프라 설비 쌍방이 접속성을 확인할 필요가 있다. 그래서 양쪽 영역의 의존성이 강해져서, GSM을 처음으로 채용한 오퍼레이터나 신규진입 오퍼레이터로 구성되는 초기 시장에서는 단말기와 인프라 설비를 일체로 납품하는 케이스가 많다. 그리고 인프라 설비 시장에서는 예전부터 기술노하우를 가진 GSM 표준화 리더기업이 압도적인 우위를 확립하고 있다. 그 이유는 제어기지국의 블랙박스화에 있다. 실은 GSM 표준화 프로세스에서는 제어기지국에도 A-bis I/F라는 표준 인터페이스가

설치될 뻔했다. 그러나 인프라 설비 기업의 큰 반대에 부딪혀 상세한 표준화는 이루어지지 않았다. 현재 A-bis I/F는 기업의 독자적인 인터페이스로서 남아있을 뿐이다. 이 때문에 제어기지국 내는 블랙박스 영역으로 유지되고 있는 것이다.

또한 복수의 개정내용에 대응한 인프라 장치가 시중에 나옴으로써 파라미터의 조합이 복잡하게 된다. 개정이 한 군데뿐이라면 접속성의 검증은 간단하다. 그러나 복수의 개정으로 인한 파라미터의 조합(그 중에는 사소한 옵션의 파라미터도 존재한다) 때문에 접속성의 품질을 확보하기 어려워진다. 그 결과, 본래 개방 인터페이스에 의해 나누어져 있는 단말기 시장과 인프라 시장 사이에 강한 의존성이 생겨버린다. 그에 따라 표준화된 개방 영역이라도 인프라 시장으로부터의 영향력을 잘 이용함으로써 GSM의 표준화 리더기업은 높은 점유율을 획득할 수 있다.

다만, 이 메커니즘은 접속품질이 요구되는 것을 전제로 하고 있다는 데에 유의하여야 한다. 전세계 이동통신 시장 중 큰 부분을 차지하는 것은 단말기를 오퍼레이터의 유통 채널에서 판매하는 오퍼레이터 시장이다. 오퍼레이터가 GSM 단말기를 판매할 때에는 오퍼레이터 기업이 설립한 GSMA(GSM Association)가 형식승인(접속성 인증)을 한 단말기를 구매하여 이 제품들을 판매한다. GSMA에서 형식승인 되어 있지 않은 단말기, 즉 어떤 일정한 접속성이 확인되어 있지 않은 단말기에 관해서는 오퍼레이터가 구매하는 일이 거의 없으므로 접속성에 대한 품질보증이 된다. 이 때문에 접속품질을 배경으로 한 단말기와 인프라 사이의 의존성이 지속되는 것이다.

GSM 휴대전화의 경우 표준화 덕분에 GSM에 관해 기술 축적이 없는 오퍼레이터라도 GSM 시스템을 채용할 수 있게 되었다. 그 결과 GSM이 만들어진 유럽뿐만 아니라 특히 아시아 지역을 중심으로 한 유럽 이외 오퍼레이터 사이에도 GSM 시스템이 보급되었다. 한편 GSM 표준화 리더기업은 인프라 설비를 블랙박스 영역으로 하고, 블랙박스로부터 개방 영역에 대한 영향력을 최대화 함으로써 개방 영역에서의 경쟁우위를 유지한 채, 전세계에 GSM 휴대전화를 보급시키는 데 성공한 것이다. 언뜻 보기에는 CPU 사업에 전념하고 있는 인텔과 단말기 시장 및 통신 인프라시장 양쪽을 하고 있는 GSM의 표준화 리더기업은 다른 것처럼 보인다. 그러나 양쪽 모두 블랙박스 영역으로부터 개방 영역을 통제한다는 공통 메커니즘을 갖고 있다. 인텔은 CPU 내부를 블랙박스 영역으로 하고, 그곳으로부터 표준화로 개방된 영역을 통제하여 PC 보급을 촉진시키고 있다. 한편, GSM의 표준화 리더기업은 통신 인프라를 블랙박스 영역으로 하고, 그곳으로부터 단말기 시장을 통제하여 시장에서의 우위를 획득하고 있는 것이다.

4. 필수 특허화와 라이선싱에 의한 국제분업

선진국 기업이 표준화를 하는 경우, 신흥공업국과 어떤 연계 모델을 취할지를 생각하고, 표준의 보급속도를 높이면서 부가가치를 줄이지 않는 방법을 생각할 필요가 있다. 앞서 언급한 인텔의 마더보드 표준화 사례에서는 표준화를 통해 대만 마더보드 기업과의 연계가 가능해졌다. 한편 GSM 사례에서는 광범위하게 표준화를 함으로써 신흥국이 많이 포함되는 유럽 이외 오퍼레이터에게 GSM시스템의 채택을 촉진시킬 수 있었다. 그와 더불어, 표준화에 의해 개방 영역이 된 단말기 시장에서는 블랙박스 영역인 인프라 시장으로부터의 영향력을 행사하여 GSM 표준화 리더기업이 경쟁력을 유지하였다.

같은 휴대전화 산업이지만, CDMA방식의 경우는 GSM방식과는 다른 신흥국 기업과의 연계모델을 구축하고 있다. 제2세대 이동통신인 CDMA방식에서 퀄컴의 경우는 선진국 기업인 자사와 신흥국인 한국기업과의 국제분업을 통해서 사업을 성공시켰다.

CDMA방식 모델에서는 신흥국 기업인 한국기업이 CDMA에 대응한 단말기를 생산하면 할수록 퀄컴에도 이익이 증가하는 구조가 만들어져 있다. 퀄컴이 당시 미국기업과 연계하지 않고 한국기업과 연계한 점에 주목할 필요가 있다. 미국에서 제2세대 이동통신의 표준화가 시작된 1990년 초기, 퀄컴은 작은 신흥기업이었고, 자사표준을 전세계에 보급해 줄 파트너가 필요했다. 그 파트너가 한국기업이었던 것이다. 아래에 제2세대 이동통신인 CDMA방식에서 퀄컴과 한국기업이 표준화를 통하여 연계한 내용을 소개한다.

사례 ⑩ 표준화와 라이선싱을 통한 퀄컴과 한국기업의 연계

한국에서 통신장비 산업을 태동하게 한 최초의 시도는 1977년부터 1984년에 걸쳐 이루어진 국산 디지털교환기「TDX」개발사업이었다. TDX 개발에 성공한 후 한국 정부는 1989년 1월 디지털 이동통신을 국가의 중점산업으로 지정하였다. 그러나 CDMA방식을 정식으로 한국의 제2세대 이동통신 방식으로 선택하는 데는 시간이 걸렸다. 한국의 정보통신부와 통상산업부 사이에서 의견 차이가 있었기 때문이다. 정보통신부는 기술적 우위성 및 기술도입의 용이성 관점에서 CDMA방식을 옹호하고 있었지만, 통상산업부는 해외시장의 규모라는 관점에서 GSM방식을 기초로 한 TDMA방식을 옹호하고 있었던 것이다.

GSM방식 표준화에 참가하고 있었던 기업은 한국에 대한 기술이전에 적극적이지 않았다고 한다. GSM을 개발한 기업군은 특허를 기존 회원기업 이외 기업과는 공유하려고 하지 않았던 것이다. GSM방식에서의 필수 특허는 한정된 기업 간의 크로스 라이선스에 의해 처리되고 있다. 그리고 이들 에릭슨이나 노키아 같은 통신기기 기업은 통신설비 사업과 통신단말기 사업을 주력으로 하고 있다.

그 기업들에게 있어서는 통신인프라설비 비즈니스는 핵심 사업이었다. 그래서 GSM 인프라 설비의 제공(판매)에는 적극적이었지만 GSM기술의 제공에는 소극적이었다. 앞서 말하였듯이 한국 정부는 제2세대 이동통신 도입 시에 해외기업에 대한 의존을 배제하고, 국내기업으로부터 인프라 설비를 제공받고 싶었다. 그래서 한국 정부는 GSM방식 이외의 선택방법을 찾아야 했다. 그러나 CDMA방식은 1989년에 퀄컴이 표준화를 위한 제안을 하였을 뿐이며 표준화될 지는 불명확했다.

최종적으로 한국 정부는 1993년 11월 CDMA방식을 선택한다고 발표하였다. 가장 큰 이유는 CDMA방식 쪽이 전파효율이 우수하고 통신 전송능력이 크다는 점, 퀄컴이 기술이전에 적극적이었다는 것이다. 이 선택에 따라 제2세대부터 신규 진입하는 사업자는 CDMA방식을 전제로 한 네트워크를 구축할 수밖에 없게 되었다. 당연히 그 배경에는 1993년에 CDMA방식이 미국에서 표준화 작업에 들어갔다는 점이 크게 영향을 미쳤다고 생각된다.

퀄컴이 기술이전에 적극적이었던 것에는 이유가 있었다. 하나는 미국에서 CDMA방식의 표준화가 결정되는 1993년 이전에는 CDMA방식을 지원하는 조직이 많은 것이 자사에게 있어 유리한 상황이 되기 때문이다. 두 번째 이유는 기술이전에 있어서 퀄컴에게 많은 액수의 로열티가 지불되기 때문이다. 퀄컴은 한국기업이 CDMA방식 기기를 판매할 때 그 매출에 따른 로열티를 받는다는 계약을 하였다.

퀄컴과 한국기업이 로열티 계약을 체결할 필요가 있었던 것은 CDMA방식에 대하여 퀄컴에 기술적인 축적이 있었을 뿐 아니라 그 회사가 보유하고 있던 필수 특허가 있었기 때문이었다. 퀄컴은 1980년대 말까지 CDMA방식의 에어인터페이스(단말기와 기지국을 잇는 무선 인터페이스)에 대하여 53개의 중요한 특허를 보유하고 있었다. 그리고 퀄컴은 자사기술 노하우가 들어간 반도체 칩을 한국기업에 판매하고 있다.

한국이 CMDA를 선택한 것은 아시아 국가 중에서는 이례적이었다. 중국은 제2세대 이동통신 방식으로서 1994년에 GSM방식을 선택하였다. 태국, 인도네시아, 말레이시아 등 대부분의 아시아 국가도 GSM방식을 선택하였다. 그러나 한국은 CDMA방식을 선택함으로써 로열티는 지불했지만, 조기에 기술이전을 받는데 성공하였다. 현재, 한국 기업의 경우, 10억대라는 휴대단말기 시장에서 삼성과 LG 두 개 회사가 TOP 5안에 랭크 되어있다. 기술이전을 해준 퀄컴의 경우도 기술이전의 결과 한국기업이 CDMA단말기를 수출함으로써 로열티 지불을 받을 수 있게 되어, 선진국 기업과 신흥기업이 표준 보급에서 동시에 이익을 얻을 수 있었던 것이다(朴·文·立本 2008).

GSM방식의 표준화에 포함된 비즈니스 모델에서는 단말기 시장은 인프라 시장에 의한 영향을 강하게 받으므로, 단말기 시장에서의 GSM 표준화 리더기업의 경쟁력은 유지된다.

한편 CDMA방식의 표준화에서 사용된 비즈니스 모델의 경우는, 신흥기업에 대한 기술 공여를 포함한 라이선스를 통해 단말기 시장 그 자체에서 신흥국 기업과 CDMA 표준화 리더기업 사이의 연계가 이루어지고 있다. 단말기 시장에서 신흥국 기업의 생산량이 증가하면, CDMA 표준화 리더기업인 퀄컴의 매출도 증가하는 셈이다.

4. 표준화 주변기업의 포지셔닝 전략

1. 표준화, 아키텍처, 부가가치 이동과 포지셔닝 전략

표준은 일정 범위를 갖고 있다. 바꿔 말하면 전체 시스템의 어떤 서브시스템에 대하여 표준의 체계가 구축되어 있다. 표준화된 서브시스템은 개방 영역이 되어 신규 진입의 기회가 증대한다. 아키텍처상의 어떤 서브시스템이 표준화되면 부가가치의 이동을 수반하면서 다른 서브시스템에도 영향을 미친다.

개방 영역이 된 서브시스템은 많은 신규 진입자가 진입하기 때문에 부가가치가 흩어진다. 흩어진 부가가치는 시스템의 다른 부분으로 이동한다. 그러나 종래 아키텍처 그대로는 이동해 온 부가가치를 잡을 수 있을 지 없을 지는 불명확하다. 만약 아키텍처의 재구축이 이루어지지 않으면 시스템 밖으로 부가가치가 달아나 버릴 지도 모른다. 그래서 부가가치를 잡으려고 하면 표준화되어 있지 않은 영역에 대해서도 아키텍처의 재구축이 필요하다. 이것이 「어떤 서브시스템이 표준화되면, 다른 서브시스템에도 영향을 준다」는 뜻이다.

이동한 부가가치는 표준화가 이루어진 레이어의 상위 레이어 또는 하위 레이어에 축적된다. 상위 레이어란 제품기능을 논리적으로 통합하여 표준의 차이를 사용자가 의식하지 못하도록 만드는 역할을 하는 논리 레이어를 말한다. 하위 레이어란 완성품을 구성하는 부품 및 부재 등의 레이어를 말한다.

어느 쪽 레이어에 부가가치가 집중되느냐는 표준을 설정한 레이어에서 이노베이션이 일어나는지 여부에 달려 있다. 표준을 설정한 레이어에서 이노베이션이 일어나고 있는 경우, 상위 레이어로 부가가치가 이동한다. 표준 사이에서 경쟁이 일어나고 있는 경우 등에도 경쟁에 의해 이노베이션이 일어나므로 상위 레이어로 부가가치가 이동한다.

한편, 표준이 보급되어 이노베이션이 포화되어 더 이상 일어나지 않는 경우, 하위 레이어로 부가가치가 이동한다. 예를 들면 표준에서 규정한 기능을 실현하는 중핵부품에 부가가치가 집중된다. 다음 항에서 상위 레이어 또는 하위 레이어로 부가가치가 이동한 예를 소개한다. 그리고 마지막으로 표준화 포지셔닝 전략이 내포하는 경쟁우위 지속성의 문제도 다룬다.

2. 상위 레이어에서의 위치 잡기 전략

표준화된 레이어에서 이노베이션이 일어나고 있는 경우, 그 상위 레이어에 위치를 잡을 수 있다면 표준화에 의해 생긴 부가가치의 이동을 붙잡을 수 있다. 즉 이노베이션이 일어나고 있는 표준화 영역과 최종사용자 사이에 포지셔닝 함으로써 부가가치를 획득할 가능성이 생기는 것이다.

예를 들면, 표준화 영역에서 규격간 경쟁이 일어나고 있는 경우, 표준화 영역에서 활발하게 이노베이션이 일어난다. 만약 그 상위 레이어에 제품기능을 논리적으로 통합하여 그 차이를 사용자들이 의식하지 않도록 만드는 논리 레이어를 구축할 수 있다면, 표준화 영역에서 이루어진 이노베이션으로부터 생기는 부가가치를 획득할 수 있다.

물리 레이어만으로 제품이 구성되어 있던 시대는 규격간 경쟁이 일어났을 때에 상위 레이어에 위치를 잡기 어려웠다. 물리적인 메커니즘으로 실현되고 있는 영역은 물리적 제약을 받기 때문에 아키텍처를 유연하게 변경하기는 어렵다. 그러나 오늘날에는 대부분의 제품이 MCU에 의한 디지털 제어를 전제로 한 제품으로 되어 있기 때문에 물리 레이어 이외에 논리 레이어가 존재한다. 논리 레이어는 MCU와 소프트웨어에 의해 실현되고 있다. 일반적으로 논리 레이어는 물리 레이어보다 훨씬 유연하게 아키텍처를 변경시킬 수 있다.

만약 두 개의 레이어가 있다면 물리 레이어에서 경쟁이 일어났다고 해도 논리 레이어의 아키텍처를 변경함으로써 이노베이션을 획득할 수 있는 가능성이 생긴다. 예를 들면, 물리 레이어에서 경쟁하고 있는 표준들을 논리 레이어에서 기능적으로 통합할 수 있는 가능성이 있다. 만약 그런 기능통합을 실현할 수 있다면, 사용자 입장에서는 그 차이를 의식하지 않고 장치를 이용할 수 있게 된다. 논리 레이어를 사용한 표준규격간 경쟁에 대한 대처는, 디지털 제어가 널리 보급되었기에 가능해진 새로운 규격간 경쟁에 대한 대처방법이라고도 할 수 있다. 우리는 이러한 사례를 기록형 DVD의 경쟁에서 찾아볼 수 있다.

사례 ⑪ 표준화 영역의 상위에 위치하는 논리 레이어에서의 부가가치 획득

DVD 장치 산업에서 Dual 드라이브란 DVD+R과 DVD-R의 양 규격에 대응하는 드라이브이며, Super Multi Drive란 DVD-R, DVD+R, DVD-RAM의 3가지 방식에 대응한 드라이브이다.

당초에 기록형 DVD규격의 경우, DVD-R, DVD+R, DVD-RAM이라는 3가지 진영이 서로 경쟁을 하고 있었다.

1997년에 설립된 DVD포럼에서는 기록형 DVD의 갈 방향으로 DVD-RAM을 지원하고 있었다. 그러나 DVD-RAM은 재생형 DVD-ROM과는 한쪽 방향 호환성밖에 없었다. 즉 DVD-ROM은 DVD-RAM에서 읽을 수 있지만 DVD-RAM에서 기입한 데이터를 DVD-ROM에서 읽을 수 없었던 것이다.

한편, LD플레이어의 경험이 있던 파이오니아가 중심이 되어, 음악 및 영상 데이터 제작 현장에서의 제작도구로서 DVD-R규격을 제창하였다. DVD-R은 원판을 만든다는 발상에서 만들어진 규격이었기에 DVD-R규격에서 기록된 디스크를 DVD-ROM플레이어에서 재생할 수 있었다. 당초에는 프로용 규격으로서 간주되고 있던 DVD-R규격은 폭발적으로 시장에서 받아들여졌다.

그 결과, 시장에는 DVD-RAM규격과 DVD-R규격이 병존하게 되었다. DVD포럼은 기록형 DVD 규격으로서 DVD-RAM규격과 DVD-R규격을 정식으로 채용하였다. 다만 양자는 전혀 다른 사용법이 상정되어 있었다. 즉 전자는 정식 기록형 DVD이고, 후자는 제작이 필요한 프로용의 특수한 규격으로서 받아들여지고 있었다.

이보다 앞선 1997년 봄에는 기록형 DVD를 둘러싸고, 히타치제작소 · 도시바 · 마쓰시타전기·미쓰비시전기 등이 제안하는 A포맷, 소니·필립스가 제안하는 B포맷, A포맷을 약간 변경한 C포맷이 패권다툼을 하고 있었다. 격심한 논의 끝에 투표가 실시되어, C포맷(현재의 DVD-RAM)이 DVD 포맷의 정식 규격으로서 인정되었다(1997년 3월). 이러한 배경 때문에 소니와 필립스는 HP와 함께 B포맷을 유럽의 Ecma International에 규격화 신청을 하였다(1997년 8월).

시장에는 DVD-ROM규격, DVD-RAM규격, 그리고 DVD-R규격과 DVD+R규격이 병존하게 되었다. DVD-R규격과 DVD+R규격은 매우 유사했지만, 전자의 주체는 DVD포럼이고 후자의 주체는 DVD얼라이언스라는 점에서 차이가 있다. DVD 포럼이 정식으로 인정한 규격은 DVD-ROM규격, DVD-RAM규격, DVD-R규격 이 세 가지였다. DVD-ROM과 쌍방향의 호환성이 있는 규격은 DVD-R규격과 DVD+R규격뿐이었다. DVD-RAM은 한쪽 방향의 호환성 밖에 없었다.

재생형 DVD인 DVD-ROM의 경우는 그 규격의 토대가 된 SD규격을 밀고 있던 도시바와 마쓰시타가 주도적인 입장을 취하고 있었다. 기록형 DVD인 DVD-RAM의 경우는 마쓰시타전기가 주도적인 입장이었는데 반해, DVD-R규격의 경우는 파이오니아가 주도적인 입장이었다. 한편 마찬가지로 DVD+R규격은 DVD포럼에서 분리된 DVD얼라이언스에서 책정되었고, 소니와 필립스가 주도적인 입장이었다.

이런 상태에서 DVD Dual이 시장을 석권하게 되었다. DVD Dual의 개념은 2000년 시점에서 소니 내에서는 이미 기안되고 있었다고 하지만, 실제로 2003년부터 2004년에 시장을 석권했던 것은 파이오니아와 NEC이었다. DVD Dual은 DVD-R과 DVD+R의 양 규격의 차이를 장치 쪽에서 흡수한 것으로 DVD-ROM도 재생할 수 있었다. 이에 따라 두 회사는 2003년부터 2005년 봄까지 DVD 사업에서 엄청난 이익을 올리는데 성공하였다(小川 2006).

DVD Dual은 DVD-ROM과 기록형 DVD 사이의 쌍방향 호환성을 유지하였으며, 사용자가 DVD-R과 +R 규격의 차이를 의식할 필요가 없게 하였다. 그러나 DVD Dual에서는 DVD-RAM을 지원하지 않고 있었다. 최종적으로 DVD-RAM까지 지원하는 DVD Super Multi Drive(SMD)가 출시되자, 시장은 SMD 대응의 DVD드라이브 쪽으로 옮겨갔고,

마쓰시타전기나 히타치(히타치LG)가 SMD 대응장치 시장을 주도해갔다.

SMD 대응 DVD드라이브를 구입하면 시장에 존재하는 모든 규격에 대하여 최종소비자는 의식할 필요가 없게 되었다. 모두 똑같이 사용할 수 있게 된 셈이다.

물리적으로 다른 복수규격을 하나의 장치에서 실현하는 것은 예전 같으면 불가능한 일이었다. CD 패밀리와 DVD 패밀리에서는 물리 포맷이 전혀 다르고, 또 같은 DVD라도 DVD-RAM만이 다른 DVD와 물리 포맷이 크게 다르다.

DVD-ROM과 DVD-RAM은 물리 레이어에 호환성이 없다. DVD-R/+R과 DVD-RAM 사이에도 호환성이 없다. 그러나 논리 레이어에서 통합함으로써 하나의 장치에서 모든 규격을 다룰 수 있게 되었다.

이러한 모든 미디어에 SMD가 대응할 수 있는 가장 큰 이유는 펌웨어에 있다. 아날로그 시대에는 불가능했지만, 현재는 MPU와 펌웨어에 의한 호환성의 유지가 가능해지고 있다.

펌웨어에 기술 노하우와 지적재산을 담음으로써 복수 규격의 상위 레이어에 위치하는 장치를 개발하는 것이 가능해졌다. 그리고 규격간 경쟁에 의해 생긴 이노베이션의 부가가치를 획득한 것은, 복수 규격에 대응한 상위 레이어를 포함하는 장치를 공급할 수 있었던 기업이었다.

복수 규격에 동시에 제품을 대응시키는 전략은 상응하는 기술력이 필요하다. 그래서 Dual/Super Multi Drive는 기술력이 있는 기업에게는 의미가 큰 전략이라고 할 수 있다.

3. 하위 레이어에서의 위치 잡기 전략

표준이 보급되어 이노베이션이 포화되어 있는 경우, 완성품을 구성하는 부품 및 부재 등의 하위 레이어로 부가가치가 이동할 가능성이 있다. 왜냐하면 규격이 책정됨에 따라 장치가 어떤 기능을 만족하여야 할 지가 확정되기 때문이다. 이노베이션이 포화되어 있을 때에는 더 충족되어야 할 기능이 고정적으로 확정된다. 그리고 그러한 기능이 확정됨에 따라 그것을 실현하는 부품이 확정된다.

다만, 부품은 모두 똑같지 않고 표준에서 책정되는 기능을 주로 실현하는 중핵부품과 주변부품으로 나뉜다. 중핵부품에는 부가가치가 모이기 쉽다. 또 표준화된 완성품에는 기업의 신규진입이 일어난다. 이러한 신규진입 기업 중에는 중핵부품을 생산하는 능력을 갖고 있지 않는 기업이 많고, 중핵부품을 구입하여 완성품을 생산한다. 이것이 중핵부품으로의 부가가치 이동을 가속화한다.

그런데 부품 및 부재 등의 하위 레이어로 부가가치가 이동하였다고 해도, 그 부가가치를 획득하기 위해서는 부품 및 부재 레이어의 아키텍처를 변경할 필요가 있는 경우가 많다. 만약 하위 레이어의 아키텍처를 변경하지 않으면, 부품 및 부재의 경우도 표준품이 되어버려 일상재가 된 그곳으로부터는 부가가치를 얻을 수 없다.

아키텍처 변경의 예로서 대표적인 것이 몇 가지 부품을 통합하여 플랫폼 형태로 제공하는 것이다. 표준화에 의해 정해진 기능을 장치 전체에서 실현하는 것이 아니라, 중핵부품에서 그 기능을 집중적으로 실현하는 한편 부가가치를 중핵부품에 집중시키는 전략이 있는데, 그것은 부품을 이용한 플랫폼 전략이다. DVD플레이어에서 산요전기가 구축한 플랫폼 전략을 소개한다.

사례 ⑫ 부품을 이용한 플랫폼 전략

DVD의 표준화는 저장매체로서의 DVD드라이브와 콘텐츠 플레이어로서의 DVD플레이어라는 두 가지 시장을 출현시켰다. DVD규격이 책정된 직후부터 각사는 DVD드라이브의 배속 경쟁에 합류하였다.

DVD드라이브의 배속경쟁은 PC에 탑재된 저장매체 관점에서는 가치가 높다. 그러나 DVD플레이어 관점에서는 PC용의 고배속 드라이브는 과잉품질이며, DVD플레이어의 고비용화를 초래하고 있었다. 즉 DVD플레이어의 경우는 DVD드라이브에 백엔드 LSI(영상처리 LSI)를 부착하면 ATAPI라 불리는 개방 인터페이스를 통해서 DVD플레이어로 될 수 있었다. 그러나 이 방식은 너무 많은 비용이 들며, DVD플레이어로서 최적화된 시스템은 되지 못했다.

이런 가운데 2001년부터 산요전기가 DV34로 불리는 트래버스 유니트와 미디어 로딩 장치를 하나로 묶은 트래메카 플랫폼을 제공하기 시작했다. DV34로 불리는 이 트래메카에는 CD와 DVD의 두 가지 파장에 대응한 OPU가 탑재되어 있었다. 두 가지 파장에 대응하는 OPU로 비용을 줄일 수 있었을 뿐만 아니라, 부품 수를 줄임에 따라 신뢰성도 향상되었다. 그리고 이 OPU를 장착한 트래메카에 공진(共振)방지 메커니즘을 집어넣어 물리적인 회전 노이즈 문제를 극복하는데 성공하였다. 어설프게 대량으로 만들어진 DVD 미디어 중에는 중심위치가 규격에 맞지 않은 것도 많아서, 이러한 물리적 제어 노하우가 DVD플레이어의 경우에는 필수적이었다(小川 2006).

마침 당시, 대만의 무(無)공장 반도체 기업인 미디어테크가 백엔드 LSI와 프런트엔드 LSI를 통합한 솔루션을 제공하기 시작했다. 그래서 산요전기의 트래메카 플랫폼과 미디어테크의 LSI는 DVD플레이어의 부품 플랫폼이 된 것이다. 이 부품 플랫폼을 받아들인 것은 1994년경부터 Video-CD플레이어를 생산하고 있던 중국 기업들이었다. 그들은 소니나 산요전기 및 필립스가 제공한 Video-CD플레이어의 플랫폼을 이용하여, Video-CD플레이어 생산에 성공한 경험을 가진 기업들이었다. 한 때는 300개 이상의 중국기업이 Video-CD플레이어 시장에 진입하고 있었다.

DVD 규격이 정해지자 산요전기는 비즈니스의 중심을 드라이브 비즈니스에서 그 하위 레이어인 부품 비즈니스 레이어로 옮겼다. 그 결과, 드라이브에서는 부가가치를 얻을 수 없었지만, 그것을 훨씬 넘는 부가가치를 부품 플랫폼 비즈니스에서 얻을 수 있었다.

그들의 부품 플랫폼을 받아들인 기업은 Video-CD플레이어를 생산하고 있던 중국기업이었다. 중국에서 생산되는 저렴한 DVD플레이어는 전세계로 보급되어 전세계에 DVD 영상 콘텐츠 문화의 즐거움을 가져다 준 것이다.

4. 상하 양쪽의 레이어에서의 동시 위치 잡기 전략

기록형 DVD드라이브 분야에서 상위 레이어에 위치를 잡은 사례, DVD플레이어 분야에서 하위 레이어에 위치를 잡은 사례를 소개하였다. 여기에서는 상위 레이어와 하위 레이어 양쪽에 동시에 위치를 잡은 사례를 소개한다.

상위 레이어와 하위 레이어에 동시에 위치를 잡는다는 것은, 먼저 상위 레이어에 위치함으로써 사용자와의 대화를 통해서 시장을 개척해 간다는 것이며, 이와 더불어 표준화된 영역을 신규진입 기업에 맡기면서 하위 레이어의 부품 및 부재를, 표준화된 영역에 진입한 기업에게 공급함으로써 부가가치를 획득한다는 것이다. 전체 사업 중에서 표준화된 개방 영역만 신규진입 기업과 협업하고, 다른 부분은 자사 사업으로 하는 것이다.

표준화된 영역에 신규 진입한 기업 중에는 다수의 신흥국 기업이 포함된다. 그래서 표준화한 영역에서는 저비용 운영이 가능한 기업이 아니면 살아남기 곤란하다. 그러나 신규 진입한 기업의 경우는 기술축적이 적으므로, 누군가가 중핵부품을 공급하여야 한다. 이 때 중핵부품에 부가가치가 집중할 가능성이 발생하고, 이 기회를 잡기 위하여 하위 레이어에서 플랫폼을 형성하는 것이 효과적이라고 제4절 3항에서 설명하였다.

그러면 하위 레이어에 위치를 잡으면서 상위 레이어에도 위치를 잡는다는 것의 의미는 무엇일까? 그것은 최종사용자 시장에 직접적인 접촉을 가지는 것을 통해, 최종소비자 마켓을 주도하면서 시장정보를 획득해가며 제품을 보급시킬 수 있다는 점이다. 하위 레이어에 위치를 잡은 경우, 부품 비즈니스가 되므로 최종사용자의 정보를 획득하기가 어렵다. 그래서 시장의 요구를 부품에서 만든 플랫폼에 반영하기 어렵다. 이것을 보완하는 것이 상위 레이어에 대한 위치 잡기이다. 최종사용자와 표준화 영역의 중간에 위치함으로써 사용자 입장에서 보았을 때 표준화된 것이 어떻게 보이는지를 실시간으로 파악할 수 있다.

그리고 그러한 시장 요구를 계속해서 부품에 반영함으로써 부품의 부가가치를 지속적으로 높은 수준으로 유지할 수 있다. 기록형 DVD미디어 메이커인 미쓰비시화학미디어는 기록형 DVD가 표준화된 시기에 사업내용을 크게 변경하여 상위 레이어와 하위 레이어에 특화한 사업체를 만들어냈다. 이에 따라 다른 일본계 미디어 메이커가 미디어 시장에서 고전하는 가운데 이익을 올릴 수 있었던 것이다.

사례 ⑬ 상위 레이어와 하위 레이어의 동시 위치 잡기

표준화에 따른 산업구조의 변화를 민감하게 느끼고, 재빨리 자사의 비즈니스 구조를 바꾸어 성공한 예가 미쓰비시화학미디어이다.

미쓰비시화학미디어는 높은 기술력을 가지고, DVD 표준에서 자사가 연구개발하고 있던 AZO계의 색소재료를 전제로 한 국제규격의 책정에 성공하였다. DVD미디어에서의 색소 재료는 기록형 DVD의 기록층을 구성하는 핵심인 재료이며, DVD미디어에서 가장 부가가치가 높다. 그래서 다양한 색소 메이커가 표준화 리더기업과 전략적인 연계를 맺고, 그렇게 해서 자사의 색소재료와 그 관련 지적재산을 표준 안에 넣었다(小川 2006).

규격에는 「어느 색소를 사용하여야 한다」라는 것은 기재되어 있지 않다. 그러나 광디스크 장치에서 레이저 제어로 쓰기와 읽기를 하는 프로그램인 Write Strategy, 스탬퍼(미디어를 성형하는 초정밀원판), 색소와 용제의 조합인 스핀코트 등 DVD미디어 제조의 노하우 등이 색소와 강한 의존성을 갖고 있다. 따라서 규격에 자사의 색소를 기초로 한 사양을 집어넣을 수 있다면 색소시장에서 유리해진다.

미쓰비시화학미디어에서 주목할만한 것은 표준에 자사에게 유리한 사양을 넣었을 뿐만 아니라 비즈니스 모델의 이노베이션도 하였다는 것이다.

원래, 미쓰비시화학미디어는 색소의 생산, 광디스크의 생산, 브랜드를 붙인 판매를 모두 자사에서 일괄적으로 하고 있었다. 그러나 다른 표준화된 제품과 마찬가지로 DVD미디어 산업의 경우에도 신흥국 기업이 다수 진입해왔다. 저렴한 인프라 비용이나 저비용 운영을 무기로 신흥국 기업은 시장 점유율을 늘려나갔다.

미쓰비시화학미디어는 스토리지미디어 산업에서 이 변화를 민감하게 파악하였다. 원래 그 회사는 제품의 일관 생산에 강점이 있었다. 그러나 DVD규격이 정해지고 신흥국 기업이 DVD미디어 시장에 진입하기 시작하자, 생산 장치를 설비메이커와 개발하여 신흥국 기업에 제공하면서 생산을 신흥국 기업에 위탁하고 자신은 부가가치가 집중해 있는 재료(색소)와 유통(브랜드)에 집중하였다. 미쓰비시화학미디어는 표준화가 가져오는 산업의 변화에 민감하게 대응하여, 신흥국 기업과 라이벌 관계가 되는 것이 아니라 오히려 그들과의 협업 체제를 재빨리 비즈니스 모델로 실현하였다.

이러한 비즈니스 모델 변화의 특징은 미쓰비시화학미디어가 높은 기술력을 배경으로 어디에 부가가치가 모이는지를 알고, 거기에서 비즈니스를 재구성하였다는데 있다. 기술력을 기초로 한 강력한 매니지먼트가 있었다는 점에 유의할 필요가 있다.

그 결과, 많은 일본 광디스크 기업이 고전하는 가운데 미쓰비시화학미디어는 이 시장에서 혜택을 누리는데 성공한 것이다.

5. 표준화 주변기업의 포지셔닝 전략과 경쟁우위의 지속성

표준화 포지셔닝 전략을 취한 기업이 공통적으로 안고 있는 과제는 표준화 포지셔닝 전략이 가져오는 경쟁우위가 지속적인 것인가 일시적인 것으로 끝나는 것인가이다.

표준화 리더기업은 표준화를 주도하는 과정에서 자사 이노베이션을 규격에 넣고, 나아가 표준을 보급시킴으로써 자사에 유리한 시장을 확대할 수 있다. 즉, 표준화 리더기업은 표준화 포지셔닝 전략과 함께 표준화 보급 전략도 취하기 때문에 자사의 이노베이션을 계속해서 표준에 넣을 수 있고 자사의 비교우위를 지속적으로 유지할 수 있다. 휴대전화의 GSM규격이 계속해서 진화해 온 것은 이러한 예에 해당한다.

표준화 보급 전략과 표준화 포지셔닝 전략은 전자가 이노베이션의 창출을 담당하고 있는 것에 대해 후자가 이노베이션에서 생기는 부가가치의 획득에 힘을 쏟은 전략이라고 할 수 있다. 양자는 서로 대립하는 것이 아니라 서로 관련을 가지고 있다. 표준화 리더기업은 표준화 포지셔닝 전략을 고려하면서 표준화 보급 전략을 취함으로써 두 가지 전략을 연동시킬 수 있다.

한편, 표준화 포지셔닝 전략을 취하는 표준화 주변기업은 일시적으로는 부가가치를 획득할 수 있을지도 모르지만, 그것이 지속적일지는 불명확하다. 이 점에 관하여 표준화 주변기업이 표준화 포지셔닝 전략을 취하는 경우 두 가지를 고려할 필요가 있다.

첫째는 표준 책정 시기에서 표준화 포지셔닝 전략을 취할 때 자사에게 유리한 조건을 넣는 것이다. 예를 들면 사례 ⑬에서 다룬 기록형 DVD미디어의 사례에서는 여러 색소메이커가 표준화 리더기업과 전략적으로 연계를 맺어 자사의 색소재료와 그 관련 지적재산을 표준 안에 넣었던 것이다. 표준화 주변기업은 표준화에 대하여 방관자가 아니다. 오히려 적극적으로 표준화 프로세스에 표준화 리더기업과 함께 관여함으로써 표준화 포지셔닝 전략을 실행할 때 자사에 유리한 조건을 집어넣는 것이다.

둘째는 표준화 대상이 되고 있는 시스템 전체의 이노베이션을 표준화 주변기업이 제공하는 서브시스템으로 촉진할 수 있다는 관점이다. 표준화 포지셔닝 전략을 취하는 표준화 주변기업은 시스템 안에 있는 일부분에 집중하여 사업을 구축하고 있다. 집중한 특정 부분에서 시스템 전체의 이노베이션을 촉진할 수 있다면 지속적으로 부가가치를 얻을 수 있다.

이 점에서 뛰어난 힌트를 제공해 주는 것이 사례 ①이나 사례 ⑧에서 소개한 인텔의 사례일 것이다. 인텔의 사업은 부품 플랫폼의 제공이지만 PC라는 시스템이 이노베이션을 일으키는데 적극적으로 개입하는 것으로 유명하다.[6]

이노베이션이라는 관점에서 또 한번, 표준화 주변기업이 취할 표준화 포지셔닝 전략을 살펴보면, 상위 레이어에 위치를 잡는 전략은 부가가치의 획득뿐만 아니라 동시에 지속적인 이노베이션을 실현할 가능성이 있다는 점에 유의할 필요가 있다.

이노베이션은 최종사용자에게 도달함으로써 완결된다. 이 때문에 상위 레이어에 위치를 잡는 것은 스스로 주도적으로 이노베이션을 일으킬 수 있는 하나의 조건이라고 생각된다. 이런 이유에서 인텔은 자사가 최종사용자에게 CPU를 판매하는 것이 아님에도 불구하고, 많은 비용을 광고에 들여 브랜드가치를 유지하고 있는 것이다.

당연히 이러한 전략은 결코 쉬운 것이 아니다. 그러나 지속적인 경쟁력을 생각한 경우, 표준화 포지셔닝 전략만으로는 그 메커니즘은 당연히 끝나지 않는다. 지속적인 경쟁력을 지탱하는 가장 중요한 요인은 표준화 영역을 포함하는 전체 시스템에서 지속적인 이노베이션이 발생하는 것이다. 표준화 포지셔닝 전략을 취하는 기업에게는 언젠가는 시스템 전체의 이노베이션에 대하여 고려해야 하거나 또는 새로운 영역으로 이동할지를 생각해야만 하는 시기가 오는 것이다.

맺음말

본 장에서는 규격간 경쟁에 있어서의 중요한 요소를 정리하였다. 표준화 보급 전략에서는 표준의 보급 속도를 조정하는 것이 중요하다. 보급 속도에 영향을 주는 네 가지 요인은 「아키텍처에서의 개방 영역 조정」, 「핵심추진체 조직의 정비」, 「단계적 확대에 의한 표준의 보급」, 「사용자와 공급자의 합의 형성」이었다.

한편, 표준을 이용하는 입장에 있는 표준화 포지셔닝 전략에서는 전체 시스템 안에서 표준화를 파악할 때, 어느 영역에 부가가치가 축적되는지를 고려하여 사업영역의 위치를 잡는 것이 중요하다는 점을 지적하였다.

앞의 네 가지 요인을 사용하게 되면, 보급 속도를 높일 수 있지만 이익의 원천을 유지하기 어려워진다. 그래서 표준화 리더기업은 표준화 보급 전략과 함께 표준화 포지셔닝 전략을 동시에 구축할 필요가 있다. 양쪽 전략은 표준을 사용한 사업 전략의 겉과 속이라고 할 수 있다.

일반적으로 표준화와 이익원천의 문제는 비즈니스 모델을 통한 균형의 문제라고 하는데, 어느 경우에나 대응할 수 있는 정답이 있는 것은 아니다. 다만, 몇 가지 효과적인 변수를 사용함으로써 보다 좋은 해답이 되는 비즈니스 모델을 만들 수 있다.

본 장에서는 「표준에 의한 개방화와 국제분업」, 「블랙박스 영역으로부터의 개방 영역에 대한 통제」, 「필수특허화와 라이선싱에 의한 국제분업」이라는 변수를 소개하였다. 국제분업에 관한 변수가 많은 것은, 표준화가 전세계에 통일적인 시장을 만들기 위하여 선진국 기업뿐만 아니라 신흥국 기업에 대해서도 이 시장에 참가할 기회를 제공하고 있다는 점을 반영하고 있기 때문이다. 따라서 표준화의 배후에 있는 국제분업을 고려하는 것은 필수사항이 된다.

한편, 표준화 주변기업에 대해서는 표준화 포지셔닝 전략의 사례를 설명하였다. 그 중에서 「상위 레이어에서의 위치 잡기 전략」, 「하위 레이어에서의 위치 잡기 전략」, 「상하 양쪽의 레이어에서의 동시 위치 잡기 전략」을 소개하였다. 또 표준화 주변기업에 의한 표준화 포지셔닝 전략에 관해 그 경쟁우위의 지속성도 논하였다.

표준화는 세계에 공통된 거대 시장을 만드는 것이며, 일본의 산업이 국제경쟁력을 획득하는 과정에서 피하고 지날 수 없는 문제임과 동시에 기회이기도 하다. 표준화는 국제분업을 촉진시키고, 일본의 산업뿐만 아니라 해외 산업에도 공헌하면서 인류의 후생을 높인다. 그러나 일본의 산업이 이 영역에서 축적한 경험은 실무계에서나 학술계에서나 아직 충분하다고 하기 어렵다. 표준화를 사업전략에 효과적으로 잘 활용하는 것이 요구되고 있다.

(立本博文, 高梨 千賀子)

【주】
1. ETSI란 European Telecommunications Standard Institute(유럽전기통신표준화기구)를 의미함
2. MoU: Memorandum of Understanding, 각서를 의미함
3. new common carrier의 약자
4. European Conference of Postal and Telecommunications Administration(유럽우편전기통신주관청회의)를 의미함
5. 일본자전거산업이 경쟁에 노출되는 가운데 모든 기업이 고전하고 있는 것은 아니다. 자전거 부품 메이커인 시마노는 표준화에서 혜택을 받고 있는 기업이다. 자전거의 표준화 과정에서 시마노가 취한 전략은 기어박스를 중심으로 한 부품의 통합과 블랙박스화였다. 자전거 부품 전체로서는 표준화가 진행되는 가운데 부가가치가 집중하는 부분을 중심으로 통합화와 블랙박스화를 하는 전략은 인텔이 PC 전체를 표준화하면서 CPU 주변을 통합화하고 블랙박스화 하는 것과 아주 똑같다. 두 회사 중 전자가 기계관련 시스템이고 후자가 전자관련 시스템으로 전혀 다른 것처럼 보이지만, 표준화 환경 아래에서의 기업전략에 이처럼 유사성이 보인다는 것은 그 전략의 보편성을 잘 보여주고 있다고 생각된다.
6. CPU의 용도개발에 대한 활동으로서는 예를 들면 그 회사의 IAL(Intel Architecture Lab) 활동이 유명하다.

03

컨센서스
표준을 활용한
비즈니스 모델

컨센서스 표준을 활용한 비즈니스 모델

제2장에서는 컨센서스 표준이 존재하는 시장에서 이익을 올리기 위한 포지셔닝을 표준화의 리더 기업과 주변기업으로 분류하여 정리하였다. 그 포지셔닝에서 큰 공통점은 표준화되어 있지 않은 부분에서 이익을 내는 전략이었다. 제3장에서는 그런 비즈니스 모델의 전형적인 예로서 각 기업이 독자적으로 축적하는 기술을 표준화된 제품과 사용자 요구를 매칭시키는「적응력」으로서 활용하고 나아가 비즈니스를 개척해 나가는 사례를 살펴본다. 구체적으로는 몇 가지 자동인식 기술에서의 표준화 경위를 살펴보면서 그러한 사례를 분석해본다. 이러한 비즈니스 모델은 리더기업이든 주변기업이든 어느 쪽도 활용할 수 있는「자사 논리로 진행되는 비즈니스 모델」이라고 할 수 있을 것이다.

▬ 머리말

지금까지 말해 왔듯이 표준화와 관련되는 비즈니스의 경우, 디 팩토 표준을 획득함으로써 막대한 이익으로 연결하는 사례가 주목 받기 쉽지만, 최근에는 이러한 비즈니스 모델은 실현하기 어렵다는 것을 알 수 있다. 특히 앞의 장에서도 상세히 논의된「표준화 주변기업」전략에서 보듯이, 업계를 초월한 기업끼리의 연계에 기초한 업계간 제휴가 점점 진행되고 있다. 따라서 어떤 특정기업의 논리만으로 추진될 수 있는 이른바「나 홀로 승리하는 것」이라는 상황은 구축하기 어려워지고 있다.

이런 경우, 표준화는 기술을 가진 특정기업의 경쟁우위를 결정 짓는 전략수단으로 사용되어서는 안되며, 업종을 초월한 연계를 만들어내는 것이야말로 표준화를 추진하는 데에서의 중요한 의미가 있는 것이다. 그 때 중요해지는 것이 표준의 책정에 참가하는 기업과의 컨센서스를 형성하는 것이다. 다른 업종 기업들 사이의 연계를 유지해 나가기 위해 많은 기업이 참가할 수 있는 구조 즉 포럼이나 컨소시엄과 같은 표준화를 도모하는 조직이 존재하는 것은 이 때문이다. 이 조직이 잘 운영되기 위해서는 참가하는 기업 사이에서 「전체의 논리」가 우선되는 것이 필요하다.

그러나 기업에 있어서는 전략상, 경합 타사보다 자사에게 유리한 상황을 만들 필요도 있다. 그러기 위해서는 「자사의 논리」로 사업을 추진하는 것도 추구되어야 한다. 즉, 자사가 얻어야 하는 수익의 확보를 위하여, 자사가 생각대로 움직일 수 있는 상황 속에서 이익을 낼 수 있는 사업영역을 어딘가에 만들어야 한다. 따라서 이러한 분야에서 사업을 추진해 나가려면 전체의 논리와 자사의 논리를 잘 구분하여 사용하여야 한다. 이러한 사용상의 구분을 전제로 한 비즈니스 모델을 제시하는 것이 이 장의 목적이 된다. 즉, 먼저 컨센서스 표준을 추구하고(「전체의 논리」), 그 위에서 자사의 사업영역을 확보해야 한다(「자사의 논리」). 이러한 2단계의 비즈니스 모델에 대하여 이하에서 예를 들어가면서 검토해 보자.

1. 전체의 논리에서 만들어지는 표준

먼저 표준을 만든다, 이것이 전체의 논리, 즉 컨센서스를 만드는 데에서의 핵심이 된다. 그래서 이러한 표준은 제1장에서도 설명되었듯이 「사전(事前)표준화」라 불리며, 디팩토 표준 등과 같이 시장에서의 경쟁 결과로서 표준화되는 「사후(事後)표준화」와는 구별되고 있다. 이러한 차이는 표준화되는 기술이나 제품이 어느 정도 보급되어 있느냐 하는 정도 차이에서도 찾을 수 있다.

사후표준의 경우에는 시장경쟁을 거쳐 표준화가 이루어지기 때문에 대상이 되는 기술이나 제품은 이미 보급되어 있는 것이 되지만, 사전표준의 경우에는 기술이나 제품이 보급되기 전에 표준화가 진행되게 된다. 그런 의미에서는 빠르게 수익으로 연결할 필요가 있는 경우에는 사후표준이 선택될 가능성은 높다. 그렇지만 그러기 위해서는 표준화를 할 수 있을 정도의 기술이 이미 자사 내에 있어야 한다. 또 동시에 그 기술 또는 그 기술을 이용한 제품을 보급시킨 후 자사의 사업영역 안에서 그 비즈니스를 수행할 수 있어야 한다. 보급까지의 과정을 자사의 논리로 진행시킬 수 있는 것이 조건이 되기 때문이다.

그러나 본서에서 지금까지도 언급하였듯이, 오늘날 이미 많은 분야에서 업계간 제휴가 진행되고 있다. 그래서 한 기업의 사업영역을 크게 넘어선 제품이나 서비스의 제공이 전제로 된 비즈니스의 경우, 표준화를 위해서는 여러 가지 시각에서 사안이 검토되어야 한다. 특히 하나의 규격을 널리 보급시킨다는 점에서는 기술특허를 가진 기업뿐만 아니라 실제로 그 기술을 채용하는 쪽의 의향도 반영되어야 한다. 이 점에 대하여 메모리카드의 보급을 둘러싼 경쟁의 예를 살펴보자.

메모리카드 규격 다툼의 사례

예전에는 메모리카드의 규격이 난립하던 적도 있었는데, 그 후 서서히 도태가 일어나 현재는 마쓰시타전기, 도시바, 샌디스크가 개발한 SD카드와 소니가 개발한 메모리스틱(MS)으로 압축되고 있다.

이 메모리카드의 주요 용도 중 하나로 음악데이터의 기록을 들 수 있는데, 여기에서 필요한 것이 음성압축 기술이다. SD카드에서는 이 기술을 MPEG(Moving Picture Experts Group: 동화상의 압축 및 압축풀기 방식의 표준화를 추진하고 있는 ISO/IEC의 합동조직, 또는 이 조직이 책정한 동화상의 압축 및 압축풀기 방식을 가리킨다)에 준거시키는 등 「공공재(公共財)」로서의 성격을 갖게 함으로써 보다 많은 보급을 도모하고 있다는 것을 알 수 있다.

이에 반해, 소니의 MS에서는 ATRAC3(Adaptive Transform Acoustic Coding 3: 스테레오 신호를 부호화하는 기술)이라 불리는 압축 기술을 채용하고 있다. 이것은 MD에서 사용되는 기술로 알려져 있고, 그 특허의 대부분은 소니가 갖고 있다. 즉 ATRAC3은 소니의 독자적인 기술이기 때문에 「사적재(私的財)」로서의 성격이 강하다.

용도가 어느 정도 특정되는 MD라면 특정기업의 논리로 진행되는 비즈니스도 가능하다. 그러나 최근과 같이 인터넷을 이용하여 PC나 휴대전화로 좋아하는 곡을 메모리카드에 담아 놓고 그것을 다시 다른 미디어에서 이용할 때에도 메모리카드가 이용되는 환경에서는 그 기술에 「범용성」이 요구되므로 실제로 이용하는 기업이나 사용자에게 있어서 「사적재」와 같은 기술은 다루기 어려워진다.

결국, 소니는 그 후 자사제품 PC「VAIO」에도 SD용 슬롯을 설치하는 등, 현재로서는 SD카드가 상당히 우세해지고 있다. 여기에는 표준책정을 위하여 보다 공개된 것으로 만들기 위하여 SD카드 진영이 2000년에 설립한 SDA(SD Card Association)가 회원기업을 많이 모아 전체의 컨센서스를 얻으면서 표준화를 추진한 것이 기여한 것으로 생각된다. 이와 같이 업계간 제휴에 적합한 표준을 추구하는 경우에는 범용성이 있는 표준 쪽이 여러 용도에 대응하기 쉽다는 것을 알 수 있다.

다만 SD카드의 경우는 MS와의 시장경쟁 결과로서 표준화가 진행되고 있는 것이기 때문에 이 사례가 반드시 사전표준의 성공사례를 보여주는 것은 아니다. 그렇지만 여러 가지 용도에 대응하면서 보급을 추구하는 경우, 범용성을 갖게 하는 것은 의미 있다는 사실을 알 수 있다.

그러나 이 사례에서는 범용성을 갖게 한다면, 표준을 형성하는 프로세스에서는 특정 기업의 논리는 주장하기 어렵게 된다는 점도 또한 알아야 한다. 앞에서도 언급한 바와 같이 이 단계에서는 「자사의 논리」는 내놓고 주장하기 어렵기 때문이다. 그러면 자사의 이익은 어디에서 찾으면 좋을까? 이것에 대하여 다음에 검토해 보자.

2. 자사의 논리로 추진되는 비즈니스

많은 기업의 컨센서스로 표준이 형성되었다고 해도, 당연히 참가한 기업이 모두 성공하는 것은 아니다. 자사의 논리를 전개해 나가는데 있어서 그 제1단계가 정비된 것에 불과한 것이다. 위에서 살펴본 메모리카드가 그렇듯이 SD카드가 MS보다 우세하게 되었다고 해서, SDA에 가입한 기업 모두가 각각 납득이 가는 결과를 남긴 것은 아니다. 해당 분야의 시장은 확대되었다고 해도 자사의 이익이 늘어나는 것은 아니다. 그래서 자사의 논리로 전개할 수 있는 사업기회를 찾아야 한다.

전체의 논리로 진행되는 분야에서 범용성이 요구된다면, 자사의 논리로 진행시켜 나가기 위해서는 「특수성」이 요구된다. 그 특수성은 경쟁전략의 이론에서 말하는 차별화 전략의 개념이며, 본서 제1장에서 말하는 「차별화 영역」이라고 말할 수 있다. 이하에서 더욱 상세하게 살펴보기로 하자.

1. 경쟁전략의 추구

전통적인 경쟁전략 이론에서는 자사의 경쟁우위를 추구하기 위해서 취할 수 있는 기본적인 전략으로서 차별화 전략을 들고 있다. 이 전략이 의미하는 바는, 차별화에 의해 산업 부문 내에서의 자사의 위치가 명확해진다는 것이다.

구체적으로는 고객에게 제공되는 제품이나 서비스의 품질, 기능, 가격, 브랜드 등을 차별화하는 것을 통해 경쟁타사와의 사이에서 자사의 우위성이 추구된다.

그렇지만 제품을 구성하는 기술이 표준화되어 있는 경우, 예를 들면 PC 등이 그렇듯이, 제품 그 자체에서 차별화를 꾀하는 것은 간단하지 않다. 거의 모든 제품에 비슷한 기능이 붙어 있기 때문이다. 또 가격에서 우위성을 추구하는 경우에도 세대교체가 빠른 분야에서는 기술의 진부화에 따른 가격의 하락도 빠르기 때문에 일시적으로 가격 면에서 우위에 섰다고 해도 그것이 반드시 지속되는 것도 아니다.

즉, 컨소시엄에 의한 표준이 관련되는 경쟁의 경우, 표준화된 제품 그 자체에서는 타사와 큰 차이를 만들어내기는 어렵다는 것을 알 수 있다. 따라서 자사의 위치를 명확히 하기 위해서는 무엇인가 별도로 자사의 특수성을 만들어내야 한다.

이렇게 생각하면 전체 논리의 결과로서 시장이 만들어졌다고 해도, 그 만들어진 시장에서 자사의 논리를 추진하기 위해서는 자사의 논리를 전개할 수 있을 만큼의 토양이 만들어져 있을 필요가 있다. 그러기 위해서는 범용성과 특수성이라는 트레이드오프가 해소되는 비즈니스 모델이 미리 그려져 있을 필요가 있다.

이에 관해 이하에서 소개하는 사례를 통하여 살펴보기로 하자.

2. 사례 소개

위에서 말한 바와 같이 범용성과 특수성은 트레이드오프 관계에 있는 만큼 그 해소는 어렵다. 따라서 컨센서스 표준을 지향하는데 있어서 처음부터 이것을 의식하고 활동하는 기업이 많지 않다. 그렇지만 여기에서는 보급을 도모하기 위해 사전표준을 추진하고, 표준화 후에 자사의 논리를 추구하고 있는 사례를 검토할 필요가 있다. 그런 의미에서는 AIDC(Automatic Identification and Data Capture: 자동인식 및 데이터 취득기술)업계가 참고가 될 것이다. AIDC업계는 주로 바코드나 RFID(Radio Frequency Identification: 무선태그), 바이오메트릭스(Biometrics: 생체인증) 등으로 구성된다. 좀 더 상세하게 이 업계에 대하여 정리해 보자.

① AIDC업계의 개요

AIDC업계의 특징으로는 다음 세가지를 들 수 있다. ① 최근의 표준화 프로세스 추세인 포럼 또는 컨소시엄을 통하여 사전표준이 추진되고 있다는 점, ② 사회기반을 구성하는 대규모 실용시스템이기에 넓은 저변시장을 창출할 가능성이 높다는 점, ③ 신뢰성, 안전성, 정당성 등에 관련된 실용기술로서 법규제가 관련되기 때문에 디쥬르 표준화가 이루어지고 있다는 점 등이다. 즉 컨센서스 표준이 지향되고(앞 부분 ①), 업계간 제휴에 대한 대응을 의식하고(앞 부분 ②), 그리고 공공재적 성격을 가진 표준(앞 부분 ③)이라는 세가지 특징을 지닌 분야라고 할 수 있다.

AIDC의 표준화는 주로 ISO/IEC의 합동조직인 JTC1에서 추진되고 있다. 여기에서 책정된 표준에 따른 관련제품의 시장 규모는 2006년 실적으로 2500억 엔을 넘고, 앞으로도 더욱 확대될 것으로 예상되고 있다.

도표 3-1에 해당 시장에서의 규모 추이를 나타내었다. 그 내역의 대부분이 바코드 관련(2차원 코드를 포함)으로 되어 있다. 그러나 바코드 관련이 거의 매년 제자리 걸음인 상황이 이어지고 있는데 대해, RFID나 바이오메트릭스의 신장률이 뚜렷하다는 것을 알 수 있다. RFID에 관해서는 일본 경제산업성이나 총무성에 의한 실증실험이 추진되어 온 것도 영향을 미쳐, 이미 실제 RFID를 도입하는 기업이 증가하고 있다고 생각된다. 또 바이오메트릭스에 관해서는 컴퓨터나 휴대전화에서 지문인증 시스템이 도입되고, 또 은행의 ATM에 정맥 인증 시스템을 도입하는 곳도 늘고 있다는 점이 시장확대에 공헌하고 있을 것이다.

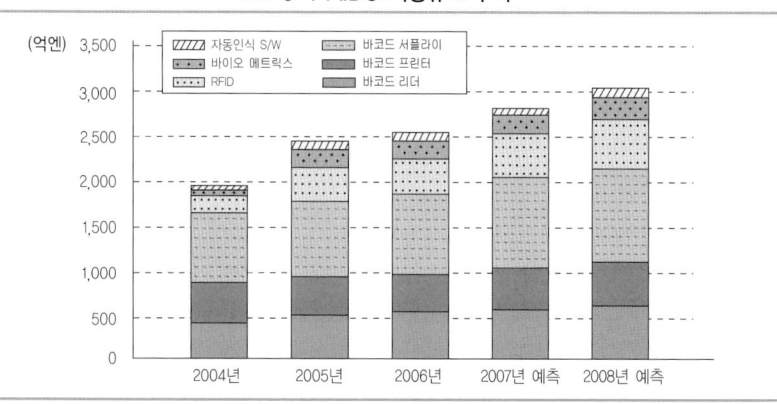

도표 3-1 AIDC 시장규모 추이

출처 : JAISA 공표자료 「JAISA 2010년 비전」 (http://www.jaisa.jp/overview/reports.polf/2010vision.pdf

이 업계를 정리하면, 이미 보급이 진행되고 있는 분야(바코드)와 향후 보급을 위해 현재 추진 중인 분야(RFID, 바이오메트릭스)가 병존하고 있다고 할 수 있다. 또, 그 어느 경우에도 앞서 살펴본 바와 같이 기본적으로 컨센서스 표준에 의해 일이 성립되고 있기 때문에 기업이 자사의 논리를 펼치기 위해서는 표준화 이후의 비즈니스가 잘 전개되어야 하는 분야라고 할 수 있다.

그래서 이하에서는 바코드, RFID, 바이오메트릭스 세 분야에서의 대표적인 기업 사례를 통해 기업들이 범용성과 특수성의 트레이드오프를 어떻게 해소하고 있는지를 살펴보기로 하자.

② 바코드(QR코드)의 사례

먼저 처음 예로 드는 QR코드에 대하여 본서에서는 다른 곳에서도 소개하고 있지만, 여기에서는 보급 프로세스에 초점을 맞춰 범용성과 특수성의 트레이드오프 해소 사례라는 관점에서 다시 살펴보도록 하자.

덴소가 개발한 QR코드는 기존의 바코드보다 많은 정보량을 입력할 수 있고, 또 생산 현장에서 이용할 때 일어날 수 있는 오일 부착 등에 의한 오손에도 강한 코드로서 개발되었다. QR코드는 2000년에 ISO에서 국제표준으로서 정식으로 인정을 받고 있다. 그 때 기술상의 권리는 포기하고 퍼블릭도메인(공공재)으로서 그 내용을 널리 공개하고 있다.

현재는 QR코드를 읽는 기기(리더)의 제조와 판매를 주로 덴소웨이브(본사, 도쿄)가 담당하고 있다. 그 회사는 리더 판매에서는 일본 국내에서 높은 점유율을 차지하고 있고, 그 부문은 회사 매출구성상 주요한 위치를 차지하고 있다. 그래서 QR코드의 경우 그 심볼의 작성이나 사용 등은 완전히 무료로 하고, 회사는 기기의 판매로 이익을 창출하는 것으로 했다.

그 후 많은 휴대전화가 QR코드에 대응하게 되었기 때문에 일반적인 이용에도 진전이 있었고 그에 따라 보급도 진행되었지만, 보급되기 전에 이미 표준화가 진행되었던 것이다.

보급에 따라 많은 경쟁 상대가 진입하고 있다. 해외에서는 심볼테크노롤지나 인터메크 등 강력한 경쟁자가 진입하였다. 또 일본국내에서는 대기업 전기 회사를 비롯해서 도켄이나 웰캣, 아이닉스 등 업계 유력기업이 진입하였다. 즉, 덴소는 자사가 개발한 QR코드

시장에서 타사와 경쟁하게 되었다.

이에 대응하여, 리더를 판매하는 덴소웨이브는 QR코드를 이용하는 업계 내에서 의식적으로 시장을 나누면서 판매활동을 추진하고 있다. 그 회사는 그 개발 경위와도 관련이 있는데, 자동차업계, 유통업계를 자신 있는 분야로 하고 있고, 그 회사 제품은 재고관리 측면에서 정평이 나있다. 또 자신 있는 업계 이외에 대해서도 QR코드로부터 얻어질 수 있는 효과를 강조하면서 판매촉진을 계속하고 있다. 예를 들면 콘택트렌즈업계에 대해서는 콘택트렌즈를 넣는 작은 케이스에도 QR코드라면 붙일 수 있다는 점을 강조하면서, 업계 전체에 대한 보급을 추진하고 있다.

또, 그 보급 촉진 방법에 있어서도 그 회사의 특징을 찾아볼 수 있다. 그 방법이란, 먼저 업계를 대표하는 업계 단체에 접근하여 QR코드를 해당 업계의 표준코드로서 정식으로 지정받도록 노력하는 한편, 그 회사가 자신 있는 제조기술을 살려서 해당 업계의 특성에 맞는 기기나 소프트웨어를 개발하는 방식이다.

앞서 말한 콘택트렌즈업계의 경우를 예로 들어보면, 일본 콘택트렌즈협회를 적극적으로 설득하여 협회로부터 표준코드로서 지정받았다. 그래서 일단 업계 단체로부터 표준코드로서의 지정을 받는데 성공하면, 그 후에는 업계에 소속된 기업으로부터 주문을 받는 방식의 영업활동이 가능해진다. 즉, 그 회사의 고객에게 리더를 판매하는 것이 아니라, 업계 단체 또는 업계를 관리하는 협회 (association)를 끌어들인 영업활동, 즉 B to A(association) to B라고 할 수 있는 사업전개를 하고 있다는 점도 특징적이다. 바꿔 말하면 개개의 기업에게 제품을 팔러 가는 것이 아니라, 일단 업계단체에서 QR코드를 사용한다는 인정을 받은 다음, 각각의 업계에 적합한 제품을 개발하여 보급시켜 나가는 치밀한 사업을 하고 있는 것이다.

이러한 치밀한 점이 핵심이 되는데, 그 의미는 B to A to B라는 연계를 통해 완전히 고객에게 맞춤서비스를 하고 있고, 같은 제품을 개발하는 경쟁 타사가 들어올 틈이 없다는 점에서 찾아볼 수 있다.

③ RFID의 사례

무선태그나 IC태그라고도 불리는 RFID는 향후 큰 경제파급효과가 예상되고 있고,

최근 경제산업성이나 총무성 등 국가 차원의 대응이 계속되고 있다.

RFID는 태그자체에 칩이 들어가 있고, 이 칩에 여러 가지 정보를 기록할 수 있게 되어 있다. 태그는 이 정보를 읽을 수 있는 리더와의 사이에 무선통신이 사용되어 사물의 식별에 이용되고 있다. 바코드와 다른 것은 이 무선통신이라는 점이다. 태그에는 안테나가 붙어 있어서 리더와 상시적으로 교신이 되기 때문에 RFID를 상품에 붙이면 상품의 재고관리에 도움이 된다. 뿐만 아니라, 식품 등의 안전성 확보 관점에서 점차 중요성이 커지는 트레이서빌리티' 에도 대응할 수 있게 된다.

그 무선통신에 사용되는 주파수는 현재 UHF대가 유력한데, 그 주파수 분야에서 앞서고 있는 곳이 미국이다. 미국에서는 태그를 만드는 제조사인 인터매크사와 국방성을 중심으로 전세계 550개사를 모아서 국제표준을 추진하기 위한 전문조직 EPC Global[2] 을 2003년에 설립하였다. 이 EPC Global에서 책정된 태그(이하, EPC태그)의 규격안이 ISO/IEC/JTC1/SC31에 제안되어, 국제표준화를 위한 심의가 진행되게 된다.

RFID 표준화에 관해서는 일본에서도 제안이 이루어지고 있었다. 2004년에는 경제산업성과 히타치제작소(이하, 히타치)를 중심으로 RFID 태그에서 국제표준을 만들기 위하여 「히비키(響) 프로젝트」가 진행되었는데, 거기에서는 UHF대역에서의 RFID태그 개발이 진행되고 있었다.

히타치는 당시 이미 가로 세로 0.3mm라는 세계에서 가장 작은 칩을 만드는 기술을 갖고 있었다. 이 기술이 히비키 프로젝트에서의 태그(이하, 히비키 태그) 개발에 활용되는데, 크기뿐만 아니라 태그의 원가를 낮추는 쪽으로 적극적으로 노력해 갔다. 그 결과, 앞의 EPC 태그가 당시 개당 35엔 원가가 제시된 반면, 히비키 태그는 그것을 훨씬 밑도는 개당 5엔이라는 원가를 실현시켰다. 그리고 2005년 3월 이 히비키 태그를 SC31의 협의에 제안하였다.

그렇지만 일본 측 제안은 EPC 태그의 심의가 이미 시작되고 난 뒤에 제안이 된 것이어서, 심의를 진행시키는 위원은 일본 측 제안을 적극적으로 받아들이려는 의식은 없었다. 또 일본 측이 주장하는 낮은 원가에 관해서도 월 1억개 생산이라는 조건이 붙어 있었는데, 아직 본격적인 보급기에 들어가기 전의 상태에서 그 조건을 충족하는 것은 현실적이 아니라는 판단도 있었다. 그 결과 2006년 10월에 히타치는 EPC태그에 준거할 것을 결정하였다.[3] 그에 따라 히비키 태그와 EPC태그의 관계는 규격 간 대립에서 동일 규격 내에서 서로 점유율을 늘리는 규격 내 경쟁으로 바뀌게 되었다.

그렇지만 이 사례에서 알 수 있는 것은「규격경쟁에서 양보함으로써 경쟁할 기회를 얻었다」는 점이다. 히타치가 EPC태그에 준거한다는 것은 EPC태그를 지지하는 기업을 상대로 비즈니스를 할 수 있다는 것을 의미한다. 이미 말했듯이 EPC태그를 지지하는 기업은 EPC Global 설립 시점에서 이미 전세계 550개사가 모여 있었다. 실은 그 안에는 세계를 대표하는 유통기업인 월마트나 대표적인 소비재 회사인 P&G 등 유력 기업이 많이 포함되어 있었다.

현재 히타치에서는 RFID를 도입하는 기업을 대상으로 솔루션 비즈니스를 전개하고 있다. 솔루션 비즈니스란 고객이 안고 있는 문제점에 대한 해결책을 제공하는 비즈니스인데, 히타치에서는 RFID관련 솔루션 메뉴를 충실히 갖추고 고객의 요구에 부응하여 착실하게 그 판매를 늘리고 있다.

④ **바이오메트릭스의 사례**

바코드나 RFID가 사물을 식별할 때 사용되는 기술인데 반해 바이오메트릭스는 사람을 구별한다는 점에서 양쪽은 크게 다르다.

지금까지는 일반적으로 사람을 식별하기 위해서는 본인의 기억(암호번호나 패스워드 등)이나 본인의 소유물(패스포트나 운전면허증 등)이 활용되고 있었지만, 미국의 동시다발 테러나 일본의 금융기관 ATM코너 비밀번호 도용사건 등에서 보듯이 여러 문제가 계속 발생하고 있다. 그 원인은 잊어버리거나 분실하거나 도용 등의 문제가 항상 일어나기 때문이다.

이러한 문제를 극복하기 위해서는 본인의 신체적 특징으로 본인을 인식하는 방법이 가장 확실하다는 판단에서 미국 국방성을 비롯해서 각국 행정 부서가 이 분야에 주목하게 되었다. 또 동시에 보안에 대한 개인의 관심이 높아진 점도 영향을 미쳐, 바이오메트릭스의 시장은 현재 확대되는 경향을 보이고 있다.

또 바이오메트릭스는 여러 기술 분야로 세분화된다는 특징도 갖고 있다. 구체적으로는 지문, 정맥(손바닥, 손가락), 얼굴, 홍채, 목소리, 서명 등 각각의 인증기술 분야를 들 수 있다.

이러한 기술의 표준화를 위해서는 ISO/IEC, JTC1, SC37이 중심이 되어 심의를 진행시키고 있다. 심의의 주요 내용은 「호환성」, 「성능평가」, 「품질보증」 세 가지로 정리된다. 그 목적은 주로 바이오메트릭스를 제품종류에 의존하지 않고 서로 다른 시스템 사이에서도 서로 이용할 수 있도록 하는데 놓여져 있다.

최근에는 각각의 기술 중에서도 특히 지문인증기술과 정맥인증기술, 이 두 가지가 시장을 견인하는 상황이 되고 있다. 그래서 여기에서는 지문인증기술 분야에서 우위에 있는 NEC의 사례를 살펴보자.

지문인증의 기술은 원래는 NEC의 화상처리기술이 경찰청 감식업무의 수사지원 시스템에 활용된 것에서 시작되었다. 1974년 경찰청에서 AFIS(Automated Fingerprint Identification System: 지문조회 시스템)에 대한 위탁연구를 받은 NEC는 1980년대에 실용화에 성공하였다.[4]

그리고 미국에서는 주, 시, 군마다 AFIS를 조달하기 때문에 벤더들 간의 지문 데이터 호환성을 확보하기 위하여 ANSI/NIST 포맷을 작성하고 있다. 또 데이터 포맷뿐만 아니라 광학적으로 지문을 채취하기 위한 라이브스캐너의 사양이나 잉크로 지문을 채취한 종이의 지문화상을 읽는 스캐너의 사양으로서 FBI의 IQS(Image Quality Specification Standard)규격이 만들어져 있다. 이러한 규격은 그 후 만들어진 지문화상 포맷에서의 국제표준규격의 기초가 되고 있다.

그런데 일반적으로 지문은 부드러운 손가락의 표면에 생기는 모양(융선)이 평평한 것에 접촉한 상태를 읽어내게 되므로 판독된 지문은 왜곡되어 있게 된다. 또 접촉한 상태는 그 때마다 다르므로 상태에 따라서는 부분적인 지문이 되거나 기울어진 지문이 된 경우도 있다. 즉 등록되어 있는 상태와 똑같은 상태로 지문을 읽을 수 있다고 말하기 어렵다.

이에 대해 NEC가 개발한 기술은 남아있는 지문을 정확히 인식할 수 있도록 한다는 점에서 그 특징을 찾을 수 있다. 남아있는 지문처럼 크게 변형되어 있는 지문에 대한 실용적인 조회 기술의 개발은 NEC가 세계 최초이다. 그 회사는 현재도 그러한 조회가 어려운 지문 데이터의 인증정밀도 분야에서 강점을 갖고 있다.[5]

지문인증기술에서 국제표준으로 하기 위해서는 AFIS를 문제없이 운용하기 위하여 ANSI/NIST 포맷에 준거하여야 한다. 마찬가지로 스캐너의 사양에 관해서는 FBI가 인정하는 IQS규격에 준거하여야 한다.

NEC의 지문조회기술(AFIS)은 높은 평가를 얻고 있고, NIST(미국기술표준화국)가 평가하는 FPVTE(Fingerprint Vendor Technology Evaluation)에서 최고 레벨을 획득하였다. 그리고 이미 표준화되어 있는 기술과의 호환성 테스트에서도 높은 평가를 얻고 있다. 이러한 평가가 NEC에게는 전략적인 강점이 되었고, NEC는 현재 이 분야에서는 프랑스 Sagem사, 미국 Cogent사, 미국 Motorola사 등 경쟁기업들이 있는 상황에서도 최고 수준의 점유율을 차지하고 있다.

3. 비표준화 영역에서의 특수성 형성과 비즈니스 모델

이상에서 AIDC 분야에서의 세 가지 사례를 살펴보았는데, 앞서 말한 범용성과 특수성의 트레이드오프에 대한 대응이라는 관점에서 이러한 사례를 기초로 컨센서스 표준과 관련한 비즈니스 모델을 검토해 보자.

먼저, 표준을 책정하는 부분 즉 표준화 영역에 관해서는 QR코드가 독자적인 규격을 표준화한 것 이외에는 RFID와 지문인증 모두 기존 표준에 준거하는 형태를 취하고 있다. 당사자인 기업들이 기존 표준에 준거하는 것이 본래 의도이었는지 아닌지는 확실하지 않지만, 결과적으로 컨센서스를 취하는데 동의하였다는 점에서는 공통점이 있었다. 또 QR코드의 경우에도 코드 작성이나 사용에 대해서는 완전히 자유롭게 하는 등, 표준화된 부분에서는 자사 논리가 자제되고 있다는 것을 알 수 있다. 즉, 어느 사례에서나 표준 그 자체가 특정기업의 이익으로 연결되는 구조가 아니라는 점에서는 공통점이 있다.

그러면 이러한 기업이 어떻게 수익을 올리고 있느냐 하는 점에 관해서는 어떨까? 덴소웨이브의 경우에는 QR코드를 읽는 리더 등 기기 및 그 소프트웨어를 판매함으로써 고객 요구에 적응시키는 비즈니스 모델을 전개하고 있다.

이 고객 요구에 적응시키는 비즈니스 모델이라는 점에서는 RFID에서의 히타치, 또 지문인증에서의 NEC도 이에 해당된다. 히타치는 풍부한 솔루션 메뉴를 준비해서 여러 가지 요구에 대응하려고 하고 있는데, 여기에는 많은 사업분야를 가진 종합전기회사로서 축적된 노하우가 활용되고 있다. NEC의 경우도 마찬가지로 그 회사의 공식 웹사이트에는 수많은 솔루션 메뉴가 준비되어 있다.

4. 표준화와 적응화의 비즈니스 모델

즉, 고객요구에 대한 적응이라는 부분이 자사의 특수성을 드러낼 수 있는 영역이라고 할 수 있을 것이다. 그리고 그것은 표준화되는 부분이 아니라 비표준화 영역에서 전개되고 있다는 것을 확인할 수 있다. 바꿔 말하면 비표준화 영역에서 고객 요구에 대한 적응화를 도모하기 위하여 자사로서의 특수성이 표출되고 있는 것이다.

여기에서 비표준화 영역에서 특수성을 나타내기 위해서는 표준화 영역이 설정되어 있다는 점에 큰 의미가 있다는 것을 파악해 둘 필요가 있다. 특히 컨센서스 표준의 경우, 사전적으로 표준이 정해지기 때문에 사후표준의 경우에 비해 대립규격 난립이라는 사태가 일어날 가능성은 낮다. 그래서 컨센서스 표준에서 추구되는 사전표준의 추진에서는 규격 간 경쟁보다 동일규격 내 경쟁이 전개되는 경우가 많다.[6] QR코드에서의 리더 등 기기를 둘러싼 경쟁이나 RFID의 태그, 바이오메트릭스에서도 표준화된 규격 내에서 경쟁이 일어나고 있다는 것을 위 사례에서 알 수 있다.

이와 같이 동일규격 내에서 경쟁이 전개되는 경우에는 그것이 해당 규격의 채용자를 증가시키고 나아가서는 그것을 통해서 시장이 확대된다는 점에 큰 의미를 찾을 수 있다.

일반적으로 시장이 확대되기 위해서는 진입 장벽을 낮추고 누구나 들어오기 쉬운 상황을 구축하는 것이 중요하다. 그렇지만 컨센서스 표준의 경우는 진입 장벽을 낮추는 역할을 표준화가 담당하고 있다는 점도 이해해야 한다. 특정 기업의 수익으로 직결되는 것이 아니라 컨센서스를 형성하는 모든 기업이 활용하기 쉬운 것이 표준으로 되기 때문에 컨센서스 표준의 경우에는 한층 더 범용성이 요구된다.

따라서 각 기업에 있어서는 그 표준을 기초로 어떻게 자사의 이익을 만들어 갈 것인가가 검토되어야 한다. 그것을 비표준화 영역에서 찾아야 하는 것은 이상과 같은 이유가 있기 때문이다. 위에서 살펴본 세 가지 사례의 경우, 비표준화 영역에서 진행된 것은 표준화된 영역을 활용하면서 각각의 고객별로 개별화하여 고객의 요구에 적응화하는 것이다. 이는 표준화를 적응화하는 비즈니스 모델이라고 할 수 있을 것이다.

그렇지만 이 경우, 이러한 컨센서스 표준의 비즈니스 모델에 대하여 적응화 부분만이 강조되어 버리는 것은 반드시 이 비즈니스 모델 전체를 정확히 파악하고 있는 것이 아니라고 생각할 수 있다. 위에서 본 사례의 기업이 모두 표준화 영역에서도 존재감이 있는 입장에 있다는 것은 단순한 우연이 아니라고 생각되기 때문이다.

QR코드를 개발한 덴소는 물론 히타치의 경우는 세계 최소의 칩을 만드는 기술을 갖고 있고, 또 NEC의 경우도 AFIS 기술에서 미국의 평가기관에서 최고 수준의 평가를 받을 정도의 기술을 갖고 있다. 이러한 기술이 자사 내에 존재한다는 것이 그 후의 비표준화 영역에서 적지 않게 영향을 주고 있다고 생각하는 것은 자연스러운 일일 것이다. 표준화 영역에서 교환되는 기술사양 등 정보적 경영자원을 많이 보유하는 것은 비표준화 영역에서 전개되는 기업간 경쟁을 유리하게 진행시키는 데 있어서의 중요한 요건이라고 할 수 있다.

위의 사례로 말한다면, 비표준화 영역에서 볼 수 있는 적응화 기술은, 리더 등의 기기에서 얼마나 정확히 읽을 수 있는가 하는 「하드웨어 기술」(H), 읽은 데이터를 고속으로 조회하는 「소프트웨어 기술」(S), 그리고 그 데이터를 활용하여 고객의 실제 요구에 맞출 수 있는 「서비스 기술」(SV)로 구성되어 있다는 것을 알 수 있다. 즉, 하드웨어와 소프트웨어, 그리고 서비스를 조합시킨 "H×S×SV"를 적응화를 위한 기술로 한다면, 여기에 표준화 영역에서 이용된 정보적 경영자원이 조합됨으로써 더욱 더 특수한 우위성을 가진 비즈니스 모델이 만들어지게 될 것이다. 즉 표준화를 활용한 적응화의 비즈니스 모델이 되는 것이다.

소개한 기업이 처음부터 이런 것을 의도하고 있었는지는 명확하지 않다. 그러나 사례 연구에서 얻어지는 시사점으로 제시할 수 있는 것은, 컨센서스 표준이 관련되는 분야의 경우, 표준화된 기술을 기초로 고객에게 잘 적응화시키는 비즈니스 모델에서 성공의 가능성을 찾아볼 수 있다는 점이다.

이러한 비즈니스 모델을 그릴 수 있는지 어떤지는 먼저 처음 단계에서 전략적으로 컨센서스 표준을 지향할 수 있는지 어떤지 하는 점에 달려 있을 것이다.

(内田 康郎)

【주】

1. 트레이서빌리티란 「트레이스(추적)」과 「어빌리티(가능성)」의 합성어로 상품이 고객의 손에 도착할 때까지의 과정을 추적하여 명확히 하는 것을 의미한다.
2. EPC는 Electronic Product Code의 약칭이다. 그리고 EPC Global의 모체는 1999년에 MIT에서 설립된 오토ID센터이며 여기에서 바코드를 잇는 차세대 데이터 캐리어 시스템의 연구가 진행되고 있었다.
3. 『일본경제신문』 2006년 10월 4일자.
4. 이 기술은 스캐너의 소형화를 실현하여 1990년대에는 민수용으로 발전한다.
5. 이 기술을 NEC에서는 「특징점과 릴레이션 방식」이라고 부르고 있다. 그리고 이 기술의 상세한 내용은 그 회사의 공식 웹사이트 (http://www.nec.co.jp/pid/technology/mechanism.html)에 자세히 나와 있다.
6. 다만 공적인 표준에서도 복수의 규격이 포함되어 있는 멀티스탠더드라는 현상이 있다. 이 점에 관해서는 본서 제1장에서 기술되어 있는 바와 같다.

※본 조사에 관해서는 일본자동인식시스템협회, 덴소, 덴소웨이브, NEC, 히타치제작소의 관련부서 여러 분들께 인터뷰나 자료제공 등의 협조를 받았습니다. 여기에서 그 감사의 뜻을 표합니다.

04

**시험 및
검사방법 표준의
전략적 활용**

시험 및 검사방법 표준의 전략적 활용

지금까지는 기본적으로는 자사가 잘 하는 부분 이외를 표준화하는 포지셔닝 전략을 정리해왔는데, 자사가 우위에 있는 기술을 표준화함으로써 제품 차별화를 촉진하는 방법도 있다. 바로 시험 및 검사방법의 표준화를 활용하는 방법이다. 그러나 지금까지 시험 및 검사방법 표준을 사용한 차별화를 사업전략으로 활용한다는 시각은 거의 찾아볼 수 없었다. 제4장에서는 구미기업의 표준화 활동이나 일본의 선진업종 사례를 다루면서, 이 새로운 전략도구인 시험 및 검사방법 표준의 사업 활동에 대한 활용방법을 종합적으로 정리하였다. 이러한 시험 및 검사방법 표준의 사업 활동에 관한 정리는 예전에는 그 예를 찾아볼 수 없었다고 할 수 있을 것이다.

머리말

표준화의 대상은 제품이나 부품만이 아니다. 제품의 기술적인 설계 파라미터나 다른 부품 및 제품과의 접속방식 등이 표준화되는 케이스가 주목을 받고 있는데, 산업 및 제품분야에 따라서는 일정한 품질을 실현하기 위한 시험 및 검사방법의 표준이 일반적인 경우도 있다.

그렇지만 지금까지 표준화에 관한 많은 문헌들이 다루어 온 것은 제품규격의 표준화 문제이며, 시험 및 검사와 관련된 표준의 전략적인 의의에 관해서는 충분한 논의가 이루어지지 않았다. 그 이유로서 단지 제품규격의 표준화에 비해 눈에 잘 들어나기 어려웠다는 점은 부정할 수 없다. 가정용 VTR의 VHS 대 베타 규격 경쟁과 같은 형태로 매스컴을 떠들썩하게 한 일도 적고, 규격 간 경쟁의 영향이 표면화된 적도 별로 없었기 때문이다. 아울러 이 분야의 표준이 전략적으로 통제하기 어려운 대상이며 그래서 사업전략의 검토대상에 들어가기 어려웠던 점도 들 수 있을 것이다.

더욱이, 기존의 표준화 전략에 대한 논의는 전자제품이나 IT와 같이 다수의 권리 소유자가 관련될 필요가 있는 제품을 주로 다루어 왔다. 또 한편으로 제품설계보다는 오히려 시험 및 검사방법의 표준이 중시되는 분야, 예를 들면 화학재료 등의 분야에서는 기업간의 경쟁에서 지적재산권을 이용하여 모방하기 어렵게 하여 지속적 경쟁우위를 실현하는 전략이 보다 전면으로 나오기 쉬웠다. 그래서 이 분야가 표준화 전략의 논의에서는 별로 다루어지지 않았다.

그렇지만 실제로는 시험 및 검사방법 표준은 어떤 기술이 살아남는지, 나아가 어떤 기업이 살아남느냐에 대해 큰 영향을 주고 있다. 시험 및 검사방법 표준은 제품에 대한 정보를 제공함으로써 제품의 구입에 관한 의사결정을 실질적으로 정해버리는 경우도 있다. 또 기업이 자사의 기술이나 지적재산을 활용하여 차별화하기 쉬운지 어떤지를 좌우하는 경우도 있다. 기업이 사업전략을 고려할 때에는 시험 및 검사방법의 표준화 문제도 검토하여 논의하여야 할 필요가 있다.

그래서 이 장에서는 시험 및 검사방법의 표준이 정해짐으로써 기업의 업적이 크게 좌우될 가능성에 관하여 설명해 나가기로 한다. 먼저 시험 및 검사방법 표준의 역할에 대하여 간단히 다룬 후에 그 전략적 활용에 대한 개론을 제시한다. 그리고 시험 및 검사방법 표준의 전략적인 활용의 사례를 몇 가지 들어 설명하고, 그 다음 시험 및 검사방법 표준의 전략적인 활용에 관한 유의점을 제시한다.

1. 시험 및 검사방법 표준의 역할

1. 시험 및 검사방법 표준이란 무엇인가

시험 및 검사방법 표준의 역할에 관하여 논의하기 전에 먼저 여기에서 논의의 대상이 되는 시험 및 검사방법 표준을 간단히 설명해 두자.

시험 및 검사방법 표준이란 제품의 시험이나 분석, 평가, 측정 등의 방법을 규정한 것이다. 제품이나 재료의 시험이나 검사, 평가, 측정은 제품 및 기술개발에서의 기본적인 활동이기 때문에 그것을 표준화하는 시험 및 검사방법의 표준은 광범위한 제조업에서 이용되고 있다. 일본 국내의 표준으로는「일본공업규격(Japanese Industrial Standard, 이하 JIS)」에서의「방법규격」이 이에 해당한다고 생각하면 된다.

도표 4-1 JIS에 의한 표준의 분류

1. 기본규격 　　용어, 기호, 단위, 표준 수 등의 공통사항을 규정한 것
2. 방법규격 　　시험, 분석, 검사 및 측정의 방법, 작업표준 등을 규정한 것
3. 제품규격 　　제품의 형상, 치수, 재질, 품질, 성능, 기능 등을 규정한 것

출처 : 日本工業調査会「工業標準化制度の概要」(http://www.jisc.go.jp/std/outline.html)

JIS에서는 표준화되는 규격에 관하여 도표 4-1과 같이 그 성격에 따라 기본규격, 방법규격, 제품규격 세가지로 분류하고 있다. 기본규격이란 용어, 기호, 단위, 표준 숫자 등의 공통사항을 규정한 것이며, 방법규격이란 시험, 분석, 검사 및 측정의 방법, 작업표준 등을 규정한 것이며, 제품규격이란 제품의 형상, 치수, 재질, 품질, 성능, 기능 등을 규정한 것으로 되어 있다. 용어를 정의하고 그것을 기초로 한 제품의 설계와 시험방법에 관하여 정의한 것 전체를 표준규격이라 부르는 것이다. 이 중 여기에서는 「방법규격」에 해당하는 것을 다룬다.

소비자나 일반적인 서비스업자 등 최종사용자에게 납입하는 제품을 생산하는 제조업의 대부분은 보통 원재료를 가공하여 부품화하고, 그것을 조립하는 작업을 필요로 한다. 그래서 생산을 효율화하고 표준화함으로써 이득을 추구하려고 하는 경우, 그 재료 예를 들어 철강이나 수지 등도 표준화되어 있어야 한다. 재료의 품질, 강도나 내구성 등이 균일하지 않으면 조립된 제품도 설계한 대로 기능을 실현할 수 없기 때문이다. 자동차의 내구성이나 충돌대응 성능은 그 구조설계의 강점에 더하여 철강의 내구성이나 인장강도 등의 정도에 크게 의존하고 있다.

그렇지만 재료가 설계한 대로 기능을 실현하고 있는지 어떤지에 관해서는 사용자가 간단히 판별할 수 없는 경우도 많다. 철강지식이 충분하지 않은 철도회사는 새롭게 실험을 해야 하는 번거로움 때문에 새로운 재료를 이용한 선로를 구입하는 것을 꺼릴 지도 모른다. 또는 품질을 확인해야 하는 수고를 줄이기 위하여 여러 거래처로부터 철강을 조달하는 것을 피할 지도 모른다.

구매자에게 정보를 제공하여 기업간 거래를 촉진하는 한 가지 방법이, 시험방법에 관해 합의하고 재료를 공급하는 기업이 그것을 준수하고 있다는 점을 보여주는 것이다. 그렇게 함으로써 재료 구매자는 판매자가 제공하는 재료의 품질에 관해 신뢰할 수 있게 되고 거래를 꺼리지 않게 된다. 이 시험방법의 수준에 관해 국가기관이나 국제기관이 인증한 단체에 의해 사회적으로 합의된 것이 표준화된 시험 및 검사방법이다.

시험 및 검사방법 표준화에 대한 활동은 역사적으로 상당히 일찍부터 시작되었다. 그 단서가 된 것이, 1870년경부터 독일 뮌헨공과대학을 중심으로 검토가 진행된 철도차량 차축과 차륜 그리고 선로 재료인 철강의 시험 및 검사방법의 검토이다(橋本 2002).

이와 같은 독일에서의 대응이 기폭제가 되어, 스위스, 오스트리아, 러시아, 스웨덴 등 유럽 각국에서도 철강의 시험방법에 대한 검토가 추진되었다.

이러한 다양한 곳에서의 시험결과를 비교해야 할 필요성이 생겨, 시험방법의 표준화가 검토되게 되었다. 1884년 뮌헨에서 국제회의가 개최되어 시험방법의 사양에 관한 논의가 시작되었다. 이것이 마침내 국제재료시험학회의 발족으로 이어져 국제 표준화가 진행되게 되었다(ティモシェンコ 1974).

표준화에 대해 국가가 선구적으로 대응한 분야도 실은 강도나 내구성에 관한 시험방법의 표준화였다. 시험방법의 표준화에 대한 요청이 계기가 되어, 각국에서 표준에 관한 국립연구소가 설립되었고 국제기관도 설치되어 왔다. 예를 들면 1901년에 설치된 미국 국립표준국은 재료의 성질을 시험하는 것을 그 목적으로 하고 있었다(橋本 2002).

2. 평가 및 측정의 사회적 역할

측정의 표준은 원래 표준화 역사 속에서 가장 근본적인 것이라고 해도 좋을 정도로 중요하다. 이른바 도량형 즉 계측기준의 표준화는 사회 발전에서 매우 큰 역할을 해왔다(橋本 2002). 교환을 기본으로 한 경제활동의 성립에서 중요한 것은 여러 가지 교환대상을 정확하게 「측정하는」 것이었다. 쌀이나 보리 등 식료나 직물 등 물품의 길이나 양을 측정하지 않으면 교환비율을 정할 수 없고 경제활동은 활성화되지 않는다. 교환되는 물건의 양이 특정화되지 않으면 그 교환이 공정한지 의심스러워져 경제활동에 참가하는 것을 피하는 사람이 나오기 때문이다.

나아가 경제활동을 중개하는 화폐에 경우에도 화폐로 이용되는 금과 은의 양을 정확히 측정하지 않으면 그 가치에 대하여 합의할 수 없다. 즉, 경제활동이 오늘날과 같이 활성화된 배경에는 교환대상이 되는 물건이나 화폐를 정확히 측정하기 위한 계량의 표준화가 있었던 것이다.

여러 가지 기술의 개발에 있어서도 기술을 평가하고 측정하는 방법의 발전은 중요했다. 기술개발이란 어떤 지식체계를 이용하여 설계된 물건에 대하여 그 특성이나 제조에 관한 품질을 평가하고 그 정밀도를 개선해 나가는 것을 포함하는 활동이다. 즉, 평가방법의 개발은 기술개발의 상당히 중요한 부분을 차지하고 있는 것이다. 많은 분야에서는 제품기술이나 생산기술의 진보는 그 기술을 시험하고 측정하는 방법의 진보와 병행하는 형태로 이루어져 왔다.

특히, 인간의 오감으로는 인식할 수 없는 수준의 측정이나 관찰을 필요로 하는 기술을 개발하는 경우, 그 기술을 이용한 결과를 측정하는 기술 없이는 어떤 개발도 불가능해진다. 기술이 어떤 작용을 일으키는가에 대한 정확한 데이터가 없으면, 그 기술을 어느 방향으로 개선해 나가면 좋은지 알 수 없게 되어 해결해야 할 문제도 불명료해지고 말기 때문이다.

기술발전의 기초가 되는 과학도 측정기술의 진보 덕분에 큰 진전을 이루어 왔다. 예를 들면, 갈릴레오의 천문학에 대한 공헌은 자신이 제작한 망원경에 의한 관측 덕분에 가능했다. 천문학 연구는 정밀한 관측도구의 발전과 함께 크게 발전해 왔다는 것은 잘 알려져 있다.

또, 화학 분야에서는 프랜시스 · 애시턴이 개발한 질량분석법의 발명 덕분에 원자량의 측정정밀도를 기존 방법에 비해 비약적으로 향상시킬 수 있었다. 그리고 그 후의 계속된 질량분석법의 발전이 유기화학이나 생화학 분야의 발전으로 이어지고 있다. 최근 일약 유명해진 시마즈제작소의 기술자 다나카 고이치(田中耕一)씨도 이 질량분석법에서의 새로운 수법 개발 덕분에 노벨화학상을 수상하였다. 다나카씨의 수상 사례 등은 평가 및 측정방법에 관한 기술발전이 과학의 진보에 기여하고 있다는 것을 단적으로 보여준 것이다.

3. 시험 및 검사기술과 경쟁력

높은 수준의 측정기술은 기업의 경쟁력 구축에 있어서도 중요한 의미를 가지고 있다. 측정기술의 발전을 통해 기존의 제품기술이나 생산기술의 문제점이 분명해져서, 제품개발이 효율화되고 타사보다 낮은 비용으로 짧은 리드타임으로 제품을 시장에 투입할 수 있다. 이를 통해 기업은 신제품을 타사보다 먼저 시장에 투입할 수 있거나 타사에 비해 낮은 비용으로 제품을 생산할 수 있게 되어 경쟁력이 향상된다.

의약품의 연구 과정에서는 평가기술의 개발 덕분에 화합물의 탐색범위가 좁아져서 화합물을 특정화하고 스크리닝하는 것이 빨리 진행된 예가 있다. 에이자이의 알츠하이머 치료약 개발에서는 이 평가기술의 개발 차이가 제품의 연구 및 개발의 속도를 좌우하였다고 한다(亀岡 2006). 또 의약품 임상시험에서의 평가능력의 차이도 신속하게 신약 후보를 압축할 수 있는 지를 좌우한다. 그래서 평가능력의 차이가 제품개발에 드는 비용의 차이에 직결되고, 기업의 업적에 큰 영향을 준다(桑嶋 1999).

또, 계측 및 측정을 위한 기술이 충실해지면, 제품기술이나 생산기술에서의 과제를 정확히 파악할 수 있게 되어, 차세대 기술 테마의 방향성을 규정하는 것으로도 이어진다. 그래서 보다 첨단적인 측정기술을 이용할 수 있는 기업은 첨단적인 기술과제에 선행하여 대응할 수 있다.

그러나 이 평가 및 측정기술력이 뛰어난 점이 기업의 경쟁력에 마이너스로 작용하는 경우도 있으므로 유의할 필요가 있다. 평가기술을 통해서 밝혀진 기술부족이 기업에게 언제나 올바른 개발방향을 제시하는 것은 아니기 때문이다. 堀川(2003)는, 반도체 공정기술 중 하나인 CMP(Chemical Mechanical Polishing)의 장치개발 사례를 분석하여, 계측기술에 의해 제시된 방향으로의 자원투입이 결과적으로 기술전환을 늦어지게 하는 메커니즘을 보여주고 있다. 높은 측정기술력 때문에 「결점」이 보여지게 되었고 그 결점을 극복하는 것에 자원투입이 집중되어 버린 결과, 다른 기술과의 복합이라는 본질적인 해결책에 대한 대응이 늦어지고 만 것이다.

2. 시험 및 검사방법의 표준화와 전략적 의의

그러면 시험 및 검사방법의 표준화는 기업에게 있어 어떠한 경제적인 가치를 가져다 줄 수 있을까? 평가방법이 경쟁력의 열쇠가 될 가능성이 있는 이상, 그것을 공개하기 위해서는 공개로 인해 잃어버리는 경제적 가치를 웃도는 가치를 획득할 수 있는 메커니즘에 관한 합리적인 설명이 필요할 것이다. 이하에서는 시험 및 검사방법의 표준화가 가지는 전략적 의의에 대하여 간단히 정리해 두고자 한다.

1. 네트워크 외부성과 시험 및 검사방법의 표준화

최근 표준화 논의의 많은 경우가 제품이 시장에 투입되고 난 이후에 정해지는 디팩토 표준을 둘러싼 경쟁에 초점이 맞춰져 왔다. 즉, 표준화가 촉진되는 조건으로서의 네트워크 외부성 존재나(Katz & Shapiro 1985, Farrell & Saloner 1985), 형성된 표준의 경로의존성 등이 논의되어 왔다(David 1985).

네트워크 외부성이란, 재화의 사용자 수나 시장점유율의 증가에 따라 재화로부터 얻어지는 편익이 높아지는 것을 가리킨다(Rohlfs 1974). 소위 네트워크 외부성이 작용하는 업계에서는 경합하는 규격 간의 경쟁을 이기기 위해서 그 보급의 비교적 초기 단계에 보다 많은 사용자를 획득하는 것이 필요하다. 따라서 규격의 보급을 중시하고 규격을 경합 타사에 공개하는 소위 오픈 전략이 취해지는 경우가 많다(淺羽 1995).

다만, 시험 및 검사 기술을 이용하여 경쟁우위를 획득하려고 생각할 때 표준화를 지향한 오픈 전략이 반드시 옳은 것은 아니다. 오픈 전략이 경쟁우위로 이어지는 것은 어디까지나 네트워크 외부성이 작용하는 업계만이다.

시험 및 검사방법의 표준화에 관해서는 네트워크 외부성에 직접 영향을 주는 일은 별로 없는 것 같다. 시험 및 검사방법을 업계에 공개하였다고 해도 표준화가 다른 기기와의 호환성이나 접속성을 보증하는 것은 아니기 때문이다. 제품규격을 표준화하는 경우는 다른 제품과의 호환성이나 접속성을 보증하게 되지만, 시험 및 검사방법 표준화의 경우는 제품의 치수나 설계, 접속성에 대하여 내용을 정한 것이 아니므로 네트워크 외부성의 직접적인 효과는 그다지 없는 것이다.

다만, 시험 및 검사방법의 표준화에서도 경우에 따라서는 시험대상의 제품이나 재료에 어떤 종류의 네트워크 외부성이 작용할 가능성이 있다는 점에는 주의가 필요할 것이다. 뒷부분의 가정용 에어컨 냉매 사례에서 보는 바와 같이 시험 및 검사방법 표준화의 프로세스를 통해서 디팩토 표준의 선택이 촉진되는 경우가 있다. 평가기준이 통일되면 최종적인 제품사양의 선택도 통일되는 경향이 있기 때문에 사전에 정해 놓지 않아도 어떤 재료나 제품이 선택될 확률이 상당히 높아지게 된다. 네트워크 외부성이나 규모의 경제 등의 효과에서 규격의 통일화가 바람직한 경우, 시험 및 검사방법의 표준화는 제품규격 통일화의 프로세스를 촉진하는 역할을 하게 된다.

2. 표준화의 가치: 고객에 대한 정보공개의 의의

이와 같이 시험 및 검사방법 표준에서는 제품규격 표준화의 경우 얻어지는 것과 같은 경제적 가치가 별로 없다고 하면, 시험 및 검사방법 표준에는 기업에게 어떤 경제적 가치가 있을까? 그리고 앞의 항목에서 언급해 온 평가 및 측정기술을 기업이 혼자 가지지 않고 공적으로 공개해 가는 것에는 어떠한 의미가 있을까?

이 의문에 대한 대답 중, 시험 및 검사방법 표준의 전략적 의의를 도표 4-2와 같이 고객에 대한 정보공개와 공급자에 대한 정보공개라는 2가지 기능으로 집약하여 정리해 두기로 한다. 그 중 먼저 고객에 대한 정보공개라는 기능을 설명해 보자.

도표 4-2 시험 및 검사방법의 표준화와 경제적 가치

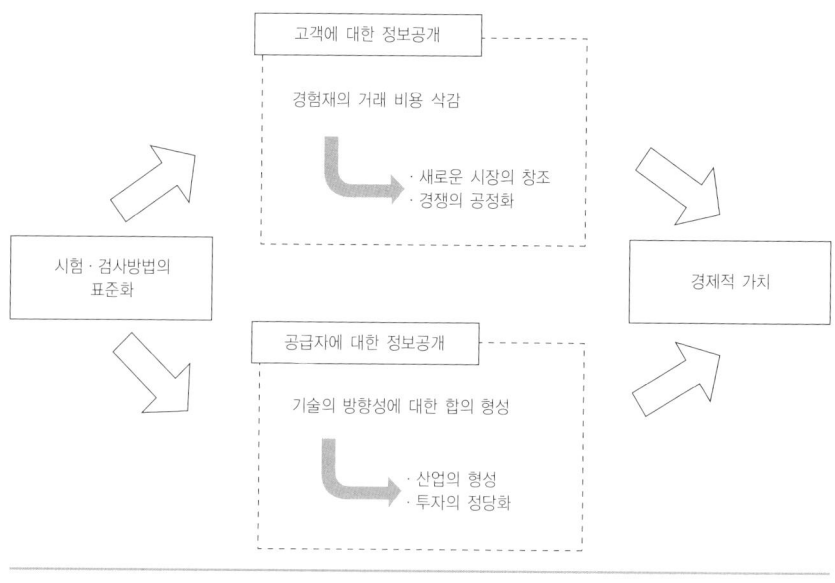

① 거래비용 삭감수단으로서의 표준

외관만 보아서는 품질을 판단할 수 없고 소비를 경험해야 비로소 품질을 평가할 수 있는 제품이나 서비스를 일반적으로 「경험재」라고 한다. 영화나 게임 등 엔터테인먼트 산업이나 호텔 등 서비스산업이 제공하고 있는 제품이나 서비스가 그 대표적인 예이다. 내구성에 따라 그 가치가 크게 변화하는 제품, 예를 들면 주택이나 자동차, 백색가전 등은 시간이 경과하지 않으면 그 품질을 판단하기 곤란하고 그런 의미에서 경험재적인 성질을 갖고 있다.

이러한 경우, 그 제품을 구입하려고 해도 제품의 품질에 관한 정보가 부족하기 때문에 거래가 성립되기 어려워지고 시장이 확대되지 않는 경향이 있다. 시장의 건전한 발전을 위해서는 제품의 기능에 관해 사전에 구매자가 평가할 수 있도록 해 줄 필요가 있다.

이 문제를 해결하기 위하여 제품의 기능이나 내구성에 관한 정보에 대하여 판매자인 기업 측이 정보를 제공한다는 방법이 있다. 그렇게 해서 고객은 제품을 보는 것만으로는 알 수 없는 부분에 대하여 사전에 어느 정도 이해할 수 있고 구입의 의사결정이 쉬워지는 경우도 있다. 다만, 정보를 제공받았다고 해도 구매자는 그 정보 자체가 옳은 것인지를 판단하기 어렵다는 새로운 문제가 발생한다. 그러한 이유로 신용할 수 있는 정보가 제공될 때까지 고객은 그 제품을 사지 않고 기다릴 지도 모른다.
　그래서 제품의 시험 및 검사방법에 대하여 공적으로 내용을 정해주는 해결책이 제시된다. 공적으로 정해진 방법에 따른 정보가 제공되어 있다면, 제품구입 시점에서 신뢰할 수 있는 정보에 기초해 제품을 평가할 수 있게 되고 구입 의사결정을 하기가 쉬워진다. 시험방법의 공적인 표준이 있음으로 해서 그 표준을 만족한 제품이라면 그 강도나 내구성에 관해 고객은 신뢰를 할 수 있게 된다.
　이와 같이 제품의 성능·성분·강도라는 제품의 품질과 관련되고 눈으로 보아서는 간단히 판별할 수 없는 정보를 신뢰할 수 있는 형태로 제공할 수 있다. 이를 통해 실물로 장기간 시험하거나 평판의 정보를 수집하는 등 구매자 쪽의 구입 의사결정에 드는 비용을 줄일 수 있다. 이 거래 성립에 드는 비용을 삭감하는 것이 시험 및 검사 표준의 한 가지 기능인 것이다.

② 표준과 다양한 사용조건
　이 표준의 설정에서 중요해지는 것이 시험조건이 고객의 사용조건을 정확하게 시뮬레이션 할 수 있는가이다. 그 조건이 고객의 사용환경과 동떨어져 있으면, 정보제공은 의미를 갖지 못한다. 고객의 사용조건에 가까운 테스트 결과를 보고하도록 의무화함으로써 고객이 정확한 정보로 평가할 수 있게 된다. 그렇게 하면 제품의 기능에 대한 정당한 대가가 지불되도록 시장이 유도되어, 그 기능을 실현할 수 있는 기술을 갖고 있는 기업이 경쟁우위를 획득하게 된다.
　여기에서 문제가 되는 것이 제품의 사용조건이 고객에 따라 일정하지 않다는 점이다. 지역이나 국가가 다르면 제품의 사용조건은 다양하게 변화한다. 예를 들면, 가정용 에어컨의 경우 사용환경의 온도나 습도의 차이에 따라 그 시험방법은 크게 달라진다. 또는 자동차의 경우 고속의 장거리 수송이 중심인지, 단거리에서 빈번하게 출발 정지를 반복하는지가 다르면 시험의 방법도 바뀌어야 한다. 다양한 사용조건이 있는 가운데 단일한 평가기준을 만들었다고 해도 소비자에게 충분한 정보를 제공한 것은 아니다.

고객의 사용조건이 다양하면 할수록 업계에서 시험내용에 관한 동의는 얻기 어려워지지만, 어려운 것은 이러한 점이 아전인수격으로 시험조건을 강요하는 것을 가능케 한다는 문제이다. 자국의 사용환경이나 소비자의 습관을 핑계로 삼아 실제로는 자사가 보유한 기술이나 지적재산을 활용하는데 불리해지지 않도록 일을 유도하는 것도 가능해지기 때문이다. 뒤에서 말하겠지만 해석이 가능해지는 조건설정의 경우에는 적어도 자사에게 불리해지지 않도록 표준설정의 과정에서 주의 깊게 행동할 필요가 있다.

③ 고객에 대한 정보공개와 기업의 이익

고객에 대한 정보공개는 어떻게 이익의 확보로 이어질까? 몇 가지 경우로 나누어 설명해 보자.

먼저, 제품의 시장이 아직 크게 형성되어 있지 않은 경우이다. 뒤에서 말하는 광촉매 사례가 여기에 가까운데, 제품이 아직 보급되어 있지 않은 경우, 잠재적인 고객의 대부분이 그 제품의 가치에 관해 잘 이해할 수 없다. 그래서 제품에 대한 평판도 형성되지 않고, 그 제품의 어디가 좋은지, 어느 기업이 공급하는 제품이 좋은지에 관해 고객의 대부분이 정보를 갖고 있지 않은 상태이다. 특히 앞에서 언급한 경험재적인 성질을 가진 제품이라면, 시장에서의 평판이 가지는 역할이 더욱 크기 때문에 한층 제품의 가치는 고객에게는 전해지지 않는다고 할 수 있다.

이러한 시장에서는 시험 및 검사방법 표준이 만들어지면, 고객이 기업이 제공하는 제품의 가치에 관한 정보를 신뢰하기 쉬워져서 시장에서의 거래가 일어나기 쉬워진다. 즉 표준화 덕분에 매출이 확대되고 기업이 이익을 획득할 수 있게 된다.

한편, 어느 정도 시장에서 제품이 보급되어 있는 경우는 경쟁을 적정하게 함으로써 기업은 이익을 얻을 수 있다. 이 경쟁의 적정화로부터 얻어지는 이익에 대하여 이하에서 간단히 설명해 보자.

제품 가치의 정보가 충분히 제공되어 있지 않은 경우, 기업 중에는 고객을 속여서 이익을 얻으려고 하는 자가 생겨난다. 예를 들면 중고차 판매업에서 고장 등 결함이 있는 차를 결함이 없는 차와 같은 가격으로 팔려고 하는 행위 등이 여기에 해당한다. 경험재적인 성질을 가진 제품의 경우는 고객은 사전에 구입제품에 대한 정보가 충분하지 않으므로 제품의 기능이 훼손되어 있어도 그것을 모른 채 구입하게 된다. 그 결과, 고객은 조악한 제품에 걸려버리는 경우도 있을 수 있다.

조악품에 걸리게 될 가능성이 있는 경우, 고객은 그 제품의 구입을 주저할 것이다. 적어도 조악품에 걸리게 될 리스크를 고려하여 가격이 상당히 싸지 않으면 구입하지 않을 가능성이 높다. 즉, 제품의 기능에 대한 고객의 평가를 반영한 적정한 가격이 부여되지 않게 된다.

시험 및 검사방법 표준을 제정하여 제품을 공급하는 기업 모두에게 적정한 실험 데이터 제공을 의무화함으로써 이 문제는 회피되고 고객의 제품에 대한 평가를 반영한 적정가격이 유지되게 된다. 또 충분한 비용을 들이지 않고 기능이 불충분한 제품을 제공하고 있던 기업의 경우는 시험표준을 준수해야 하기 때문에 그 행동을 시정하거나 철수하거나 선택해야만 한다. 이렇게 해서 조악품이 나돌고 있던 시장에 비해 기업이 적정 수준의 이익을 확보할 수 있게 된다.

3. 표준화의 가치: 공급자에 대한 정보공개의 의의

시험 및 검사방법 표준화의 기능으로서 고객에 대한 정보공개와 함께 중요한 것이 공급자에 대한 정보공개 또는 기술의 보급이다.

제품의 성능이나 시험방법 등에 관하여 표준화가 이루어짐으로써 그 기술이 산업에서 널리 이용되고 보급되게 된다. 그에 따라 관련 및 지원산업에서의 투자가 활발해지고, 관련된 산업 전체가 성장할 가능성이 있다. 최근, 산업 생태계의 성장을 유발하는 효과를 「에코시스템의 형성」이라고 하는데, 이는 시험 및 검사방법 표준이 공급자에게 공개됨으로써 가능해질 것으로 생각된다.

관련 산업과의 상호의존성이 높은 산업에서는 관련 산업 전체의 건전성을 높이는 것을 통해 스스로 지속적인 성과를 높이는 전략이 중시된다. 즉, 부분적으로는 자사의 능력을 무상으로 제공함으로써 산업 전체의 성장을 실현하고, 산업의 일부인 자사의 이익 확대를 추구하는 전략이다(Iansiti & Levien 2004).

시험 및 검사방법 표준의 기술도 그것을 공개함으로써 관련된 기술의 개발을 촉진할 수 있다. 스스로는 평가 및 측정이 불가능해서 개발투자를 하고 있지 않던 기업이 시험방법에 관한 지식을 얻음으로써 개발투자를 시작하고 산업 전체가 활성화된다는 시나리오이다. 산업 전체가 활성화되면, 시험방법을 제안한 기업은 그 산업에 필요 불가결한 제품의 독점적 공급이나 측정기기의 판매확대 또는 지적재산의 라이선싱이나 컨설팅에 의한 수입 확보 등의 비즈니스 모델에서 이익을 올릴 수 있게 된다.

시험 및 검사방법 표준화의 효과로서 잘 보이지 않은 것도 있는데, 그것은 공급자 사이에서 기술의 방향성에 대한 합의가 형성되어 산업발전이 촉진된다는 점이다. 시험방법의 표준화 과정에서는, 대상이 되는 신기술의 평가방법이나 신기술에 필요한 보완기술의 검토결과 등에 관해 각 기업이 보고하고 그 내용을 공유한다. 그 중에서 특정 기술과제가 공통의 문제로 인식되는 경우도 있다. 기업들간에 기술발전의 방향성이나 향후 시장에 대한 논의가 거듭된 결과, 표준화의 검토를 통해 업계 전체에서 기술의 방향성에 관해 합의가 형성되는 효과가 있다.

기술의 방향에 관해 업계 전체에서 합의가 형성되면, 각각의 기업에서 해당 기술 분야에 대한 경영자원 투입, 즉 개발비와 인력의 투입이 쉬워진다. 많은 기업에서는 독자적인 기술 아이디어는 사내에서도 지지를 얻기 어렵고 기술개발에 대한 자원투입이 정당화되기 힘들다. 표준화의 논의를 통해 업계 기술을 어떤 기준에서 평가할 것인가에 관해 합의가 이루어지고 기술의 장기적 방향성에 대해서도 로드맵이 공유

된다. 이 합의와 공유에 의해 사내에서 경영층의 지지가 얻어지기 쉬워져 결과적으로 각사에서 기술개발이 진행되는 것이다.

아울러, 단순히 유사한 기술개발의 중복을 피하고 업계 전체에서의 기술개발 투자를 효율화 한다는 측면도 있다. 측정기술의 개발 그 자체에도 투자가 필요하며, 측정작업에도 비용이 든다. 그렇지만 이것이 업계에게 필요하지만 차별화 요인이 되지 않는 것이라면, 불필요한 투자나 지출을 피하고 경쟁영역에 자원투입을 집중해야 할 것이다.

또, 사양이 줄어들어 생산효율이 높아지는 효과도 있다. 공급자 사이에서 시험방법이 표준화됨에 따라 시험방법에 의해 정해지는 제한된 범위에서 제품이나 재료가 선택되게 된다. 경우에 따라서는 표준화된 시험방법을 통과한 제품이나 재료를 그대로 선택하는 경우도 생겨난다. 이렇게 해서 사양의 다양성이 줄어들게 되고, 그 결과 생산설비나 재료 등 투입물에서의 양산화, 즉 규모의 경제 효과에 의한 비용절감이 가능해진다.

공급자를 늘리는 것은 고객에게 있어서는 재료나 부품의 안정적 확보를 보증하게 된다는 장점이 된다. 구매자는 보다 많은 공급자로부터 제품을 구입할 수 있게 되기 때문에 소수의 기업이 과점적으로 제품을 공급하고 있는 상태와 비교해서 자사에게 필요한 자재를 문제없이 입수할 수 있게 된다. 그에 따라 고객이 안심하고 거래에 참가하게 되어 결과적으로 시장이 성장하는 효과도 있다.

물론, 시험 및 검사방법의 표준화는, 기술적으로 선행하는 기업에게는 타사로의 기술유출로 이어지기 쉽다는 점에는 유의하여야 한다. 제품을 평가하는 차원을 특정화하거나 평가한 측정값의 적정한 범위를 정하는 것에는 고도의 기술과 노하우가 필요하다. 그렇기 때문에 평가방법을 공개하면 경합타사와의 경쟁이 심해진다는 단점이 있다는 것은 부정할 수 없다. 그래서 시험 및 검사방법 표준의 경우도 제품규격 표준화 경우와 마찬가지로 어디까지 공개하여야 할 것인가를 결정하는 것이 중요해진다. 이 점에 대해서는 뒤에서 다시 설명한다.

3. 시험 및 검사방법의 표준화 활용 사례

이상, 시험방법 표준화의 의의에 관해 논의해 왔는데, 지금까지의 논의는 추상적이고 이해하기 어려운 면이 있었다는 것은 부인할 수 없다.

그래서 실제로 시험 및 검사방법 표준을 활용하여 경쟁우위를 추구한 사례를 검토하고, 그로부터 전략적 활용의 패턴을 추출해 보기로 하자.

1. 시험방법 표준에 의한 차별화: 자동차 강판의 시험표준

시험방법 표준을 제정함으로써 국제표준화를 이루고, 차별화가 가능한 부분을 글로벌 고객에 대해 명확히 보여주는데 성공한 경우가 철강산업 자동차용 강판의 고속인장시험 표준이다. 이 표준은 자동차 충돌시험의 시뮬레이션에 이용되고 있는 시험방법에 관한 것인데, 시험방법을 ISO에서 국제표준화하는 것을 통해 일본 철강제품의 고성능을 수치로 보여주려고 제안되었던 것이다. 글로벌 고객에 대하여 자사 제품의 장점을 보여주는 전략을 취한 것인데, 국제적인 시험표준을 전략적으로 활용한 좋은 예가 되고 있다(富田 · 岡本 · 立本 2008).

이 표준은 자동차의 충돌안전성능을 정확히 평가하기 위한 시험표준이며, 2004년 IISI(국제철강협회)의 AutoCo(Committee on Automotive Applications)의 요청을 받아 일본철강연맹의 표준화센터가 ISO규격화를 추진한 것이다.

도표 4-3 자동차용 강판의 시험방법 표준화

```
┌─────────────────────────────────────────────────┐
│ 자동차 충돌시험의 시뮬레이션에 이용되고 있는 시험방법의 표준화 │
└─────────────────────────────────────────────────┘
                        ⬇
┌─────────────────────────────────────────────────┐
│     일본 철강제품의 고성능을 수치화하여 보여준다          │
└─────────────────────────────────────────────────┘
                        ⬇
┌─────────────────────────────────────────────────┐
│              글로벌한 고객 가치의 창조                │
└─────────────────────────────────────────────────┘
```

자동차산업에서는 충돌실험 시뮬레이션의 해석 정밀도를 기존 수준 이상으로 향상시켜 보다 효율적인 차체의 안전설계를 실현해야 한다는 요구가 있었다. 그런데 고변형속도(시간당 신장률)에서의 인장시험에 관한 측정방법이 표준화되어 있지 않았기 때문에 시뮬레이션의 해석 정밀도는 낮았고 설계의 효율화도 진행되지 않고 있었다. 이 해석 정밀도를 높이기 위해서는 강판의 변형속도와 강도(응력)의 관계를 정밀하게 측정하는 시험표준이 필요했다.

그래서 IISI의 AutoCo가 충돌상황을 상정한 고속인장시험 테스트를 세계 각국의 철강회사와 연구기관에게 실시한 결과 일본의 고속인장시험기술이 가장 우수하다고 평가하여, ISO를 제정하는 제안처가 되도록 요청하였다. IISI로부터 요청을 받은 철강연맹의 표준화센터는 2005년 4월에 「고속인장시험방법 ISO규격화 전문위원회」를 발족시켰다. 이 위원회에서 검토되고 작성된 규격원안은 같은 해 11월에 ISO/TC164(기계시험)/SC1(인장시험)에서 WD(Working Draft)로 승인되었고, 그 후 ISO표준화가 추진되고 있다(板橋 2006).

이 시험표준이 제안됨으로써 하이텐강 등 일본 철강제품의 고성능을 수치화할 수 있게 되었고, 나아가서는 일본회사 강판에 대한 평가가 높아지게 될 것으로 생각되고 있다. 자동차회사와 철강회사의 거래 관계에서 시험표준이 존재하게 되어, 보다 합리적인 판단으로 일본회사 제품이 선택되기 쉬워진다는 것이다.

또한, 일본 철강회사의 주요 고객인 일본의 자동차회사에게도 이 시험방법의 활용이 이점이 있다는 점에도 주목하여야 할 것이다. 이 시험방법 및 시험장치는 대형 고로회사가 자동차회사와 공동 개발한 것이다. ISO규격이 됨으로써 시험방법이 공개되지만, 그 배후에는 공동개발에 의해 쌍방이 축적해 온 실험데이터나 시험장치의 운용노하우가 있다. 그래서 이 데이터나 노하우를 활용함으로써 해외 기업에 대하여 기술적 리더십을 발휘할 수 있을 것으로 예상된다. 즉, 시험방법으로 기술의 방향성을 유도하면서 그 영역에서 기술적 우위성을 유지하는 전략이 되고 있는 것이다.

철강산업에서의 표준화가 지니는 또 하나의 의의는 시험 및 검사방법의 표준화에 의해 판매와 생산이 원활해진다는 점이다. 철강회사 입장에서 보면 시험표준이 통일됨에 따라 사양의 선택범위가 상대적으로 좁아진다. 그렇게 되면 그에 따라 생산 로트를 소수로 할 수 있고 생산효율을 올릴 수 있는 방법을 그릴 수 있다. 또 고객 입장에서 보더라도 표준이 정해짐으로써 발주 사양이 간략해져서 최저품질이 보증되기 때문에 구입하기 쉽다는 이점이 있다.

이 사례의 표준화 의의는 이하의 두 가지 점에 있다고 할 수 있을 것이다. 자사 기술을 조금이라도 고객에게 정확하게 평가 받는 것, 그리고 표준을 통해 제품종류를 줄임으로써 생산과 판매의 효율화를 꾀하는 것이다. 이러한 효과에 의해 일본의 철강기업은 그 경쟁력을 향상시킬 수 있게 된 것이다.

2. 시험방법의 표준화에 의한 시장창조: 광촉매의 시험방법 표준화

시험의 표준화에는 시장창조를 촉진하는 기능도 있다. 이 시장창조를 목적으로 한 표준화 활동이 진행된 것이 광촉매의 사례이다. 산화티탄 등에 빛을 쬐면 자외선 등의 작용에 의해 환경 속의 유해유기물이 분해되는 등의 기능이 있다.

광촉매란 이 성질을 이용한 기능성 화학품의 일종이다. 냄새 나는 물질이나 때 등을 분해하거나, 김서림이나 물방울을 방지하고, 때가 비에 떨어지기 쉽게 하는 등, 방오, 항균, 탈취, 대기정화, 김서림방지 등의 기능이 있다. 환경정화 재료로서 건축이나 자동차 분야 등 다방면에 응용이 가능하기 때문에 앞으로는 수조엔 산업으로 성장할 것으로 기대되고 있다.

도표 4-4 광촉매의 시험방법 표준화

| 광촉매의 성능에 관한 시험방법을 표준화 |

| 성능에 대한 정보를 제공함으로써 경험재의 사전평가가 어느 정도 가능도록 함 |

| 광촉매가 제품으로서 신용을 얻어 새로운 시장이 창조된다 |

그렇지만 이렇게 시장의 성장이 기대되고 있는 한편으로 성능이 의심스러운 제품이 출현하고 있었다. 광촉매 제품은 방오, 탈취의 기능을 제외하면, 눈으로 보아서 효과를 인식하기는 어렵다. 이 때문에 효과가 의심스러운 제품이 나옴에 따라, 제품의 기능이 충분히 시장에서 평가되지 않아 시장의 확대가 어려워지는 사태에 직면하고 있었던 것이다(駒木 2004).

앞의 절에서도 설명했듯이 제품이 육안으로나 간단한 테스트로 품질을 판단할 수 없고 소비를 해봐야 비로소 품질을 평가할 수 있는 제품은 일반적으로 경험재라고 불리고 있다. 광촉매 제품도 경험재적인 성질을 갖고 있어서, 시간이 경과하지 않으면 그 품질을 판단하기가 곤란하다. 이러한 경우 제품 품질에 관한 정보가 부족하기 때문에 거래가 성립되기 어려워지고, 시장이 확대되지 않는 경향이 있다. 시장의 건전한 발전을 위해서는 제품 기능에 관하여 사전에 고객이 평가할 수 있도록 해 줄 필요가 있다.

물론, 광촉매의 기능에 관한 시험결과에 대하여 판매자인 기업측이 정보를 제공함으로써 고객은 사전에 그 효과를 어느 정도 이해할 수 있고 광촉매를 사용할 의사를 결정할 수 있는 경우도 있다. 다만, 시험결과 등의 정보를 제공받았다고 해도 광촉매 시장이 커져 있지 않은 단계에서는 구매자는 광촉매 시험방법 자체가 옳은 것인지를 판단하기 어렵다. 눈에 보이지 않는 기능에 관하여 그 효과를 신뢰하는 것은 곤란하다. 그래서 시장의 건전한 발전을 도모하기 위해 공정하게 평가할 수 있는 시험방법의 표준화를 추진하게 된 것이다.

   표준화 과정에서는 파인세라믹스 표준화 활동에서 실적이 있는 일본파인세라믹스협회가 사무국이 되었다. 이곳이 셀프클리닝성능, 공기정화성능, 수질정화성능, 항균·곰팡이방지성능이라는 네가지 주제에 관해 분과회를 설치하여, 표준화를 위한 대응을 전개하고 있다. 2004년에 최초의 광촉매 성능 평가방법의 JIS로서 질소산화물 정화성능의 시험방법에 관한 표준이 제정되었다. 그리고 그 후 2006년도에는 항균성능의 시험방법이, 2007년도에는 셀프클리닝성능 등의 JIS기능이 제정되었다(駒木 2007).

   국제표준화에 관해서는 일본이 간사국을 맡고 있는, 파인세라믹스를 다루는 ISO의 TC206에서 검토가 이루어지게 되어, 일본 주도로 표준화가 진행되고 있다. 이미 진행된 질소산화물의 정화성능 시험방법에 관해서는 ISO 22197-1로 2007년에 발행되어 있다. 그 이외의 표준에 관해서도 현재 심의 중이다.

   시장이 아직 확대되는 단계이기 때문에 이러한 표준화 활동의 사업상 성과는 아직 관찰할 수 있는 상태는 아니다. 그렇지만 시험의 표준화 덕분에 제품에 대한 정당한 평가방법이 보급되기 시작하였고, 앞으로 시장이 성장할 것으로 기대되고 있다.

3. 시험 및 검사방법의 공유에 의한 디팩토 표준화: 가정용 에어컨의 신냉매

   시험 및 검사방법의 공유를 통해 제품영역에서 디팩토 업계 표준이 생기는 경우도 있다. 가정용 에어컨에서 새로운 냉매가 선택된 과정은 시험 및 검사표준의 검토 덕분에 간접적으로 제품이 통일되어진 예 중 하나일 것이다(椙山·中原 2008).

   가정용 에어컨산업에서 새로운 냉매를 찾아야 할 필요가 생기게 된 계기는

1987년 몬트리올 의정서이다. 에어컨이나 냉장고 등에서 냉각기능을 실현하기 위해서는 열을 온도가 낮은 곳에서 높은 곳으로 이동시킬 필요가 있다. 냉매란 이러한 기능을 하는데 사용되는 물질이며, 가정용 에어컨의 냉매로는 예전에는 HCFC-22(R22)가 사용되고 있었다. 그런데 R22가 온실가스효과를 가지고 있기 때문에 이것이 1980년대 후반에 환경문제가 되었다. R22가 결국 완전히 폐기되는 것으로 되었고, 새로운 냉매를 탐색하고 실용화할 필요가 생긴 것이다.

냉매는 에어컨에 있어서는 핵심요소이기 때문에 그때까지의 냉매를 사용할 수 없다면 대체 냉매로서 무엇이 좋은지를 탐색할 필요가 있었다. 그래서 우선은 오존층을 파괴하지 않고, 아울러 냉매로서 성능을 발휘하는 물질이 탐색되었는데, 비교적 빠른 단계에서 단일 냉매로는 적절한 냉매가 존재하지 않는다는 점이 밝혀졌다. 그 검토결과를 받아들여, 각 기업은 혼합 냉매 즉 몇 가지 물질의 조합에 의해 냉매로서의 성능을 실현하는 것을 탐색하게 되었다.

도표 4-5 신냉매의 시험방법과 표준화

```
┌─────────────────────────────────────┐
│  신냉매의 시험방법을 업계에서 공동으로 검토  │
└─────────────────────────────────────┘
                  ↓
┌─────────────────────────────────────┐
│     특정 냉매(R-410A)의 사실상의 표준화     │
└─────────────────────────────────────┘
                  ↓
┌─────────────────────────────────────┐
│ 지적재산을 소유하는 회사가 생산과 라이선싱을 통해서 │
│           독점적으로 수익을 창출            │
└─────────────────────────────────────┘
```

여러 종류의 혼합 냉매가 개발되었는데, 초기의 검토 결과, HFC의 2, 3성분을 합성한 R-404A, R-410A, R-407C 등이 유력후보로 남았다. 그리고 각 기업이 독자적으로 R-410A의 채용을 결정하고 제품화한 결과, 1988년에 R-410A를 이용한 가정용에어컨이 각사로부터 시판되었다.

이에 따라 R-410A가 사실상 가정용 에어컨의 냉매표준이 되었는데, 이 R-410A에 관한 지적재산은 듀폰사와 하니웰사(당시에는 얼라이드시그널사)가 갖고 있었다. 그래서 그 후 확대된 가정용 에어컨의 냉매시장에서 이 두 회사는 독점적인 지위를 차지하게 되었다.

사실상의 표준화와 시험방법

각 기업이 독자적으로 의사결정 하였지만 최종적으로 하나의 냉매로 수렴해 간 이유로는 에어컨 보완재인 냉매를 효율적으로 공급해야 한다는 점을 들 수 있다. 예를 들면 냉매는 충전한 후 유지보수 할 때에 보충할 필요가 있고, 서비스업자가 냉매의 재고를 갖고 있어야 하는데 이것이 여러 종류가 있으면 효율이 나빠지게 되기 때문에 업계로서는 냉매를 통일할 필요가 있었다.

그런데 그 이상으로 중요했다고 생각되는 것이 시험 및 평가기준의 공유였다. 냉매의 경우에는 업계 단체가 정기적으로 심포지엄을 실시하고 있었고, 거기에서는 현재의 냉매에 대한 평가나 신냉매 채용에 필요한 보완기술의 검토결과 등에 관해 각 기업이 보고하고 그 내용을 공유하고 있었다. 그곳에서의 검토를 통해 업계 전체의 흐름에 관한 합의가 형성되었고, 그 결과 냉매의 선택이 표준화 쪽으로 가게 되었다.

이 평가항목과 실험조건에 관해서는 일본기업은 주로 전문가에 의한 검토결과를 기본적으로 그대로 도입한다는 자세를 취했다. 이에 반해 미국기업은 자사에게 유리해지는 조건을 채용하도록 주장하고 있었던 측면이 있었던 것 같다. 실험조건의 설정에서는 지역이나 국가에 따라 환경조건이 다르기 때문에 자국 환경조건에 불리해지지 않도록 조건을 설정하게 된다. 그렇지만 「자국의 환경조건」에는 해석의 여지가 있기 때문에 자사의 지적재산 전략을 고려하여 전략적으로 교섭하는 것이 가능해지는 것이다.

물론, 냉매의 표준을 냉매회사 혼자서 정할 수 없는 점이 있었기에 냉매회사가 자사의 지적재산이 들어간 제품이 채택되도록 무리하게 유도하는 것은 자제되어 있었다는 점은 언급해 둘 필요가 있다. 에어컨 제품자체에 넣어 보지 않으면 냉매를 진정으로 평가할 수 없기 때문에 냉매 결정의 주도권은 냉매회사에 있었다고는 할 수 없다. 다만, 냉매의 검사조건을 설정하는 점에는 미국 회사가 주도하였다고 일본 회사 쪽은 느끼고 있었다. 결과적으로도 냉매의 선택은 최종적으로 미국 회사에게 유리한 형태로 결정된 것이다.

이 사례는, 냉매와 같은 재료에 관한 표준화의 경우에는 기술의 평가항목이나 실험조건의 결정 과정이 사실상의 표준형성을 좌우하고, 나아가서는 이후의 경쟁우위를 좌우하는 중요한 포인트가 되고 있다는 것을 보여주고 있다.

4. 소비자의 사용실태에 맞춘 평가방법의 도입: 가정용 에어컨의 에너지절약 기준

소비자의 관점에서 보더라도 평가방법의 보급 및 침투는 제품을 평가할 때 중요한 역할을 한다. 측정방법이 표준화됨에 따라, 그 표준이 소비자가 기능을 비교할 때의 기준이 되고 나아가서는 기기 구입의 방법이 되기 때문이다. 앞에서도 말하였듯이 시험방법의 표준화가, 능력이 보다 뛰어난 기업이 제품차별화를 실현하도록 도와주고, 능력이 뛰어난 기업이 정당하게 경쟁우위를 구현하는데 도움을 준다는 것이다.

평가방법이 고객에게 침투하는 일에 표준화가 기여한 예가 가정용 에어컨의 소비전력 측정방법을 정한 표준의 개정이다. 가정용 에어컨 분야를 포함해서 냉동이나 냉장기능을 가진 전기기기 분야에서 기존에 에너지절약 성능기준으로 사용되고 있던 것은 COP라는 기준이었다. 이 기준은 소비전력 1kW당 냉방·난방능력 (kW)을 나타낸 것이다.

그런데 이 COP에 의한 평가방법은 소비자의 에어컨 사용실태에 맞지 않았기 때문에 각 제품이 지니는 에너지절약의 수준이 정확히 소비자에게 전달되지 않았다. 특히 일본에서 보편화되어 있는 인버터를 이용한 능력가변 방식의 경우는 에너지절약이 실현되어도 COP방식의 평가로는 그 절약내용이 제대로 반영될 수 없었다.

도표 4-6 에너지절약 성능 기준의 표준화

```
┌─────────────────────────────────────┐
│      에너지절약 성능의 기준으로서        │
│  고객의 사용실태에 가까운 APF를 표준화    │
└─────────────────────────────────────┘
```

```
┌─────────────────────────────────────┐
│    일본에서 일반적인 인버터를 활용한       │
│     능력가변방식에 대한 정당한 가치        │
└─────────────────────────────────────┘
```

```
┌─────────────────────────────────────┐
│  기술력 높은 기업이 보다 차별화가 가능해지는  │
│         공정한 시장의 창출              │
└─────────────────────────────────────┘
```

그래서 일본에서는 시험방법의 개정이 추진되어, 2006년 10월 JIS개정이 이루어졌다. 그에 따라 사용실태를 보다 잘 반영하는 에너지절약 평가방법으로서 APF(연간 에너지소비 효율)도 표시하도록 의무화되었다. APF는 에어컨의 에너지절약 성능의 기준이 되는 값이다. 즉, 연간 통틀어 에어컨을 사용하였을 때 1년간 필요한 냉난방 능력을, 1년간 에어컨이 소비하는 전력량(기간소비전력량)으로 나눈 값이다.

이 APF의 기준으로 평가하면, 일본의 기술인 인버터를 이용한 능력가변 방식이 높은 평가를 받게 된다. 실제로 이러한 점이, 소비전력량이 큰 외국제품이 본체 가격이 싼데도 일본에 잘 수입되지 않는 이유 중 하나가 되고 있다.

기업이 소비자 요구에 맞추도록 노력하고 있어도 성능의 측정방법과 사용자의 사용실태가 괴리되어 있으면, 소비자를 기만하는 기업이 대두될 여지가 생긴다. 그래서 소비자가 정당하게 평가할 수 있도록 정보제공하는 것을 목적으로 표준화를 하였고, 그에 따라 소비자의 요구에 높은 수준으로 부응한 기업이 정당하게 평가될 수 있도록 하였다.

나아가 업계 단체를 중심으로 이 APF를 국제표준이 되도록 추진하는 활동이 진행되고 있다. ISO에 냉동공조 관계 기술에 관해 토의하고 있는 장으로서 TC86이라는 곳이 있는데 그곳에 APF를 제안하고 있다. 또 중국 등에서 기준이나 표준을 검토하고 있을 때 일본 쪽 사람이 그곳에 가서 설명하거나 제안하고 있다. APF를 제안함으로써 해외의 소비자가 실제 사용상태에 가까운 방법에 의한 평가결과를 이해하게 되면, 인버터제어 등 일본기업이 가진 기술의 가치가 해외시장에서 높게 평가 받는 것으로 이어질 지도 모른다.

4. 시험 및 검사방법 표준의 전략적 활용에 관한 유의점

이상 네 가지 사례를 통하여 시험 및 검사방법의 표준화가 기업의 수익으로 이어지는 패턴 몇 가지를 이해하였을 것으로 생각한다. 그래서 이 절에서는 시험 및 검사방법 표준을 전략적으로 활용해 나갈 때 고려하여야 할 점을 두 가지 정도 지적하고자 한다. 그리고 이러한 점은 위 패턴에서 공통적으로 보여지는 것이다.

1. 시험 및 측정방법의 독점적 소유와 공개화

유의하여야 할 첫 번째 포인트는 시험 및 측정 방법을 어디까지 업계 내에 공유해야 하는가에 관한 것인데, 무조건 표준화를 해야 하는 것이 아니라 상황에 맞게 적절하게 판단할 필요가 있다.

제품규격의 표준화에서도 표준화의 범위가 문제가 되듯이 계측 및 측정기술의 표준화에 관해서도 표준화해야 할지 어떤지에 관해 신중히 검토할 필요가 있다. 단지 표준화를 추구하면 좋은 것은 아니다. 왜냐하면, 예를 들어 평가방법의 경우에도 표준화한다는 것은 해당 기술에 관한 노하우가 보급됨에 따라 결과적으로 공개한 기술을 타사가 간단히 이용할 수 있다는 것을 의미하고 있기 때문이다.

규격이 공개됨에 따라 그 규격이 보급된 후의 경쟁은 치열해진다. 규격의 공개로 인해 기술적 차별화의 여지가 적어지는 경우, 기업간 가격 경쟁이 치열해져 업계 내

모든 기업의 이익이 적어질 가능성이 높다. 또 평가기술 덕분에 기존 기술의 과제가 명확해지기 때문에 그 개선을 위한 경쟁이 치열해질 가능성도 있다. 개발경쟁이 치열해짐에 따라, 현재 기술면에서의 우위성이 간단히 없어질 가능성도 부정할 수 없다.

이렇게 생각하면, 시험 및 측정방법도 울타리를 쳐야 할 지 아니면 공개해서 공유를 추진해야 할 지 전략적으로 판단하여야 한다는 것을 알 수 있을 것이다. 기술에 울타리를 쳐서 타사가 모방하기 어렵게 해서 자사의 경쟁우위를 지속시킬 것인가, 공개해서 시장 성장을 촉진하거나 경쟁의 공정화를 도모함으로써 수익성을 높일 것인가에 관해 전략적으로 방침을 정해 갈 필요가 있다.

이 시험 및 측정방법을 표준화할지 아닐지에 관해 판단하기 위해서는 경쟁영역과 비경쟁영역을 구분하고 또 이러한 영역을 조합하는 비즈니스 모델을 어떻게 구축하느냐가 중요해진다. 이 점은 본서에서 몇 번이고 강조된 논점이다.

예를 들면, 평가방법을 공개함으로써 자사가 지적재산을 점유하고 있는 분야나 독점적인 부품공급이 가능한 분야에 경쟁을 유도하는 전략은 가능할 것이다. 또는 제1절에서 언급한 것과 같은 기술의「결점」을 눈에 띄게 함으로써, 타사의 개발방향에 영향을 주면서, 자사는 그것과는 다른 해결책을 찾아 그곳에서 선행자 우위를 확보하는 대책도 생각할 수 있다.

2. 표준형성에서 교섭의 초점

또 하나의 유의점은 표준의 형성과정에서 교섭의 초점이 되기 쉬운 부분을 알아두어야 한다는 점이다.

평가나 시험방법에 관한 표준형성 과정에서는 어느 평가항목에 관해 어떤 실험조건으로 평가해야 하는가 하는 문제에 대해 일반적으로는 기술적인 관점에서 합리적으로 검토가 된다고 생각한다. 그렇지만 그냥 보기에는 기술적 검토에 의해 합리적으로 결정되는 것처럼 보이는 평가항목과 실험조건의 결정 과정에도 정치적 또는 사회적인 요인의 영향이 있다는 점을 고려할 필요가 있다. 어느 평가항목에 대하여 어떤 실험조건에서 평가해야 할 지, 그 정당화 과정에는 여러 가지 전제조건을 설정해야 한다. 그런데 여기서 완전히 자의성을 배제하는 것은 곤란하며, 교섭의 여지가 남아 있게 된다.

이 교섭의 초점이 되기 쉬운 부분은, 측정값이나 환경이 지역적으로 편차가 있는 평가항목이나 실험조건이다. 지역이나 국가가 다르면, 제품의 사용조건은 여러 가지로 달라지고, 제품을 사용하는 고객의 지식이나 체형도 바뀐다. 실제로 국제표준화를 둘러싼 논의에서는 인간공학이 구미 중심으로 발전했기 때문에 아시아지역에서는 맞지 않는다는 문제가 지적되고 있다. 제3절의 가정용 에어컨이나 광촉매 사례 등에서도 사용환경의 온도나 습도 차이에 따라 그 시험방법은 크게 다르기 때문에 국제적인 합의형성은 쉽지 않았던 것 같다.

그래서 교섭을 잘하고 못하는가에 따라 평가항목이나 실험조건의 설정이 자사에게 유리해지거나 불리해지거나 할 가능성이 남는다. 여기에서 자의적으로 조건을 설정해서 자사에게 유리한 시험방법을 표준화하려고 생각하는 기업도 생겨난다. 이 교섭과정에서의 조건 설정에 따라 자사의 지적재산이 활용되기도 하고 그렇지 않기도 한다.

이렇게 생각하면, 제품의 사용조건 등 어느 정도 자의적인 해석이 들어갈 여지가 있는 영역의 경우야말로 사전평가 과정의 합의협성에 자원을 투입하여 자사에게 불리해지지 않도록 전략적으로 행동해야 하는 것이다. 화학 등 재료분야에서는 소수 기업이 가진 지적재산만이 사용된 제품이 업계표준이 되는 경우가 많기 때문에 이 합의과정에서 주도권을 잡는 것이 사업전략의 열쇠가 된다. 평가기준과 그 실험조건의 설정 과정에서 표준화된 제품 안에 자사의 지적재산을 집어넣도록 유도하는 것이 사업의 이익 획득 가능성으로 이어지고 나아가 경쟁우위로 이어지는 것이다.

_맺음말

  시험 및 검사방법 표준은 어떤 기술이 살아남을지 나아가서는 어떤 기업이 살아남을지에 대하여 실제로 큰 영향을 주고 있다. 그래서 기업이 사업전략을 고려할 때에는 시험 및 검사방법의 표준화의 문제도 고려하여 논의하여야 한다.

  이 장에서는 위의 논점을 이해하도록 하기 위하여 시험 및 검사방법 표준의 역할에 관하여 간단히 다룬 후에 그 전략적 의의에 대한 개론을 제시하였다. 거기에서의 핵심점을 요약하면 이하와 같다.

- 시험이나 측정, 평가 등의 능력은 기술개발에 있어서 중요한 역할을 하고 있고, 나아가서는 기업의 경쟁력에도 큰 영향을 준다.
- 시험 및 검사방법의 기업전략에 있어서 의의는 두 가지이다. 하나는 고객에 대한 정보공개의 기능이고, 또 하나는 기술보급 촉진 기능이다.
- 고객에 대한 정보공개를 통해 거래비용이 줄어들어, 시장이 성장하거나 경쟁의 적정화가 이루어져, 기업에게는 수익성 향상의 기회가 된다.
- 공급자에 대한 정보공개는, 주로 산업 전체의 건전한 발전을 통해 자사의 수익성이 향상된다는 간접적인 효과를 기업에 가져다 준다.

  이러한 논리를 제시한 후에 시험 및 검사방법 표준의 전략적인 활용에 관한 유의점을 제시하였다. 각각 사례에 대해 여기에서 언급은 하지 않지만, 어느 사례에서도 기업들은 경쟁력 강화를 위해 시험 및 검사방법의 표준화를 전략적으로 활용하고 있었다는 것을 이해할 수 있다.

  유의점으로서 여기에서는 두 가지의 점을 지적하였다. 먼저, 시험 및 검사방법은 항상 표준화하면 되는 것은 아니다. 네트워크 외부성이 그다지 작용하지 않는 환경 아래에서는 표준의 통일화 그 자체의 의미는 별로 크지 않다. 오히려 시험방법의 표준화를 통해 위와 같은 효과를 기대할 수 있을지 어떨지를 충분히 고려하는 것이 중요해진다.

또 하나의 유의점으로 표준화와 관련하여 교섭을 할 때 초점이 되는 영역에 관하여 지적하였다. 시험 및 검사방법의 디쥬르 표준화 프로세스에서는 조건 교섭의 초점이 되는 영역은 사회적인 환경조건의 차이가 존재하는 분야이거나 해석에 따라 조건이 변경되는 분야가 된다. 교섭에 있어서는 그러한 영역을 빨리 알아내어, 자사에게 불리해지지 않도록 빈틈없이 논리를 펼쳐야 필요가 있다.

시험 및 검사방법 표준화의 전략적인 의의에 관해서 지금까지 별로 고려하지 않았던 기업도 많을 것이다. 소개한 사례 등을 참고하여, 시험 및 검사방법의 표준화에 관해서도 적극적으로 대처하여 기업의 경쟁우위를 실현하는 기회를 늘여갈 수 있기를 기대한다.

(椙山 泰生)

05
국제표준화에서의
경쟁과
협조의 전략

국제표준화에서의 경쟁과 협조의 전략

표준화는 해당 제품을 모듈러화 시키기 때문에 표준화를 통해 시장 확대와 동시에 이익 배분의 변화가 일어난다. 오늘날 글로벌 사회에서는 그 변화는 국제적 규모로 일어나기 때문에 표준화를 통한 이익을 누리려면 국제적인 분업 구조의 설계와 그 실현이 반드시 필요하다. 제5장에는 이런 관점에서 경쟁과 협조의 전략을 정리한 논문을 싣는다.

머리말

업계 표준의 결정은 경제성장에 큰 영향을 준다. 국가의 거시정책에서 보았을 때 표준화는 공개화를 가속시켜 저비용 사회 인프라 구축이나 경제활성화에 크게 기여한다. 나아가 기업 간의 기술이전을 쉽게 하고 기술진보를 가속시키는 한편, 제품 비용의 삭감도 가속시킨다. 그 결과 사회 전체로서의 효율성은 개선되고, 소비자의 이익은 증대된다. 이러한 표준 결정, 기술진보와 비용의 대폭 감소, 그리고 소비자 이익의 증대라는 연쇄가 세계경제 성장을 촉진하는 것이다.

특히 1990년대 이후, 세계경제에서 국제적인 업계 표준(국제표준)이 큰 영향력을 가지게 되었다. 즉, 국제표준에 의해 선진국과 신홍공업지역(NIEs)이나 BRICs의 협업이 가속화하고 있는 것이다. 그 배후에는 1990년대 반도체기술 및 디지털기술의 급속한 발전이 있었다. 이러한 기술은 제품 아키텍처의 모듈러화를 추진했다. 모듈러화는 기술적 지식이 적은 국가가 DVD산업이나 휴대전화 산업 등 새로운 하이테크산업에 진입하는 것을 용이하게 하고 있다. 이 제품의 모듈러화와 국제표준 제정이 서로 맞물려, NIEs/BRICs의 경제성장에 크게 영향을 미치고 있다.

핵심기술을 만들어내고 국제표준을 결정하는 역할에 중심적으로 관여한 기업은 그 역할과 더불어 자사이익을 최대화하는 방법을 모색하고 있다. 그들은 교묘하게 자사의 기술노하우와 지적재산을 기술적 표준으로 캡슐화하여 이익을 얻으려고 한다. 그들의 이러한 행동은 명백히 공적 표준결정기관의 목표와 상충되는 것이다. 국제전기기술위원회(IEC)나 각국 정부 등 국제표준을 추진하는 조직은 개별 기업의 이익보다도 사회 전체의 후생수준 특히 소비자 이익에 관심이 있기 때문이다. 본 장에서는 제품 아키텍처 분석틀을 이용하여 선진국 기업, NIEs/BRICs의 캐치업 기업군, 세계시장의 소비자, 공적 표준결정기관이라는 다양한 경제주체의 이익을 조화시킬 수 있는 경제발전 모델을 모색해 간다. 이러한 경제발전 모델을 구축하는데 있어서 제품 아키텍처는 빠뜨릴 수 없는 관점과 분석방법을 제공할 것이다.

제1절에서는 제품아키텍처 분석틀을 이용하여 광학 스토리지 산업의 경우 국제표준 제정의 영향을 분석한다. 그 내용으로 제품의 모듈화, 국제표준제정, NIEs기업의 진입, 제품가격의 급락, 그리고 시장의 급속한 확대 등이 서로 어떤 관련을 가지고 일어났는지를 그려나간다. 제2절에서는 국제표준을 만들어 낸 모델로서, 선진국 기업과 NIEs/BRICs 기업과의 국제적인 분업 및 협업을 기초로 한 새로운 유형의 비즈니스 모델을 제안한다.

제3절에서는 모듈화와 국제표준화가 미치는 경제성장에 대한 영향에 관해 일반모델과 그것을 입증하는 데이터를 제시하면서 심도 있는 논의를 하고 본 장을 매듭짓기로 한다.

1. 국제표준 제정의 경제적 영향

1. 제품 아키텍처와 국제표준

제품 아키텍처란, 제품의 설계와 구조의 대응관계에 관한 설계 컨셉이다(藤本 2004). 제품설계자는 요구되는 기능들의 집합을 어떻게 실현하느냐가 기본적인 일이다. 한편 제품은 몇 개의 물리적 구성요소(컴포넌트)로 구성된다. 따라서 제품설계자는 실현해야 할 기능을 어떻게 구성요소에 배분해 나갈지를 정해야 한다. 이 때의 기능배분 방식이 구성요소 간의 상호의존 관계를 결정한다. 그리고 그 구성요소에 대한 기능배분의 방법 즉 구성요소간의 상호의존 관계의 유형에 따라 제품 아키텍처는 모듈러형과 미세조정형의 두 가지 유형으로 분류할 수 있다.

모듈러형의 대표적인 예가 PC이다. 예를 들면, 하드디스크 용량이 부족해졌을 때 양판점에서 디스크를 사와 바꾸어도 마이크로프로세서나 OS는 물론 애플리케이션 소프트웨어 등을 새 하드디스크에 맞춰 재조정할 필요는 없다. 이처럼 제품기능을 향상시키기 위하여 부품을 교체하여도 아무런 문제가 일어나지 않거나 또는 유통되는 부품을 구매해 조립할 수 있다는 특성을 가진 제품구조를 모듈러형 또는 조합형이라 부른다. 여기에서는 모듈러형이라는 명칭으로 통일한다.

한편, 미세조정형 또는 인테그럴형이라고 불리는 제품의 대표적인 예로 승용차를 들 수 있다. 승용차에는 안전성이나 연비, 승차감 등의 기능 및 성능이 있고, 이것을 지원하는 차대(車臺), 엔진, 서스펜션 등의 부품이 있다. 그런데 연비를 좋게 하려고 하면, 차대를 가볍게 하여야 한다. 차대를 가볍게 하면 이것에 맞춰 엔진을 최적으로 조정하고 트랜스미션을 재조정하고 나아가 서스펜션을 바꾸거나 또는 재조정해야 한다. 그렇게 하지 않으면 최적의 기능과 성능을 만들어낼 수 없다.

이와 같이 하나의 부품을 바꾸면 나머지에도 영향을 주어서 전체적으로 조정을 다시 할 필요가 있는 제품을 「미세조정형」이라고 부른다. 모듈러형과 미세조정형이라는 양극적인 분류방법으로 사물을 보면, 기업이 담당하는 비즈니스 모델과 표준화 사이의 관계를 매우 단순화된 분석틀로 체계화할 수 있다.

표준화를 제품 아키텍처 관점에서 구분한 것이 도표 5-1이다. 모듈러형의 기업 경영의 관점에서 본 첫 번째 특징은, 완성품을 지원하는 부품 및 부재의 상호의존성이 매우 약하다는 점이다. 한편 표준화란, 기술모듈의 상호 인터페이스를 표준화하여 제품을 단순조합형(모듈러형)으로 전환시키는 작업이다. 따라서 표준화란 완성품의 제품 아키텍처를 모듈러화 하는 프로세스라고 정의할 수 있다.

도표 5-1 오픈 환경의 국제표준화에서 본 제품 아키텍처의 포지셔닝

모듈러형 : 글로벌시장을 개척하여 대량으로 보급
1) 부품 및 부재의 상호의존성이 매우 약하다
2) 오픈 표준화에 의해 기술혁신과 비용경쟁이 동시에 시작된다
3) 오픈 표준화와 모듈러화는 동의어 : 제품을 글로벌 시장에 순식간에 대량으로 보급시키는 경영수단

미세조정형 : 글로벌 시장에서 이익을 유지 및 확대
1) 부품 및 부재의 상호의존성이 매우 강하다
2) 오픈 환경에서 표준화되어도 블랙박스형을 유지
"안쪽 미세조정형 · 바깥쪽 모듈러형"의 플랫폼을 형성하지 않으면 보급되지 않는다
3) 오픈 표준화란, 미세조정형 기술을 글로벌시장에서의 부가가치 획득수단으로 전환시키는 경영수단

기업경영의 관점에서 모듈러형이 가지는 두 번째 특징은, 개별 모듈의 분업개발 및 개별 모듈의 조합에 의해 완성품을 저비용으로 분업 양산하는 시스템을 만든다는 점이다.

한편, 국제표준화란 글로벌 시장을 대상으로 개방화하는 작업이며, 표준화에 의해

균질한 범용품으로 전환된 부품 및 부재와 완성품을 글로벌시장에서 분업하여 양산하는 시스템을 만드는 것이다. 나아가서는 완성품을 낮은 비용으로 보급시키기 위한 시스템을 만드는 것이다. 이것이 오픈 환경의 국제표준화라면, 산업구조를 반드시 수직통합형에서 수직분열형(수평분업형)으로 전환시킨다. 그리고 표준화된 기간부품이 글로벌시장에서 대량으로 유통되어, 기술 축적이 적은 NIEs/BRICs 기업도 부품 및 부재를 조달하여 완성품 비즈니스에 진입할 수 있다. 여기에서 저비용화가 가속화하여, 표준화된 제품이 세계시장에 대량으로 보급되어 사람들에게 혜택을 가져다 준다. 오늘날의 PC, DVD플레이어 및 휴대전화가 그 대표적인 사례이다.

이상과 같이 기업경영의 관점에서 본 오픈 환경의 국제표준화란, 제품 아키텍처를 모듈러형으로 전환시키는 작업이며, 자사의 완성품을 글로벌 시장에 대량으로 보급시키는 경영수단이라고 정의할 수 있다.

IEC 등이 제정하는 공적인 국제표준은 모듈러형 아키텍처의 일종이다. 공적인 국제표준은 원칙적으로 많은 국가의 기업에 열려 있고, 표준화된 층에 관해서는 설계의 규칙이 공개되어 있다. 그래서 선진국뿐만 아니라 후발국에서도 최종제품의 생산이 용이해지고, 세계 소비자의 편익을 증대시킬 수 있게 된다. 나아가 공적인 국제표준이 제정되면, 전세계의 능력 있는 기업이 그 표준을 이용한 새로운 사업기회를 찾아낸다. 예를 들면 DVD산업이나 휴대전화산업에서는 표준의 제정을 계기로 디지털 콘텐츠를 공급하는 기업이 많이 생겨났다. 그래서 국제표준의 제정 덕분에 세계경제는 한층 더 큰 성장을 기대할 수 있는 것이다.

미세조정형의 첫 번째 특징은 부재나 부품의 상호의존성이 매우 강하다는 점이다. 이런 의미에서 미세조정형 제품 아키텍처는 표준화와는 서로 반대 쪽에 위치한다. 두 번째 특징은 상호의존성이 관계자 이외에 오픈되지 않는다는 의미에서 블랙박스화와 동의어라는 점이다. 따라서 완성품을 구성하는 기간 부품 및 부재는 스스로의 힘만으로 유통되는 경우는 없다. 더 설명하면, 가령 부품 및 부재를 조달할 수 있어도 기간 부품 및 부재의 상호의존성을 다층적이고 복합적으로 복원하기 위해서는 깊은 기술축적이 필요하다. 따라서 단순한 조합으로 완성품을 만드는 것은 곤란하다.

본 장이 정의하는 미세조정형 제품의 오픈 표준화란, 그 내부 구조가 아니라 외부 인터페이스만을 표준화하는 것 즉 "안쪽 미세조정형·바깥쪽 모듈러형" 제품으로 바꾼다는 것을 의미한다. 만약 이것이 부품 및 재료라면, 표준화된 상위 층의 완성품에 들어가 글로벌 시장의 구석구석으로 순식간에 전달될 것이다. 미세조정형 영역이 블랙박스가 되어 있다는 의미에서 오픈 표준화는, 미세조정형 기술이 모듈러형 아키텍처의 완성품 속에 들어가 글로벌 시장으로 전달되는 경영환경을 만들어낸다.

여기에서 미세조정형 기간부품이나 기간재료를 제공하는 기업이 선진국 기업인 경우가 많고, 또 모듈러형 제품을 담당하는 기업이 NIEs/BRICs 각국인 경우가 많다. 그러한 의미에서 선진국 기업과 NIEs/BRICs 기업간의 국제적인 분업 및 협업에 기초한 새로운 유형의 비즈니스 모델이 구축된다.

한편, 지역적인 업계표준 또는 디팩토형 업계표준도 미세조정형 아키텍처라고 정의할 수 있다. 기술과 설계규칙의 많은 부분이 비공개되거나 엄밀하게 관리되고 있고, 그 표준을 추진하는 기업은 스스로의 힘으로 최종제품을 보급시켜 나가게 된다. 그렇지만 역사를 살펴보면 그러한 보급촉진에는 마케팅 비용이 많이 든다. 또한 제품이 보급되는 범위는 극히 한정된 범위에 머무른다. 미세조정형 제품으로 크게 성공하기 위해서는 공개된 표준과의 연대가 필요한 것이다. 표준의 공개 없이는 미세조정형 아키텍처의 제품 — 밀접한 부문 간 조정에 의해 만들어지는 제품 — 은 글로벌한 시장을 획득할 수 없다. 그 때문에 21세기 경제성장에서 오픈 환경의 국제표준화가 주요한 역할을 할 수 있는 것이다.

2. 국제표준화와 모듈러화를 통한 광학 스토리지 산업의 발전

도표 5-2는 표준화 형태에 따라 시장의 확대 속도가 달라진다는 것을 보여주고 있다. DVD와 그 관련 기술표준은 DVD포럼이라고 불리는 국제적인 공개포럼에서 제정된다. DVD포럼은 20개국 200개사 이상의 기업이 그 구성원으로 되어 있다. 다양한 국가의 기업에게 공개되어 있는 그 포럼 활동에는 기술적으로 앞선 선진국 기업뿐만 아니라,

기술적으로 쫓아가려고 하는(catching up) 많은 NIEs/BRICs 기업(캐치업 기업이라고 부른다)도 참가하여 DVD 사업을 시작할 기회를 노리고 있다. DVD의 패밀리규격 — PC용 기록형 DVD드라이브, AV용 DVD플레이어나 DVD레코더 — 의 총판매대수는 DVD 산업 시작 이래 5년 동안 3억대나 되었고, 그리고 또 그 규모는 여전히 확대되고 있다.

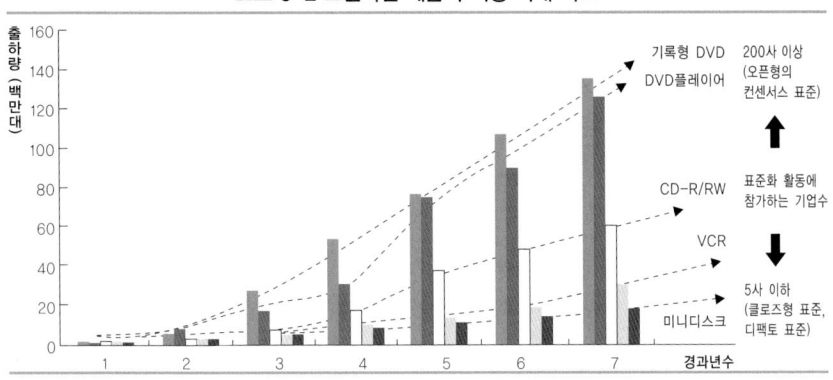

도표 5-2 표준화된 제품의 시장 확대 속도

주 : 100만대가 출하된 년도를 1년차로 한다. 각 규격에서 1년차로 한 것은, 기록형 DVD : 2001년, DVD플레이어 : 1998년, CD-R/RW : 1996년, VCR : 1978년, 미니디스크 : 1995년
출처 : 테크노시스템리서치사 및 기가스트림사의 자료를 바탕으로 저자 개정

한편 미니디스크 규격은 소형 음악플레이어로서 1990년대 일본시장에서는 아주 인기가 있었지만, 출하량은 2000만대 이하에 그쳤다. 미니디스크는 일본의 2개사와 유럽의 1개사만이 참가했고, 폐쇄적인 형태로 표준이 제정되었다. 또 그들은 핵심부품과 기술의 공개에 높은 장벽을 쌓았기 때문에 보급 속도가 느리고, 또 가격도 높게 유지되었기 때문에 일본 이외 시장에서는 받아들여지지 않았다.

DVD의 경우는 1997년에 처음 출하되어 1년 이내에 국제공개포럼에서 많은 기업들의 지지를 얻어 표준이 제정되었다. 광학픽업이나 LSI칩셋, 제어 마이크로 코드, 전동 모터 등 드라이브의 핵심부품이 아시아 태평양지역에서 대량으로 유통되었다. 공개된 표준의 재정은 바로 완성품 아키텍처를 모듈러형으로 바꾸고 국제 분업의 진전을 가속시켰다. 기간부품의 대량유통은 NIEs의 캐치업 기업이 DVD사업에 진입하는 것을 가능하게 하였다. 즉, 공개된 표준의 제정은 NIEs/BRICs 기업으로 하여금 새로운 사업기회를 만들게 했고, 그로 인해 NIEs/BRICs의 산업발전에 중요한 역할을 하고 있는 것이다.

CD-ROM드라이브와 CD-R드라이브의 제품 아키텍처는 원래 산업이 시작되었을 때에는 미세조정형이었다. 그러나 그렇게 해서는 국제 분업의 발전을 촉진해 나갈 수 없었고, 시장규모를 확대해 나갈 수 없었다.

우리가 조사한 바에 따르면, 마이크로 프로세서(MCU)와 마이크로 코드 기술(펌웨어)의 혁신에 의해 급격한 모듈러화가 일어났다는 것이 확인되었다. 1994년 CD-ROM드라이브의 디지털 피드백 서보 기술, 1998년 CD-R드라이브의 라이트 스트래티지 기술이 준 영향은 가장 좋은 예이다. 전자는 광학픽업(OPU)과 드라이브 기구 사이의 상호의존성을 제거해서 CD-ROM드라이브의 모듈러화를 진행시켰다. 또 후자는 기록미디어(CD-R 미디어)와 CD-R드라이브와의 상호의존 관계를 제거함으로써 모듈러화를 진전시켰다. 도표 5-3에서 보는 바와 같이 이 두 가지 제품의 출하량은 각각 1994년, 1998년을 경계로 폭발적으로 확대되고 있다.

도표 5-3 모듈러화 이후 표준화 제품의 시장 확장 스피드

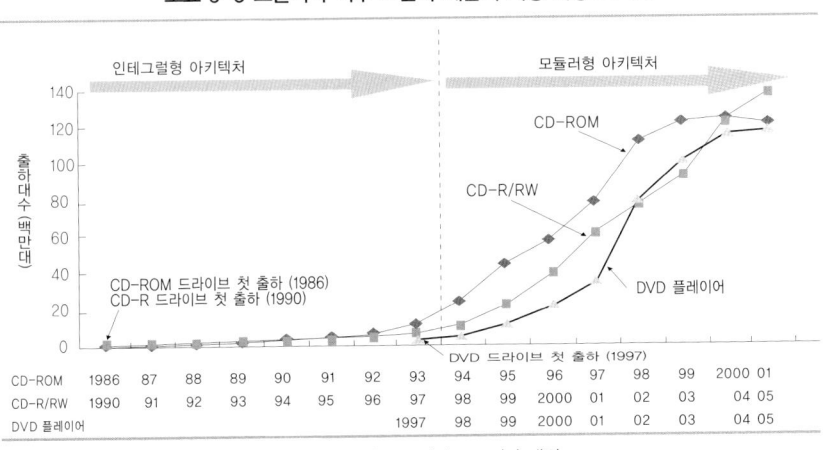

출처 : 테크노시스템리서치사 및 기가스트림사의 자료를 바탕으로 저자 개정

이들 DVD와 CD 사례를 통하여 1990년대부터의 디지털기술 혁신이, 국제표준이 산업발전 과정에서 중요한 역할을 하기 위한 기초를 제공하고 있다고 결론내릴 수 있을 것이다. 즉, 디지털기술의 발전에 따라 국제표준의 제정이 소비자 이익의 증대를 초래하였을 뿐 아니라, 선진국과 NIEs/BRICs간 경제적 협업 관계의 발달을 촉진하였다고 생각된다. 한국, 대만, 홍콩, 중국, 인도, 아랍에미레이트연합, 터키, 싱가포르라는 다양한 국가에서 CD-ROM 경우는 50개사 이상, DVD 경우는 300개사 이상 기업이 진입하고 있다. 디지털기술이 아직 그다지 발달하지 않았던 1990년대까지는 국제표준화의 제정은 그렇게 큰 영향을 미치지는 않았던 것이다.

도표 5-4에 보는 바와 같이 국제표준의 제정은 후발국에서의 시장 확대에 기여한다. 1999년 시점에서는 후발국에 판매된 DVD플레이어의 양은 100만대 이하였다. 그런데 2005년에는 출하량이 놀랄 만큼 커져 세계 시장의 63%가 후발국 시장에서 판매되게 되었다. 이것이 디지털기술의 경우에 공개된 국제표준이 가지는 힘이다. 디지털기술과 표준제정은 제품 아키텍처의 모듈러화를 촉진하여 국제 분업을 진전시키고, 관련된 산업의 시장규모를 세계적 수준으로 확대하는 것이다.

도표 5-4 후발국에서의 DVD 플레이어 시장의 발전

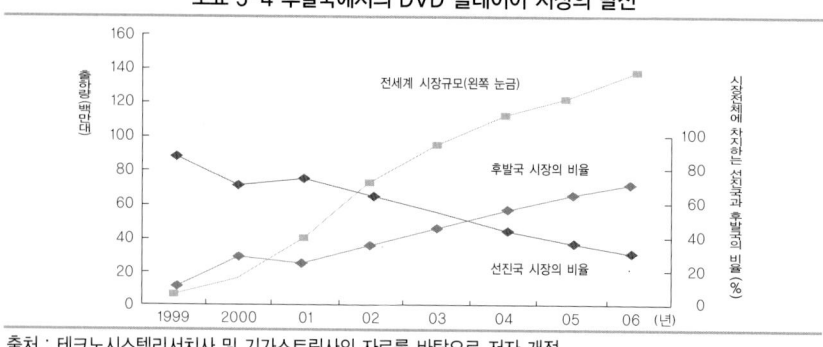

출처 : 테크노시스템리서치사 및 기가스트림사의 자료를 바탕으로 저자 개정

휴대전화산업의 경우에도 광디스크산업에서 보여진 것과 같은 국제표준이 산업 발전에 주는 영향이 관찰된다. 중국의 휴대전화 누적계약자수는 1995년 시점에서는

400만 건 이하였지만, 2005년에는 4억 건 이상이 되어, 그 시장은 미국시장의 2배 이상, EU 전체와 비교해도 같은 규모의 시장으로 발전한 것이다. 그 중에서 중국기업이나 한국기업이 출하한 휴대전화의 양도 급격히 증가하여, 그 수는 2005년 시점에서 1.5억대 이상으로까지 확대되었다.

휴대전화산업의 경우도 중국에서의 산업발전과 또 핵심기술을 개발하여 표준을 제정하는 선진국의 산업발전에 있어서 국제표준 제정이 중요한 의미를 갖고 있다는 점을 확인할 수 있을 것이다.

3. NIEs/BRICs에 대한 기술이전의 가속

공개된 형태로 국제표준을 제정하는 것은 기술선진 기업으로부터 NIEs/BRICs의 캐치업 기업으로의 완성품 기술 이전을 가속시킨다. 기술을 주도하는 입장에 있고 표준을 제정하는 입장에 있는 일본과 유럽 기업이 그 시장점유율을 급격히 잃어가는 모습을 도표 5-5가 보여주고 있다. CD-ROM이나 CD-R이 폐쇄적이고 또 디팩토형의 표준이었을 때, 제품 아키텍처는 미세조정형 그대로 머무르고 있었다. 그때는 완성품 분야에서 일본기업 및 유럽기업의 점유율은 90%를 넘고 있었지만, 그 후 아키텍처의 모듈러화가 일어남에 따라 그 점유율은 낮아지게 되었다.

도표 5-5 모듈러화가 초래하는 시장 점유율에 대한 영향

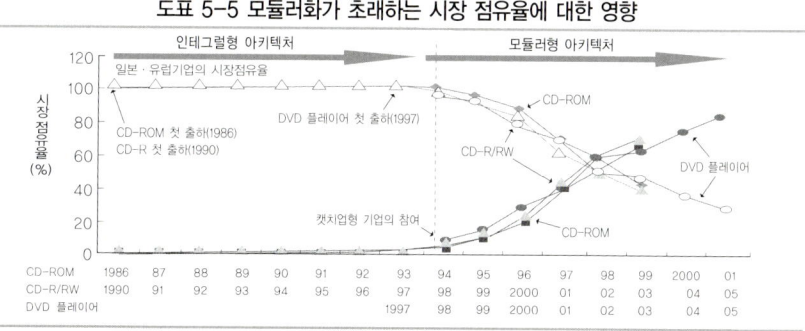

출처 : 테크노시스템리서치사 및 기가스트림사의 자료를 바탕으로 저자 개정

한편 DVD의 경우는 이미 제품 아키텍처는 모듈러화되어 있었기 때문에 시장이 형성되는 것과 동시에 그 점유율이 하락하기 시작하였다. DVD 표준은 1990년대 후반에 공개되었던 것이다. DVD에서의 일본 및 유럽 기업 점유율 하락동향과 모듈러화가 일어난 후의 CD-ROM 및 CD-R/RW드라이브 점유율 하락동향이 거의 같은 모습이라는 것은 흥미로운 사실이며, 특별히 언급해 두고 싶다.

제품을 구성하는 기간부품이나 기간부재의 제품 아키텍처는 처음에 미세조정형으로 설정되고 난 후 오늘날에 이르기까지 똑같이 미세조정형 상태를 유지하고 있는 경우가 많다. 광학픽업은 그 좋은 예 중 하나인데, 핵심기술 간의 기술적인 상호의존 관계가 유지된 채, 부문간의 긴밀한 조정에 의해 개발되고 생산된다. NIEs 기업이 생산을 시작하였다고 해도(실제로 생산은 1985년부터 시작되고 있지만), 일본기업과 유럽 기업의 생산 점유율은 컴퓨터용 광디스크에 사용되는 경우는 90%, 보다 기술적으로 진부화한 AV용 광디스크용 경우에도 80%를 넘고 있다.

도표 5-6은 DVD산업의 경우 제품 아키텍처 관점에서 최종제품과 기간부품 및 기간부재와의 관계를 정리한 것이다. 기술적으로 주도하는 입장에 있는 선진국 기업이 생산개발을 담당하는 기간부품이나 기간부재는 미세조정형 제품 아키텍처 영역에 위치시킬 수 있다.

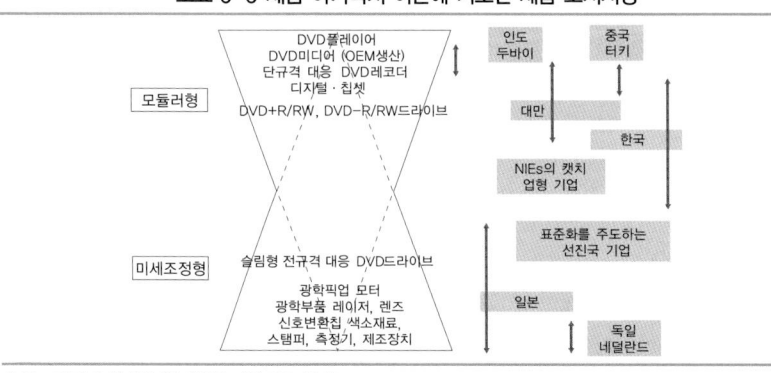

도표 5-6 제품 아키텍처 이론에 기초한 제품 포지셔닝

출처 : 저자가 실시한 인터뷰를 바탕으로 작성

기술수준이 높으며 부문간 밀접한 미세조정을 요구하는 미세조정형 제품의 경우는 장기적으로 광범위한 기술축적을 위한 투자가 필요해서, NIEs/BRICs 기업은 핵심부품 사업에 진입할 수 없다.

한편, 거의 전량이 NIEs/BRICs 기업에 의해 생산되는 최종제품은 모듈러형 아키텍처의 영역에 위치시킬 수 있다. 최종제품의 생산은 노동집약적이며 낮은 비용이 경쟁의 초점이 되기 때문에 기술을 주도하는 입장의 기업이 NIEs/BRICs 기업과 경합하여 최종제품에서 사업을 하는 것은 어렵다. 아울러 NIEs/BRICs 기업은 상대적으로 작은 간접 비용을 이용하여 유리하게 사업을 추진할 수 있다.

더 깊이 분석을 해 보면, 어느 쪽 기업도 다른 쪽과의 연계 없이는 사업을 해나갈 수 없다. 기간부품이나 기간부재를 생산하는 선진국기업과 최종제품을 생산하는 NIEs/BRICs 기업의 양쪽이 있어야만 산업이 성립하는 것이다. NIEs 기업이 싸게 최종제품을 전세계에 공급함으로써 선진국 기업이 생산하는 기간부품이나 기간부재의 시장규모도 크게 확대될 수 있다.

NIEs/BRICs 기업의 진입 없이는 후발국 시장의 급격한 성장은 기대될 수 없고, DVD플레이어의 산업규모는 현재 시장규모의 3분의 1(앞으로의 예상되는 시장규모의 5분의 1)이 되지 못하였을 것이다. 이것은 다르게 보면, 공개된 국제표준의 제정 덕분에 선진국 기업은 3~5배의 기간부품이나 기간부재 시장을 획득하였다는 것을 의미한다. 이것이 국제표준 제정의 결과 형성되는, 제품 아키텍처에 기초한 국제 분업이 가져오는 귀결이다.

양측 국가는 제품 아키텍처의 관점에서 볼 때 어느 한 쪽 제품 아키텍처에 대해 강점을 갖는다. 그것은 각국 산업발전의 역사적 조건이나 문화를 바탕으로 한 비교우위에 뿌리를 둔 것이므로 단기적으로 간단히 변화하는 것이 아니다. 선진국과 NIEs의 공존 공영이 모색되는 1990년대라는 디지털혁명 시대에서 국제표준의 역할은 크게 재검토될 필요가 있다. 국제표준은 이러한 공존공영을 실현할 수 있는 수단의 하나이며, 21세기 세계경제 발전에 있어서 국제표준의 역할은 20세기보다 한층 더 중요해질 것으로 생각된다.

2. 국제표준에 기초한 제휴형 비즈니스 모델의 모색

광학스토리지 산업에서는 일본기업과 캐치업기업과의 국제분업 필요성은 한층 높아지고 있다. 선진국 기업은 광학픽업이나 LSI칩셋 등 미세조정형 부품을 담당하고, NIEs 기업은 모듈러형 최종제품에 강점을 갖고 있기 때문이다. 각각이 다른 쪽을 필요로 하기 때문에 이 양자 간의 거래는 커지고 있다.

광학 스토리지 산업에서는 전형적인 미세조정형 부품, 예를 들면 광학픽업의 경우, 일본기업과 유럽기업이 80%의 점유율을 가지고 있다. 한편, 모듈러형 아키텍처를 가진 최종제품, 예를 들어 DVD플레이어에서는 NIEs/BRICs 기업이 70%의 점유율을 갖는다. 똑같은 현상은 휴대전화 산업에서도 관찰할 수 있다. 베이스밴드처리 칩이나 카메라 모듈 등 미세조정형 아키텍처를 가진 기간부품은 거의 전부가 퀄컴이나 텍사스 인스트루먼츠 또는 일본 부품기업 등 선진국 기업에 의해 전 세계에 공급되고 있다.

최근, 이 국제분업 체제를 전제로 해서 그것을 더욱 진화시킨 새로운 국제제휴의 모델이 등장하고 있다. 즉, NIEs의 캐치업 기업과 기술을 주도하는 선진국 기업 간의 효과적인 제휴모델이다. 이 제휴는 아키텍처 이론에 근거해 그 형태를 설명할 수 있기 때문에 이것을 「제품 아키텍처 이론에 기초한 제휴 모델(Architecture-based alliance model)」이라 부르기로 하자.

도표 5-7 제품 아키텍처 이론에 기초한 국제제휴 모델

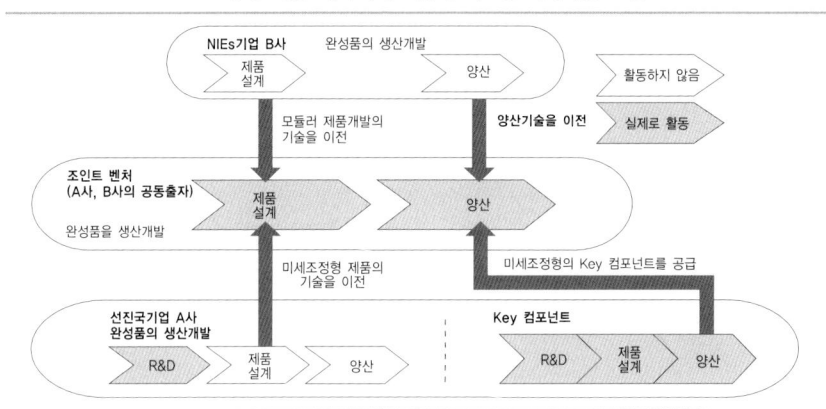

이 제휴 사례로서 일본 히타치제작소와 한국 LG전자와의 합작기업인 HLDS를 소개하자. 히타치제작소는 DVD산업에서 국제표준화를 주도하고, 기술적 표준에 관하여 많은 필수특허를 공급하고 있는 미세조정형 아키텍처 제품에 강점이 있는 기업이다. 히타치제작소는 모듈러화한 DVD드라이브의 완성품에 관해서는 자사에 남기지 않고 모두 HLDS에 이관하였다. 자사에서는 광학픽업이나 마이크로 코드 부착 LSI칩셋 등 핵심부품의 지식을 남겼다. 그리고 히타치제작소는 HLDS에 대하여 위 부품들을 공급하는 입장을 취한 것이다.

도표 5-8 DVD산업에서의 국제적 조인트 벤처

설립연도	조인트 벤처명	출자비율(%)	
2000	히타치 LG 데이터스토리지(HLDS)	히타치 51 (일본)	LG 49 (한국)
2001	JVC Light-on Manufacturing & Sales (JLMS)	JVC 51 (일본)	Light-on 49 (대만)
2003	Philips BenQ 디지털 스토리지(PBDS)	Philips 51 (네덜란드)	BenQ 49 (대만)
2004	도시바 삼성 스토리지 테크놀러지(TSST)	도시바 51 (일본)	삼성 49 (한국)

한편 LG전자는 모듈러형 아키텍처의 DVD 드라이브 최종제품 분야에서 저비용 대량생산을 무기로 높은 점유율을 가진 기업이다. LG전자는 히타치제작소에서 공급받은 부품을 사용하여 값싼 최종제품을 만드는 역할을 합작기업을 통해 담당하고 있다. 도표 5-7은 HLDS의 제휴모델을 개념적으로 정리한 것이다. 합작 시작 후 3년 지난 2003년에는 HLDS는 세계 최대의 광학 드라이브 메이커가 되었다. HLDS의 성공을 받아들여 똑같은 합병기업이 일본과 NIEs뿐만 아니라 유럽과 NIEs에 의해서도 만들어지게 되었다(도표 5-8).

3. 국제표준이 가져다 주는 경제성장

1. 동아시아의 무역 구조

국제표준의 제정은 제품의 모듈러화를 가속시킨다. 모듈러화는 국제분업을 발전시켜서 제2절에서 제시한 제휴모델의 형성을 촉진한다. 이러한 국제분업 구조의 발전과 그것에 기초한 협업형 비즈니스 모델의 발전은 동아시아 무역구조에 대한 거시적 고찰을 통해서도 확인할 수 있다.

도표 5-9는 일본, 한국, 대만, 중국의 무역구조를 그린 것이다. 한국과 대만에 대해서는 일본이 수출초과이며, 한국과 대만은 중국에 대하여 수출초과이다. 여기에서 일본에서 한국 및 대만을 경유하여 중국으로 연결되는 제조의 흐름을 발견할 수 있다. 한국 및 대만은 일본으로부터 핵심부품과 제조장치를 수입하고, 그렇게 수입한 부재 및 설비를 이용하여 생산한 제품을 중국으로 수출하고 있다. 중국에서는 한국이나 대만에서 생산된 중간제품이 조립되어 최종제품이 된다. 이렇게 해서 만들어진 DVD플레이어 등 값싼 최종제품이 미국이나 유럽시장으로 수출·판매되는 것이다.

도표 5-9 동아시아의 무역구조(2004)

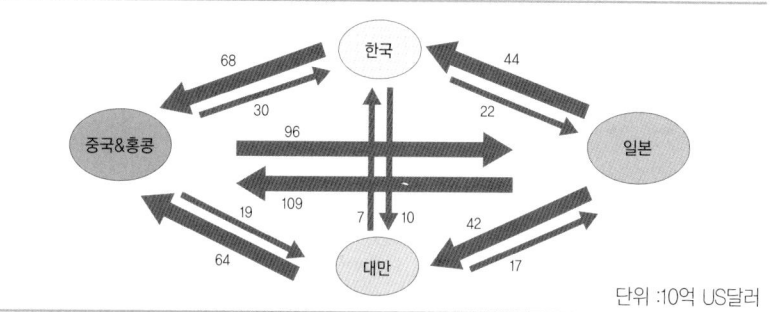

출처 : JETRO 무역통계 및 대만경제부, 한국무역협회

　이 무역구조 안에서는 중국 국내자본 기업이 선진국 시장으로 제품을 출하하고 있는 경우도 있지만, 외자계 기업이 중국내 설립공장에서 제품을 생산하여 세계로 출하하는 형태가 많다. 일본, 한국, 대만의 기업은 중국에 대규모 투자를 실행하고 있다(도표 5-10). 중국에서의 생산증대에 따라 한국이나 대만에서도 최근에는 국내 산업공동화가 우려되지만, LCD(액정디스플레이) 패널이나 반도체 같은 하이테크 제품은 여전히 한국, 대만에서 계속 생산되고 있고, 순식간에 전부가 중국으로 흘러가 버리는 것은 아니다.

　LCD나 반도체를 생산하는 한국 및 대만 기업은 해외기업 특히 일본기업에 의존하여 그 사업 활동을 하고 있다. 예를 들면 LCD패널용 편광판이나 컬러필터와 같은 기간부품이나 제조설비는 일본기업으로부터 공급을 받고 있다(도표 5-11).

도표 5-10 동아시아의 직접투자 누적금액(2004)

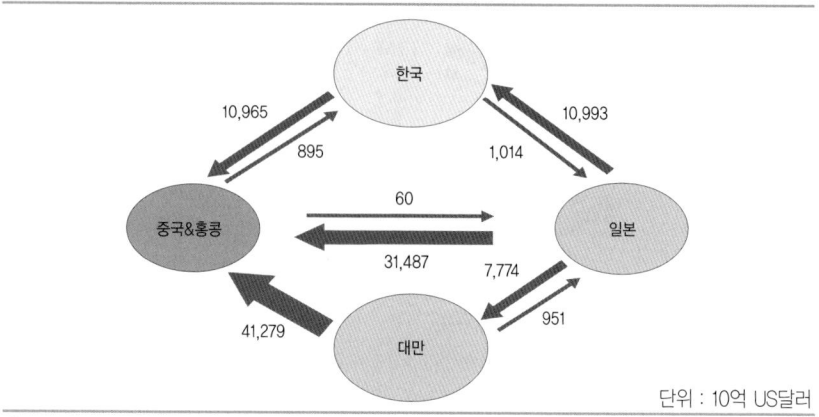

단위 : 10억 US달러

출처 : JETRO 대만 DATA는 1991년~2004년까지의 누적금액

도표 5-11 일본의 주요 수출상대국(2004)

종류	품목명 (HS코드 6자리)	1위 (%)	2위 (%)	3위 (%)	1~3위 합계(%)
IC	모노리식 집적회로 (디지털식의 것)	CHINA(18.3)	HONG KNG(16.3)	R KOREA(13.5)	48.1
	기타 모노리식 집적회로	HONG KNG(17.2)	R KOREA(14.4)	CHINA(14.0)	45.6
	광전성 반도체 디바이스 및 발광다이오드①	HONG KNG(21.4)	CHINA(18.1)	GERMANY(11.7)	51.2
	원소를 전자공업용으로 도프처리한 것 (원반모양, 웨이퍼모양)②	TAIWAN(28.5)	USA(28.1)	R KOREA(19.8)	76.4
	반도체 재료상의 패턴 에칭기	TAIWAN(45.6)	R KOREA(17.9)	USA(15.9)	79.4
	스테퍼	TAIWAN(31.5)	R KOREA(20.0)	USA(13.4)	64.9
액정	편광재료제의 시트·판	R KOREA(36.8)	TAIWAN(26.7)	CHINA(21.5)	85.0
	유리(가공한 것)	R KOREA(49.9)	TAIWAN(25.0)	CHINA(10.0)	84.9
	액정 디바이스	CHINA(43.0)	HONG KNG(11.7)	R KOREA(11.4)	66.1

철강	열간압연 기타 철판 두께 10mm 초과	R KOREA (61.9)	CHINA (20.3)	INDONESIA (3.6)	85.8
	열간압연 기타 철코일 두께 3~4.75mm 미만	R KOREA (62.3)	THAILAND (24.4)	INDIA (6.1)	92.8
	열간압연 기타 철코일 두께 3mm 미만	R KOREA (37.6)	TAIWAN (20.6)	THAILAND (19.5)	77.7
기타	기타 기계 (고유의 기능을 가진 것)	TAIWAN (27.7)	R KOREA (21.3)	CHINA (20.4)	69.4
	기타 전기적 양측정기 (기록장치 없음)	R KOREA (27.6)	TAIWAN (26.9)	CHINA (10.3)	64.8
	인쇄회로	CHINA (22.0)	R KOREA (15.6)	HONG KNG (10.8)	48.4
	프리즘 기타 광학용품 (비장착·연마제)③	HONG KNG (23.3)	CHINA (22.7)	R KOREA (16.0)	62.0

주 : ①CCD, 태양발전소자 ②반도체 웨이퍼 등 ③액정용 컬러필터 포함

도표 5-12 대만의 무역구조

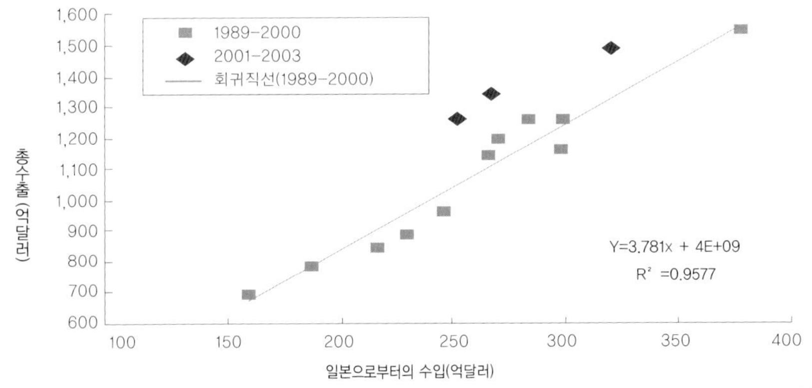

출처 : 대만경제부

    대만은 국가 전체로는 대폭적인 무역 흑자를 오랫동안 누리고 있지만, 이러한 기간부품이나 제조설비의 수입 때문에 그 사이에도 일관되게 일본에 대해서는 수입초과가 계속되고 있다. 도표 5-12는 대만의 경우 총수출액과 일본으로부터의 수입액

사이의 관계를 살펴본 것이다. 양자 사이에는 명확히 플러스 상관을 볼 수 있다.

한국에서도 일본에 대한 의존구조는 똑같이 찾아볼 수 있다. 한국은 반도체나 LCD패널을 위한 제조장치나 기간부품을 일본기업으로부터의 수입에 의존하고 있다. 삼성이나 LG, 현대 그룹 등 한국의 주요 수출기업은 한국의 수입액 중 큰 비중을 차지하고 있는 수입기업이기도 하다.

2. 시장의 성장과 가치사슬의 구조변화

본 장에서는 제품 아키텍처가 후발기업의 캐치업 속도에 중요한 영향을 주고 있다는 점을 제시하여 왔다. Akamatsu(1963)나 Vernon(1966)은 선진국에서 새로운 제품의 생산이 개시된 후 기술의 성숙과 함께 생산이 후발국으로 이전되어 가는 과정을 그리고 있는데, 그들의 논의에서는 모듈러나 국제표준화가 생산입지의 변화에 주는 영향에 관해서는 다루지 않고 있다. 제1절에서 살펴보았듯이 모듈러화는 선진국으로부터 후발국으로의 생산이전을 급격하게 가속시킨다. 최근의 눈부신 중국 제조업 발전의 배후에는 분명히 모듈러화의 영향이 있다.

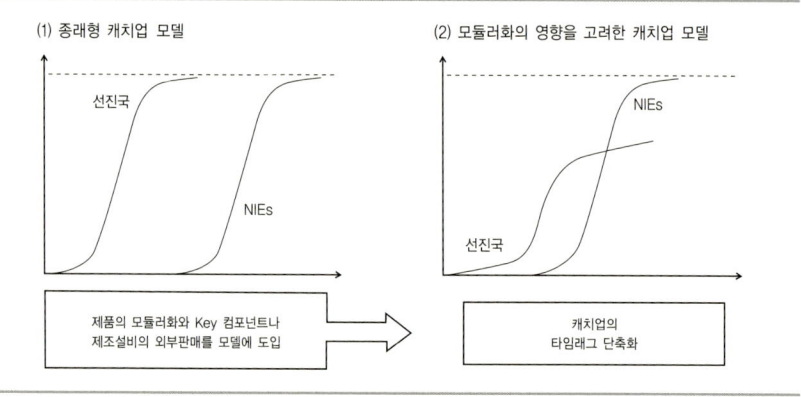

도표 5-13 캐치업 프로세스의 변화

도표 5-13은 모듈러화가 초래하는 후발국의 캐치업형 공업화에 대한 영향을 그림으로 나타낸 것이다. 왼쪽 그림은 Akamatsu(1962)나 Vernon(1966)이 제시한 캐치업 모델이다. 오른쪽 그림은 모듈러화의 영향을 모델 속에 넣은 것으로, NIEs가 선진국을 쫓아서 추월해 나가는 모델을 보여주고 있다. NIEs의 완성품 분야 캐치업은 모듈러화의 영향으로 가속화되고 있지만, 선진기술이나 지적재산이나 기술노하우가 캡슐화된 핵심부품이나 제조설비가 선진국으로부터 수출되는 덕분에 캐치업은 성립되고 있다.

그래서 모듈러화가 초래하는 후발국의 캐치업 가속화라는 최근의 경제환경 변화는 반드시 선진국의 경제성장에 있어서도 나쁜 영향을 주는 것은 아니다. 모듈러화 때문에 완성품에서 선진국 기업은 후발국에게 생산을 양보하게 된다. 그렇지만 후발국의 생산이 커져 저가격 제품이 공급됨에 따라 완성품의 시장규모가 확대되고, 선진국이 생산을 담당하는 기간부품이나 기간부재 및 제조설비 시장도 확대된다. 즉, 선진국만으로 수직통합하여 생산하고 있는 것보다 모듈러화를 통해 시장확대와 국제분업의 이점을 누리는 쪽이 결과적으로 선진국에서의 경제 이득도 커지게 되는 것이다.

도표 5-14 가치사슬의 구조적 변화

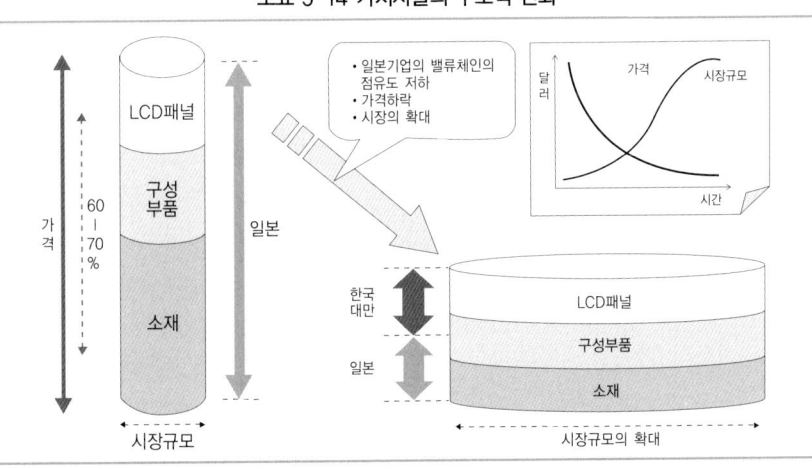

도표 5-14는 이러한 모듈러화와 국제분업의 이점을 LCD패널을 예로 그린 것이다. 샤프 등 일본의 LCD메이커는 산업초기 단계에서는 자사가 부재 생산을 하는 수직통합 체제를 구축하여 LCD패널을 판매하는 사업을 하고 있었다. 그러나 모듈러화가 진행되어 생산의 기술 및 노하우가 제조설비에 캡슐화되자, 한국이나 대만기업이 기술이 내장되어 있는 그 제조설비를 이용하여 LCD패널 생산을 시작하게 된다. LCD패널 업계에서는 생산능력 투자를 적절한 타이밍에 과감하게 실시하는 것이 성공을 위한 중요한 조건이 된다. 한국이나 대만기업은 일본기업보다 적절한 투자전략을 실시하여, 가격경쟁을 일으켜 LCD 패널의 점유율을 늘려 나갔다. 가격이 내려가면 시장 규모는 커진다. 그래서 한국 및 대만 메이커의 약진으로 일본계 LCD 패널 메이커의 수익은 감소하였지만, 다른 한편으로 부재 및 제조설비 메이커의 수익은 급격하게 확대된 것이다.

모듈러화에 의한, 선진국과 후발국 경제적 이익 배분의 변화는 LCD패널산업 이외에도 여러 가지 산업에서 관찰할 수 있다. 도표 5-15는 DVD산업의 예이다. DVD장치의 시장은 1998년 시점에서는 일본과 유럽 기업이 독점하였고, 그 규모는 10억 달러였다. NIEs/BRICs 기업이 진입하자, 시장규모는 급속히 확대되어 2004년에는 190억 달러로까지 확대되었다. 제품 비용 중 핵심부품이 차지하는 비율은 47%에 달해, 약 90억 달러에 해당한다. 그 시장은 일본기업과 유럽기업이 거의 독점하고 있다. 이러한 점에서 DVD산업에서는 모듈러화의 결과로서 일본과 유럽기업은 9배의 시장 규모를 획득하고 있다고 분석할 수 있다.

더욱이 거대한 DVD플레이어의 누적설치대수는 디지털 콘텐츠 비즈니스에게 큰 사업기회를 제공하고 있다(도표 5-16). 2004년에 공식발표로 약 40억장의 영화 등 콘텐츠가 실린 DVD 미디어가 출하되었다. 이 디지털 콘텐츠 시장은 DVD 장치시장의 2배 이상인 500억 달러로 추정된다. 그 많은 부분은 미국 영화회사에 의한 매출이었다. 그들의 2004년 매출의 47%는 DVD 관련이었고, 그것이 수익원으로서 가장 컸다. 그들은 차세대 DVD의 국제표준책정에 강한 흥미를 갖고 있으며 산업의 주요 플레이어가 되고 있다.

도표 5-15 DVD 가치사슬의 구조변화

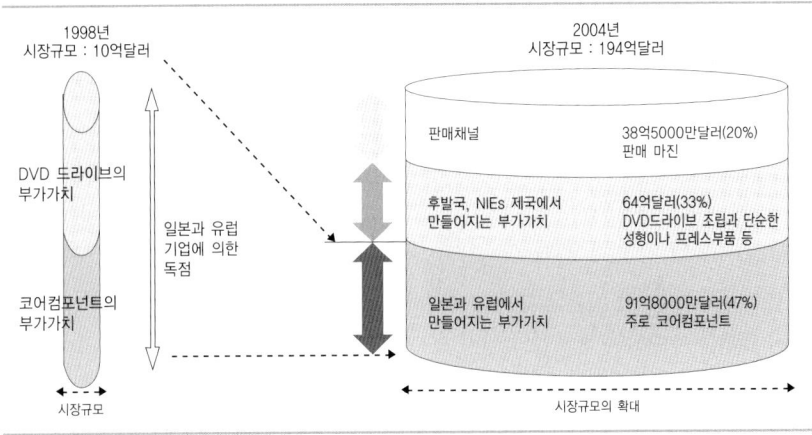

도표 5-16 DVD표준이 만들어낸 거대한 디지털 콘텐츠 시장

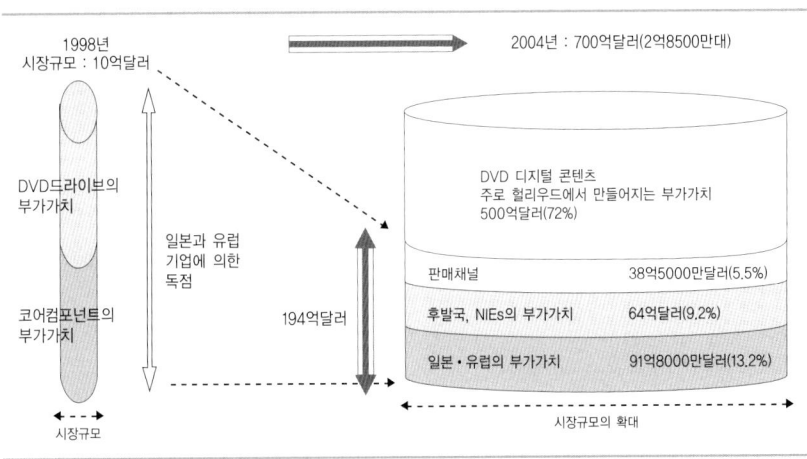

_ 맺음말

　본 장에서는 제품 아키텍처의 분석틀을 이용하여 국제표준이 가져오는 경제적 영향을 분석해 왔다. 먼저, 광학 스토리지 산업에 특히 초점을 맞추어 제품의 모듈러화와 국제표준의 제정이 NIEs/BRICs 기업의 진입을 쉽게 하여 가격을 낮추고 산업규모의 확대를 유도하는 과정을 상세히 제시하였다.

　다음으로 그러한 국제표준의 영향을 전제로 하는 선진국과 후발국에서의 국제적인 분업과 협업을 기초로 하는 새로운 비즈니스 모델을 제안하였다.

　그리고 마지막으로는 모듈러화, 국제표준화에 의한 경제성장 모델에 관해 심도 있게 논의하였다. 모듈러화를 하면서 선진국과 NIEs는 국제적 분업과 협업을 통해 함께 큰 시장을 손에 넣고 경제성장을 서로 나누어 가질 수 있는 것이다.

　국제표준은 이렇게 해서 세계 규모에서의 경제성장에 크게 공헌한다. 국제표준을 제정할 때는 경제성장에 대한 영향과 그 메커니즘을 이해하고, 적절한 프로세스를 통한 국제 표준화를 실시하는 것이 바람직하다.

(新宅 純二郞, 小川 紘一, 善本 哲夫)

06

**컨센서스
표준에서
지적재산의 역할**

컨센서스 표준에서 지적재산의 역할

지금까지는 「이익」이라는 관점에서 컨센서스 표준의 활용을 살펴보았다. 이 흐름에 따라 표준에 특허를 넣음으로써 이익을 얻는 비즈니스 모델을 그리는 독자도 많을 것이다. 확실히 디팩토 표준의 시대에서는 이익의 원천은 표준에 들어가 있는 특허의 존재였다. 그러나 컨센서스 표준에서도 똑같은 전략이 통용될까? 제6장에서는 이「표준에 지적재산을 집어넣고 이익을 올린다」는 비즈니스 모델에 반기를 들고, 컨센서스 표준화에서 지적재산을 유효하게 활용하는 방법에 관하여 논한다.

머리말

디팩토 표준화의 논의가 활발했던 시절, 베타막스 대 VHS의 디팩토 경쟁을 분석한 문헌에서는 어떤 표준에도 소니의 특허가 존재하고, 소니는 VHS 보급으로 많은 특허료를 얻었다고 기술되어 있었다. 컨센서스 표준화 시대에는 Rambus사 사례나 JPEG 사례 등 소위 홀드업이 화제가 되는 경우가 많았지만, 작금에는 퀄컴이 컨센서스 표준을 통해 특허로 큰 이익을 올리고 있다는 것도 화제가 되고 있다. 이와 같이 기술진보가 빠른 오늘날 표준화에서 특허와의 관계는 피할 수 없는 중요한 문제이다.

제2장에서 정리하였듯이 컨센서스 표준을 활용하기 위해서는 기업의 사업 포지션을 어디에 둘 것인가가 가장 중요한 전략이다.

그것은, 동시에 지적재산을 어디에 포지셔닝 할 것인가, 그리고 그 지적재산을 어떻게 활용할 것인가가 전략의 중요한 요소라는 점을 의미한다.

이 장에서는 이번 표준화경제성연구회에서의 사례조사 결과를 통해 표준화 활동을 사업전략으로 활용할 때 지적소유권을 어떻게 조합시키는 것이 효과적인지, 그 사고방식을 정리해 보고 싶다. 먼저 전반부에서는 표준에 특허를 집어 넣는 것을 전제로 해서 그 특허가 맡아야 할 역할이 무엇인지를 퀄컴 사례나 다른 많은 사례를 통해 명확히 하였다. 그 역할이란 컨센서스 표준화가 원래 가진「시장확대」기능을 지원하는 기능이어야 한다는 것이다. 그러면 특허가 원래 가진, 기술의 독점적 소유나 이익의 확보는 어떻게 해서 실현하면 좋을지, 이것을 후반부에서 논의하기로 한다.

다만, 이번의 표준화경제성연구회에서 다룬 사례 중에는 특허 등의 활용 사례가 많지 않아서 특허에 의한 수입 등을 파악하기는 곤란하다. 그래서 본 장에서는 지적재산을 표준화와 조합시켜 활용하는데 있어서의 기본적 사고방식을 제시하는 것에 머무른다. 어떤 경우에 어떤 전략을 활용하는 것이 효과적인지에 관해서는 향후 연구 성과에 기대해 보고자 한다.

1. 지적재산과 표준화의 교착

지적재산과 표준화의 특수한 관계로서 표준화 활동에 의해 작성된 표준에 지적재산권이 존재하는 경우가 있다. 표준화와 지적재산이 가장 긴밀한 관계를 갖는 것이 이 경우이며, 표준에 포함되는 지적재산을 어떻게 보유하고 사업전략으로 활용해야 하는지에 대하여 먼저 검토한다.

공업표준에서는 원래, 표준화된 기술은 누구나가 자유롭게 이용할 수 있다는 것이 대원칙이었다. 특히 본래의 디쥬르 표준은 시장이 표준을 결정하고 뒤에 그것을 인증하는 역할을 하고 있었기 때문에 특정기술이 디쥬르 표준으로서 설정될 무렵에는 특허권이 소멸되어 있는 경우가 대부분이었다. 이에 대해 디팩토 표준에서는 최신기술이 표준이 되는 수도 많지만, 표준제안자가 지적재산권도 소유하고 있고 그것으로 이익을 내는 구조이다. 그렇기 때문에 디팩토 획득자로부터의 라이선스 가격문제를 제외하고는 특허문제는 발생하지 않았다.

그러나 기술의 개발에서부터 실용화까지의 타임래그가 짧아져서 하나의 제품기술에 많은 사람의 지적재산이 포함되기 때문에 컨센서스 표준이 아니면 표준이 성립되기 어려운 환경이 되었다. 동시에 네트워크 사회가 요구하는 호환성 및 접속성의 고성능화에는 최신기술의 이용이 요구되고 있다. 그래서 개발된 후 시간이 얼마 되지 않아 아직 지적재산으로서의 권리가 남아 있는 기술이라도 이것을 표준 안에 넣어 표준화할 수밖에 없는 상황이 발생하고 있다. 이 때문에 표준 안에 지적재산권이 남은 형태로 표준이 만들어지는 사례가 증가하고 있다.

지적재산이 표준에 존재함에 따라 지적재산 소유자는 표준화 활동 및 그 효과에 여러 가지 영향을 줄 수 있게 된다. 과거 사례를 보면 이러한 영향은 크게 두 가지로 분류 할 수 있다. 하나가 표준작성 단계에서 표준내용에 영향을 주어서 자신에게 유리한 표준으로 몰고 가는 것이다. 또 하나는 표준책정 후에 그 표준의 이용자로부터 로열티 형태로 이익을 얻는 것이다.

당연히 이 두 가지는 연관되는 일들이며, 특히 표준책정 후에 로열티수입을 생각한다면, 표준작성 때부터 그 준비를 갖추는 것이 필수적이라고 할 수 있다. 그러나 그 효과를 너무 추구하면 표준화 본래 목적인 시장확대와 비용절감 기능을 상실할 가능성이 있다. 또 당연한 것이지만, 표준 안에 지적재산을 가지고 있지 않는 표준이용자는 이들 지적재산 소유자의 활동을 사업전략상의 위험요인으로 인식할 필요가 있다.

그러나 더 본질적으로 생각하면 지금까지 말해 왔듯이, 사업전략상의 컨센서스 표준의 역할은 「시장확대」이기 때문에 표준 안에 포함된 특허의 역할도 본래는 이 시장확대 효과를 강화하기 위하여 활용되는 것이 가장 효과적이다. 그것을 실현하기 위하여 정비되어 있는 것이, 많은 표준화 단체에서 정비되어 있는 페이턴트 폴리시 (Patent Policy)이다.

　컨센서스 표준에서는 이 페이턴트 폴리시에 따라 표준에 포함되는 특허는 무상 또는 합당한 가격으로 무차별적으로(이것을 RAND조건이라 한다) 제공된다. 이 때문에 표준이용자는 표준에 포함되는 타사 개발 특허를 싼 값에 이용할 수 있게 된다. 또 그에 따라 시장에 대한 진입자가 증가하여 시장이 확대된다. 또 당연히 타사 특허를 저렴하게 이용할 수 있다는 것은 연구개발비와 라이선스료의 삭감으로 이어져 비용절감이 된다. 즉, 표준에 특허를 집어넣어 두는 것은 「시장확대」와 「비용절감」을 위해 인정되고 있는 것이다.

　다만 라이선서 측에서 보면, 자사가 연구개발비를 투자해서 얻은 특허를 무상으로 개방하는 것은 연구개발비 회수를 기대할 수 없을 뿐 아니라 경쟁기업을 늘리는 것으로 이어지기 때문에 이득이 적다. 그에 대한 구제책이 바로 대부분의 페이턴트 폴리시에 규정되어 있는 RAND조건에 의한 제공이다. 그러나 합당한 가격의 기준은 없기 때문에 결과적으로는 가격이 낮게 설정되는 경우가 많고, 라이선스료로 충분한 이익을 올리는 것은 곤란하다. 물론 이 가격은 라이선서 쪽이 결정하는 것이기 때문에 충분히 이익을 낼 수 있는 가격으로 설정할 수도 있다. 그렇지만 가격을 높게 설정하면 RAND조건 위반이라고 비판을 받아서, 업계 내에서 고립되거나 사회적 손상을 입을 염려도 있어서 실제로는 곤란하다.

　이상을 감안하면 만약 해당 표준에 포함된 특허에 자사 특허만 있고 타사 특허를 이용할 필요가 없다면, 이러한 표준을 컨센서스 표준으로 할 매력은 작다. 표준에 포함되는 특허가 단독 한 개 회사 소유인 경우, 앞서 말했듯이 라이선스가격이 제한되기 이전에 컨센서스 단계에서 표준화가 거부되거나, 표준작성 그룹이 무상의 특허 라이선스를 요구하는 경우가 많기 때문이다. 만약 자사 단독으로 시장을 획득할 수 있는 가능성이 있다면, 표준화하지 않고 사업을 전개하여 디팩토 표준 획득을 노리는 것도 하나의 전략이다.

　다만, 가령 자사에서 기술을 독점하고 있다고 해도, 시장 획득을 위해 그 일부를 공개하고, 다른 기업의 진입을 촉구하는 사업전략을 선택하는 경우가 많은 것도 사실이다. 특히 네트워크 외부성이 큰 제품에서는 인터페이스 관련 표준의 개방이 시장확대의 열쇠가 되는 경우가 많고, 이것을 노리고 특허를 개방하는 전략을 취하는 기업도 많다. 그러나 그렇게 해서 이익을 잃는 결과로 끝나는 경우가 있다는 것을 제1장에서 말했다.

결국, 시장확대를 위해서는 라이선스료는 낮을수록 좋고 이익확보를 위해서는 라이선스료는 높을수록 좋기 때문에 그 균형을 취하는 것이야말로 전략이 된다. 그러나 양자의 조건이 상반되어 있는 이상, 표준에 포함시킨 특허에서 시장확대와 이익확보의 두 마리 토끼를 쫓는데 성공하기는 쉽지 않다. 표준에 포함된 특허 등에서의 이익을 얻는 것은 많은 경우 표준화 효과를 잃게 만든다는 것을 인식할 필요가 있다.

2. 시장확대를 통제하는 지적재산의 존재

특허와 표준화를 둘러싼 문제는 통신기기를 중심으로 한 세계에서 많이 발생하고 있다. 그것은 통신기기가 기기의 상호 접속을 위해「최신기술에서 표준화」하여야 하는 숙명을 안고 있고, 거기에 포함되는 최신기술의 프로토콜이나 화상압축 등 소프트웨어의 표준화가 필수적이 되고 있기 때문이라고 할 수 있을 것이다.

나아가 기술개발 및 제품개발에서의 국제경쟁이 격화됨에 따라 특허의 허락이 엄격하게 되고, 소위 프로페이턴트 움직임이 세계적 조류가 되어 가고 있다. 이러한 시기에 특허권자가 특허 라이선스 등에 관해 이전만큼 관용적이 아니라는 것도 이러한 흐름을 강하게 하였다.

그러나 앞의 절에서 말하였듯이 표준에 포함된 특허의 본래 목적은 표준화에 의한 시장확대 및 비용절감 기능을 강화하는 것이어야 한다. 그럼에도 불구하고 많은 사례에서 이 원칙과는 다른 특허 집어넣기가 행해져 아쉽게도 표준화 효과를 잃게 되는 결과가 되고 있다. 이것은 홀드업에 관한 보도나 표준에 들어간 특허로 비즈니스에 성공한 예 등이 많이 보도되고 있기 때문이다. 또 그에 따른 이익이 커서 많은 회사가 표준에 집어넣은 특허를 통한 이익 획득을 하나의 성공적인 비즈니스 모델로서 설정하고 있기 때문일 것이다.

그러나 잘 살펴보면, 표준에 들어간 지적재산으로 이익을 올리고 있는 사례 중에는 한 회사에서 디팩토 표준을 확립한 것과 같은 예가 많다. 또 홀드업은 계획적으로 실행할 수 있는 그런 비즈니스가 아니다. 물론 MPEG이나 DVD와 같이 컨센서스 표준에 들어간 특허로 이익을 올리고 있는 예도 있지만, 이런 페이턴트풀도 뒤에서 말하는 바와 같이 시장확대와 비용절감의 실현을 목적으로 한 시스템이다.

이하에서는 표준에 특허를 집어넣어 특허로부터 이익을 얻으려고 하면 여러 가지 장애가 발생한다는 점을 표준화경제성연구회에서 다룬 사례를 중심으로 확인해 나간다.

① **퀄컴의 사례**

표준 안에 포함된 특허로 큰 이익을 올리고 있는 것으로 유명한 퀄컴의 사례를 먼저 살펴보자. 퀄컴은 제2세대 휴대 프로토콜인 cdmaOne 시대부터 한국 등에서 그 기술이 도입되고 라이선스로 수입을 확보한 사실이 알려졌다. 그리고 제3세대 휴대 프로토콜의 도입과 함께 그 이익이 세계적 규모로 증가하고 있다. 이 퀄컴의 비즈니스 모델을 목표로 하는 기업도 있을 것이다. 그러나 퀄컴의 비즈니스 모델은 범용성이 있는 전략이라고 할 수 있을까?

제3세대 휴대전화의 표준화　휴대전화는 여명기의 아날로그 통신방식에서 NTT도코모 등이 채용한 PDC방식이나 유럽의 GSM방식 등 디지털 방식으로 이행하였다. 이 아날로그 통신방식을 제1세대, 디지털 통신방식을 제2세대라 부르고, 다시 여기에 이어지는 세대라는 의미에서 그 다음의 고속 데이터통신을 가능하게 한 휴대전화를 「제3세대」라고 하고 있다.

제2세대에서는 NTT도코모의 PDC, 퀄컴 등이 추진하고 미국에 널리 보급된 CDMA, 유럽의 GSM 등 여러 가지 방식이 존재하며, 서로 다른 방식의 단말기에서는 상호 이용이 곤란했다. 이 때문에 제3세대에서는 이들을 표준화하여 세계 어디에서나 통하는 휴대전화를 실현하는 것과 더불어, 고속 데이터통신이나 동화상 수신 등 멀티미디어 통신 등도 이용할 수 있도록 하는 것을 목표로 하고 있었다. 이를 위해 ITU(국제전기통신연합)에서 개시된 제3세대 휴대전화의 표준화가 「IMT-2000」이었다.

제3세대 휴대전화 표준화의 경우는 PDC방식으로 세계로부터 고립된 일본의 NTT도코모가 전세계에서 사용할 수 있는 휴대전화 서비스의 실현을 위해 적극적으로 노력하였다. 그런 의미에서 이 표준화는 통신회사가 휴대전화 시장의 성숙기에 새로운 기능을 갖춘 단말기의 비용을 절감시키기 위해 실시한 표준화로 볼 수 있다. 표준화되면 각국이 도입하여 시장이 형성되는 것은 당연하다고 생각되고 있었다.

그래서 NTT도코모는 자신이 중심이 되어 개발한 WCDMA방식을 세계표준으로 하기 위하여 각국에 힘을 썼다. 그래서 차세대 GSM방식으로 TD-CDMA방식을 추진하려던 유럽의 주요기업을 WCDMA진영에 합류시켰고, 일본과 유럽에서 WCDMA 표준화의 흐름을 만들었다.

이것을 멈추게 한 것이 CDMA기술의 기본을 개발한 단말기 및 기지국 제조업자인 퀄컴이었다. 퀄컴의 CDMA기술은 제3세대 표준화가 시작된 시기에는 이미 제2세대 휴대전화의 개량기술인 cdmaOne으로서 각국에 도입되기 시작하고 있었다. 일본의 au도 이 기술을 채용하여 제2세대 휴대전화의 품질향상을 실현하고 있었다. 그러나 WCDMA는 이 CDMA와 호환성이 없어서 가령 제3세대 기술이 WCDMA로 통일되면, cdmaOne을 도입한 회사는 설비를 교체할 필요가 있고, 퀄컴은 큰 시장을 잃을 가능성이 있었다.

이 때문에 퀄컴은 cdmaOne과 호환성이 높은 cdma2000을 제3세대 휴대기술로 제안하였다. 그리고 이 제안이 받아들여지지 않으면 자사가 가진 특허를 제공하지 않겠다고 선언하였다. 퀄컴이 가진 CDMA에 관한 특허는 그 회사가 제창하는 cdma2000뿐만 아니라 WCDMA에서도 필수 특허였다. 가령 퀄컴이 이 특허를 RAND조건으로 제공할 것을 선언하지 않으면, ITU에서의 페이턴트 폴리시에 따라 WCDMA도 표준으로서 인정받지 못하게 될 가능성이 높아졌다.

그러나 여기에서 또 하나의 회사 즉 WCDMA와 cdma2000 양쪽에 특허를 가진 에릭슨이 WCDMA를 표준으로 하지 않으면 cdma2000의 특허를 라이선스하지 않겠다고 선언하였다. 결국 퀄컴과 에릭슨이 크로스라이선스한 후 쌍방의 특허를 RAND조건으로 제공하는데 합의하였다. 그 결과, 제3세대 휴대전화의 표준인 IMT-2000은 느슨하고 포괄적인 것으로서 그 안에 5개의 표준을 갖게 되었다.

WCDMA, cdma2000 이외에 한 때 표준화를 단념하고 있던 TD-CDMA기술이 UTRA-TDD/TD-SCDMA기술로서 표준화되었다. 이 TD-SCDMA는 중국이 국가표준으로서 지멘스의 협력으로 개발한 표준이다. 중국은 IMT-2000이 복수 표준을 포함하는 형태로 되는 기회를 잘 이용하여 국내 독자표준을 국제표준으로 하는데 성공하였다. 이 이외에 TD-SCDMA기술을 기반으로 하는 두 가지 기술도 인정되어 합계 5개 방식이 있게 되었다.

실제로는 일본에서는 2001년 5월에 세계 최초로 서비스를 개시한 WCDMA방식과 2002년 4월부터 서비스를 개시한 cdma2000이 시장 확대를 둘러싸고 경쟁하고 있다.

퀄컴의 전략 퀄컴은 NTT도코모와 다르게 자신이 단말기 및 기지국 제조업자이며, 3G(제3세대) 휴대전화의 표준화는 그야말로 자신의 제품을 표준화하는 것이었다. 이 때문에 제3세대 휴대전화 표준에 대한 퀄컴의 전략은 NTT도코모와 전혀 다르다.

당초, 그 회사는 자사 내에 통신인프라나 휴대단말기의 제조공장을 가지고 있었다. 이것은 제품을 시장에 공급함으로써 CDMA기술의 보급을 꾀하기 위해서였다. 그런데 보급이 진행되어 진입기업이 늘어난 시점에서 단말기 메이커나 통신기기 메이커와 경합하지 않는 쪽이 낫다고 판단하였다. 그래서 1999년에 인프라 설비제조 부문을 에릭슨에 매각하고, 2001년에 단말기 제조 판매부문을 교세라에 매각하였고, 퀄컴 자신은 cdma2000의 단말기를 위한 칩셋과 소프트웨어 판매에 전념하기로 하였다.

그리고 그 회사는 3G 기술관련 특허를 싸게 제공하기 위하여 조직된 WCDMA의 페이턴트 플랫폼에 참가하지 않고, cdma2000과 WCDMA의 이용자 쌍방으로부터 거의 같은 비율(5% 정도)의 라이선스료를 취함으로써 많은 이익을 올리고 있다. 나아가 퀄컴이 제창한 cdma2000에 관해서는 그 회사가 거의 모든 단말기업자에게 칩셋과 기본소프트웨어를 공급하고 있다. 이 때문에 cdma2000 단말기업자의 개발비용은 WCDMA업자의 30% 정도라고도 하며, 이런 면에서도 퀄컴은 cdma2000의 보급을 강력하게 촉진하고 있다. 이와 같이 퀄컴은 cdma2000과 WCDMA의 양쪽의 특허를 가짐으로써 라이선스 수입과 제품 수입 양쪽을 얻고 있다. 그와 더불어 자신에게 유리한 cdma2000의 보급에 자사가 가진 라이선스를 적극적으로 활용하여, 결과적으로 WCDMA의 보급에 비해 우위에 선 지위를 확보하고 있다.

WCDMA 진영과의 다툼 퀄컴의 비즈니스 수법에 따라 WCDMA 진영과의 불화가 깊어지고 있다. 2005년 브로드컴, 에릭슨, NEC, 노키아, 파나소닉모바일커뮤니케이션즈, 텍사스인스트루먼츠(TI) 6개사가 유럽위원회에 퀄컴이 반경쟁적 행위를 하고 있다고 제소하였다. 이것은 유럽 대부분의 국가가 3G 이동체 통신표준으로서 채용하고 있는 「WCDMA」에 관한 것으로 6개 회사는 퀄컴이 WCDMA표준을 작성할 때 특허권자가 합의한 RAND조건("on reasonable and non-discriminatory")을 지키지 않고 부당하게 고액의 라이선스계약을 강요하고 있다고 제소하고 있다.

3G표준 중 일본의 KDDI나 한국 및 미국의 통신회사가 채용하고 있는 cdma2000에 관해서는 퀄컴이 주요기술의 50% 이상을 특허로서 묶어놓고 있다고 하며, cdma2000을 이용하고 있는 단말기 제조사업자나 통신회사는 퀄컴에 많은 금액의 라이선스료를 지불하고 있다. 이것은 퀄컴이 기술개발 및 칩제조 전문기업으로 제품을 만들지 않고 있기 때문에 크로스라이선스에 의한 라이선스료의 삭감이 불가능하다는 것에도 기인하고 있다. 이에 반해 WCDMA기술에 관해서는 퀄컴의 특허는 20% 정도로 그 공헌도가 작다고 한다. 그럼에도 불구하고 퀄컴이 WCDMA 기술이용자에 대해 cdma2000과 같은 라이선스료율로 라이선스계약을 맺고 있는 것은 「합당」하지 않다는 점이 제소 내용이다.

이 제소에 대한 대항조치로서 퀄컴은 노키아가 자사의 GSM 특허를 침해하고 있다고 하면서 미국에 대한 수입 금지를 제소하였다. 이에 대해 노키아는 퀄컴이 3G기술 라이선스의 FRAND 조건("under fair, reasonable and non-discriminatory terms and conditions." RAND와 거의 같은 의미. 유럽 통신표준 작성단체인 ETSI에서 사용되고 있는 표현)을 지키지 않고 있다고 미국 내에서 불만 신고를 하는 등 사태는 진흙탕 싸움이 되고 있다. 이 GSM 관련 소송에 관해서는 퀄컴 측의 패소가 이어지고 있지만, cdma2000 문제의 전망은 지금은 보이지 않고 있다.

<u>퀄컴의 지적재산 전략</u> 이 사례에서는 퀄컴의 지적재산 전략이 큰 특징을 보여주고 있다. 퀄컴은 3G휴대전화의 주류인 WCDMA와 cdma2000 양쪽 기술에 필수특허를 가지고 있고, 자신의 기술영역을 표준화한 후에 상류영역으로 사업을 옮겨감으로써 표준화의 혜택을 최대한 얻고 있다. 그 회사는 WCDMA와 cdma2000 양쪽 방식에서 특허 라이선스료를 얻으면서 동시에 cdma2000에서는 칩과 소프트웨어를 공급함으로써 단말기 사업에서의 이익 대부분도 흡수하고 있다. 이에 대해 NTT도코모는 통신회사로서 상류의 「휴대전화시스템 설비산업」 표준화를 스스로 견인하였다고 볼 수 있다. 일반적인 경우라면 NTT도코모 쪽이 압도적으로 유리하겠지만, 특허의 존재가 그 역학관계를 역전시키고 있다.

그러나 이러한 사례는 다른 기업이 다른 표준화 활동에서 모방하기 곤란한 특이한 사례라고 할 수 밖에 없다. 본 사례의 경우, 먼저 대립하는 두 개 표준 양쪽에 특허를 가진 회사가 2개 있고 각각이 실현하고 싶은 표준이 다르기 때문에 양쪽 표준이 국제표준으로서 인정받게 되었다. 만약 이것이 1개 회사인 경우거나 2개 회사가 표준으로 하고 싶은 기술이 같은 경우, 표준은 하나로 수렴될 것이다. 표준이 복수가 되어, 한정된 회사만이 그 양쪽에 특허를 갖는 형태로 컨센서스가 성립될 가능성은 아주 작다.

더욱이 퀄컴은 표준성립 후에 단말기제조, 기지국제조로부터 철수하여 내부 칩과 OS 공급에 전념하였다. 이 때문에 다른 단말기제조업자 및 기지국제조업자는 자사 특허와의 크로스라이선스로 퀄컴의 특허 라이선스료를 회피할 수 없었다. 퀄컴은 연구개발형 기업으로서 그 연구개발비용을 라이선스료에서 회수한다는 생각으로 라이선스 비율을 설정하였기 때문에 그 비율은 기존 제조업에서의 라이선스 비율보다 높게 되었다. 이와 같은 극적인 업태 변화가 가능한 것도 유연한 미국의 노동환경 하에서 사업을 하는 퀄컴의 강점이라 할 수 있을 것이다.

도표 6-1 3G 휴대전화에서 표준화의 구도

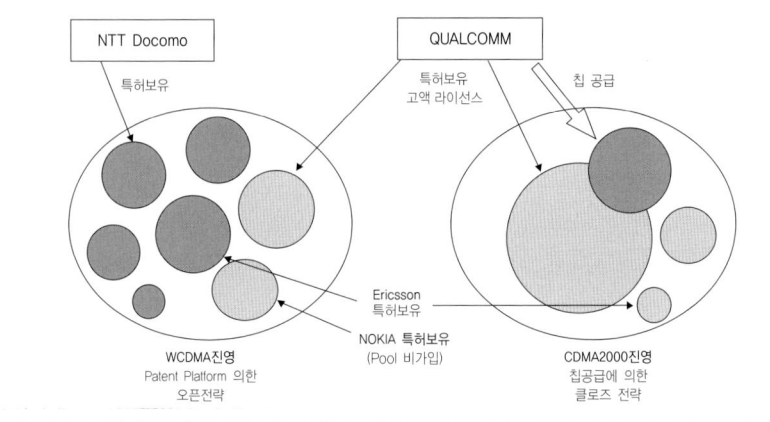

　아울러 퀄컴이 보급시키고 싶은 기술은 cdma2000이었기 때문에 그 회사는 WCDMA 기술보급 촉진을 위하여 정비된 페이턴트 플랫폼에 참가하지 않았고, 결과적으로 cdma2000이 유리해지도록 하였다. 이러한 활동은 미국 기업인 그 회사다운 면을 가지고 있다. 즉 동업 타사로부터의 고립을 문제로 삼지 않는 독자적인 기업문화에 따른 바가 크다.
　이 사례에서 가장 중요한 것은 표준에 포함된 특허의 효과는 「이익획득」보다도 「시장확대속도의 통제」에 있다는 것이다. 3G 휴대전화에는 3G 내에서의 표준경쟁과 동시에 GSM이라는 2G(제2세대) 표준과의 점유율 경쟁이 존재한다. 만약 퀄컴이 GSM과의 경쟁을 중시한다면 WCDMA든 cdma2000이든 3G표준의 보급이 진행되는 라이선스 전략을 취하여야 한다. 그러나 그 회사는 GSM시장과 다투는 것을 선택하지 않고, 3G시장에서의 WCDMA 보급을 저해하여, 보급 속도가 늦어진 3G시장에서 cdma2000의 점유율을 확대하는 전략을 전개하고 있다. 그리고 그 회사 이익의 60%는 라이선스료가 아니라 칩이나 OS 등 그 회사 제품에서 얻어지고 있는데(日経エレクトロニクス 2007), 그 칩의 판매처 대부분은 cdma2000을 채용한 단말기 제조업자이다.
　이상 살펴본 바와 같이 퀄컴의 표준화와 특허전략은 모방 곤란한 특수 사례로 생각하여야 한다. 그리고 그 특수 사례에서조차 표준에 포함된 특허의 가치는 이익확보가 아니라 시장확대 속도의 통제였다는 것이 중요한 핵심점이다.

② 메모리카드의 사례

퀄컴의 사례에서는 두 개의 표준 양쪽에 특허를 가진 그 회사의 전략을 살펴보았는데 통상적인 표준화에서 두 개의 표준 양쪽에 특허를 보유하는 예는 적다. 일반적으로 서로 다른 구성원들에 의해 작성된 표준에서는 그 특허의 취급도 달라서, 그것이 시장의 선택을 결정하는 경우도 있다. 그 사례로서 메모리카드의 경우를 살펴보자.

메모리카드의 사례에서는 소니와 샌디스크가 중심이 되어 개발한 메모리스틱과 마쓰시타전기가 도시바, 샌디스크 등 그 이전 메모리카드시장 리더들을 모아서 개발한 SD카드 이 두 개 표준을 비교해 보자.

메모리스틱은 7개 회사 협찬 형태로 발표되었지만, 실제로 기술개발과 표준화를 실시한 것은 소니와 샌디스크 2개사이며, 그 제조는 엄격한 라이선스 관리 아래에 이루어졌다. 그 라이선스 전략의 일부는 제3장에서도 소개하였지만, 결과적으로는 메모리스틱의 제조 권리를 4개사가 취득하였지만, 실제로 제조한 것은 소니와 샌디스크 2개사뿐이며 보급은 한정적이었다. 다만 그만큼 경쟁에 의한 가격하락은 적어서 이익률은 SD카드에 비해 높다고 한다.

SD카드는 마쓰시타전기, 도시바, 샌디스크 3개사가 표준개발을 하여 발표한 것이다. 처음부터 디팩토 스탠더드 획득을 목표로 만들었으며, SD어소시에이션을 형성하여 개방된 환경에서 포맷을 개발하는 등의 활동을 하고 있다. 라이선스 가격도 카드 이용의 많은 경우 무료이며 진입 장벽이 낮다.

결과적으로 SD카드가 메모리카드 세계에서 디팩토 스탠더드 위치를 확보한 것에는 이 라이선스료만이 원인은 아니다. 그것보다도 소형화, 대용량화의 진전이 메모리스틱보다 빨라서 시장에서의 이용자가 증가한 점이 중요했다. 그런데 소형화 및 대용량화 속도가 빨랐던 것에는 이 라이선스 개방화가 원인 중 하나였다고 생각할 수 있을 것이다.

이와 같이 SD카드는 메모리카드의 디팩토 스탠더드가 되었지만, 메모리카드의 가격하락

속도는 메모리스틱에 비해 빨라서 카드제조에서 이익을 얻고 있는 곳은 적다. 이 표준화에서 이익을 얻고 있는 곳은 실제로는 메모리카드에 사용되는 플래시메모리를 제조하고 있는 도시바와 샌디스크이다.

그러나 마쓰시타전기 등 SD어소시에이션에 참가한 회사들이 메모리카드 판매에 따른 이익을 노리고 있었다고는 말할 수 없다. 예를 들면 마쓰시타전기는 디지털카메라나 MP3플레이어 등에서 SD카드를 이용한 제품의 판매확대를 이루었고, 최근에는 비디오카메라에도 이용하는 등 제품 다양화를 확대하여 이러한 제품에서 이익을 올리고 있다. SD카드 자체에서 이익을 올릴 필요가 없는 이상, 카드의 보급을 도모하여 그 카드를 이용하는 제품의 매력을 높이는 것이 마쓰시타전기의 전략이었다고 생각된다.

그리고 이 메모리카드와 비슷한 사례로서 PC용 외부인터페이스인 IEEE1394와 USB의 보급 경쟁 사례가 제2장에서 논의되었다.

③ 교환기 계통 광커넥터의 사례

지금까지의 사례에서도 표준 안에 포함되는 지적재산을 저렴하게 또는 무상으로 제공하는 것이 시장 확대에 큰 효과가 있다는 것을 알 수 있다. 그 전형적인 예로 광커넥터에서의 NTT 전략을 살펴보자.

일본에서의 광커넥터 표준화에는 2가지 그룹이 있는데, 그 어느 쪽도 NTT(사용자)가 주도하고 있다. 하나는 NTT포토닉스연구소와 교환기메이커, 커넥터메이커가 공동으로 실시하고 있는, 주로 교환기에 사용되는 커넥터 표준화이다. 또 하나는 NTT액세스서비스연구소와 선재(線材)메이커가 공동으로 실시하고 있는 선재접속용 커넥터의 표준화이다. 어느 그룹에서도 그 표준화에서 개발된 특허는 NTT와 개발사의 공동 특허로 되어 있다는 것이 중요하다.

NTT포토닉스연구소가 최초로 착수한 광커넥터의 표준화는 FC커넥터이며, 그 다음이 1984년경에 개발이 시작된 SC커넥터이다. NTT가 표준화를 적극적으로 추진하는 것에는 커넥터가 표준화됨으로써 NTT가 구입하는 기기 간의 접속이 용이해진다는 기본적인 목적도 있었다. 그런데 NTT의 경우 그것만이 이유라면 사내표준으로 충분히 수요가 있기 때문에 국제표준화를 할 필요는 없다. 광커넥터를 국제표준으로 하는 것은 부품을 표준화하고 수요를 확대함으로써 표준화된 커넥터의 제조에 많은 기업이 진입하는 것을 촉진하여 저렴한 가격으로 조달할 수 있도록 하기 위해서였다. 즉 가격경쟁을 일으킴으로써 커넥터 자체의 가격이 내려가기를 기대하고 있는 것이다.

이 표준화에는 교환기메이커, 커넥터메이커, 선재(線材)메이커가 참가하고 있지만, 표준화의 중심이 되는 것은 NTT와 커넥터메이커이다. NTT는 자사가 상정하는 시스템 기능을 실현할 수 있는 커넥터 성능이 필요하기 때문에 커넥터의 성능, 사이즈, 취급용이성 등에 적극적으로 관여하였다. 그런데 너무 높은 사양의 것을 표준화하면 타사의 이용이 늘지 않아 가격하락이 일어나지 않기 때문에 범용품으로서 타사가 이용가능한 사양의 표준화를 추진하였다.

커넥터메이커는 NTT가 조달을 약속한 것도 아니고 또 표준화 후 타사 진입으로 가격교섭이 어려워진다는 것은 알고 있지만, 표준화 후에 조달처로 선정되는 것을 목적으로 표준화에 적극적으로 참가한다. 실제로 커넥터를 제조하여 판매하는 것은 커넥터메이커이며 표준화 기술도 NTT와 커넥터메이커의 기술이 대부분이었다. 다만, 앞서 말했듯이 이러한 기술은 NTT와 커넥터메이커의 공동특허로 되어 있다. 그리고 NTT는 시장을 확대하는 것이 표준화 활동을 추진하는 가장 중요한 목적이었다. 그래서 표준화에 참가하지 않았던 커넥터메이커에 대해서도 자사의 특허를 싸게 라이선스하고 나아가 제조에 필요한 기술지도까지 한다. 실제로 SC커넥터에서는 NTT가 세계의 수십 개 회사에 대하여 제조에 필요한 기술적 지원을 하였다고 한다.

이 때문에 SC커넥터는 전성기에는 세계 광커넥터 시장의 80%를 차지했다고 한다. 그리고 NTT는 SC커넥터가 대량으로 생산되고 사용됨에 따라 가격이 내려가서 큰 이점을 얻었다. 그러나 커넥터메이커에게는 진입기업이 증가하여 가격경쟁 이외에 경쟁가능한 요소가 없는 상태가 되었기 때문에 전혀 이익이 생기지 않는 제품이 되고 말았다. 당연히 NTT가 특허를 저렴하게 라이선스하기 때문에 라이선스 수입으로서의 공헌도 거의 없다. 표준에 포함되는 특허를 똑같이 갖고 있어도, 그 사업형태에 따라 얻어지는 효과는 전혀 다르다는 점에 주의하여야 한다는 것을 보여주는 사례이다.

④ 선재(線材)형 광커넥터의 사례

　지금까지는 지적재산의 소유자가 시장확대를 목적으로 해서 그 지적재산을 저렴하게 제공한 전략을 확인하였다. 그렇다면 지적재산의 소유자가 저렴하게 제공하는 것을 거부하면 어떻게 될까?

　예전 사례로는 BT사와 피레리사에 의한 라이선스 거부 사례를 시작으로 Rambus의 사례, Dell의 사례 등이 알려져 있다. 또 표준작성 시에는 회원사가 아니었기 때문에 표준 보급 후에 라이선스료를 요구한 사례로서 JPEG 사례나 무선LAN 사례가 알려져 있다. 이와 같이 홀드업이라 불리는 사례는 그 사회적 영향도 크므로 잘 알려져 있고, 많은 기업들이 최신의 표준화 기술을 사용하는 경우의 위험요인으로 홀드업의 가능성을 지적하고 있다.

　이와 같은 홀드업은 표준 안에 특허가 존재하는 것이 근본적인 원인이기 때문에 표준 작성 시에 그 안에 지적재산에 따른 피해를 가능한 한 없애려는 움직임은 강하다. 그 사례로서 또 하나의 광커넥터 표준화인 선재(線材)계 커넥터의 예를 살펴보자.

　선재(線材)계 커넥터의 개발　교환기 커넥터와 함께 또 하나의 광커넥터 표준화의 흐름이 NTT액세스서비스연구소와 선재메이커(후루카와전공[古川電工], 스미토모전공[住友電工], 후지쿠라전선[藤倉電線, 현재는 후지쿠라])에 의한 광커넥터의 표준화다. 이 그룹은 30년 전에 광섬유 개발을 개시하였을 무렵부터 공동연구를 계속해 왔기에 광섬유를 안정적으로 제조할 수 있었다. 그래서 광섬유를 통신에 사용할 수 있는 가능성이 보인 시점에서 그 접속방법의 연구도 중요해졌다. 그러나 그 연구에는 커넥터메이커는 들어가 있지 않았다. 이것은 선재메이커가 급속한 가격하락에 시달리고 있는 선재사업 이외의 새로운 수익원으로서 커넥터 사업을 그 후보로 하고 있었기 때문이었다. 즉 기존 커넥터메이커는 라이벌기업이었다.

　이 그룹에서는 당초에는 화이버를 일단 녹여서 다시 잇는 융착 접속방법을 개발하였다. 교환기 주변의 회선과는 다르게 해저케이블 등 장거리 부설회선은 한 번 접속하면 절단하는 일은 드물기 때문에 이 융착접착이 안정성 면에서 좋았다.

　특히 구미에서는 파이버는 한번 부설하면 묻은 채로 다시 파내지 않기 때문에 커넥터의 수요는 없었다. 그러나 일본의 경우 품질 유지를 위한 회선교환 등을 하는 일이 많고, 도로의 교체나 전주의 이설이 빈번하게 일어났다. 그런데 그런 공사에서 장시간 전화가 불통되는 일은 용납되지 않기 때문에 커넥터가 필요하였다.

그 최초의 커넥터는 MT커넥터라 불리는 것으로 선재회사 3개사와 NTT가 공동으로 개발하여 특허도 갖고 있었다. 그렇지만, 본래 해외에서는 시장이 없어서 전송계 커넥터 수(월 수백만 개 정도의 수요)에 비해 그다지 대량으로 팔리지는 않았다(월 수만 개 정도). 그래서 많은 기업들에게 진입하는 이점이 없었고, 처음에는 표준화가 이루어지지 않았고 특허의 라이선스도 실시되지 않고 있었다. 특히 NTT에게는 표준화를 통하여 비용절감의 이점을 얻을 가능성이 없는 이 커넥터를 국제표준으로 하는 것에는 소극적이었다.

이러한 사업 환경 아래에서는 앞에서의 SC커넥터와 같은 가격하락 압력이 가해지지 않을 것처럼 보인다. 그러나 선재메이커로서는 이 커넥터의 가격이 높으면 NTT가 많은 부분에서 이 커넥터를 이용하지 않고 SC커넥터를 사용하면 된다고 판단할 가능성도 있었다. 그래서 SC커넥터 생산자인 커넥터메이커가 잠재적 경쟁기업으로 인식되고 있었고 가격하락을 위한 압력으로 작용하고 있었다.

선재(線材)계 커넥터의 국제표준화 그 후, 이 MT커넥터가 개량되어 MPO커넥터가 개발되었다. 이 MPO커넥터는 선재끼리가 아니라 FC, SC커넥터와 마찬가지로 통신기기에 이용할 수 있도록 개발되었다. 그런데 FC, SC와 같이 심이 하나인 형태가 아니라 4심이나 8심을 동시에 연결할 수 있어서 공간활용 측면에서 유리했다. 다만 교환기 그룹이 개발한 커넥터와 달리 접촉면에 특수한 점착(粘着) 투과광재(透過光材)를 도포하기 때문에 빈번하게 뺐고 꽂는 것은 상정하지 않았다. 그래서 SC커넥터 시장을 크게 침식하는 것은 아니었다. 이 MPO커넥터의 표준은 NTT 이외의 시장을 개척하려고 하는 선재메이커가 중심이 되어 국제표준화가 이루어졌다.

나아가 그 후 이것을 개발한 선재메이커는 시장확대를 위하여 컴퓨터 접속용 MPO커넥터의 개량형에 대하여 국제표준화를 하기로 하고 IEC(국제전기표준회의)에 제안하였다. 이 커넥터의 재료로는 폴리페놀 설파이드(PPS)와 에폭시의 2종류가 가능하였다. 일본 제조사는 에폭시를 사용하고 있었지만, PPS 쪽이 경제성과 내구성 면에서 보다 우수해서 앞으로 더욱 광인프라가 늘어나면 내구성의 관점에서 PPS로 교체될 가능성이 있었다. 이를 고려하여 일본의 제안은 재료별 표준이 아니라 범용 표준을 목표로 하고 있었다.

원안에 대한 특허 포함과 그 부결 당시 그 신형 MPO커넥터는 이미 미국의 버라이존이 채용하는 쪽으로 움직이고 있었다. 그런데 원래 버라이존 사업의 많은 부분을 확보하고 있던 코닝이 자사 점유율을 지키기 위하여 이 MPO커넥터의 표준화에 적극적으로 관여하여 자사가 자신 있는 에폭시 재료에 관한 자사 특허를 포함한 최종원안을 만들었다.

이에 대해 버라이존의 시장을 노리는 타사는 표준화를 반대하는 쪽으로 돌아섰다. 그 중심이 된 회사는 PPS 이용을 추진한 모 회사라고 한다. 이 회사는 미국 회사로서 버라이존이나 시스코 등의 고객시장에서 코닝과 경쟁관계에 있었는데, 세계적으로 지점을 가진 글로벌 기업이었다. 그래서 표준화 작업에 참가하고 있던 네덜란드 대표가 이 회사의 사원이었다.

결국 이 표준원안은 FDIS(최종국제규격안)의 투표 단계에서 거의 모든 유럽기업이 반대로 돌아서서 표준화가 부결되었다. 이것은 그 회사가 유럽기업에 대해 사전공작을 했기 때문이라고 한다. 국제표준의 작성과정에서 최종원안인 FDIS의 시점에서 원안이 부결되는 일은 매우 드문 일이다. 이는 특허가 관련되어 있기 때문에 생겨난 희귀한 사례라고 할 수 있을 것이다.

이 제안이 부결된 결과, 표준원안은 네덜란드가 수정하여 PAS(Publicly Available Specification) 제안으로 되었다. 수개월 후에 제안된 PAS 원안에서는 PPS와 에폭시 양쪽 재료를 인정하는 형태로 되었다. 그런데 코닝 특허의 영향을 PPS이용에는 받지 않도록 하였기 때문에 원래의 원안작성자인 일본이 주장한 「재료를 특정하지 않는다」는 목적에서는 벗어난 것이 되고 말았다. 일본은 이 PAS의 채택에 반대하였지만, 일본과 프랑스 이외의 모든 국가가 찬성으로 돌아서서 이 PAS는 채택되었다.

재미있게도 이 원안에는 NTT 등 일본기업의 특허도 포함되어 있고 RAND로의 제공이 선언되고 있었지만, 이 특허에 대한 반대는 전혀 없었다. 이것은 NTT 등 일본기업이 저렴하게 특허를 라이선스 한다는 점에 관해 과거의 실적을 통해 신뢰하고 있었기 때문이라고 생각된다. 표준에 특허를 넣는 것은 IT 등 하이테크 분야에서는 어쩔 수 없는 일이며, 시장이 만들어질 시기의 표준화에서는 많이 이루어지고 있다. 그러나 시장이 만들어지는 시기라고 할 지라도 그 특허가 누구에게나 저렴하게 개방된다는 점에 관해 신뢰가 있지 않으면, 참가자의 찬성투표를 얻는 것은 어렵다.

코닝이 집어 넣었던 특허는 버라이존 시장을 지키겠다는 목적이 명확하게 보이는 시장포화기의 활동이었기 때문에 시장의 신뢰를 얻을 수 없었을 것이다. 그래서 참가자가 반대하게 되었을 것이다. 이는 컨센서스 표준에 있어서 특정한 기업이 특허를 집어넣는 것은 쉽지 않다는 것을 보여주는 사례라고 할 수 있을 것이다.

⑤ 300mm 웨이퍼 반송 시스템의 사례

똑같은 사례를 300mm 웨이퍼 반송시스템의 캐리어 표준화에서도 찾아볼 수 있다.

이 표준화는 제조비용을 줄이고 싶은 장비제조업자 특히 미일의 장비제조업자가 주도하였고, 한국과 대만 제조업자 그리고 장치 및 재료 공급업자도 참가하였다. 장비제조업자로서 대표적인 것은 웨이퍼를 넣는 용기(FOUP 등)를 제조하는 캐리어 메이커, 그 캐리어에서 웨이퍼를 꺼내서 스패터 등 반도체 제조 장치에 넣고 꺼내는 로드포트 메이커, 캐리어 반송을 하는 반송기기 메이커 등이 있다.

300mm 웨이퍼의 표준화는 단계적으로 진행되었는데, 먼저 1994년에 실리콘 웨이퍼의 사이즈 및 모양 등을 표준화하였다. 그리고 1995년에 반송기의 표준화, 1996년에 팩토리 디자인의 표준화로 진행되어, 1997년 CIM(소프트웨어)의 표준화로 종료하였다. 그 중에서 특허문제가 발생한 것은 캐리어의 표준화였다.

캐리어의 표준화 활동에는 엔테그리스(미국), 어시스트(미국), 신에츠폴리머, 미라이얼 등이 참가하였다. 당초에 어시스트는 캐리어의 표준화에 있어서 SMIF방식(바닥열림방식)을 주장하였는데, 거기에 어시스트의 특허가 있다는 점이 판명되어 타사의 찬성을 얻을 수 없었다. 이에 대해 엔테그리스 등은 특허 문제가 없는 FOUP방식(앞면개방식)을 주장하였다.

그러나 여기에서도 문제가 발생했다. FOUP방식의 캐리어에서 웨이퍼를 꺼내 위치를 잡기 위해 사용되는 「키네마틱 커플링」이라는 방법에 EMPAK의 특허가 존재한다는 점이 표준책정의 최종단계에서 판명된 것이다. EMPAK는 표준책정 당초부터 책정작업에 참가하고 있었음에도 불구하고 출원중인 특허의 존재를 밝히지 않고 있다가, 특허가 승인되자 비로소 특허의 존재를 공개한 것이다. 이 문제는 최종적으로 표준화위원회 의장이나 다른 회원사의 다양한 개입으로 EMPAK가 이 특허를 무상으로 한다는 선언서를 제출하는 것으로 종결되었고, 그 결과 표준화가 이루어졌다.

이와 같이 표준에 유상 특허가 들어가는 것은 통상적인 경우 다른 구성원으로부터 환영받기 어렵다. 반대로 그 특허의 무상제공을 강요당하는 결과로 끝나는 경우가 많다. 만약 자사에게 가치 있는 특허에 관계되는 기술이 표준화되려고 하는 경우, 그것을 적극적으로 넣는 것뿐만 아니라, 오히려 표준기술에 넣지 않도록 표준화 활동을 유도하는 것도 중요한 전략이라고 할 수 있다.

3. 페이턴트풀에 의한 시장 확대

하나의 표준에 많은 회사의 특허가 관계되는 경우, 각사가 라이선스료를 적게 해도 그것들이 누적된 결과 라이선스료가 폭등하여 기술 보급을 방해할 가능성이 높다. 이 때문에 예전부터 이러한 표준에서는 특허권리자 전원이 특허를 무상으로 제공하는 것을 합의하는 일이 자주 있었다. 홀드업사건으로 유명해진 JPEG의 표준이 그 대표적인 예이다. 표준작성 때에 작성에 참가하고 있던 각 회사는 각자가 가진 특허를 무상으로 제공할 것을 약속하고 있었다. 네트워크 외부성의 효과가 큰 통신관련기기 등에서도 그러한 사례가 많고, G3 팩시밀리도 기본 특허보유자 사이에서 로열티 프리(RF)를 합의한 후에 표준화가 진행되고 있다.[1] 표준화 조직으로서 RF를 전제로 한 포럼도 찾아볼 수 있다. 그 대표적인 것이 웹기술의 표준화를 추진하는 W3C이다. 설립 당초에 다양한 논의가 있었지만, 3년간 논의를 거쳐 RF를 기본으로 한 페이턴트 폴리시를 2003년에 설정하였다. 그러나 그 안에도 특례로서 RF 이외의 선택이 있을 수 있다는 점이 기재되어 있어서, 완전한 RF를 보증하고 있는 것은 아니다.

그리고 다른 표준화 단체의 대부분은 RAND조건을 인정함으로써 특허료를 낮게 억제하려고 노력하고 있다. 이것은, RF에서는 그 특허만을 볼 때는 특허개발자에 대한 기술제공 인센티브가 없고, 최신기술이나 최적기술을 표준에 집어넣고 싶어도 특허권자가 RF 조건으로의 제공을 허락하지 않을 가능성이 높기 때문이다.

하나의 예로 자동차의 차량내 네트워크 표준화를 실시하고 있는 AUTOSAR와 그 일본판 조직이라고도 할 수 있는 JasPar의 사례를 들 수 있다.

AUTOSAR는 독일을 중심으로 유럽기업에 의해 조직된 차량내 전자화를 위한 표준화 그룹이다. 그 중에서도 보쉬가 강한 리더십을 발휘하고 있다. 페이턴트 폴리시는 RF가 원칙이지만, 이것은 표준원안의 많은 부분을 보쉬가 작성하여 보쉬 자신이 가진 특허를 RF로 제공함으로써 해당 표준의 보급을 촉진하는 것을 노리고 있었기 때문이다. 즉 AUTOSAR에서의 표준내 특허는 명백하게 시장 확대를 위해서만 이용되고 있다.

이에 대해 일본에서 조직된 JasPar에서는 설립 시에 페이턴트 폴리시가 논의되어, RAND조건으로의 제공도 가능하다고 합의되어 있다. 이것은 RF로 하면, 참가 기업의 기술제공 인센티브가 없어진다는 논의의 결과라고 한다. 상세한 것은 제7장에서 다루겠지만, 일본의 JasPar의 경우 AUTOSAR 활동에 뒤지지 않도록 일본국내 관계 기업이 결집하여 그 조직을 만들었다. 그렇지만 구성원 내에서의 역학 관계가 분산되었기 때문에 표준「작성」조직으로서 여러 가지 문제를 안고 있다. 이 페이턴트 폴리시의 차이에도 그것이 단적으로 나타나고 있다고 할 수 있다.

1. 페이턴트풀에 의한 해결

지금까지 말해 온 것처럼 하나의 표준에 많은 기업의 특허가 포함되는 경우에 그 특허를 무상으로 하지 않고 또 라이선시에게 있어서도 이용할 수 있는 요율을 실현하기 위하여 이용되고 있는 것이 페이턴트풀이다.

페이턴트풀에 의한 라이선스에는 당연히 이점과 결점이 있다. 기본적으로 이익이 큰 쪽이 라이선시 측이다. 라이선시에게 주어지는 이해하기 쉬운 이익은 계약업무가 경감된다는 점과 라이선스료의 대폭적인 절감을 기대할 수 있다는 점이다. 그러나 그에 더하여 페이턴트풀의 최대 매력은 표준기술 범위 내에서의 홀드업 문제에 대해 페이턴트풀 회사가 대응하기 때문에 개별기업이 홀드업에 대응할 필요가 없어 안심할 수 있다는 점일 것이다.

다만 페이턴트풀이 이러한 매력을 발휘하기 위해서는 풀 특허가 표준기술을 망라하는 것이 필수적이다. 즉, 그 표준을 사용하는데 있어서 필요한 기술 모두가 하나의 페이턴트풀에 모여 있지 않으면 홀드업 위험이 없다는 매력을 발휘할 수는 없다. 실제로는 이 조건을 충족하는 것이 상당히 어렵다는 점은 뒤에 언급하는 사례를 보면 명확하다.

이에 대해 라이선서에게 주어지는 이점으로는, 페이턴트풀이 이상적으로 움직일 경우 지적재산에 의한 안정적 수입을 얻을 수 있다는 점을 들 수 있다. 또 페이턴트풀 회사가 라이선스 업무를 대행하기 때문에 개별 라이선스 계약의 사무적 비용으로부터 해방될 뿐만 아니라 라이선스 분쟁, 경우에 따라서는 신규 대체특허의 풀에 대한 대응 등 다양한 특허관련 업무로부터 해방된다는 점을 들 수 있다.

그러나 당연히 페이턴트풀에도 결점이 있다. 최대의 문제는 페이턴트풀 운영을 위한 독립조직이 필요하다는 점이다. 현재로서는 세법상의 문제 등도 있어서 이 페이턴트풀 회사의 대부분은 미국에 존재하고 있다. 이 운영회사는 특허권자로부터는 독립되어 있는 것이 바람직하다고 되어 있어서, 이를 준비하는 것은 쉽지 않다. 독립조직을 필요로 하지 않는 페이턴트 플랫폼이라고 하는 방식도 있지만, 그 경우 앞서 말한 이점의 많은 부분을 가지지 못한다는 점에도 주의할 필요가 있다. 나아가 라이선서에게는 특허 한 개당 라이선스 수입은 아무래도 작아진다. 이 라이선스료의 분배나 필수 특허의 등록 등, 뒤에서 언급하는 페이턴트풀 사례의 항에서 지적하는 여러 가지 문제가 발생한다.

이 때문에 라이선서에게 있어서는 앞서 말한 매력을 감안한 후에 독자적으로 라이선스를 하는 경우에 비해 페이턴트풀에 가입하는 쪽이 매력적이지 않으면 풀에 참가할 인센티브는 없다.

실은 표준화 조직 자신이 페이턴트풀 설립을 지원하는 것이 상당히 가치 있는 해결책이지만 현재 단계에서는 이것을 실현한 표준화 조직은 찾아 볼 수 없다. 페이턴트풀에 참가할 지 어떨 지는 기업에게 있어서 중요한 비즈니스 전략이며, 표준화 개시단계에 그것을 결정하기는 어렵기 때문에 표준화 참가자가 강제적인 페이턴트풀 참가는 바라지 않는다는 점이 그 배경에 있다. 다만 ITU-T에서는 2006년 여름 회합에서 표준화 참가 회원사들이 자주적으로 필수특허 보유자를 조사하여도 좋다는 규칙을 추가하였다. 이것은 회원사의 발의로 페이턴트풀을 만드는 것이라면, 그 모집활동에 표준화 활동조직을 활용해도 좋다는 표준화 단체의 판단이다. 앞으로의 움직임에 주의해 보고자 한다.

2. 페이턴트풀과 독금법

페이턴트풀에 관해서는 원래 독점금지법과의 관계가 미묘해서 많은 페이턴트풀은 독점금지법상 애매하다고 하였다. 이러한 상태를 해소하기 위해 1999년 7월에 일본 공정거래위원회가 「특허·노하우 라이선스 계약에 관한 독점금지법상의 지침」을 공개하여 페이턴트풀에 관하여 「독점금지법 제21조의 적용제외 규정에 따라 특허권 등에 의한 권리의 행사라고 인정되는 경우는 독점금지법상의 문제는 없지만, 거래의 제한이 서로에게 부과되고 이에 따라 일정한 제품시장에서의 경쟁이 실질적으로 제한되는 경우나 페이턴트풀을 이용하여 다른 사업자의 신규진입을 저해하거나 기존사업자의 사업 활동을 곤란하게 함에 따라 시장에서의 경쟁이 실질적으로 제한되는 경우에는 위법이 될 가능성이 있다」라는 일반지침을 제시하였다.

그러나 표준화 활동에 부수되는 페이턴트풀에 관해서는 표준화 활동 자체가 독금법상의 애매한 부분이 있지만, 표준보급에 의한 경쟁환경의 정비를 촉진하는 효과가 크고 그 보급을 촉진할 것으로 기대되기 때문에 표준화 활동에 부수되는 페이턴트풀에 한정되는 추가적인 해석이 필요하였다.

공정거래위원회는 이에 대응해서 2005년 6월, 「표준화에 수반되는 페이턴트풀의 형성 등에 관한 독점금지법상의 견해」을 공표하고, 표준화와 관련한 페이턴트풀의 독점금지법상 해석에 관하여 정리하여, 독점금지법상 문제가 없는 페이턴트풀의 조건을 명시하였다.

그러나 이 「견해」에서 「문제가 없다」라고 되어 있는 경우는 「풀의 점유율이 20% 이하 (점유율에 의한 판단이 적절하지 않은 경우는 경합규격이 4개 이상 존재)인 경우」이다. 이는 「표준화」라는 행위의 결과라는 관점에서 생각해 보면 전혀 가치가 없는 것이었다. 그 이외에도 풀에 등록되어 있는 특허가 필수특허만이어야 할 것, 그 필수성의 판단을 제삼자가 할 것, 페이턴트풀 운영회사는 특허보유자와는 다른 제삼자가 할 것 등, 현실적으로는 매우 곤란한 조건이 많이 제시되어 있다. 즉, 그 내용은 페이턴트풀의 보급촉진에 기여한다고 말하기 어려운 것이었다.

미국에서는 미국 사법성 반트러스트국의 비즈니스 리뷰 레터(공개서한)가 페이턴트풀에 관하여 견해를 제시하고 있다. 페이턴트풀을 형성할 때에는 표준에 포함되는 필수특허를 특정할 것, 제삼자가 풀에 포함된 특허 등을 합리적인 조건에서 사용할 수 있는 것이 제한되어 있지 않을 것, 이 두 가지를 기본조건으로 하고 있는데, 이것도 명확한 기준이라고는 말하기 어렵다.

결국, 현재 상태로는 미국에서나 일본에서나 각각의 페이턴트가 풀을 정비 한 후에 미국 사법성 또는 일본 공정거래위원회에 개별적으로 심사를 의뢰하여 「인정을 받는」 것이 페이턴트풀을 합법적으로 안심하고 운영할 수 있는 방법으로서 현재 유일한 것이 되고 있다.

3. 표준에 관련된 페이턴트풀의 예

앞서 말한 바와 같이 표준의 세계에서 페이턴트풀의 이점은 특히 라이선시에게 크다. 그런 의미에서 페이턴트풀은 표준을 보급하는 효과가 높은 제도이다. 그러나 과거에 성공한 페이턴트풀은 적다. 기존 페이턴트풀로는 MPEG-LA에 의한 MPEG 등의 라이선스가 성공한 예로 알려져 있고, DVD 페이턴트풀도 유명하지만, 각각 많은 문제를 가지고 있다. 이들 페이턴트풀에 대한 개별분석에 관해서는 홀드업의 경우와 마찬가지로 지적재산 문제로서 몇 번이나 다루어지고 있기 때문에 이 항목에서는 각 페이턴트풀의 핵심점만을 정리하기로 한다.

MPEG-LA   표준에 관한 페이턴트풀 중에서 가장 성공적이었다고 알려진 MPEG-LA는 1996년 미국에서 설립된 페이턴트풀 회사이다. 이는 많지 않은 페이턴트풀 성공사례의 하나이기에 그 설립 경위나 역사에 관해서는 많은 연구가 있다.

그러한 연구에 따르면 MPEG-LA의 성공요인 중 가장 중요한 핵심점은, CableLabs[2] 부사장인 Baryn Futa와 컬럼비아대학이 추천한 뉴욕의 Baker & Botts 법률사무소에 소속된 Henry Tang 변호사, 이 중립적인 두 사람이 회사설립을 주도하였다는 점에 있다고 한다. 이 중립성이 참가기업의 신뢰를 얻는데 성공하여 필수특허를 가진 기업 전체를 집결하는 데 성공하였고, 필수특허의 판정을 원활하게 추진할 수 있었다. 그리고 반트러스트법을 위반하지 않는다는 것을 확인하기 위해 미국 사법성에 확인을 요청하여, 사법성으로부터 비즈니스 리뷰 레터를 얻음으로써 정부의 「인정」을 받았다는 점도 성공을 이끈 큰 요인 중 하나일 것이다.

라이선스를 개시한 것은 1997년이고, 설립 시의 라이선서는 컬럼비아대학, 소니, 후지쯔, 마쓰시타전기, 미쓰비시전기, 루센트, 제너럴 인스트루먼트, 사이언티픽 애틀랜타, 필립스 즉 1개 대학 8개 회사였다. 현재는 동화상 압축기술(MPEG2, MPEG4)과 더불어 저작권 보호기술 등도 풀에 포함되어 있고, 라이선서의 수도 증가하고 있다. 加藤(2006)에서는 MPEG2의 경우 24개 라이선서가 약 790개 특허를 풀에 포함하고 있다고 되어 있다.

MPEG-LA에서 자주 문제가 되는 것은, 그 수익 배분을 단순히 라이선서별 특허 수에 비례로 한 점이다. 이 때문에 특허수가 많으면 많을수록 많은 라이선스수입을 얻을 수 있게 되어 있기에 특허분할 경쟁을 일으키는 결과가 되었다. 다만 長岡(2005)의 분석에 따르면, 이 특허분할은 특허로서 가치가 낮은 것에 많이 보여지고, 로열티 분배에 관해서는 라이선서들 사이에 불만을 유발시키고 있다.

[DVD6C](DVD6C) DVD6C(DVD6C LICENSING AGENCY)도 페이턴트풀의 성공 사례로 알려져 있다. 이 회사는 DVD 관련 기술을 라이선스하는 페이턴트풀 회사로서 도시바의 자본으로 1998년에 설립되었고, 일본에 존재하는 많지 않은 페이턴트풀 운영회사이다. 설립 당시의 라이선서는 워너홈비디오, 히타치제작소, 마쓰시타전기, 미쓰비시전기, 도시바, 빅터 등 6개 회사였다. 2002년 6월에 IBM이, 2005년 4월에 산요와 샤프가 라이선서로 추가되어 9개 회사가 라이선서가 되었다.[3]

이 회사도 주식회사 형태로 DVD 관련 특허를 풀로 하고 미국 사법성의 확인을 구하여 사법성으로부터 비즈니스 리뷰 레터를 얻는 등, 앞서의 MPEG-LA와 같은 순서를 밟아 설립되었다. 그런데 이 9개 회사 이외에 DVD 특허를 가진 소니, 필립스, 파이오니아의 3C그룹과 프랑스의 톰슨이 가입하지 않아서, 이 풀과의 계약만으로는 DVD를 실제로는 생산할 수 없다는 큰 문제를 안고 있다. 이것은 CD시대부터 광디스크 기술을 선도하며 수많은 특허를 갖고 있는 소니와 필립스라는 2개 회사가 타사보다 유리한 라이선스 계약을 주장해서 DVD포럼 안에서 합의를 볼 수 없었기 때문이다.

DVD6C는 MPEG-LA의 경험도 참고로 하여, 각각의 특허평가를 제삼자가 하여 라이선스료의 배분을 결정하고, 이와 더불어 배분 시에는 회원사 간의 크로스라이선스의 유무 등도 평가하고 있다. 또, 라이선스 수 증가를 위한 캠페인 등도 실시하고 있는데, 이러한 섬세한 대응이 라이선서, 라이선시 쌍방의 신뢰를 얻고 있다고 생각된다. 그 회사가 취급하고 있는 로열티의 액수는 공개되지 않고 있지만, 일본기업 상위 100위에 들어갈 정도의 이익을 올리고 있다고 한다.

풀이 3개로 분해되었기 때문에 라이선시에게는 계약의 간편함이나 라이선스료 절감효과는 적었지만, 이 페이턴트풀도 시장확대라는 의미에서는 큰 역할을 하였다.

그러나 공교롭게도 그 시장 확대를 견인한 것은 라이선스료를 지불하지 않고 제품제조에 진입한 중국기업이었다. 그 때문에 라이선서 기업은 제품제조로부터 퇴출할 수 밖에 없었고, 충분한 이익을 올리는 것은 불가능했다.

중국과의 관계에서는 2002년 5월에 중국 DVD제조기업 30개사가 동시에 DVD6C에 가입하여 라이선스료 지불을 개시하였고, 그 후에도 중국기업의 계약이 증가하고 있다. 다만, 그 지불액과 제조대수 사이에는 괴리가 있다고 한다. 또 2005년 7월에는 중국의 2개 회사 즉 CIS Technology Inc. 와 Ken World Co., Ltd.가 적절한 로열티 지불을 게을리 하였다는 이유로 계약을 해지당하였다.

DVD-R 등 매체 라이선스는 상황이 더욱 심각해서, 많은 중국제 매체가 시장에 유통되고 있음에도 불구하고 라이선스 계약이 이루어져 있지 않다. 그래서 이런 라이선스료 미지불 문제에 적극적으로 대응할 수 있는 것이 페이턴트풀 전업기업의 강점이기도 하고, 페이턴트풀을 설립하는 이유 중 하나이기도 하다.

결과적으로는 중국기업의 많은 경우도 DVD제품 제조에서 이익을 충분히 올릴 수는 없었다. 특히 라이선스료 지불이 개시된 후에는 1대당 1달러의 이익도 나지 않는다고 했다. 이런 가운데 세계 제일의 DVD제조 기업이 된 것이 후나이전기와 미쓰비시전기의 합작회사인 DIGITEC다. DIGITEC은 1999년 미쓰비시전기와 후나이전기가 홍콩에 본사를 두고 설립한 회사이다. 미쓰비시전기가 51%를 출자함으로써 미쓰비시전기 자회사로서의 지위를 얻었다. 그에 따라 DVD에 관한 라이선스료 지불을 감면받았고, 경영은 후나이전기가 담당하였다. 그래서 후나이전기가 자랑하는 세계최고 수준의 생산기술력을 중국 등 저임금 공업국에서 발휘하여 DIGITEC은 저가격고품질의 DVD기기를 제조 판매하는데 성공하였다.

그리고 판매 시에는 후나이전기, 미쓰비시전기 두 회사가 DIGITEC사로부터 제품을 OEM 조달하여, 주로 해외용으로 자사브랜드로 판매하였다. 그래서 미쓰비시전기와 후나이전기라는 비교적 가치 있는 브랜드를 이용할 수 있다는 것도 그 회사에게 큰 장점이 되고 있다.

이와 같이 가령 페이턴트풀로 인해 라이선스료가 낮게 설정되어 있더라도, 가격

경쟁이 격화된 시장포화기에서는 라이선서 쪽이라는 점이 큰 장점이 되는 수도 있다. 다만 그 장점은 제품제조 및 판매에서의 경쟁력이며 라이선스 수입이 아니라는 점에 주의할 필요가 있다.

WCDMA 페인턴트 플랫폼 이러한 페이턴트풀 회사 방식과는 약간 달리, 3G 휴대전화의 WCDMA방식 그룹에 관한 특허 라이선스를 위하여 설립된 상호 라이선스 방식의 페이턴트풀도 있다. 이것은 페이턴트 플랫폼이라 불리고 있다.

상호 라이선스방식의 페이턴트 플랫폼은, 페이턴트풀 회사에서 채용되는 일괄 서브라이선스 방식에 비해 유연한 라이선스 계약을 가능하게 하는 구조로서, 라이선서와 라이선시가 상호 라이선스 계약을 할 수 있다. 페이턴트 플랫폼에 참가하는 라이선서와 라이선시는 필수특허에 관해 낮은 표준 로열티율로 라이선스 계약을 한다. 그와 동시에 최대 누적 로열티율(예를 들면 5%)을 설정하고, 특허가 사용되는 제품 범주별로 지불하는 로열티는 이 비율을 상한으로 하고 있다.

실제로는 누적된 로열티가 최대 누적 로열티율을 초과한 경우, 구성요소가 되는 각각 라이선스 계약의 로열티율이 비례적으로 압축되어 최대 누적 로열티율로 맞춰지는 구조가 되어 있다.

NTT도코모는 3G 휴대전화 사업에서 통신회사로서 특허 라이선스료를 얻는 것보다 단말기나 교환기 설비를 싸게 조달할 수 있는 것이 중요했다. 그래서 WCDMA 보급에 있어서 적극적으로 페이턴트 플랫폼 설립을 추진하였고, 라이선시에 대하여 저렴하게 특허를 제공하는 환경을 조성하는데 노력하였다.

그러나 그 분야에서 제품 점유율이 큰 기업이나 제품제조를 하지 않는 기술개발 기업 입장에서 보면, 페이턴트풀 회사가 없기 때문에 계약사무의 간소화나 라이선스료 확대를 위한 활동 등 페이턴트풀의 경우에 생기는 매력은 많이 없었다. 그래서 플랫폼에 참가하는 것은 스스로 라이선스 요율만 낮추는 것이 되어 버려 이점이 없다. 이 때문에 이 3G 페이턴트 플랫폼에는 WCDMA 의 중요한 특허를 많이 가진 퀄컴이나 노키아가 참가하지 않았다. 이러한 회사는 독자적인 라이선스 요율로 독자적으로 라이선스 계약을 하고 있다. 결과적으로 라이선시 입장에서 본 페이턴트풀의 매력도 잃어버리는 결과가 되고 있다고 할 수 있다.

알다지(ULDAGE) 이와 같은 페이턴트풀을 둘러싼 움직임 중, 가장 새롭고 중요한 것은 디지털방송의 페이턴트풀 회사로서 설립된 알다지의 움직임이다. 표준화경제성연구회에서의 연구대상은 아니지만, 간단히 소개한다.

알다지는 사단법인 전파산업회(ARIB)가 책정한 일본 디지털방송규격에 관한 특허를 풀로 하여 필요한 사업자에게 라이선스 하기 위해 설립된 회사이다. 이 회사는 자사가 보유하여야 할 필수특허의 감정을 일본변호사연합회와 일본변리사회가 공동으로 설립한 일본지적재산중개센터에 위탁하여 실시하고 있다. 이 사업은 일본지적재산중개센터가 실험적으로 개시한 필수특허 판정사업이며, 앞으로는 디지털방송뿐만 아니라 여러 가지 페이턴트풀의 필수기술 감정을 맡아서 처리하는 것으로 되어 있다.

지금까지 홀드업 문제에 따라다니는 가장 큰 문제가 「필수특허인지 어떤지」였다는 점을 생각하면, 이 필수특허 판정사업이 발전해서 페이턴트풀의 설립이 쉬워질 수 있다. 또 이를 통해 홀드업이 일어나지 않는 환경을 실현할 가능성을 있다는 점에서 이는 중요한 사례이다.

4. 지적재산과 표준화의 사용구분

앞의 절에서 특허가 표준 안에 포함되는 경우에 관해 논의하였다. 그런데 실제로 특허와 표준화를 전략적으로 활용하는 것을 생각하는 경우, 기술의 점유능력을 가진 특허와 기술의 보급력을 가진 표준을 어떻게 구분하여 사용할 것인가가 중요한 과제이다. 이하에서는 제2장에서 논의한 개방화와 폐쇄화의 사고방식을 특허의 관점에서 정리하고 몇 가지 사례를 확인한다.

1. 개방화와 폐쇄화

새로운 발명 등의 지적 정보는 그것을 지키는 제도가 없으면, 공개되어 재산으로서의 가치를 잃어버린다. 이 때문에 정보는 감추어지고, 그 이용이 발명자에게 한정된다. 특허제도는 이처럼 새롭게 고안된 신기술이 감추어지는 것을 막고 그 보급을 촉진하기 위하여 발명자에 대해 정보공개에 대한 인센티브를 주기 위한 제도로서 지적 정보를 공개하면서 재산화하는 기능을 가지고 있다. 즉, 특허제도도 기술의 개방화를 추진하는 제도이며, 기술을 감추기 위한 제도는 아니다. 그러나 특허권이 배타적 사용권을 인정하고 있는 이상, 그 이용이 누구에게나 개방되어 있는「규격」과는 다른 성격을 갖는다.

그리고 실제로 특허화도 되지 않고 감추어져 블랙박스화한 기술도 많다. 이러한 기술은 제품의 형태에 이용되어 보급되지만, 그 개량이나 발전은 발명자에게 크게 의존한다. 뒤집어 이야기하면, 특허제도를 이용하여 공개된 기술의 경우는 많은 기업이 그 기술을 더 발전시키려고 경쟁하게 된다. 그래서 기술을 발명한 기업은 그것이 자사에게 있어 불리하다고 판단하는 경우는 기술을 특허화하지 않고 블랙박스화하게 된다. 기술을 공개함으로써 우회특허의 개발이 용이해지는 기계 계통의 특허 등에서 그러한 경향이 높다. 예전에도 지금도 특허권리 보호가 취약한 국가에 대해서는 특허신청을 꺼리는 기업이 증가하고 있다.

이처럼 복잡한 기술법규 환경 속에서 기술은, 완전히 배타적으로 사용되는 독점에서부터 누구나 자유롭게 무료로 이용할 수 있는 공개형태까지 다양한 형태를 취할 수 있다. 그리고 그 균형상태가 이 기술을 이용하는 기업의 사업활동에 큰 영향을 준다.

개방화와 폐쇄화의 트레이드오프에 대해서는 Grindly(1995)나 Shapiro & Varian(1999)이 논하고 있는 바와 같이 기본적으로는 은익도(폐쇄도)가 높으면 이익률은 높지만 시장이 확대되지 않기 때문에 매출이 증가하지 않는다. 반대로 개방도가 높아지면 시장은 확대되지만 시장에서의 자사 점유율이 줄어 경쟁에 노출되기 때문에 이익률도 감소하여 총이익도 최종적으로는 감소한다. 그래서 이 양자의 균형

속에 존재하는 최적의 이익상태를 찾아내는 것이 사업전략상 가장 중요한 핵심점이 된다(도표 6-2).

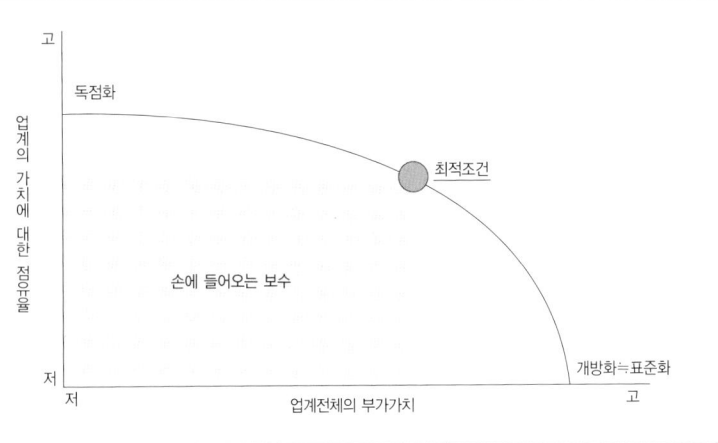

도표 6-2 개방화와 폐쇄화의 영향

출처 : Shapiro & Varian(1999)에 일부 추가

이와 같이 생각하면, 단일기술을 고려한 경우는 개방화란 표준화가 실시되어 그 기술을 누구나 자유롭게 사용할 수 있게 된 상태라고 할 수 있으며, 폐쇄화란 기술의 블랙박스화나 특허의 배타적 점유권 행사에 따라 기술의 점유사용이 실현되고 있는 상태라고 할 수 있다. 그 중간점이란 특허를 한정적인 사용자에게 라이선스하고, 기술의 보급을 촉진하고 있는 상태이다.

기술을 단일한 것으로 생각한다면, 이처럼 기술을 한정적으로 사용하는 것을 풀어줌에 따라 최적의 이익이 얻어지는 상태를 찾는 것이 중요했다. 그런데 제품기술이 복잡해져 많은 기술이 제품에 들어가는 현 상황에서는 일부 기술을 개방화하고 일부 기술을 폐쇄화하여 즉 양쪽의 조합을 통해 이 중간점의 최대이익을 획득하는 것이 가능해진다. 이것이 표준화와 지적재산권을 필요에 따라 나누어 사용하는 전략의 기본이다.

2. 주변 특허의 유지

표준화에 따라 일부 기술을 개방화하고, 그 이외의 부분에서 제품을 차별화하는 기술을 지적재산으로 하여 권리화한다. 이것이 컨센서스 표준을 사업에 활용하는 것에 있어서의 기본전략이다. 당연한 것이지만, 모든 표준화된 제품에 있어서 제품 경쟁은 표준화되어 있지 않은 부분에서 이루어지고 있다. 앞의 절에서 말했듯이 표준에 포함된 특허가 시장확대를 위한 효과를 가지는 점을 고려하면, 많은 특허를 시장확대를 위해서 표준에 넣는 특허와, 이익의 확보를 위해 표준에 넣지 않고 라이선스 등이 가능하도록 하는 특허로 구분하여 사용하는 것이 매우 중요하다.

DVD주변기술 앞서 말한 대로 페이턴트풀의 정비에 따라 DVD 제품 시장은 크게 확대되었지만, 완성품에서는 일본기업은 시장을 빼앗기고 개발투자를 회수할 수 있는 충분한 이익을 올릴 수는 없었다. 그러나 이것을 부품 차원에서 보면, DVD의 보급에 따라 큰 시장과 이익을 얻은 회사는 일본 국내에 많이 있다. 현재 일본기업이 차지하는 세계 DVD 제품시장 점유율은 20%를 밑돌고 있다고 한다. 그러나 그런 가운데서도 컨트롤칩셋, 광픽업, 레이저 다이오드, 마이크로 광학소자, 비구면 렌즈 등의 분야에서는 그 대부분의 점유율을 일본기업이 확보하고 있다. 제5장에서도 언급한 바와 같이 이러한 회사는 자사가 가진 기술을 캡슐화하여 블랙박스화 함으로써 높은 부가가치를 지닌 부품으로 하고, DVD 표준화 덕분에 확대된 시장에서 큰 혜택을 입었다.

본 사례의 상세한 내용은 이미 정리되어 출판되어 있다(경제산업성 표준화경제성 연구회 [2006]). 그 중에서도 기록형 DVD에서의 감광제를 개발한 미쓰비시화학은 표준화 활동에 활발하게 참가하여 자사의 기술개발 상황을 표준화 활동에 반영하였다. 그 결과 기록형 DVD를 위한 감광제의 개발에 최초로 성공하고, 그에 따라 큰 이익을 얻고 있다. 그야말로 주변부분에서의 지적재산을 통해 이익을 거둔 사례라고 할 수 있을 것이다.

3. 노하우로서의 유지

앞 항목에서 다룬 주변 특허의 유지는 표준화의 리더기업이든 주변기업이든 대응 가능한 전략이지만, 표준화 리더만이 대응 가능한 높은 수준의 방법도 있다. 그것은 표준화된 영역 안에 노하우 형태로 비공개정보를 유지하고, 그 정보를 활용하여 표준화된 제품의 고기능화를 도모하는 방법이다. 이번 연구 사례에서는 QR코드와 G3 팩시밀리의 경우에 이러한 방법을 확인할 수 있다.

① QR코드의 사례

QR코드는 표준화를 할때 그 특허를 무료로 개방해서 누구나 자유롭게 QR 코드를 작성하고 인쇄하고 읽을 수 있는 환경을 정비하여, 2차원 바코드 시장의 확대를 지향했다. 다만, 다른 ISO화된 2차원 바코드에서도 그러한 점은 마찬가지였다. 즉 2차원 심볼의 이용 자체는 무료로 하고, 그 심볼을 이용한 물류시스템 등을 통해 이익을 확보하는 모델로 되어 있다.

QR코드와 덴소웨이브의 비즈니스 모델에는 코드무료개방 이외에도 몇 가지 특징이 있다. 먼저 그 회사는 2차원 바코드 판독에 관한 수십 개의 특허를 보유하거나 출원 중이지만, 그 특허의 대부분은 2차원 바코드 범용의 것으로 QR코드의 표준과는 관계가 없다. 이 때문에 그 회사의 리더는 2차원 코드가 보급되면, 그 코드가 어느 회사의 것이든 이용 가능한 것으로 되어 있다. 즉, 덴소로서는 2차원 바코드시장이 확대되면, 그것이 QR코드가 아니어도 좋다는 여유가 있었다고 할 수 있다. 그 때문에 이른 단계에서 QR코드 기술을 무상으로 하는 것을 결정하고, 많은 일본 국내 사업자 단체에서 표준화를 추진함으로써 2차원 바코드 시장을 넓히는데 주력할 수 있었을 것이다.

나아가 QR코드의 표준화에 관해서도 여러모로 고민한 점이 보여진다. QR코드는 그 데이터량이 많기 때문에 문자열이 짧은 경우에는 높은 중복성을 갖게 할 수 있어서 코드가 일부 파손되어도 읽을 수 있게 되어 있다. 또한 같은 문자열이라도 엔코드 소프트웨어에 따라 똑같은 코드로는 되지 않는다는 점이 덴소의 홈페이지에도 공개되어 있다.

즉, QR코드에서의 중복성을 갖게 하는 방법에는 여러 가지가 있는데, 에러가 나오기 어려운 QR코드를 생성하는 노하우가 존재하지만, 그 노하우는 표준화(공개)하지 않는다는 것이다.

그 대신 덴소는 QR코드를 생성하고 인쇄하는 엔코드 소프트웨어를 자사에서 개발하여 배포함으로써 이 에러가 잘 나오지 않는 엔코드화된 QR코드를 보급시키고 있다. 나아가 그 엔코드 방식에 대응하는 디코드 기능을 가진 핸디(손잡이용) 판독기를 제조하여 이것을 판매하고 있다.

덴소의 수익은 이 핸디 판독기의 OEM판매가 100%이며, 판독기술의 라이선스 등은 전혀 실시하지 않고 있다. 엔코드, 디코드 기술의 중핵부분 노하우를 공개하지 않고, 엔코드 소프트웨어를 배포하고 디코드 기술을 기기에 내포하는 것을 통해 덴소의 핸디 판독기는 타사 판독기에 비해 훨씬 에러율을 낮출 수 있을 것으로 예상할 수 있다. 이것이 덴소가 핸디 터미널의 점유율을 서서히 늘리고 있는 요인이다.

② 팩시밀리의 사례

QR코드와 마찬가지로 규격 자체는 무상으로 개방하면서 노하우를 비공개함으로써 이익을 얻은 경우가 G3 팩시밀리의 사례이다.

ITU-T에서의 G3규격의 표준화에는 NTT, KDD 그리고 기기메이커로서 NTT 패밀리의 5개 회사(마쓰시타전기, NEC, 히타치, 후지쓰, 도시바)가 중심이 되어 참가하였다. 해외기업으로는 BT 등이 참가하고 있고, 미국 기업을 이용하여 리코 등도 참가하고 있었다. 특허는 각 회사가 갖고 있었지만, 기본적인 기술은 페이턴트 프리로서 합의하였다.

그러나 사실 G3규격은 ① 규격이 방대하고 그 해석이 어렵다, ② 규격에 쓰여 있지 않은 조건이 크게 영향을 주기 때문에 규격서를 읽는 것만으로는 제품을 시장에 내놓지 못한다, 라는 특징을 가지고 있었다. 이 두 가지 조건이 규격작성자와 후발진입자를 구별하는 중요한 요건이 되어, 이 두 조건이 있기 때문에 2~3년의 선행자 이익을 확보할 수 있었다고 한다.

나아가 팩시밀리의 경우는 프로토콜 이외에도 후발주자가 진입하기 어려운 요인이 있다. 예를 들면 프린터 메이커가 팩시밀리에 진입하려고 했지만 하지 못했던 이유는 스캐너 쪽의 종이 이송에 있다. 프린터의 종이 이송과는 달리 팩시밀리의 경우는 어떤 종이라도 가령 잘라서 붙인 종이라고 해도 그것을 1장씩 보내야 하는데, 그것에는 상당히 노하우가 필요하다.

그러나 이러한 기계적인 부분의 노하우는 특허화하면 반드시 회피되어버리기 때문에 특허화되지 않고, 은익성이 높은 기술로서 차별화의 원천이 되고 있다.

팩시밀리 시장에 중국 및 대만기업이 거의 진입할 수 없었던 큰 이유는 이 선행자 이익기간이 존재한다는 점이다. 방대한 규격서를 만들고, 그럼에도 핵심이 되는 노하우 부분은 표준화하지 않음으로써 선행자 이익기간을 확보하고, 그 사이에 시장을 성숙하게 함으로써 신규진입 의욕을 없애는데 성공하였다고 한다. 대만이나 한국이 진입하려고 한 1990년대에는 이미 G3 팩시밀리는 가격경쟁 시대로 들어가 있었다.

4. 인터페이스 표준에 의한 캡슐화

비표준화 영역에 의한 차별화의 한 형태로서 매우 효과적인 것이, 인터페이스 표준으로 주위를 표준화한 후에 그 안쪽에 자사기술을 캡슐화하여 집어넣고 블랙박스화 하는 비즈니스 모델이다. 이 모델은 제5장의 국제표준화에 의한 제휴에서 모듈러화한 제품의 경우 모듈러의 부가가치를 높이는 전략으로서 광학 픽업 등의 사례를 통해 소개되어 있다.

제1장에서 언급한 바와 같이 인터페이스 표준에는 시장을 접속하는 기능과 함께, 시장과 시장을 나누는 장벽이 되는 기능이 있다. 인터페이스 표준이 설정되면, 그 장소가 제품과 제품을 분할하는 장소로서 가장 범용성이 높아지기 때문에 인터페이스 표준을 넘어선 제품의 통합은 일어나기 어렵다. 그래서 자사가 자신 있는 기술을 패키지화하여 그 주변과의 접속부분을 인터페이스 표준으로서 개방화하면, 인터페이스의 안쪽의 기술을 전혀 공개하지 않아도 그 제품은 표준화(모듈러화)된 제품으로서 시장에서의 이용 확대를 기대할 수 있다. 이러한 사례로서 흥미로운 것이 IBM-PC와 자전거산업에서의 시마노 및 야마하일 것이다.

① IBM-PC의 사례

　IBM-PC는 발매 당시부터 사무용도의 PC를 목표로 하고 있었고 그 시장을 개척하기 위하여 기술을 공개하였다. 이것은 컨센서스 표준화가 아니라 디팩토의 개방화에 해당하는 것인데, 이에 따라 클론머신 메이커가 다수 생겨났다. 클론 메이커가 성능을 향상시킬 수 있는 것은 클록 수를 높이는 것 등에 한정되어 있었고, 기본적으로는 IBM과 같은 기능을 저가격으로 실현함으로써 IBM의 시장 점유율을 서서히 빼앗아 가는 것이었다. 그렇지만 기술적 주도권은 IBM이 완전히 지배하고 있었다.

　1984년에 IBM은 AT버스의 표준화를 실시하였다. 이것은 외부 인터페이스 부분의 표준화이며, PC의 용도를 확대하기 위한 것이었다. 이 표준화를 계기로 많은 주변기기 메이커가 생겨나 PC의 다양한 용도가 새롭게 개척되었고, IBM-PC의 보급이 진행되었다. 다만 이 시점에서도 기본성능을 결정하는 CPU주변의 시스템은 IBM이 지배하고 있었고, 플랫폼 리더가 IBM이라는 점에는 변함이 없었다.

　1986년에 컴팩이 DeskPro386을 출시하여 이 구도가 크게 변하였다. DeskPro386은 외부 인터페이스의 호환성을 유지한 채, IBM이 만들어 놓은 80286CPU의 주술적 속박으로부터 벗어나 80386을 채용하였다. 그리고 핵심부분의 IBM표준을 무시하고 CPU주변의 고속화와 고기능화를 실현하는데 성공했다. 이에 따라 클론 메이커 전체가 기본성능 부분에서 IBM의 주술적 속박으로부터 벗어나게 되었고, 가격경쟁이 아니라 성능향상을 통한 경쟁의 시대가 되었다.

　다만 성능경쟁의 열쇠를 쥐는 것은 클론 메이커가 아니라 호환CPU 메이커에 의한 고성능 CPU의 발매였기 때문에 클론 메이커에 의한 성능 경쟁에는 한계가 있었다. 당시, 호환 CPU는 인텔로부터 80286의 기술라이선스를 받은 많은 회사가 발매하고 있었고, 다양한 호환칩이 다양한 클론 메이커에 채용되게 되었다. 그 때문에 PC/AT호환기의 기술적 주도권은 서서히 클론 메이커에서 CPU제조업자로 옮겨졌다.

　그러나 그 후 인텔의 MPU소송에 의해 많은 호환 MPU 메이커는 사라졌다. 그 후 남은 것은 AMD와 RISC프로세서였다. 인텔은 이 RISC프로세서에게 PC시장을 빼앗기는 것을 막기 위해 CPU주변 버스를 표준화하였다. 그에 따라 주변기기 메이커의 호환성을 유지한 채 CPU고속화와 고성능화를 자유롭게 할 수 있도록 하였다. 이것이 1993년에 시작되는 Pentium의 시대이다. 이 Pentium 발매와 동시에 인텔은 제2장에서 소개하였듯이 마더보드 시장에 진출하여, 자사제품 주변 칩을 활용한 마더보드의 프로토타입을 제시하였다. 이 마더보드는 인텔의 주변 칩을 사용하면 쉽게 생산할 수 있어서, 대만 메이커가 이 분야에 진입함으로써 디팩토 표준화를 해 나갔다.

이 시대가 되어 IBM-PC의 기술 주도는 완전히 인텔로 옮겨갔다. 인텔은 고속 I/O, 저속 I/O를 각각 표준화함으로써 MPU의 독립성을 높이고 성능향상에 매진하여 RISC 프로세서와의 경쟁에서 승리하였다. 1995년부터 2003년까지 PC의 가격은 60% 하락하였지만, CPU가격은 10% 정도 하락하는 것에 그치고, PC 시장에서 인텔만이 이익을 확보하는 상황이 이어지고 있다.

② **자전거의 사례**

DVD에서 보여진 인터페이스 표준에 의한 블랙박스 영역 캡슐화는 자전거산업에서도 보여진다.

자전거산업의 경우는 일본의 JIS규격 정비가 가장 앞서 있는 내용이다. 유럽규격의 일본 국내도입이 완료된 이후에 일본은 독자적인 상세 표준을 계속 설정하였다. 이처럼 순조롭게 정비된 JIS규격은 일본 국내기업뿐만 아니라 대만 및 중국 등에서의 자전거산업 발전에 크게 기여했다. 그리고 1990년 자전거 관세 폐지와 함께 대만으로부터 대량으로 완성품이 수입되어 이 제품들이 일본 국내시장을 빼앗기 시작했다. 1998년에는 중국이 대만을 누르고 일본에 대한 수출국 제1위가 되었고, 2000년에는 마침내 수입이 국내생산을 상회하였다. 이미 대만이나 중국의 많은 공장이 JIS제품을 제조하고 있었고, JIS규격에 맞는 것만으로는 일본 국내시장에서의 차별화는 불가능했다.

해외제품에 시장을 빼앗기고 하나하나 폐업을 해 가던 일본의 자전거 부품 메이커 중에서 경영성과를 계속 내고 있는 것이 시마노이다. 시마노는 일부러 JIS규격을 지키지 않는 컴포넌트 시스템을 개발하고 판매함으로써 그 지위를 확고히 하였다(武石·靑島 2002).

시마노가 실시한 것은 JIS규격에서 세분화되어 있던 부품을 더욱 좋은 상태로 조합시키기 위해, JIS규격을 이용하지 않는 새로운 부품군을 스스로 개발하여 그러한 부품을 하나의 세트로 판매하는 전략이다. 예를 들면, 후륜 허브와 프리휠을 일체화한 프리허브 시스템, 브레이크 레버에 변속 레버를 집어넣은 제품 등이 있다.

다만, 시마노 자신은 완성품에는 절대로 손을 대지 않고 부품 메이커만을 추구하고 있기 때문에 당연히 어느 정도 부품세트로 한 부품군이라도 최종적으로는 타사 부품과 조합시켜 완성품으로 만들 필요가 있다. 이 타사 제품과의 인터페이스 부분은 당연히 JIS규격을 이용하고 있다. 즉 시마노에 있어서 JIS규격은 제품의 품질표준이라고 하기 보다는 완성품 시장에 대한 인터페이스 표준으로서 그 역할을 하고 있다.

시마노가 신기술을 개발해서 새로운 부품군을 제조 판매한 경우, 최종 조립완성품에서 문제가 생겨도, 시마노 부품과 다른 부품의 인터페이스 부분이 세세한 수치를 가진 공적인 JIS규격으로 규정되어 있기 때문에, 문제에 대한 책임 소재를 명확히 하기 쉽다. 이것은 표준 중 사용하고 싶은 부분만을 잘 이용하고, 독자기술을 효과적으로 활용한 예라고 할 수 있을 것이다.

그리고 자전거산업에서는 똑같은 사례로서 야마하의 전동보조 자전거도 들 수 있다. 야마하도 시마노와 똑같이 표준으로 차별화가 곤란해진 자전거 속에 표준품에 존재하지 않는「모터」를 집어 넣어, 기존 자전거와는 전혀 다른 전동보조 자전거라는 새로운 제품을 판매하는데 성공하였다. 나아가 그 회사는 이 기술을 특허화하여, 전동보조 자전거의 표준에 포함시키는 것에도 성공하고 있다.

컨센서스 표준이라면, 한 개 회사 단독의 특허를 표준 안에 넣는 것은 곤란하다는 점은 앞에서 언급하였다. 그렇지만, 실은 전동보조 자전거의 표준은 도로교통법의 일부이며, 경찰청이 정한 강제표준이다. 이 강제표준의 책정에 야마하가 적극적으로 관여함으로써 자사특허를 표준(법률)에 집어넣었다. 이것은 전동보조 자전거의 표준이 컨센서스 표준이 아니기 때문에 가능했던 특이한 예라고 할 수 있을 것이다.

5. 타사특허 이용비용의 절감

지금까지는 자사특허 활용에 관한 사고방식을 정리해 왔다. 그러나 컨센서스 표준이 가지는 또 하나의 효과로서 타사특허 사용에 소요되는 비용을 회피한다는 역할이 있다는 점을 잊어서는 안 된다.

제1장에서 말했듯이 컨센서스 표준에 특허를 집어넣는 경우, 저렴하게 무차별적으로 제공하는 것이 의무화된다. 이 때문에 본 장에서도 라이선서의 입장에서 보면, 표준에 집어넣는 특허는 이익을 위해서가 아니라 시장확대를 위해서라고 생각해야 한다고 정리하였다.

이것을 라이선시의 입장에서 보면, 표준에 들어간 특허는 저렴하게 이용할 수 있기 때문에 이용하고 싶은 특허를 다른 사람이 가지고 있는 경우 그것이 표준에 들어가면 좋다고 생각하는 경우도 많을 것이다.

그렇다고 하더라도, 특허를 갖고 있지 않은 회사가 타사의 특허영역을 표준화하려고 해도 그 회사의 동의를 얻을 수 없고, 이러한 표준화는 이루어질 수 없는 것처럼 생각할 수 있다. 그러나 현실에서는 이것에 가까운 표준화가 포럼에서의 컨센서스 표준 형태로 많이 이루어지고 있다.

많은 기업이 경험하고 있듯이 포럼에서 표준화를 검토하는 과정에서 그 영역의 특허를 가진 회사를 구성원으로 초대하는 것은 당연한 일이다. 물론 한 개 회사가 그 기술의 대부분 특허를 갖고 있는 경우, 타사가 주도하는 포럼이 성립될 가능성은 거의 없다. 그렇지만 오늘날과 같이 기술이 복잡해지고 다양화된 환경에서는 대기업의 많은 경우 폭넓은 기술영역에 특허를 가지고 있다. 그런데 사내에서 특허 포트폴리오를 검토해서 경쟁 타사와의 관계에서 그 부분의 차별화에 의한 우위성 확보가 곤란하다고 판단되는 경우는, 동지를 모아 그 부분을 표준화로 몰고 가는 것이 중요한 전략이 된다. 이 때문에 자사보다 강한 특허를 가졌다고 생각되는 회사의 경우라도, 포럼의 일원으로 초대하여 특허를 서로 이용하도록 할 수 있는 것이다.

이 기능은 실은 기존에 크로스라이선스를 통해 기업 대 기업 간에 이루어지고 있던 협력을 보완하는 기능이지만, 크로스라이선스에 없는 기능도 있다. 즉, 그 부분을 비경쟁 영역으로 하는 것을 시장을 통해 확정시킴으로써 연구개발투자 등 추가투자를 절감할 수 있다는 효과가 있다. 그러나 이러한 포럼을 성립시키려면 자신도 그 영역의 특허를 어느 정도 보유하고 있어야 하며, 그러기 위해서도 표준화 활동에 이용할 수 있는 특허를 준비해 둘 필요가 있다.

맺음말

본 장에서는 표준화 활동에서 지적재산이 가지는 의미와 그 사업전략상의 역할에 관하여 고찰하였다. 이번 분석에서는 사례가 적기 때문에 절대적으로 확실한 것은 말할 수 없지만, 그럼에도 표준 안에 특허를 집어넣는 경우, 그 특허에 기대하는 역할은 표준화 활동에 기대하는 역할과 같이 「시장확대」와 「비용절감」이어야 가장 효과적이라는 점을 알 수 있었다.

이익획득을 목적으로 해서 지적재산을 활용하는 경우, 표준화 과정에서 해당 기술을 이용하는 것이 거부당하거나 로열티 프리(RF)로 제공하도록 요구되는 경우가 많아, 결과적으로 이익을 잃어버리는 사례가 많이 보였다. 특허괴물(Patent Troll)의 활동 등 때문에 제조업자는 특허문제에 민감해져 있고, 향후 점점 이러한 「홀드업을 일으킬 가능성이 있는 표준」을 거부하는 경향은 강해질 것으로 생각된다.

그러나 최신 기술을 표준화하기 위해서는 라이선스료 확보를 통해 기술개발회사에 대해 인센티브를 제공하도록 준비하는 것 역시 시장확대를 위해 중요하다. RF를 강요하면 연구개발형 기업이나 특허수가 적은 기업은 표준화에 참가하지 않아 그 기술을 이용할 수 없게 될 가능성이 있다. 또 결과적으로는 표준의 질 저하가 시장 확대를 저해하는 것으로 이어질지도 모른다. 그런 의미에서 RAND조건으로 균형 잡힌 라이선스 요율을 설정하는 것은 표준화 활동의 효과를 발휘하는 것에 있어서 중요한 의미를 지닌다고 할 수 있을 것이다.

또한 이러한 상황에서 페이턴트풀의 설립은 여러 가지 문제를 해결하는 유효한 수단으로서 고려되어야 할 것이다. 특히 풀회사의 기능이 확실하게 되어 있다면, 라이선서에 대하여 라이선스 요율 이외의 이점을 제공할 수 있게 되고, 라이선스료의 폭등을 억제함으로써 표준에 포함된 특허의 시장확대 기능이 발휘되기 쉬워질 것이다.

만약 기업이 자사의 지적재산에서 직접적인 이익을 얻고 싶은 경우는, 그것을 표준화 범위에 넣지 않고 비표준화 영역으로서 확보함으로써 라이선스의 실시나 라이선스 요율에 대해 재량권을 확보하는 것이 중요하다. 즉, 경쟁영역의 경쟁력 강화에 활용하는 지적재산과 비경쟁영역의 이용 보급에 활용하는 지적재산을 구별하여, 각각을 효과적으로 조합하여 활용하는 것이 표준화를 사업전략으로 활용하는데 있어서는 가장 중요한 점이라고 할 수 있다.

표준화도 지적재산의 보호도 최종적으로는 혁신을 진화시켜 경제사회의 지속적 발전을 이루기 위한 수단으로서 활용되고 있는 제도이다. 그래서 양자의 균형을 최적의 상태로 유지하면서, 또 양자가 서로 영향을 줌으로써 지금까지 보다 더 활발한 혁신을 만들어내는 것을 기대할 수 있을 것이다.

(江藤 学)

【주】

1. 다만, G3 팩시밀리 모뎀에 관해서는 미국 CODEX사가 자사소유 특허의 라이선스에 관하여 명확한 의사표시를 하지 않은 채 표준이 성립되었기 때문에 표준성립 후에 CODEX사의 라이선스 요구가 있었고 많은 회사가 그것에 응했다고 한다.
2. 케이블 텔레비전 운영회사 협회(비영리기업)
3. IBM은 2005년 8월, 자사의 250개 DVD관련 특허를 미쓰비시전기에게 양도하고 DVD6C에서 탈퇴하였지만, Samsung이 가입하였기 때문에 현재 라이선서도 9개 회사이다.
4. 또한 DVD의 로고 사용이나 포멧기술정보 등을 제공하는 회사로서 DVD FLCC(DVD Format/Logo Licensing Corporation)가 별도로 설립되어 있고, 여기에는 DVD포맷의 주요 구성원이 모두 참가하고 있다.
5. 일본의 ID테크사의 CP CODE만이 일본·미국·유럽의 특허를 확보한 후에 유상 라이선스를 통한 사업전개를 도모하였는데, 이것이 보급의 족쇄가 되어 보급이 진전되지 않았다.

07

컨센서스
형성의 조직화

07 컨센서스 형성의 조직화

컨센서스 표준은 컨센서스를 기본으로 하기 때문에 어떤 조직에서 무엇을 결정할지, 그 조직의 활용방법도 중요한 전략이 된다. 제7장에서는 이 조직론의 전문적인 관점에서 기업조직 내에서의 의사결정 시스템이나 표준화 조직 내에서의 컨센서스 도출·지속 시스템을 분석하고, 여러 가지 조직에서의 표준화 사례를 통하여 컨센서스형 표준을 성공시키는 요인에 대해 정리하였다.

머리말

최근 표준화가 매우 주목을 받아왔는데, 그것은 예전의 비디오 규격(VHS 대 베타)이나 최근의 차세대 DVD규격(블루레이 대 HD-DVD)으로 대표되는 것처럼 「경쟁과정」을 통해 표준화가 실현되는 「디팩토 표준」이 기업전략으로서 부각되었기 때문이다.

그러나 표준화의 실태를 보면, 위에서 지적된 바와 같이, 성립되어 있는 표준의 대부분은 자주합의 표준, 컨센서스 표준, 조정형 표준, 규제형 표준 등이라 불리는 유형을 포함하여, 오히려 「비시장적, 비경쟁적, 협조적 과정」을 통해 이루어지고 있다. 이러한 비경쟁적 과정은 기업 간의 협조적인 행동으로서 다양한 행태를 취하고 있는데, 기본적으로는 기업간의 컨센서스에 의거하고 있다.

따라서 표준화의 형성 및 유지 그리고 그 효과는, 컨센서스 형성과정이나 그것을 위한 표준화 조직이나 기업간 관계의 지배구조 및 관리에 의존한다. 이것은 통상 기업지배구조 및 관리라고 한다.

구체적으로 어떤 유형의 기업간 조정이 표준화 촉진에 효과적인지, 표준화 조직의 구조, 행동, 성과는 어떤 것인지, 기업은 협조적 표준화 작업과정에서 어떻게 행동하는지, 협조형 표준화는 어느 정도 유효한지 등이 주목을 받는 문제일 것이다.

이러한 고찰은 특히 일본에서는 중요할 것이다. 왜냐하면 많은 일본기업에서 보이는 특징 중 하나로서「혁신을 관리하는 프로세스가 구축되어 있지 않은 경우가 많기」(Andrew & Sirikin 2006, 일본판번역 p. 5) 때문이다. 표준화, 특히 컨센서스형 표준화는 혁신(특히 오픈 이노베이션) 관리 프로세스의 중요 요소 중 하나이다.

그래서 본 장은 이 프로세스를 대상으로 기업의 컨센서스 양성 전략의 실태와 모습에 주목해서, 성공하는 컨센서스 표준 관리를 위한 지배구조나 방법에 관하여 논의한다.

원래부터 표준화 과정은 다양하고 일반화하기 곤란하다. 그래서 자주 야유를 받고 있듯이 그러한 표준화 매니지먼트를 위한「표준」은 존재하지 않는다. 따라서 본 장에서는 기업의 경쟁력 및 혁신을 높이기 위하여 표준화 작업과정에서 고려해야 하는 주요 요인이나 사고방식을 명확히 한다.

또한 본 장에서는 주로 표준화를 위하여 컨센서스가 형성되고 유지되는 과정에 주목하고, 표준화를 도모하는 협조 그룹 사이의 경쟁은 제2장에서 논의되고 있다.[2] 또 컨센서스형 표준의 하나인 배출권 거래에 관해서는 권말의 보론에서 언급한다.

1. 협조형의 선택

표준을 성공적으로 실현하기 위해서는 기본적으로는 ① 기업(특히 경영진)이 표준화의 중요성을 이해하고 그것을 사내에 인식시킨다, ② 표준화에 대응할 수 있는 경영자원과 조직을 만든다, ③ 경쟁력 또는 이익으로 연결되는 표준화 유형 또는 비즈니스 모델을 선택 한다, 등이 요구된다. 이러한 절차를 통해서 컨센서스 표준이 선택된다.

표준화를 위한 컨센서스 형성에는 다양한 형태가 있는데, 그 선택은 어떻게 이루어질까? 그 선택은 논의의 전개상 크게 2단계의 의사결정으로 나눌 수 있다. 즉, ① 디팩토 표준(경쟁형)과 컨센서스형(협조형) 간의 선택(즉, 컨센서스형의 선호)과 ② 컨센서스형 중 특정 유형의 선택(또는 하이브리드형). 그 다음에 컨센서스가 성립되면, 그 확대 및 지속이 문제가 된다.

여기에서는 먼저 디팩토 표준과 컨센서스 표준 사이의 선택을 살펴보자. 이 선택의 문제에 대해서 유감스럽게도 충분한 기존의 이론적 또 실증적 연구를 찾아볼 수 없지만, 기존 이론에 의거하면서 이러한 선택문제에서 고려해야 할 주요 요인을 밝혀본다.

1. 거래비용의 비교: 비용효과

일반적으로 기업은 선택하는 전략에 따라 기대되는 수익이 최대가 되도록 전략을 선택하고 결정한다. 먼저, 전략으로서 표준화가 요구되고 있지만 복수의 방법이 존재하는 상황을 상정하자. 이때 방법의 선택은, 각각의 방법을 채용함으로써 예상되는 표준화를 통한 순이익의 크기에 달려 있을 것이다. 그 순이익은 다시 표준화 이후의 매출액과 비용에 의존한다. 만약 표준화 이후의 매출액이 선택하는 방법에 의존하지 않고 일정하다고 가정하면, 방법의 선택은 여러 방법 중 비용을 비교하여 이루어지게 된다.

거래제도 또는 지배구조와 비용의 관계에 주목한 논의로서「거래비용(transaction costs)」론이 있는데, 그것을 이용하여 논의할 수 있다. 그 이론에 따르면, 거래에는 정보의 탐색·수집·가공, 교섭, 계약, 계약이행의 감시, 조정, 계약불이행 시의 대책 등 여러 가지 비용(거래비용으로 총칭)이 드는데, 원칙적으로는 가장 거래비용이 들지 않는 제도를 선택하는 것이 최적일 것이다. 즉, 만약 컨센서스형 표준화의 거래비용이 경쟁형(디팩토 표준)[그리고 또, 존재가능성은 적을 지도 모르지만, 관련된 모든 기업이 서로 개별적으로 교섭하는 형태(=전면적 개별교섭형)도]의 그것보다 작다면, 컨센서스형이 선호될 것이다.

거래비용론의 논리에 따라 설명하기 위해서는 표준화 방법이 비용에 미치는 영향을 명확히 해야 한다. 표준화 작업과정에서의 문제점으로서「시간이 걸린다」,「출장비, 회합비 등 각종 경비가 든다」,「유연성이 부족하다」,「타사는 그다지 유용하지 않은 특허를 낼 우려가 있다」,「자사의 기술 및 노하우 유출 우려가 있다」,「독점금지법(경쟁법) 위반이 될 우려가 있다」등이 자주 지적된다. 이러한 문제점은 표준화 거래비용과 관련된다.

어떤 형태를 취하든지 거래에 수반하여 발생하는 비용으로서, 말할 필요도 없이, 생산비, 그리고 기회주의비용, 탐색(정보수집)비용, 조달비용 등을 들 수 있다. 표준화의 각 방법은 이러한 비용에 영향을 준다. 먼저 생산비에 대한 영향을 살펴보자. 예를 들면, 만약 각 기업이 협조하여 표준을 위한 광고나 홍보활동 등을 하면 기술이나 제품의 이해 및 보급을 보다 효율적으로 추진할 수 있다. 또 표준화에 의해 시장 규모가 보다 신속하게 확대되고, 그리고 그에 따라 생산에서도 규모의 경제성을 보다 빨리 달성한다. 나아가 어떤 기술이 신속하게 표준화되면 관련부품도 표준화가 가능해져 그 부품을 사용하는 하류 분야의 생산비가 낮아지는 것도 기대할 수 있다.

이렇게 해서 표준화 및 그 방법은 표준의 실현(또 유지)을 위한 지원비용(또 그때까지의 시간), 생산에서의 규모의 경제성(또 그 실현까지의 시간) 등 금전적, 시간적 비용과 관련이 있다. 그리고 이러한 효과는 표준화의 대상이 되는 기술 개발 및 개량을 위한 투자에도 영향을 줄 수 있을 것이다. 결국, 표준화의 비용효과는 그 형태의 차이에 따라 달라진다. 이러한 생산효율에 대한 영향은 컨센서스가 보다 빨리 형성될수록 클 것이다.

다음으로 표준화 방법의 차이는 거래별로 발생하는 탐색비용, 기회주의 비용, 조정비용 등에 영향을 줄 것이다. 예를 들어 협조체제가 확립되어 있다면, 협조하는 동료로부터 정보를 수집할 기회가 많아서 탐색비용도 작고, 교섭상대 또는 동료의 「배신」으로 손해를 입을 기회주의 비용은 작다. 그리고 평소의 의사소통이나 신뢰관계 덕분에 조정이 원활하게 진행되어, 적어도 경쟁형이나 시장형 거래에 비하면 조정비용도 작을 것으로 예상된다. 그러면 협조형의 거래비용은 전체적으로 경쟁형(또 전면적 개별교섭형)의 경우보다도 작을 것이다. 그런 비용이 총거래비용에서 큰 부분을 차지하는 경우, 그 방법의 차이에 따른 영향은 크다.

이렇게 해서 컨센서스형 표준화의 거래비용이 경쟁형의 비용보다 작아질 때, 컨센서스 표준이 선호된다. 따라서 기업은 표준화 작업이 각종 거래비용에 미치는 영향을 자세히 조사할 필요가 있다. 그 때 제품 및 기술의 성격, 시장규모와 라이프사이클, 시장구조, 공공정책(경쟁정책, 지적재산권 정책 등) 등을 고려하여야 할 것이다. 왜냐하면 그것들은 표준화의 거래비용에 대한 효과에 영향을 줄 가능성이 있기 때문이다.

예를 들면, 협조 인센티브는 경합하는 기업간의 기술 성격, 구체적으로는 대체성 또는 보완성에 의해 영향 받게 될 것이다.[3] 구체적인 예로서, 특허가 분산되어 타사의 보완적인 기술을 이용할 수 없고, 단독으로 자기 기술만으로는 실용화할 수 없거나 시장확대를 실현할 수 없는 경우이다. 이 예는 단독으로든 그룹으로든 디팩토 표준을 획득하는 능력이나 자원이 없을 때는 협조형이 선호된다는 것을 보여주고 있다. 또 협조의 가능성은 기업 수, 제품차별화, 업계조직의 역할 등 시장구조 또는 경쟁요인에도 좌우된다. 나아가 협조는 경쟁제한의 기회를 만들게 되어, 경쟁법 위반이라는 위험을 내포할 우려가 있기 때문에 경쟁법에 대한 배려가 필요하다.

또한 이러한 자세한 조사는 기업 내 가치사슬의 재검토 및 재구축으로 이어져, 효율의 개선이나 혁신을 조장할 가능성을 가진다는 점에도 유의할 필요가 있다. 왜냐하면 표준화 방법을 검토하기 위해서는 비즈니스 프로세스 전체를 적절하게 관리할 필요가 있기 때문이다. 즉, 표준화 프로세스의 검토는 조직의 학습효과를 일으키고, 이러한 점을 통해서도 경쟁력과 이윤의 확대로 이어질 가능성을 가진다.

2. 거래가치의 비교: 간접적 이익의 중요성

컨센서스형 표준화의 이점은 해당 표준화 영역에서의 직접적인 비용절감만으로 끝나지 않는다. 앞의 항에서 표준화가 매출액에 영향을 주지 않는다고 가정하였지만, 「제품표준」의 경우와 같이 그것이 직접 해당 제품의 매출액을 좌우하는 경우도 있다. 만약 표준화가 시장확대를 통해 매출액 상승 나아가 이윤 상승을 유도한다면, 그 이윤 상승이라는 효과를, 거래가 만들어내는 가치 즉 「거래가치(transaction value)」, 특히 이 경우에는 직접적 거래가치라고 하자. 그것은 관련규격 특허권자(라이선서)의 경우, 타사에 대해 라이선스를 해서 획득할 수 있는 로열티도 포함한다. 컨센서스형과 경쟁형 어느 쪽이 더 큰 직접적 거래가치를 발생시키는지는 선험적으로는 명확하지 않다. 또한 이 때 표준화의 효과는 비용절감과 직접적 거래가치를 포함한다.

또 표준화는 보통 한 개 제품 및 서비스의 전 영역에서 이루어지는 것은 아니고, 어떤 영역에서만 이루어지지만, 표준화가 이루어지지 않는 영역에도 간접적으로 영향을 준다. 예를 들면, 해당영역에서 표준화가 이루어짐에 따라 생긴 여분의 경영자원을 다른 독자적인 행동영역에서의 혁신을 위해 사용하여, 그곳에서 높은 「차별화

우위」와 「가격 경쟁력」(가격에 맞는 가치를 고객에게 인식시키는 힘)을 획득하고 발휘시킬 수 있다.

도표 7-1 기술영역과 표준

그러면 표준화 덕분에, 직접적인 대상이 아닌 영역의 경쟁력(차별화, 혁신)이 강화되고, 그 결과 전체의 경쟁력도 강화되어 해당 제품 및 서비스의 매출액이 확대되고 이익도 확대될 것으로 예상된다.

그 대표적인 예는, 하나의 제품을 경쟁영역(경쟁적 차별화)과 비경쟁영역(협조적 표준화)으로 구분하고, 후자에서는 협조하여 표준화를 도모하고, 전자에서는 독자적으로 행동하여 차별화와 혁신을 달성하는 경우이다. 이러한 전략은 도표 7-1에서 제시하는 바와 같이, 기반이 되는 기술영역을 비경쟁영역으로 하고, 응용기술영역을 경쟁영역으로 해서, 전자의 영역에서 표준화를 협조적으로 전개하는 것이다. 이 전략은 예를 들면 자동차, 카메라, 일부 전자제품 등의 분야에서 채용되고 있다.

이렇게 해서 비경쟁영역의 표준화는 각 기업 경쟁력의 원천인 「경쟁영역」에도 영향을 준다. 이 때 표준화의 경제적 효과는 표준화 영역에서의 이익(비용절감+직접적 거래가치)뿐만 아니라, 그 표준화 덕분에 강화된 경쟁영역 분야의 경쟁력으로부터 얻어지는 이익도 포함한다. 후자의 간접적 효과 및 이익을 간접적 거래가치라고 부르기로 하자. 이들 두 가지 유형의 총 이익이 고려되어야 한다. 거래가치가 경쟁형과 컨센서스형 경우에 다르다면, 그 가치가 큰 쪽이 선택된다. 특히 간접적인 이익에 대한 충분한 배려가 필요할 것이다.

  표준화 효과가 위와 같이 두 가지 영역과 관련되는 한, 컨센서스형 표준화로부터의 이익도 해당 산업내 각 기업의 시장 포지션이나 기술력(기술개발, 지적재산) 등 사내 자원 및 능력에 의존한다. 또 해당 산업의 경쟁 정도, 차별화 여지, 기술진보, 제품구조, 해당영역이 차지하는 전체에서의 비중, 공적 규제 등 외적 경쟁환경에 의존한다. 따라서 기업은 이러한 간접적인 이익 및 효과 또 전체에 대한 영향을 고려하면서, 비경쟁영역과 경쟁영역의 선택과 구별, 그리고 컨센서스형의 채용을 전략적으로 결정할 필요가 있을 것이다.

3. 컨센서스형 표준화의 비용: 합의참가 비용

  이상에서 표준화는 협조영역에서 비용절감과 매출액 증가라는 이점을 가져다 줄 뿐만 아니라, 간접적으로 경쟁영역에서의 차별화와 혁신(개별적인 경쟁력)을 통한 이익에도 영향을 준다. 그러면 표준화 영역과 경쟁영역 양쪽에서 표준화가 만들어내는 이익총계에 관하여, 두 가지 방법(경쟁형 대 컨센서스형)이 각각 가지는 효과를 비교하여 고려할 필요가 있다. 그 때, 각 기업은 위에서 기술한 바와 같이 두 영역 사이의 기술적이며 사업적인 관계를 음미하여야 한다. 또한 두 영역의 구분이 기업들 사이에서 전략적이고 경쟁적으로 결정된다는 점도 고려하여야 한다.

  분명히 이상의 논의에서 도출되는 사업전략적인 시사점으로서, 컨센서스형 표준화의 잠재적인 이점을 이해하는 것이 중요하다. 그러나 동시에 위에서 시사하였듯이, 컨센서스형 표준화 그것 자체에 수반되는 비용 즉 위험(합의참가 비용)이 발생할 가능성이 있다는 점도 고려하여야 한다.

  그 비용이란 기업내 대응(경영자원, 조직)의 불충분(기업 경영에 어울리는 인재, 기술, 조직체제 등의 결여), 표준화 작업 협의 과정에서 생길 수 있는 기술정보의 유출, 경쟁법 위반 등을 들 수 있다.

  예를 들면, 협조는 타사와 경쟁해 온 사내 시스템이나 사기에 마이너스 영향을 줄 가능성이 있다. 이 때, 어떻게든 비용을 들여 표준화가 기업에게 있어서나 산업전체에 있어서도 중요하다는 점을 사내에 인식시킬 필요가 있다. 또 경쟁제한이라는 경쟁법 상의 문제를 일으킬 지도 모른다. 이러한 비용 또한 이하에서 언급하는 협조적 표준화의 유형에 따라 달라질 것이다.

이렇게 해서 표준화 방법의 선택은 이점과 비용의 양면을 포함할 가능성이 있다는 점을 인식하여야 한다. 컨센서스형 표준화는 그 순이익 즉 [비용절감 + 직접적 거래가치 + 간접적 거래가치 - 합의참가 비용]이 경쟁형의 경우보다 클 때에 선택된다. 오늘날 컨센서스 표준이 많이 보이는 것은, 협조적인 표준화가 바람직한 영역이 많고, 이 조건이 성립할 가능성이 크다는 것을 시사하고 있다.

이러한 관계는 몇 가지 시사점을 가진다. 먼저 표준화 결정에는 하나의 제품 또는 서비스에 있어서 표준화를 협조적으로 추진하는 영역(컨센서스 표준)과 경쟁영역 즉 경쟁을 통해서 디팩토형 우위를 노리는 영역(디팩토형 또는 경쟁형 표준), 이 두 가지 영역이 포함되는 것을 전제로 해야 한다. 그리고 두 가지 영역의 조합을 잘 관리해서 컨센서스형 표준화를 추진하는 것이 바람직하다. 달리 말하면, 기업의 전략 관점에서 볼 때 경쟁형 표준화 영역과 컨센서스형 표준화 영역은 서로 다른 영역이어야 한다.

또, 위의 조건은 컨센서스형 표준화의 이익도 경쟁형의 경우와 마찬가지로 기업들마다 다를 수 있다는 점을 시시하고 있다. 그래서 위에서 시사하였듯이 내부조직(내부환경, 경영자원과 조직)과 시장구조(외부환경, 경쟁)가 이러한 이익 및 비용에 큰 영향을 줄 수 있다는 데 유의하여야 한다.

컨센서스형 표준화의 경우에도 경쟁적 또는 전략적 중요성에 주목할 필요가 있는 이유가 바로 여기에 있다.

2. 합의형성 및 유지시스템의 구축

표준화 조직에 대한 참가 유도에 관한 많은 기존연구는「표준화 조직에 가입하는 기업일수록 표준화에 큰 영향력을 가진다」라는 결과를 제시하고 있다.

이 사실은 사업전략에 큰 의미를 가진다. 왜냐하면 표준화 조직에 대한 참가는 자사의 경쟁우위를 강화하도록 영향력을 행사할 수 있다는 것을 의미하기 때문이다. 또한 그 사실은 그런 이유 때문에 이해충돌 발생 가능성도 시사하고 있기 때문이다. 그러면 표준화 조직으로는 다양한 유형이 있지만, 그 선택은 어떻게 이루어지는가? 이 문제에 대해 이하에서 논의한다.

그리고 표준을 표준화 조직의 유형에 따라 분류할 수 있지만, 그것들은 반드시 서로 대체하는 관계는 아니다.

예를 들면, 컨소시엄에 의해 형성된 표준(컨소시엄 표준)이 ISO(International Organization for Standardization) 등 공인표준화 조직에서 표준으로 채용되는 경우도 많다. 자동차의 차량내 LAN(구내정보통신망) 통신규격인 LIN(Local Interconnect Network)은 컨소시엄 형태로 책정이 시작되었지만, 그 후 ISO 표준으로서 등록되어 있다.

1. 기업전략과 협조의 조직화: 표준화 조직의 유형

컨센서스형 표준화는 다양한 협조형 조직 즉 크게 분류하면 공인표준화 조직(국제조직, 국가차원 조직, 업계별 조직), 정부계 표준화 조직, 업계단체, 컨소시엄, 페이턴트풀 등을 통해서 실시되고 있다.[4] 원래부터 이러한 조직은 명확히 구별하기가 곤란한 경우도 있고, 각각이 나아가 여러 가지 다양한 형태를 가진다는 것은 말할 것도 없다. 대략적으로 말하면, 컨소시엄이나 페이턴트풀은 임의 조직으로서 새로운 회원을 공동으로 선발하는 경우가 많다. 한편 공인표준 조직이나 업계단체에서는 보통 그 가입기준을 충족하는 자는 누구라도 가입할 수 있다.

또, 일반적으로 조직은 지배구조 성격으로 크게 나누어보면, 리더가 대부분의 의사결정을 하는「독재형」, 주로 형식적인 룰이나 절차에 따라 결정이 이루어지는

「관료제형」, 구성원의 개인적인 관계에 따라 결정이 이루어지는 「교섭형」, 공식적인 절차 아래 모든 관계자가 의사결정에 참가하고 특정한 개인에게 좌우되지 않는 「민주제형」, 4가지로 분류되고 있다. 이러한 지배구조의 차이는 표준화 조직에도 적용 가능할 것이다(de Vries 1999).

지배구조의 차이는 특히 표준화 작업 과정에서의 조정비용에 반영되고, 나아가서는 표준화의 이익이나 프로세스에 영향을 준다고 생각된다. 그러나 현실적으로는 명확한 분류는 곤란하고, 공인표준화 조직이나 업계단체는 관료시스템형, 교섭형, 민주제형의 각 요소를 포함하는 하이브리드 형태이며, 한편 컨소시엄이나 페이턴트 풀은 대략 교섭형에 해당한다고 할 수 있을 것이다.

어떠하든, 이러한 지배구조의 차이는 「합의참가 비용」 또는 「컨센서스 이익」에 영향을 줌으로써 표준화 형성과정(성립의 유무나 속도 등)과 표준 내용에 영향을 줄 것이다. 표준화를 추진하는데 있어서 표준화 조직의 지배구조와 그 영향을 고려하여야 한다.

표준화 조직의 차이에 따라 컨센서스 표준을 개발하는데 필요한 비용과 시간(거래비용)은 크게 다를 지도 모른다. 합의달성이 용이한 경우도 있지만, 많은 경우 「길고, 복잡하고 귀찮은 과정」이 보통이다. 위에 언급한 거래비용론에 따르면, 거래비용이 최소가 되는 또는 최대의 순이익을 낳는 협조적 유형이 선택될 것이다. 그래서 각 유형에서 생기는 순이익에 대한 영향을 음미하여야 한다. 그 때 제1단계의 선택과 마찬가지로 기술특성, 시장의 규모와 라이프사이클, 표준화 영역의 특성(및 경쟁영역과의 관계), 기업이 이용가능한 경영자원, 조직(조직능력), 경쟁 및 시장구조 등을 고려할 필요가 있다. 사실, 기존연구는 이러한 요인이 표준화 조직에 대한 참가유인에 영향을 주고 있다는 것을 제시하고 있다.

이와 같이 표준화의 합의형성을 성공시키는데 있어서 각종 유형의 표준화 조직이 가지는 효과에 관하여 깊이 이해해야 한다.

2. 컨센서스의 지속 및 확대: 표준화 조직의 행동

컨센서스 표준에는 합의의 지속 또는 확대를 의도한 노력이나 제도가 필요할 것이다. 왜냐하면 표준화 조직의 설립 또는 그에 대한 가입은 반드시 표준화의 성공을 의미하지 않기 때문이다. 보통 표준화 작업은, 비교적 소수의 핵심 구성원이 중심이 되어 추진그룹(기존의 표준화 조직이 활용되는 경우) 또는 표준화 조직을 만든 후 타사에게 참가하도록 권유하면서 진행되는 경우가 많다. 표준의 채용촉진과 유지를 도모하기 위하여 표준화 과정에 대한 「참가」, 구체적으로 조직 회원수의 확대, 채용자나 라이선시(특허권 실시자)의 증가 등을 실현할 필요가 있다. 적은 수의 기업이 참가하는 것을 시작으로 해서 원안을 확정한 후에 참가기업을 늘리는 과정은 컨센서스 표준 형성에는 효과적이며 효율적일 것이다.

먼저, 많은 기업이 표준화 조직에 참가하는 것이 중요하다는 것은 확실한 사실이다. 일반적으로, 만약 표준화에 불가결한 기술 및 특허(필수특허)를 가진 기업이 참가하지 않고 「아웃사이더」가 된다면, 표준은 성립되지 않을 지도 모른다. 따라서 표준화 조직 또는 그 리더는 표준화를 촉진하기 위하여 적극적으로 작업을 추진해야 한다.

일반적으로 표준화 조직에 대한 참가자(특허의 라이선시, 표준기업 간 거래시스템의 채용자 등)는 자기의 요구사항을 고려하면서 참가할 것인지 말 것인지를 검토한다. 이점(표준화의 이익)이 기대된다면, 기업은 참가하는 것으로 결정한다. 그러나 참가하는 것으로 결정하여도, 여러 가지 실시 「장벽」에 직면할 염려가 있기 때문에 참가를 보류할 지도 모른다. 예를 들면, 최종적으로 합의에 도달하는 시간(긴 시간)이나 표준기술의 수준(너무 복잡한 기술, 낮은 수준의 기술 등) 등은 때로는 참가유인에 마이너스 영향을 주어, 참가장벽이 될 지도 모른다. 표준화 조직(또는 표준의 개발 및 설정자)은 잠재적 참가자의 요구사항이나 참가장벽을 고려하여 그들이 표준을 채용하도록 도와줄 필요가 있을 것이다.

둘째로, 표준이 성립된 후 표준화 조직은 표준을 지키려는 노력을 하거나 그러한 시스템을 구축하는 것이 반드시 필요하다. 예를 들면, 조직의 회원이 관련 특허를 표준화 작업 중에는 숨겨버리고 표준이 완성된 후에 해당 기술을 공표하여 권리를 주장하는 경우도 생각할 수 있다(「특허 매복」 전략). 이러한 기회주의적인 행동(홀드업)이 일어날 가능성이 있는 경우, 조직을 구성하는 회원이나 조직으로부터 특허를 받아가는 라이선시는 확대되지 않을 것이다. 또 회원 간에 이해의 대립이 일어날 가능성도 있다. 대립과 분쟁을 회피하고 감소시키는 지배구조 메커니즘을 만들 필요가 있을 것이다. 즉, 표준화 조직은 기업의 참가유인에 큰 영향을 주는 「표준화의 목표 및 영역」을 명확히 한 후에, 「공정하고 투명한 절차」를 확보하는 규칙을 미리 만들어 두는 것이 중요하다.

마지막으로, 표준화 조직의 확대에는 경쟁법 상의 문제를 일으킬 가능성이 있다. 그 예가 페이턴트풀이다. 특허권 소유가 복잡하게 얽혀 있는 「특허의 늪」이라는 문제를 해소하고, 표준에 필수적인 보완적 특허를 모아 표준화를 추진하는 풀(표준형 풀)은 경쟁정책당국으로부터 사전 상담을 통해 「클리어런스(인가)」를 받고 있다. 따라서 이러한 「경쟁정책 상의 문제를 수반하지 않는 조건」(세이프하버 조건)이나 사전상담 등을 고려하여야 한다. 이러한 고려사항은 다른 표준화 조직에도 해당된다.

이상에서 언급한 표준화 조직의 유지 및 확대의 필요성은 조직형태에 따라 다를지도 모른다. 따라서 조직 형태가 그 유지 및 확대에 주는 영향을 고려해야 한다.

3. 합의형성 프로세스의 성공과 실패: 사례를 통한 시사점

표준화는 많은 경우 표준화 조직에 의해 추진되고 실시되기 때문에, 앞서 말한 바와 같이 표준화 조직의 형성이나 운영 등이 표준화의 성패에 큰 영향을 줄 가능성이 있다. 여기에서는 합의형성에 성공하거나 실패한 사례를 개략적으로 살펴보고, 합의 형성 및 운영과정에 있어서 중요한 요인을 부각시켜 보고자 한다. 여기에서 다루는 것은 자동차, 전자, 철강 등이다.

1. 자동차산업에서의 합의 실패: 조직의 지배구조

① 미국 Covisint의 사례

표준화 조직의 부적절한 관리 구조가 표준화의 실패로 이어진 사례로서, 자동차산업에서 인터넷을 사용하여 기업 간 e-커머스용 어플리케이션 플랫폼을 표준화하는 것을 목표로 한 미국의 컨소시엄, Covisint(Connectivity, Visibility, Integration)를 들 수 있다. 그것은, 자동차 제조기업(OEM: original equipment manufacturer라고 한다)과 공급업자 사이의 부품정보와 거래를 산업 내에서 표준화하는 것을 목적으로 하여, OEM 3사(다임러크라이슬러, 포드, GM)와 소프트회사(오라클, 코머스원)가 공동으로 1999년에 창립한 것이다. 구체적으로는 조달, 서플라이체인 관리, 공동개발 업무 등의 서비스를 제공함으로써 표준화를 실시하였다. 그러나 그것은 소기의 목표를 달성하지 못하고 도중에 분열되었다.

실패에는 몇 가지 이유가 지적되는데, 그 중에서 가장 주목되는 요인은 조직의 지배구조(계층형, 독재형)이다. 즉, 이 조직이, 설립을 주도한 주요 참가자 특히 주요 OEM만의 이해를 중시하였다는 점일 것이다. 구체적으로는 대부분의 공급업자가 초기 발전과정에 관여하는 것으로부터 배제되었다. 그 결과, 공급업자(특히 제1단계 공급업자)는 참가의 이점을 거의 누릴 수 없어서 불만이 쌓였고, 마침내 그것과 경합하는 조직(SupplyOn)을 설립하고 있다.

이 사례는, 「비즈니스 프로세스 표준」의 하나로서 수직적인 거래관계에 있어서 OEM과 공급업자 양쪽의 이해가 관여되는 예인데, 이 경우에는 수직적인 이해관계를 조정하는 것이 중요하다는 점을 시사하고 있다. 이러한 최종조립기업과 공급업자 간 거래에 관련된 표준화는 그 외 많은 산업에서도 실시되고 있기 때문에, 이 결과는 시사하는 바가 매우 크다. 이 경우 역시 「신뢰(trust)」가 중요한 키워드였다는 점을 지적해도 좋을 것이다.

기술 측면에 주목해 보면, 기술이 복잡했던 점도 실패이유 중 하나로서 지적되고 있다. OEM의 내부 프로세스를 포털에 맞추는 것이 어려웠고, 또 포털 기술의 서로 다른 요소들을 표준화된 포털 아키텍처에 통합시키는 것도 어려웠다는 점이 지적되고 있다. 이러한 어려움이 명확해졌기 때문에 이 조직에 참가하는 것의 이점이 불명확했다. 위에 말한 이유와도 관련이 있지만, 이러한 기술상의 과제를 설립멤버나 OEM이 충분히 이해할 수 없었던 점도 실패의 큰 이유일 것이다.

이렇게 해서 이 사례는 조직운영에서의 권력구조나 구성원의 이해관계가 기술의 문제와 얽히면서 표준화 과정에 큰 영향을 주고 있다는 점을 시사하고 있다. 그래서 표준화 과정에서 표준화 조직의 지배구조 관리가 중요한 역할을 가진다.

② 일본 JasPar의 사례

일본의 주요 OEM은, 차량내 통신시스템에 관한 사전 표준화를 목표로 하는 조직 즉 JasPar(일본), AUTOSAR(유럽) 등에 참가하고 있다. 주요 자동차회사가 JasPar에서 표준화된 기술을 적극적으로 채용하겠다고 표명하고 있는데, 이것은 기술에 관해서는「자체해결 노선」이 강한 일본 자동차산업에 있어서「획기적인 것」이라고 한다. 그만큼 그 표준화의 중요성과 필요성이 크다고 관계자 사이에서 인식되었다는 것을 반영하고 있다.

그러나 그 진척상황을 보면 일이 순조롭게 진행되었다고는 반드시 말할 수는 없다. 그 이유 중 하나는 JasPar가 자주적 참가자의「미세조정」형(협동형) 조직이라는 점에 있을지도 모른다. 이러한「민주적인」유형의 조직에서는 특히 조직의 지배구조 관리가 중요하다. 왜냐하면, 새로운 표준을 만들어낼 때, 의사결정을 하기 위해서는 다양한「이해의 조정」이 요구되고, 금전적이고 시간적인 비용(거래비용)이 많이 들 가능성이 있기 때문이다. 그 결과 합의가 늦어질 지도 모른다.

이러한 유형은 서로 다른 기술을 모으거나 하나로 만들어야 하는 신규표준의 작성에는 적합하지 않지만, 이해 조정이 끝나고 어느 정도의 표준이 확정된 후에 그 개선을 도모하는 경우에는 효과적일 지도 모른다. 왜냐하면, 기술 및 제품의 로드맵이 비교적 명확한 산업에서는 미세조정형 생산방식이 효과적인 것과 마찬가지로, 표준에 있어서도 개선사항의 조정은 미세조정형의 협의를 통해 신속하고 효과적으로 이루어질 가능성이 있기 때문이다.

대조적으로 위에서 언급한 AUTOSAR은 JasPar와는 달리, 리더가 주도하는 톱다운형(계층형) 조직이며, 표준화 과정을 보쉬가 리더로서 추진하고 있다. 이 계층형에서는 리더가 독재적이 될 위험성이 숨어 있지만, 보쉬는 관계자의 이해를 고려하면서 협조적으로 일을 추진하여 큰 신뢰관계를 구축하고 있다고 지적되고 있다. 이 유형의 조직에서는 경쟁자 또는 공급업자, 사용자 등과의 협조관계를 구축하는 것이 반드시 필요하다.

2. DVD에서의 협조조직의 분열: 라이선스 조건의 불일치

표준화 조직은 종종 라이선서 구성원들로부터 특허권을 모아, 그것을 라이선시에게 라이선스 함으로써 표준화를 하고 있다. 이 때 특허료 수입의 배분이 조직의 형성과 유지에 큰 영향을 미칠 것이다. 예를 들면, 그 배분이 특허건수를 기준으로 이루어지는 경우(특허 1건당 평균수입 × 라이선서의 보유건수)가 있다. 이 방식은 관련된 특허의 경제적 가치 여하에 관계없이 1건당 같은 수입을 배분하는 것이다. 이는 예를 들면 아래의 MPEG2, 제3세대 이동통신(3G), DVD에서의 페이턴트풀에서 사용되고 있다.

그러나 향후 페이턴트풀의 공동이익과 거기에서 배분되는 개별적 이익과의 조정 문제가 생겨날 지도 모른다. 왜냐하면, 이 방식은 단순 명쾌하지만, 경제적 가치의 차이를 고려하지 않는 것이기 때문이다. 그것은 각 특허가 거의 같은 가치를 가지며 나아가 소유자 사이에서 똑같이 분포하고 있다면 받아들이기 쉬운 방식이다. 그러나 평가의 차이가 있는 경우, 거기에서 발생하는 이해대립은 조직을 붕괴시키거나 기능을 할 수 없게 만들지도 모른다.

조직이 붕괴된 구체적인 예는 10개 회사로 출발한 DVD풀(1995년 설립)에서 보여진다. 그 경우에는 회원사 중 몇 개 회사(톰슨, 필립스, 소니, 파이오니아)가 페이턴트풀(DVD6C)을 탈퇴하였고, 톰슨을 제외한 3개 회사는 별도의 풀(DVD3C)을 만들었다.

그 대립은 로열티 배분을 둘러싼 것이다. 당초, 배분은 건수 기준으로 이루어졌지만, 그 방식은 DVD3C 구성원들에게는 받아들여지지 않았다. 왜냐하면 탈퇴한 회사는 그들의 보유 특허는 평균보다 높은 가치를 가지며 따라서 상대적으로 특허수입을 조금 배분 받는다고 판단하였기 때문이다.

두 조직 모두 구성원을 확대하고 있고, 라이선시의 수도 확대하고 있다. 이 사실은 개방된 멤버십이나 라이선스 정책 때문에 기술의 혁신과 보급이 진전되었다는 것을 시사하고 있다. 그런 의미에서 이 사례는 분열은 있었지만 실패라고 할 수 없을지도 모른다. 그러나 한편으로 라이선시 측에서 보면, 라이선스 관련 업무가 몇 배나 되었고, 라이선스료가 누적되어 높아진 것도 분명한 사실이다. 그런 의미에서 그 분열이 마이너스 영향을 주었다는 것에도 유의할 필요가 있다.

오늘날 몇 개의 표준화 조직에서는 단순평등주의적인 건수 기준의 방식을 탈피하여 특허의 가치를 고려한 방식으로, 예를 들면「특허 수, 참가자 수, 기술의 넓이(스코프)를 고려한 체계」로 바꿀 수 있는지가 검토되고 있다.

협조에 참가하는 기업의 이익배분이 표준화 과정에 영향을 주기 때문에 그 조직의 유지 및 확대(즉, 표준의 유지 및 확대)를 위한 새로운 제도와 방식의 설계에 관해 고찰할 필요가 있다. 또, 이 사례는 컨소시엄이나 페이턴트풀과 같은 임의의 형태를 취할 때, 파트너의 선택이 중요한 과제라는 점도 시사하고 있다.

3. 표준형 MPEG2 페이턴트풀의 형성: 성공한 표준관리

페이턴트풀은 표준화 조직의 한 형태로서 특히 컨소시엄에 가깝다. 그것은 제품화 및 실용화에 불가결한 보완적 특허인「필수특허」를 모으기 위한 임의의 자주조직이다. 보통 주요기업이 주도하여 조직하는 것이지만, 그 조직을 만드는 것은 결코 간단하지 않고 문자 그대로「길고, 복잡하고 번거로운 과정」이다. MPEG2 페이턴트풀은 디지털의 화상 및 음성 처리기술의 표준화를 지향한 페이턴트풀(「표준형 풀」)이며 성공한 예로서 주목을 받았다. 그 성공에는 몇 가지 요인이 있었는데, 특히 이하의 점이 강조된다.

첫째, 「특허의 늪」 때문에 디지털기술이 꽃을 피우지 못하는 것에 대한 위기감이 관계자 사이에서 공유되었다. 이 기술은 특히 「방송, 통신 등 폭넓은 용도에 대응」하는 것이었기에 그 위기감은 컸다고 한다. 여기에 관계자의 개인적인 신뢰관계, 개인적인 정열과 노력도 도움이 되었다.

둘째, 모아진 필수특허의 판정에 대해 큰 신뢰가 형성되었다. 특히 판정인의 「신격화」조차 지적되고 있다. 그런 의미에서 판정인의 판정에는 「중립, 공정, 양심」과 「흔들리지 않는 판정기준」이 필요하다. 이 경우 페이턴트풀을 위한 「필수성 테스트」가 명확해야 한다.

셋째, 경쟁법 관련의 문제가 유럽, 미국, 일본에서 해결되었다.[6] 경쟁정책 당국은 「보완적 기술의 통합 및 집적(集積)이 지니는 중요성」을 높이 평가한 것이다. 관계자가 경쟁법 준수의 정신을 가졌다는 것은 주목된다. 표준화 조직의 관리에는 많은 경우, 경쟁법과의 관련이 중요하다는 점이 지적되고 있다. 사실, 경쟁법과의 관련이 페이턴트풀 형태에 영향을 주고 있다.

넷째, 특허권자는 집적을 위해 공출된 특허권을 관리하고 운영하는 창구회사(MPEG-LA)를 설립하고 있기 때문에 그 주주이며 또 동시에 중요한 라이선시이다. 이것은 이해관계자의 「기회주의적인 행동」을 억제하는 지배구조로서 기능한다. 그런 의미에서 「기업 지배구조 및 관리」가 원활하고 효과적으로 기능하였다. 그러나 다른 분야에서는 향후 이러한 조건은 충족되지 않을지도 모른다. 왜냐하면 특허권자는 제조기업에 한정된 것이 아니고, 연구개발 전문기업 또는 대학과 같은 특허권자가 점점 중요해질 가능성이 있기 때문이다.

마지막으로, 특허료의 배분은 특허건수를 기준으로 이루어졌다. 이 방식은 위에서 말한 DVD의 분열과 같은 사태를 유발할 수 있으나, 오히려 이 경우에는 이 방식이 성공이유 중 하나로 지적되고 있다. 이 요인은 위의 네 번째 이유와 연결되어 성공에 기여하였다고 생각된다. 즉, 주요 구성원은 같은 이해관계에 서 있었고, 또 그 조정이 명료하였다.

이렇게 해서 표준화 작업에 관련된 관계자의 품성, 특허의 취급, 경쟁법과의 관련, 특허료 수입의 배분방법, 표준화 조직의 지배구조 등이 강조되고 있다. 첫 번째 요인 이외의 요인은 「기업의 동기부여」와 관련된 중요한 고려사항이며, 다른 표준화 사례에서도 해당된다.

또, 관계자의 품성도 결코 이 경우만의 특수한 요인이 아니며, 「개인의 동기부여」 문제로서 역시 많은 사례에서 공통적으로 해당되는 요인이다. 또 그것은 표준화를 위한 경영자원이나 조직과 밀접하게 관련되어 있다는 점에도 유의해야 한다. 기업의 동기부여와 개인의 동기부여가 일치하고 있을 때는 표준화의 교섭과 형성은 신속하게 이루어질 것이다. 일치하지 않을 때에 특히 개인의 동기부여는 높지만 기업의 동기부여(기업의 인식)가 그다지 높지 않을 때, 표준화 작업은 영향을 받을 지도 모른다. 이런 사례가 많은 기업에서 보이는 것도 사실이다.

4. 철강제품의 표준화: 업계단체 주도에 의한 성공

업계단체도 하나의 표준화 조직이며, 많은 분야에서 표준화의 추진주체이다. 사실, 독일에서는 많은 분야에서 동일산업 내 기업간 관계가 긴밀하고 강해서, 그 결과 업계단체가 주도적인 역할을 하고 있다고 한다. 반대로 미국에서는 반트러스트법의 제약도 있어서 업계단체가 상대적으로 약하기 때문에 자주적인 합의에 의한 표준화보다 오히려 경쟁형 또는 정부주도형이 많다. 따라서 표준화 과정에서의 업계단체의 역할에도 주목하여야 한다.

일본에서 주목되는 예 중 하나가 철강제품의 시험 및 검사방법의 표준화이다. 그것은 일본철강연맹(鐵連)의 주도 하에 진행되어, 품종 삭감 등의 효과를 실현하여 일본 산업경쟁력의 유지 및 강화에 기여하고 있다. 「일본 철강산업에 있어서의 표준화에 대한 전략적 대응과 효율화를 목적으로 해서 설립된」 일본철강연맹 표준화센터가 주요 회원기업으로부터 능력(영어능력, 지식 및 문제해결능력, 교섭능력 등) 있는 스태프들을 모아, 일본기업의 기술력을 배경으로 그들의 리더십 하에 적극적으로 표준화를 제안하고 또 추진하고 있다.

그리고 주목해야 할 점은 업계단체와 기업측의 관계이다. 또 이러한 업계 차원의 적극적인 대응이 각 기업에서의 적극적인 대응을 촉진하고 있다. 기업도 적극적으로 인재양성이나 조직편성을 실시하고 있고, 철강연맹과 연계를 도모하고 있다. 세계에서 일본이 표준화의 리더가 되고, 나아가 산업경쟁력의 강화로 이어지고 있는 철강산업의 표준화는 「국제표준화 활동에서 자칫하면 수동적인 대응을 강요당하고 있는 다른 산업」과 대조적이다. 사실, 경쟁력을 가진 일본 자동차산업에서조차 표준화를 업계차원에서 협조하면서 적극적으로 추진하는 독일에게 「뒤쳐져 있다」고 한다.

이와 같이 업계단체는 컨센서스 표준화에 있어서 큰 역할을 할 수 있다. 업계단체는 표준화 속에서 어떠한 역할과 관리를 해야 할 지를 연구해야 한다.

5. 사실상의 컨센서스 표준: 표준화 조직과의 협동

컨센서스 표준의 변형 중 하나로서 관계기업(통상 업계의 리더기업)이 어떤 조직을 설립하지 않고, 기존의 표준화 조직이나 업계단체와 밀접하게 협조하여 표준화를 도모하는 경우가 있다. 그것은 디팩토형과 컨센서스형의 혼합형이며, 사실상의 컨센서스 표준이기도 하다.

예를 들면, 독일의 옵트 일렉트로닉스 분야에서는 리더기업이 표준화 과정에서 국내외 공인 표준화 조직과 밀접하게 협력하면서 조정역할을 해 표준화 작업을 추진하였다. 같은 사례는 자동차의 차량내 LAN규격, CAN(Control Area Network)에서도 보여진다. 반도체관련 기술 특허의 대부분을 가진 공급업자가 ISO나 하드웨어 산업과 협조하면서 일을 추진하여, 관계자로부터 높은 신뢰를 얻고 있다고 한다.

이러한 경우, 리더기업이 표준의 설계에 있어서 중요한 영향력을 가지고 있다. 이런 경우는 위에 언급한 바와 같이 업계 내에 긴밀한 기업간 관계나 강한 업계단체가 있을 때 가능할 것이다.

또, 약간 다른 의미에서 표준화 조직이 표준화의 실현에 관여하는 경우도 있다.

그것은 규격간 경쟁이 전개되고 있는 도중에 표준화 조직이 개입하여 표준화를 실현하는 경우이다. 구체적으로 56K 모뎀의 경우 2개 진영이 경쟁을 전개하고 있었는데, 최종적으로 통신분야의 공인표준화 조직, ITU(국제전기통신연합)가 개입하여 널리 받아들일 수 있는 새로운 표준사양을 제시하여 경쟁이 종결되도록 하였다. 이 개입은 표준화 완료 후 시장이 급속히 확대되었기 때문에 적절하였다고 간주되고 있다.

6. 사례를 통한 교훈

이상의 사례는 컨센서스형 표준화가 성공하기 위해서는 이하와 같은 요인이 중요하다는 것을 시사하고 있다. 즉, ① 기업과 담당자 개인 양쪽에 인센티브가 존재한다, ② 이해 대립을 최소한으로 억제하고 합의에 도달하기 위한 지배구조 메커니즘이 확립되어 있다, ③ 표준화 조직이 멤버십에 대하여 개방적이다, ④ 표준화 영역이 한정되어 명확히 되어 있다, ⑤ 표준화가 지적재산권과 관련될 때 표준화 조직이 명확한 지적재산권 정책을 가지면서 라이선서(특허권자)에 대한 이익배분에 대해 충분히 배려한다, ⑥ 표준화 작업 과정이 투명한 순서로 제시되어 있다, ⑦ 경쟁법에 대한 배려를 인식하고 있다, ⑧ 기업은 사내에 표준화에 대응하는 충분한 경영자원과 조직을 정비하고 또 표준화 조직이나 업계단체와의 연계를 도모한다, 등이다. 이러한 점은 또한 앞의 절에서 전개한 이론적인 고찰로부터 도출되는 내용과도 부합한다.

도표 7-2 표준의 형성

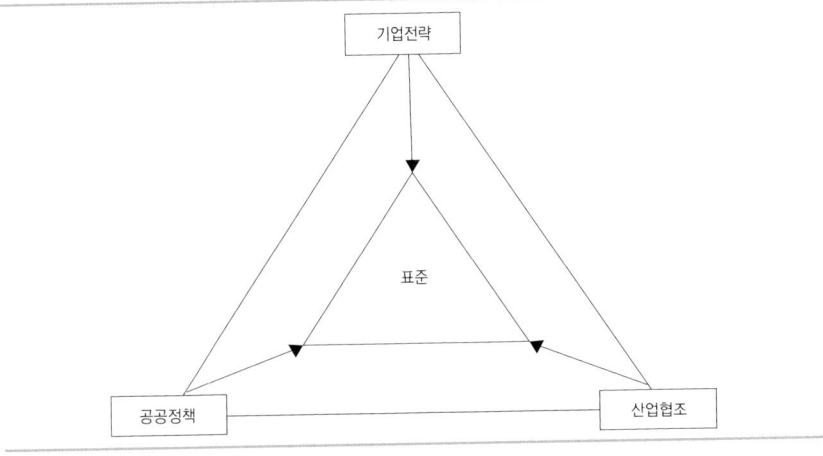

 이상의 사례로부터 도출되는 시사점을 요약하면, 컨센서스형 표준화가 성공하기 위해서는 도표 7-2에 요약되어 있는 바와 같이 기업전략, 산업협조, 공공정책(경쟁정책, 지적재산권정책 등)이 서로 관련된다는 점을 이해할 필요가 있다. 이 요인들은 기본적으로는 서로 다른 역할을 가지고 있기 때문에 이들 사이의 관계가 표준화의 성공 또는 실패로 이어진다. 컨센서스형 표준화를 추진하기 위해서는 이 삼각형의 여러 관계를 충분히 이해하여야 한다.
 컨센서스 또는 표준화 조직에 대한 참가는 표준화 조직의 성격으로부터 영향을 받는다. 뿐만 아니라, 그것은 기업 간의 관계이기 때문에 기업내 요인(경영진의 인식, 경영자원, 조직의 구조와 문화 등)과 경쟁환경 요인(시장구조, 공공정책, 기술특성도 포함) 양쪽에도 좌우될 것이다. 따라서 표준화를 추진하기 위해서는 이러한 요인에 대한 충분한 검토가 중요하다.
 그리고 이상의 사례는 컨센서스형 표준화가 다양한 유형을 가진다는 처음 부분의 지적을 재확인하는 것이다.

_맺음말

이상, 이론과 사례의 간단한 전망을 통해서 컨센서스 표준과 관련해서 표준화 모델의 선택, 표준화 조직의 관리, 표준화 조직과 각 기업의 관계 등을 고찰하였다. 컨센서스형 표준화는 위와 같이 보통 ① 경영진이 표준화의 중요성을 이해하고 나아가 이를 사내에 인식시킨다, ② 표준화에 대응할 수 있는 경영자원(지적재산권, 기술력, 인재 등)과 조직을 만든다, ③ 경쟁력 또는 이익으로 이어지는 표준화 유형 또는 비즈니스 모델을 선택한다, ④ 표준화 조직을 신설하거나 기존의 표준화 조직에 참가하거나 또는 그것과의 연계를 도모한다, ⑤ 이상의 과정을 통해 사내 비즈니스 프로세스를 재검토하는 기회가 생기고 효율개선이나 혁신을 촉진한다, 등의 요소를 포함한다.[7] 그리고 그 형성은 「다양하고, 또한 종종 상호 관련되는 여러 요인들(기업내 요인, 표준화 조직내 요인, 경쟁환경 등)」에 의해 영향을 받고, 또한 표준화 조직의 형태에 따라서도 다르다.

오늘날, 하나의 제품이나 산업에서 각 기업이 가진 기술이 서로 다르고 또 압도적 우위를 가지지 않은 경우가 많다. 또, 「특허의 늪」이라고 표현되듯이 특허의 증식 및 분산이 보이고, 한 개 회사에서 모든 기술을 개발하고 보유하는 것은 어려워졌다. 그래서 제품화 및 실용화를 위해서는 타사의 보완적인 기술이 불가결해지고 있다. 나아가 새로운 제품 또는 서비스가 오늘날의 디지털 제품과 같이 다른 기능을 가진 복수의 기술표준군을 수평적으로 포함하는 구조(「기술표준의 연쇄」)로 되어 있는 경우, 그것들을 모아야 할 필요가 있다. 이런 이유 때문에 관계자의 이해를 조정하는 컨센서스 표준이 요구되고 있다. 그 성공을 위해 고려하여야 하는 과제를 다시 정리해 보자.

무엇보다도 첫째, 컨센서스형 표준화를 추진하는 기업은 컨센서스형 표준화가 기업의 경쟁력과 경쟁적 위치에 큰 영향을 준다는 점을 이해하고 그 전략적 중요성을 인식해야 한다. 그런 다음에 타사나 표준화 조직과 협력하면서 표준화 프로그램을 실천할 필요가 있다.

둘째, 공인표준화 조직, 업계단체, 컨소시엄, 페이턴트풀 등과 같은 기업간 조직의 지배구조 관리에 관해 기업 측이 충분한 이해와 노하우를 가지고 있지 않다면, 표준화 활동은 진전되지 않을 우려가 있다. 왜냐하면 표준화 조직에 대한 참가를 통해 얻을 이익을 계산하고 또 향유할 수 없기 때문이다.

달리 표현하면, 표준화 조직의 관리효율과 성과는 합의형성과 기업의 참가유인에 큰 영향을 줄 것이다. 표준화를 지향하기 위해서는 「기업간 조직·관계·네트워크의 관리」(기업지배구조 및 관리)의 방법을 습득할 필요가 있다. 그 때 위의 예에서 살펴본 바와 같이, 표준화 조직의 유형(멤버십, 기술의 성격, 지적재산권의 취급 등), 그에 대한 참가의 의미 및 성격이나 수준, 공공정책 등을 고려하여야 한다.

이렇게 해서 기업지배구조 및 관리의 문제는 표준화 조직 그 자체의 운영뿐만 아니라, 기업과 표준화 조직의 관계도 포함한다. 오늘날, 공인된 국내외 표준화 조직과의 교류방법, 또는 관계 구축을 검토하는 것은 기업에게는 점점 중요해지고 있다.

셋째, 하나의 산업에는 종종, 관련된 표준화 조직이 하나가 아니라 다수 존재한다. 그러면 기업지배구조의 일환으로서 다른 표준화 조직과의 협조와 경쟁 또는 공존이 문제가 된다. 예를 들어 자동차산업에서는 JasPar는, AUTOSAR가 그다지 힘을 쏟지 않고 있는 정보계 시스템의 표준화에서 독자적인 활동을 하고 있는데, 다른 조직과의 조정 및 관계가 불가결하다. 또 전자화의 진전에 따라 새로운 조직(예를 들면 APSC-TeleMov)이 탄생하고 있는데, 그들과의 관계에도 주목하여야 한다. 똑같은 일이 많은 다른 산업에서도 보인다. 그런 의미에서 하나의 표준화 조직 내에서의 기업간 관계뿐만 아니라 표준화 조직간 관계의 관리도 그에 못지 않게 중요할 것이다.

또 위의 사실은 기업이 많은 표준화 조직에 관여하고 있다는 것을 의미하고 있다. 따라서 소속된 복수의 표준화 조직을 항상 평가하는 일도 필요할 것이다.

넷째, 적절한 기업지배구조를 추진하기 위해서는 표준화 조직에 관여하고 대응하는 사내 체제, 즉 표준화를 위한 사내의 경영자원과 조직(표준관리)의 정비가 필수적이다. 위의 사례가 시사하는 바와 같이, 컨센서스형 표준화는 관계자의 개인적 정열 및 노력, 인적 네트워크에 의존하는 부분이 크기 때문이다. 또, 표준화의 중요성을 이해하는 사람도 적어서 내부에 표준화 장벽이 존재하는 경우가 많다. 인재와 담당조직이 충분하면 표준이 완성되기까지의 비용이나 시간(거래비용)을 줄일 수 있다. 실제로는 많은 산업에서 사내 체제가 충분하다고 말할 수는 없다고 생각된다.

마지막으로 업계단체 또는 산업내의 기업간 관계의 성격에도 유의하여야 한다. 왜냐하면 그것은 표준화 조직의 기업지배구조에 영향을 주고 그것을 통해서도 표준설정에 영향을 줄지도 모르기 때문이다. 예를 들면, 전세계 자동차 기술의 개발 및 그 표준화에 큰 영향력을 가진 독일에서는 업계단체가 강하고 또 OEM간의 관계가 긴밀하다는 점도 유럽의 적극적인 표준화에 기여하고 있다.

이렇게 해서 컨센서스형 표준화를 추진하는데 있어서 기업내의 체제 및 기업간 조직의 지배구조 관리에 주목할 필요가 있다. 그 때 경쟁 환경에도 배려해야 한다. 왜냐하면 합의형성에 대한 유인은 예를 들면 경쟁자나 거래처로부터의 압력(경쟁)에도 영향을 받기 때문이다.

(土井 教之, 長谷川 信次, 德田 昭雄)

【주】
1. 최근, 혁신에서의 제도 및 조직(institutions)의 역할이 주목 받고 있다 (Casper & van Warrden 2004, Theurl 2005 등을 참조). 컨센서스 표준과 그것을 위한 표준화 조직도 제도 및 조직의 하나이다.
2. 예를 들면, 휴대전화용 OS에서의 컨소시엄인 「심비안(Symbian)」과 마이크로소프트 (「윈도우즈」)의 경쟁이다. 심비안은 에릭슨, 모토로라, 노키아, 사이언의 합작회사로서 설립되었는데, 현재 출자자는 노키아, 소니에릭슨, 에릭슨, 마쓰시타, 삼성, 지멘스이다.

3. 기술의 수명도 표준화 프로세스에 영향을 준다. 예를 들면, 대체기술의 등장 (기술진보)이 비교적 빨리 예상된다면, 기업은 그것을 계산에 넣어 컨센서스형이 아니라 경쟁형을 선택할지도 모른다. 최근의 신세대 DVD규격 경쟁이 마무리된 것에는 그 기술을 대체하는 신기술의 등장 가능성(빠른 기술진보)이 영향을 주었을 가능성이 있다. HD-DVD규격을 단념한 도시바는 어느 쪽이 승리하여도 단명할 가능성이 있다는 점을 고려하여 경쟁형을 선택하였고, 또 자기 기술의 표준화를 단념하였다고 이해할 수 있기 때문이다. 즉, 그 결착은 "It may be a hollow victory"(Financial Times, Feb. 18, 2008)(「공허한 승리」) 라는 기사에서 보듯이, 이겨도 그다지 큰 이익은 되지 않을 가능성이 있다.
4. 페이턴트풀은 컨소시엄으로 분류되는 수도 있지만, 여기에서는 별개로 취급한다.
5. 이하의 사례는 Blind et al. (2002), Casper & van Warrden(2004), de Vries(2006), 土井 외 (2008), Gerst & Bunduchi(2005), Greenstein & Stango(2006), 經産省標準化經濟性硏究會 (2006), 岡本・富田 (2008), Updegrove(2008) 등에 의거한다.
6. 최근 세계적으로 경쟁정책이 강화되고 있는 점이 보이고, 다수의 카르텔 위반 사건이 일어나고 있다. 마찬가지로 표준에서도 경쟁법과의 관련이 큰 과제 중 하나이다. 최근의 사례에서는 EU 경쟁정책 당국은 경쟁법과 관련하여 ISO에서의 마이크로소프트사 OOXML규격의 채용 과정을 조사하고 있다 (Financial Times, March 5, 2008).
7. 표준화 조직이 관련되는 일이 많은 국제표준화에 대한 일본 기업의 대응에 관해서는 日本經団連 (2008)을 참조. 그리고 표준화는 디팩토형이나 컨센서스형뿐만 아니라, 개방된 환경을 설정하여(「방위적 페이턴트풀」), 또는 특허권자가 서로 필수특허를 공개하고 권리를 주장하지 않는다는 것을 공언하여(「비계쟁(非係爭) 관례」), 진행되는 경우도 있다. 이것들도 사실상의 컨센서스 표준이다.

※ 이 장의 작성에 있어서 기업, 행정당국, 대학 등의 많은 전문가와의 논의가 유익했다. 또, 土井의 경우는 일본학술진흥회의 과학연구비보조금 프로젝트(기반연구(A)「기술적 상호관련과 기업의 R&D전략에 관한 종합연구」)를 통해 실시된 연구의 일부를 활용하였다. 감사의 뜻을 표한다.

08

**컨센서스 표준
활용전략의
핵심점**

컨센서스 표준 활용전략의 핵심점

마지막 장은 정리이며 제언이다. 여기까지 읽으신 독자들은, 컨센서스 표준을 사업활동에 여러 가지 형태로 활용할 수 있다는 점을 구체적으로 보았을 것이다. 그러나 정보량의 많아 혼란스러웠던 독자가 많을 지도 모른다. 제8장에서는 이 장만을 읽어도 컨센서스 표준화의 전체 모습과 그것을 사업전략에 활용하는 방법을 알 수 있도록 이 책 전체를 간결하게 정리하고, 그 실현에 필요한 조직과 인재에 관한 전략을 함께 제언하였다.

▬ 머리말

여기까지 컨센서스 표준이란 무엇인지부터 그 기능, 영향 그리고 전략적 활용 방법까지 여러 가지 각도에서 그 내용을 정리해 왔다. 이 장은 마지막 장으로서 또 한번 컨센서스 표준의 활용 전략에 관하여 전체적으로 정리해 본다. 우선은 각 장마다의 핵심점을 정리하고 이 책의 전체 모습을 명확히 한다. 다음으로 컨센서스 표준 활용의 효과, 즉 시장확대, 차별화, 이익확보, 비용절감이라는 관점에 따라 각 장의 분석을 다시 정리해 보자. 그 과정에 있어서 표준화 경제성연구회에서 다룬 사례 중 지금까지 언급할 수 없었던 사례에 관해서도 가능한 한 언급하여 보다 심도 높은 분석을 하고자 한다.

그리고 마지막으로 컨센서스 표준을 사업전략으로 활용하기 위하여 각 회사가 해야 할 활동을 정리하고, 그렇게 하기 위해 필요한 조직과 인재에 관하여 그 필요성을 제언한다.

1. 컨센서스 표준 활용전략이란

먼저, 각 장의 내용을 복습한다는 의미에서 각 장에서 분석한 내용 중 가장 중요한 핵심점을 추출해 보자. 이 핵심점을 파악한 후에 다시 필요한 장을 읽으면, 각각의 장이 지니는 전략적 의미가 보다 명확해질 것이다.

① 컨센서스 표준 전략에는 치밀한 이익확보 장치가 필요

제1장에서는 표준의 기본적 역할을 규명하면서, 특히 지금까지 디팩토 표준의 일부로서 이해되어 온 포럼에 의한 표준화가 그 기능적으로는 디쥬르 표준과 같은 부류에 속한다는 점을 보여주었다. 또 오늘날 표준화의 대부분이 컨센서스 표준화에 의해 추진되고 있는 현실을 보여주었다. 그런 다음, 컨센서스에 의한 제품표준화의 기능은 디팩토 표준화와 전혀 다르다는 점을 보여주었다. 즉, 그 기능은 기본적으로 「시장확대」와 「비용절감」으로 축약되기 때문에 확대된 시장에서 이익을 얻거나, 그것에 의해 비용을 절감하는 방법을 별도로 강구하지 않으면 기업에 있어서 표준화가 이익상실로 이어질 가능성이 높다. 따라서 디팩토 표준과는 다른 컨센서스 표준을 위한 새로운 사업전략이 필요하다.

② 컨센서스 표준의 전략적 활용이란 유리한 포지셔닝의 설계와 실현

제2장에서는 컨센서스에 의한 제품표준의 활용방법은 각 기업의 포지셔닝에 따라 정해진다는 점을 보여주었고, 컨센서스 표준을 효과적으로 활용할 수 있는 다양한

포지셔닝을 사례를 통하여 분석하였다. 컨센서스 표준에 있어서 포지셔닝의 기본은 전부를 표준화하는 것이 아니라, 자사의 핵심부분이 되는 자신 있는 영역은 표준화 되지 않도록 남겨두면서 표준화를 유도하는 것이다. 그러한 표준화에 덕분에 자사의 독자성을 유지하는 포지셔닝을 실현할 수 있다면, 표준화에 의한 시장확대는 사업확대와 이익창출을 가져다주는 강력한 수단이 된다.

③ 표준화하지 않는 부분이 경쟁력의 원천

제3장에서는 표준화가 컨센서스에 의해 결정됨에 따라 자사 마음대로 되지 않는다는 것을 전제로 하면서, 그 표준화가 존재하는 사업공간에서 어떻게 비즈니스를 자사 논리로 주도해 갈 것인가 라는 관점에서 사업전략을 분석하였다. 그곳에서 지적된 것은, 표준화된 제품을 어떻게 다양한 고객 요구에 맞춰가면서 시장에 내놓을지 그에 관한 축적된 기술의 차이가 사업의 차이로 연결된다는 점이었다.

④ 시험 및 검사방법 표준으로 성숙시장에서의 제품차별화를 실현

제4장에서는 제품표준에 의해 차별화가 어려워지는 것을 회피하는 방법으로서, 시험 및 검사방법의 표준화에 초점을 맞춰서 그 기능과 효과를 분석하였다. 시험 및 검사방법 표준은 지금까지 사업전략상 주목 받는 일이 적었지만, 시험 및 검사방법 표준은 시장 포화기에 제품 차별화의 수단이 될 수 있다. 이것은 시장확대의 수단이 되는 제품표준과는 다른 독특한 기능이며, 시험 및 검사방법 표준의 전략적 활용이 사업전략상 매우 중요하다.

⑤ 자사의 차별화 영역이 가진 사업기회를 제휴를 통해 확대

제5장에서는 국제표준화 때문에 일어나는 제품 아키텍처의 변화가 국제적인 분업 환경을 만들어낸다는 점을 지적하였다. 그리고 자사에게 유리한 표준화를 통해 그러한 변화를 정확하게 만들어내고, 자사에게 유리한 제휴를 만들어내는 것이 사업전략상 중요하다는 것을 지적하였다. 차별화 영역을 가지고 있다고 해서 전부를 자

사에서 전개하는 것이 아니라, 차별화 영역에서 자사의 독자성을 유지하면서, 공개되어 차별화할 수 없는 영역에서는 비용우위를 가진 파트너와 제휴를 맺는 것이 사업확대의 수단이 된다.

⑥ 특허는 표준 내에 집어넣을 것이 아니라 표준 밖에 확보
제6장에서는 표준에 관련된 특허에 관해서 해설하였다. 디팩토 표준화에서는 그 표준내 특허야말로 가장 중요한 수익의 원천이었다. 그러나 컨센서스 표준화에서는 표준내 특허를 수익원으로 생각하면, 표준화의 본질적 효과인 시장확대 효과를 잃을 가능성이 높다. 따라서 수익원이 되는 특허는 표준 밖에 확보하여야 한다는 점을 보여주었다.

⑦ 조직이 지배구조 관리에 대해 이해하는 것이 필수
제7장에서는 컨센서스 표준화에서 중요한 역할을 하는「조직」에 관하여 조직론의 관점에서 분석을 시도하였다. 그리고 여기에서 도출된 가장 중요한 핵심점은, 자사 조직, 표준화를 하는 조직, 그리고 공공정책기관이라는 세 가지 조직의 연계와, 각 조직내 지배구조 메커니즘이 컨센서스 표준의 활용에 큰 영향을 준다는 것이었다.

2. 컨센서스 표준 활용전략에 대한 효과별 재정리

여기에서는 제1장부터 제7장까지 정리한 컨센서스 표준화 전략에 관해 그 효과별로 정리해보자. 그 정리에서는 지금까지 다룰 수 없었던 몇 가지 사례를 추가적으로 다루기로 한다.

제1장에서 정리한 바와 같이, 컨센서스에 의한 제품표준 덕분에 제조기업 쪽이 얻는 이점은 기본적으로 시장확대이다. 그러나 시장확대를 위한 표준화는 제품차별

화를 어렵게 하는 한편 신규진입을 용이하게 하기 때문에 경쟁이 격화되고 경쟁기업의 이익은 감소한다. 그러한 이유 때문에 제2장에서 정리하였듯이, 표준화된 환경에서 높은 이익률을 확보하고자 하는 기업은 독자적인 포지션을 창출해야 한다. 또 제품의 사용자 측 입장에서는 차별화된 제품을 제공받을 뿐만 아니라 표준화에 의한 비용절감의 효과를 노리고 있는 경우도 많다. 표준화 추진기업에게는 표준화에 의한 비용절감의 이점을 사용자가 누릴 수 있도록 하는 전략이 필요한 경우도 있다. 그래서 이하에서는 시장확대, 차별화, 이익확보, 비용절감의 네 가지 관점에서 표준화 전략을 정리하기로 한다.

1. 시장확대

① 시장확대를 위한 표준화

표준화에 따라 작성되는 표준은 제1장에서 언급하였듯이 무엇을 표준화하는가에 따라 기본표준, 방법표준, 제품표준의 세 종류로 분류할 수 있다. 시장확대 기능은 이들 세 종류의 모든 표준에 존재한다.

예를 들면, ISO/TC227에서는 2006년에 「스프링용어」의 표준을 개발하여, 일본 중국 한국 태국 루마니아 영국의 6개 국어로 스프링용어 사전을 편찬하였다. 이것은 「기본규격」의 전형적인 예인데, 그 덕분에 「원통형 코일스프링」 등 용어의 공통화가 이루어져, 그것이 시장확대에 크게 기여하였다. 이것은 표준화의 중요한 기능인 「커뮤니케이션의 향상」을 이용하여 시장확대를 실현한 좋은 예라고 할 수 있다. 다만, 기본표준에 의한 시장확대 효과는 그다지 크지 않다. 나아가 기본표준에 의한 이점은 보통 그 대상 업계 전체에 공평하게 미치기 때문에 업계 전체 멤버의 참가를 통해 신중하게 진행시켜야 한다. 기업의 사업전략으로서 이러한 기본표준의 표준화 활동을 추진시키는 것은 곤란하다.

방법표준의 대표적인 예라고 할 수 있는 시험 및 검사방법 표준도 시장의 형성 및 확대에 큰 역할을 한다. 광촉매의 항균기능이나 태양전지의 발전량 등 새로운 기술로 기존시장에 진입하려는 경우, 기존제품과의 성능비교를 공평하고 쉽게 할 수 있는 시험 및 검사방법 표준을 정비하는 것은 우선 첫 번째로 해야 할 표준화 과제라고 할 수 있을 것이다.

최근 ISO에서 표준화된 플라스틱 제품의 항균가공에 관한 시험방법은 일본의 제안으로 세계표준이 되었고, 전세계에 「KOHKIN」(항균의 일본어 발음) 가공 제품군이라는 시장을 만드는데 성공하고 있다. 이 표준이 만들어지기까지는 시장에 「항균」이라고 표시된 제품이 넘쳐나, 그 신뢰성에 대한 의심이 커져가고 있었다. 이 사례에서도 밝혀진 것처럼, 시험방법의 표준화는 시장에 안심감을 가져다 주어 시장확대를 실현한다.

에너지절약의 기준이나 그 시험방법을 표준화하는 것도 에너지절약 기기의 시장확대에 기여한다. 예를 들면, 에어컨의 소비전력이나 자동차의 연비를 통일된 기준으로 표시하는 것이 의무화됨에 따라, 소비자는 안심하고 그 에너지절약 효과를 판단할 수 있다. 각 회사마다 다양한 기준을 가지고 있으면, 소비자는 혼란스러워지고, 에너지절약 제품의 시장확대는 어려울 것이다. 이러한 표준화는 특정 기업에 우위를 가져다 주는 것이 아닐 지도 모른다. 그러나 이러한 에너지절약 기준을 국제표준화하게 되면, 에너지절약 기술분야에 뛰어난 기업이 많은 일본기업 전체에 이점을 가져다 줄 것이라고 생각된다.

이처럼 시장확대 기능은 표준화의 기본기능이라고 할 수 있지만, 그 중에서도 제품표준화는 시장확대 기능이 크다. 이하에서는 이 제품표준화를 중심으로 컨센서스 표준이 사업전략에 미치는 영향에 관해 정리한다.

② 개방화와 시장확대

표준화의 기본은 「단순화」이며, 바꿔 말하면 기술을 하나로 고정시키는 것이다. 이것은 사업자 입장에서 보면, 제품종류를 감소시키거나 필요기술을 한정시킴으로써 기술적 진입장벽을 낮추는 것이다(진입자 증가와 가격저하). 또 소비자 입장에서 보면 일정한 품질을 보증하고, 장기간에 걸친 제품에 대한 지원으로 안도감을 가져다 준다. 이 두 가지 효과로 「시장확대를 실현하는」 것이 가능해진다. 즉, 시장이 존재하지 않거나 극히 작은 시기에 실시하는 컨센서스 표준화는 그 후의 「시장확대」에 큰 역할을 한다.

이러한 시장확대 효과는 표준화의 범위 즉 기술의 단순화 및 고정화 범위가 넓을수록 크다. 사용자 요구에 다양성이 없다는 대담한 가정을 하면, 어떤 제품 전체의 사양을 표준화하는 경우 시장확대 효과가 가장 커진다. 이러한 개방화와 시장확대의 상관관계는, 제2장에서 이익확보와 연동한 사례로서 인텔의 표준전략을 통해 논의되었다. 그러나 현실에서는 시장확대에는 성공하였지만 이익확보로는 이어지지 않았던 표준화 사례가 많다는 점도 중요하다.

제1장에서도 말했듯이 제품의 표준화란 기술의 공개화이며, 그것은 동시에 제품의 균일화를 의미하고 있다. 즉, 오픈화하면 할수록 제품의 동일성은 높아져서 제품의 차별화(제품혁신)가 곤란해지기 때문에 그 제품은 심한 가격경쟁(공정혁신)에 노출된다. 가격하락은 사용자에게는 바람직한 현상이며 시장확대로 이어지지만, 제조업자에게는 이익의 감소를 의미하고 있다는 점에 주의할 필요가 있다.

그 대표적인 예가 제3장과 제6장에서도 다루어진 메모리카드의 사례이다. 메모리카드는 다양한 규격간 경쟁이 이루어졌지만, 개방전략을 취한 SD카드가 디팩토 표준의 지위를 확보해 가고 있다. 그러나 동시에 메모리카드의 급속한 가격하락이 발생하여, 메모리카드에 의한 이익은 기대할 수 없는 환경이 되고 있다. 제2장에서 논의된 자전거의 사례도 개방화가 가격경쟁을 일으켜, 표준작성자의 이익을 잃게 한 사례라고도 할 수 있을 것이다. 제5장에서 다루어진 DVD 사례도 개방화 때문에 완성품이 가격경쟁에 돌입하여 대부분의 진입자가 이익이 내지 못하는 사례이다. IBM-PC, G3팩시밀리 등에서도 똑같은 현상이 보여졌다.

③ 특허에 의한 시장확대

제2장의 USB와 IEEE1394 사례나 제3장의 메모리카드 사례, 그리고 제6장의 많은 사례에서 논의한 바와 같이, 표준에 포함된 특허는 그것이 무상이거나 싸게 제공

된다면 시장확대에 큰 역할을 한다. 만약 그 특허로부터 이익을 얻으려고 하면, 시장확대 효과는 억제된다.

　제6장에서는 표준에 포함된 특허의 라이선스료를 통해 제품의 보급을 억제하는 퀄컴의 사례도 소개하였다. 고액의 라이선스료가 청구되는 표준이 컨센서스에 의해 성립되는 일은 드물며, 이는 전략적으로 통상 활용할 수 있는 방법은 아니다. 많은 경우, 표준참가자들은 표준 안에 들어 있는 특허에 관해서는 무상이나 저렴하게 제공할 것을 요구한다.

　그 결과로서 표준에 특허를 넣음으로써 오히려 그 특허로부터 충분한 이익을 올릴 수 없고, 다른 회사를 이롭게 하고 말 가능성조차 있다. 이러한 배경을 이해한 뒤, 표준에 특허를 집어넣을 것인가를 신중하게 검토하고, 특허를 상황에 맞게 다르게 사용할 필요가 있다.

　표준화란 기술을 공개하여 누구나 사용할 수 있도록 보급하는 것이다. 그 표준화 속에서 기술을 독점하고 이익을 확보하는 방향으로 특허를 이용한다면, 그것은 표준화 효과를 약화시키게 된다는 것은 명백하다. 표준 안에 집어넣는 특허는 시장확대를 지원하는 역할을 갖게 하고, 이익의 확보는 표준 밖에 유지한 특허로 하는 것이 컨센서스 표준에서의 대원칙이다.

④ 조직에 의한 시장확대

　시장확대를 위한 또 하나의 중요한 핵심점이 표준화 또는 그 관련조직의 존재이다. 제2장에서는 USB와 IEEE1394의 보급에 차이가 있는 원인 중 하나로 조직의 차이가 있다는 것을 보여주었다. 또 제6장에서는 특허를 가진 NTT가 기술지도를 통해 시장을 확대한 광커넥터의 사례를 소개하였고, 나아가 시장확대 조직으로서 페이턴트풀이 효과적이라는 것을 MPEG, DVD, 휴대전화 사례 등에서 보여주었다. 그리고 제7장에서는 이 조직론을 정면으로 다루었는데, 앞서 든 예에 더하여, 표준 작성 쪽에 노력한 AUTOSAR과 표준의 개량 및 보급 쪽에 노력한 JasPar의 차이, 또 철강업계의 성공사례 등을 소개하였다. 제2장에서 제시한 GSM의 2단계 보급의 경우도

GSM MoU를 하나의 조직으로 본다면, 이는 시장확대에 큰 역할을 한 조직이라고 볼 수도 있다.

컨센서스 표준에 있어서 가장 중요한 조직문제는 「자사에게 유리한 표준에 대한 컨센서스를 획득할 수 있는 조직」의 설계와 운영이다. 그런데 그러한 조직이 동시에 「시장확대 기능」을 효과적으로 발휘한다고는 말할 수 없다는 점에 주의하여야 한다. 그러한 경우 표준을 보급시키기 위한 조직을 별도로 설계하고 운영하는 것도 중요한 전략이다.

2. 차별화

① 차별화와 시장확대의 양립: 상위 계층의 표준화

시장확대 부분에서 말했듯이 컨센서스에 의한 제품의 표준화는 시장 포화 시에 제품 차별화를 곤란하게 하기 때문에 이 마이너스의 영향을 가능한 한 피하도록 표준화할 필요가 있다. 즉, 차별화에 유리한 자사의 강점 영역은 표준화 영역 밖에 두어야 하는 것이다.

이를 위해 가장 효과적인 전략은 자사의 수익기술 영역 및 수익제품의 상위 계층을 표준화하는 것이다. 재료기술이 강하면 그 재료를 이용하는 부품을, 부품기술이 강하면 그 부품기술을 이용하는 완성품을, 완성품이 강점이라면 그 완성품이 이용되는 서비스를 표준화 해야 한다. 결국 상위 계층을 표준화할 수 있다면, 그 표준화를 통해 상위 계층의 시장이 확대되고 그것을 구성하는 자사제품의 수요가 증대한다.

그러나 자사제품에 관한 기술은 표준화되지 않기 때문에 제품혁신 영역으로서 계속 차별화를 추구하는 것이 가능하고, 또 기술의 블랙박스화도 쉽게 할 수 있다. 즉, 상위 계층의 표준화는 시장확대를 목적으로 한 경우, 사업전략상 가장 효과적인 표준화라고 말할 수 있다. 제 2장에서 다룬 인텔의 경우도, 인텔이 팔고 싶은 부분은 MPU인데, 그 상위 계층인 「PC」주변부분을 표준화한 사례라고 할 수 있을 것이다.

그렇다고 해도 현실적으로는 자사 제품이 상위 계층에 없는 경우, 상위 계층의 표준화를 주도하는 것은 어렵다. 상위 계층의 표준화 프로세스에서 자사의 독자적인 제품이 위치하는 하위 계층까지 표준화가 되어버리면 의미가 없다. 과거의 사례에서는 결과적으로 상위 계층이 표준화가 되었기 때문에 이익이 확대된 경우가 많았을 것이다.

그러나 상위 계층 영역의 표준화 활동에 적극적으로 참가하여 매력적인 표준화 원안을 제안해 나감으로써 상위 계층 영역의 표준화를 촉진한 예도 있고, 표준화 후에 자사의 수익영역을 하위 계층으로 옮긴 예도 있다. 어느 정도의 수직통합을 한 일본기업이라면 기업 내에서 상위 계층 부분을「시장확대 영역」, 하위 계층 부분을「수익확보 영역」으로 설정함으로써 동일한 효과를 얻는 것도 전략으로서 생각할 수 있을 것이다.

앞부분의 인텔 사례에 더하여 상위 계층이 표준화됨으로써 이익을 올린 경우로서는 감열지 형태의 G3 팩시밀리가 포화된 시기에 이익을 거둔 감열지 제조회사 고자키제지(神崎製紙, 다음 항 ④ 참조)를 들 수 있고, 또 제2장이나 제5장에서 다루어진 DVD 부품 및 재료 회사 등을 들 수 있다.

메모리카드의 표준화를 처음으로 실시한 것은 반도체 제조회사인 도시바나 샌디스크인데, 그들에게는 메모리카드는 상위 계층 제품이었다. 그 후 디팩토 표준경쟁이 SD카드와 메모리디스크로 옮겨져, 표준화의 리더 기업도 마쓰시타전기나 소니 등 카드 이용 쪽 기업으로 옮겨졌다. 그러나 카드시장 확대에 따른 이익은 도시바와 샌디스크와 같은 반도체 재료 회사가 계속 확보하고 있다.

어떠하든, 「확대되는 전체 시장」 속에서 「이익을 올리는 부분 시장」을 확보하는 것이, 컨센서스 표준에서 시장확대 효과를 최대한 향유하기 위한 가장 중요한 핵심점이다.

② **표준화되어 있지 않은 부분에서의 차별화**

이 장의 제1절에서 언급한 바와 같이, 컨센서스 표준화의 경우 제품차별화의 기본은 「표준화되어 있지 않은 부분에서 차별화한다」는 것이다. 제품차별화는 많은 비즈니스에서 기본이며, 기업이 경쟁력을 높이는 전략의 기본이다. 그러나 컨센서스 표준이 만들어지면 차별화 영역이 좁게 된다. 그래서 어떻게 해서 차별화 영역을 남기고, 그 부분에서 자사 점유율을 확대할 것인가가 중요한 핵심점이다.

제3장에서 정리한 「자사의 논리로 추진되는 비즈니스」 부분은, 이 전략을 활용하는데 있어서 중요한 기업전략 내용을 정리한 것이다. 그리고 그 중 가장 중요한 핵심점은 표준화된 부분에서의 높은 기술수준에 있는 것 아니라, 표준화된 제품을 다양한 고객요구에 맞춰 이용할 수 있도록 하기 위해 필요한 섬세한 고객요구 대응 기술을 축적하는 것이다.

이러한 측면에서 보면, 표준화에 대해 적극적으로 관여하는 것은 그다지 중요하지 않은 것처럼 보이지만, 실은 표준화되어 있지 않은 부분의 유연성을 높이기 위해서는 가능한 한 빨리 표준화되는 부분을 확정하고, 표준 이외의 부분에 기술개발 자원을 집중하는 것이 중요하다.

제3장에서 다룬 사례는 히타치제작소나 NEC라는 대규모 전기회사의 경우인데, 이들은 다양한 솔루션에 관한 기술축적이 있었다. 그래서 이들은 표준화 기술에 대한 진입이 늦어진 점을 만회하면서 독자노선으로 갈 수도 있었지만, 이미 보급된 표준에서 차별화 부분 기술개발을 가능한 한 빨리 시작하는 것이 시장경쟁에 있어서 유리했다는 점은 말할 필요도 없다.

제6장에서는 이 표준화되어 있지 않은 부분에서 차별화를 한 경우로서 먼저 DVD 부품 산업의 예를 들었다. 나아가 그 특수형태로서 QR코드나 G3 팩시밀리와 같이 완전히 무상으로 공개한 표준화 기술 속에 노하우 형태로 공개되어 있지 않은 정보를 남기는 방법을 보여주었다. 또 인텔이나 시마노와 같이 자신의 강점 기술의 주변을 인터페이스 표준으로 한 다음, 부품의 바깥 부분은 표준화된 형태로 유지하는 한편, 안쪽 부분의 기능을 자유롭게 향상시키는 방법을 보여주었다.

이와 같이 컨센서스 표준의 활용에 있어서 표준화되어 있지 않은 부분에서 차별화를 하는 것은 전략의 기본 중 기본이다. 따라서 제품 디자인의 초기부터 어느 부분이 표준화되고, 어느 부분에서 차별화할지를 명확하게 결정한 후에 사업전략을 구축하는 것이 필수적이라고 할 수 있다.

③ 시험 및 검사방법 표준에 의한 차별화

제4장에서 지적한 바와 같이, 시험 및 검사방법 표준의 정비는 표준화를 통해 제품차별화를 실현하는 아주 효과적인 방법이다. 제품표준은 앞에서 말했듯이 시장 포화기에 제품차별화를 어렵게 하지만, 시험 및 검사방법 표준은 시장포화기에는 그야말로 제품차별화를 촉진하는 표준으로서 작용한다.

이에 관해서는 제4장에서 상세하게 분석하였기 때문에 반복은 피하겠지만, 가장 중요한 것은 자사 제품이 높게 평가되는 시험 및 검사방법의 표준을 제품간 경쟁이 되기 전에 준비해두는 것이다. 시장이 포화기가 되어 기업간 점유율 경쟁이 된 단계에서 자사에게 유리한 시험 및 검사방법 표준을 컨센서스를 통해 만드는 것은 불가능하다. 시장이 확대하기 이전 단계에서 기존 제품과의 성능 차이를 드러내기 위해 시험 및 검사방법 표준을 작성할 때, 향후의 제품간 경쟁을 상정하여 자사 제품에 유리한 시험 및 검사 항목을 넣어두는 것이 중요하다.

이 전략을 「자사에게 유리한 데이터가 나오도록 시험 및 검사방법 표준을 설정하는 것」으로 생각한다면, 시험 및 검사방법 표준의 공평성에 대해 의문이 생길 것이다. 그러나 컨센서스 획득에는 많은 데이터 축적이 필요하며, 그 공정성에 의문이 생길 것 같은 표준이 되어서는, 시험 및 검사방법 표준의 본래 목적인 「좋은 것을 좋다고 평가하는」 기능에 대한 신뢰성을 확보할 수 없다.

여기에서 전략으로서 검토해야 할 것은 「자사제품의 좋은 부분을 좋게 평가해 주는 시험 및 검사방법 표준을 준비하는」 것이다. 예를 들면, TV 디스플레이에서 자사 제품의 특징이 내구성이라면 내구성에 관한 시험항목을, 색을 표현하는 능력이라면 색에 관한 시험항목을, 동영상성능이라면 동영상이 잘 보이는 것을 측정하는 시험항목을 표준 안에 넣어 두어야 한다. 그렇게 하지 않으면, 자사 제품을 시장이 높게 평가하는 것으로 이어지지 않는다. 즉, 자사 제품의 타사 제품에 대한 우위를 충분히 파악하고, 시험 및 검사방법 표준의 작성에 임할 필요가 있다.

그리고 제4장에서도 언급한 바와 같이, 시험 및 검사방법 표준의 정비에 있어서는 기술누출에 충분히 주의할 필요가 있다. 일반적으로는 제품표준 쪽이 기술이 누출되기 쉬운 것처럼 생각되지만, 이 책에서 몇 번이나 지적하였듯이 컨센서스 표준에서 제품표준을 작성하는 것은 경쟁하지 않는 부분 즉 기술누출이 문제가 되지 않는 부분이다. 그러나 시험 및 검사방법 표준은 그야말로 경쟁영역의 성능비교를 하는 표준이며, 무엇이 성능차이인지를 그대로 표현한 표준이라고 할 수 있다. 목표가 명확해진 연구개발이 쉽다는 것은 당연하며, 시험 및 검사방법 표준의 각 항목은 당연히 각 회사의 연구개발 목표로서 이용되게 된다.

이러한 시험 및 검사방법 표준의 이점과 결점을 충분히 이해한 후에 이 표준과 제품표준을 상황에 맞게 구별하여 사용하고 사업전략으로 활용해 나가는 것이 중요하다.

④ 복수대응 제품에 의한 차별화

컨센서스 표준화에서의 또 하나의 독특한 전략이 복수 표준에 동시에 대응하는 제품을 시장에 내보내는, 복수대응 제품에 의한 차별화이다. 디팩토 표준화 경쟁의 경우, 다른 표준과의 경쟁에 이겨서 다른 표준을 시장으로부터 몰아내는 것이 경쟁의 본질이다. 그러나 컨센서스 표준화의 경우는 복수 표준에 동시에 대응하는 기술을 차별화 영역으로 해서 부가가치의 원천으로 삼는 것도 하나의 전략이다.

그 전형적인 예가, 제2장에서 상위 플랫폼에 자리를 잡은 경우로서 소개된 Super Multi Drive나 USB와 IEEE1394 양쪽 대응을 추진한 주변기기 회사이다. 제3장에서 사례로 다루어진 QR코드에 관해서도 코드를 개발한 덴소웨이브의 수익 원인 핸디리더는 QR코드뿐만 아니라 모든 2차원 코드에 대응하고 있다.

이러한 복수대응 제품에서의 전략상 핵심점은 그 기술 안에 고도의 기술영역이 존재하며, 타사가 추종할 수 없는 제품이 되어 있다는 것이다. Super Multi Drive의 경우, DVD-RAM 기술은 +－R의 기술과는 전혀 다른 독특한 기술이며, 이것을 일체화할 수 있는 것은 높은 기술력을 가진 기업에 한정되었다. 그래서 표준의 보급에서는 불리하였음에도 불구하고, DVD-RAM진영 기업이 Super Multi Drive에서는 우위에 설 수 있었다.

복수기능에 대응하면서 그 복수대응이라는 점을 살린 차별화를 해 나가는 것이 이 비즈니스 모델의 중요한 핵심점일 것이다.

이 전략을 발전시켜 자신이 고안한 난이도가 높은 기술을 표준의 하나로서 컨센서스 표준 안에 넣을 수 있다면, 모든 것에 대응할 수 있는 장치를 제조할 수 있는 것은 자사뿐이다 라는 환경을 실현할 수도 있다. 국제표준화 환경이 복수표준화되고 있는 것은 틀림없는 사실이며, 복수표준 환경을 전제로 한 전략은 컨센서스 표준전략으로서 중요한 핵심점이다.

3. 이익확보

① 플랫폼화와 그 위에서의 디팩토화

제2장에서 정리한 바와 같이 컨센서스 표준을 이용한 전략에서 가장 중요한 것은 포지셔닝이다. 그러나 동시에 표준화 부분의 플랫폼화를 추진하는 것은 컨센서스 표준의 효과를 최대로 발휘하기 위해서 매우 효과적인 전략이다. 컨센서스 표준화의 본질이 「경쟁하지 않는 분야를 모두 합의한다」는 것인 이상, 컨센서스를 통해 표준화한 부분은 그 대부분의 경우 그곳으로부터 발전하는 제품의 플랫폼이 되는 조건을 가지고 있다. 그 플랫폼에 많은 참가자를 모은 후에 그 플랫폼 위에서 이용할 수 있는 매력적인 기능을 제공할 수 있다면, 그것은 큰 비즈니스 모델로 연결된다.

퀄컴이 표준화한 cdma2000 기술을 채용하는 단말기사업자는 퀄컴이 제공하는 칩과 OS를 이용함으로써 쉽게 신기능을 가진 단말기를 개발할 수 있다. 이것이 플랫폼의 성공 예이다. QR코드의 판독에서 에러가 전혀 없다고 하는 덴소웨이브의 디코드 소프트웨어 등도 OEM으로 공급하면 큰 비즈니스가 될 것으로 생각되지만, 현재로서는 그 회사는 라이선스하지 않으면서 자사 이용에 머무르고 있고, 자사제품의 차별화에 활용하고 있다.

컨센서스 표준으로 성립된 플랫폼 위에서 디팩토 표준이 성립하는 경우도 있다. 제2장에서 다룬 DVD드라이브에서 산요전기의 트래메카 유니트가 그 전형적인 예이다. DVD의 컨센서스 표준에서는 트래메카 유니트는 표준화되어 있지 않았다. 그러나 그 후 산요전기가 경쟁력이 있는 광학픽업 부품을 집어넣은 트래메카 유니트로 시장을 석권하고 이것이 디팩토 표준이 되었다. 그래서 DVD기기 제조회사는 산요의 트래메카 유니트를 부착하는 크기를 전제로 해서 기기를 설계하게 되었다. 제1장에서 언급한 바와 같이 디팩토 표준화라면, 거기에 포함되는 지적재산을 통해 그 내부 제품 시장을 독점하는 것도 가능하다.

인텔은 Pentium CPU의 시대에 마더보드의 표준화를 추진하였지만, 동시에 특허를 통해 CPU의 핀 배치를 보호하였고, 핀 호환 CPU를 배제하였다. AT버스나 PCI버스 표준화로 플랫폼이 된 IBM-PC라는 제품 안에 주변 칩의 패밀리화와 핀 배치의 독점 그리고 마더보드의 표준화를 조합시켜, 인텔 CPU는 IBM-PC 속에서 디팩토 부품의 지위를 확립한 것이다. 자전거라는 플랫폼 위에서 「시마노 기어」라는 수익영역을 확립한 시마노의 전략도 일종의 플랫폼 전략이라고 할 수 있을지도 모른다.

IBM-PC나 DVD레코더라는 복잡한 시스템에서는 한 개 회사 단독으로 시스템 전체의 디팩토 표준을 획득하는 것은 확실히 어렵지만, 그 플랫폼 위에서 부품 차원의 디팩토 표준이 되는 것은 지금도 매우 효과적인 비즈니스 모델이라고 할 수 있다.

② 복수표준에 대한 대응

앞의 항에서 복수표준에 대응하는 장치를 통한 차별화에 관하여 언급하였다. 그것을 확장한 형태로서 한 개 회사에서 복수 표준에 대응해 나가는 것도 중요한 수익 확보를 위한 전략이다. 그 사례로서 가장 이해하기 쉬운 것이 메모리카드에서의 샌디스크 사례일 것이다.

샌디스크는 도시바에서 기술을 이전 받아 플래시메모리 기술을 획득하여 플래시메모리 제조회사가 되었다. 그 회사는 이 메모리를 외판하지 않고 모두 자사 브랜드의 메모리카드로 출하하고 있다. 메모리카드 초기에는 샌디스크 자신이 「컴팩트디스크」 규격을 제창하고 메모리카드 보급을 추진했다. 그러나 그 후에는 SD카드를 추진하는 3개사 중 한 축을 담당하고, 나아가 메모리스틱의 표준화에도 협력하는 등, 거의 모든 메모리카드 기술에 관여하고 있다. 그리고 자사 반도체를 이용하여 오늘날 유통되고 있는 대부분의 메모리카드를 제조하고 또 판매하고 있다. 아시아의 값싼 노동력을 이용하여 낮은 비용의 생산을 실현하고 있고, 2004년도에 매출액 대비 이익률 15%라는 높은 이익을 확보하고 있다.

칩 제조에서 카드제조까지 수직통합 하여 많은 카드의 표준화에 관여함으로써 표준화 관련 주도권 경쟁의 영향을 받지 않는 위치를 확보한 샌디스크가 메모리카드 시장에서의 진정한 승자라고 할 수 있을 것이다.

똑같은 사례로는 기록형 DVD 미디어의 감광 색소제로 +R, -R의 양 진영에 참가하고 있는 미쓰비시화학과, WCDMA와 cdma2000 양쪽 특허를 가지고 비즈니스를 전개하는 퀄컴도 들 수 있을 것이다.

이 복수표준에 대한 대응도 복수표준이 증가하고 있는 현재의 컨센서스 표준화에서는 반드시 고려해야 할 전략이다. 다만, 동시에 생기는 표준의 수는 많고 그것을 작성하는 포럼은 매일같이 새롭게 생기고 있다. 그런 가운데에서 어느 표준에 대응하느냐의 판단은 매우 어려워 전기전자 분야에서는 보험 차원에서 많은 포럼에 참가하지 않을 수 없다. 자사에게 어느 표준이 시장에서 주류가 되는 것이 유리한지를 분석하고, 전략적으로 포럼에 참가하는 것도 중요한 과제일 것이다.

③ 사업영역의 이동

이익확보의 중요한 전략으로서 사업영역의 이동을 들 수 있다. 제2장에서는 제품분야에서부터 재료와 브랜드 쪽으로 이동한 미쓰비시화학의 예가 다루어지고 있는데, 컨센서스 표준화에서 사업 이동은 자주 볼 수 있는 중요한 전략이다. 왜냐하면 몇 번이나 언급하였듯이 컨센서스 표준은 시장을 확대시키지만, 그 시장에서의 제품차별화를 어렵게 하기 때문이다. 즉, 자신의 제품시장을 표준화함으로써 시장을 확대시켜도 그대로 그 시장에 있으면 가격경쟁에 노출되어 충분한 이익을 얻을 수는 없다. 그래서 표준화제품 시장이 포화기에 도달한 무렵에는 자신의 수익사업 영역의 변경을 통해 이익을 확보하는 사업전략이 전개되고 있는 것이다.

　제6장에서 3G 휴대전화 사업에서 비즈니스 모델 기업으로 분석되고 있는 퀄컴도 사업영역을 교환기 및 단말기에서 단말기용 칩, OS로 옮겨서 이익을 내고 있다. 제2장에서 다루어진 인텔은 일단 마더보드 시장에 진입하였지만, 마더보드를 표준화하여 시장을 확대시킨 후에 그 사업을 축소하였다. 또, 사업영역의 이동까지는 하지 않더라도 이익획득 영역을 옮김으로써 같은 효과를 얻을 수도 있다. 이 예로서 G3 팩시밀리 사례를 살펴보자.

④ G3 팩시밀리의 사례

　G3 팩시밀리는 1980년에 표준화되어 제품이 출하된 이후 일관되게 가격이 떨어지고 있다. 그리고 1990년대에 일본국내 진입자가 증가함에 따라 시장포화기에 들어가 1대당 가격이 3만엔 정도 되었을 때 팩시밀리를 제조하는 회사들은 이익을 내지 못했다. 이 시기에 팩시밀리에서 이익을 내고 있던 것은 감광지 제조회사인 고자키제지(神崎製紙)뿐이었다. 이러한 상황에서 팩시밀리를 제조하는 각 회사는 표준화와 관계없는 부분에서 팩시밀리의 기능을 크게 변화시켰다. 일반 종이를 사용하는 팩시밀리로 제품을 바꿔갔다. 그러나 그 중에서도 리코 및 캐논과 마쓰시타 및 샤프는 전혀 다른 전략을 취했다.

　리코는 시장진입이 늦었기 때문에 가격 경쟁을 일찍이 탈피하여 고가격으로 판매할 수 있는 사무기 팩시밀리에 진입하여, 복합기를 통하여 시장을 개척하였다. 캐논은 원래 프린터 제조회사였기에 프린터의 부가가치 기능으로서의 팩시밀리 기능에 주목하였다. 이것이 팩시밀리, 이미지스캐너, 프린터가 하나로 된 소위 MFP라 불리는 복합기 제품 군이다. 이 두 회사가 팩시밀리 시장에서의 매출 점유율 1위, 2위를 오랫동안 유지하게 되었다. 특히 리코의 이마지오는 사무용 제품 중에서는 저렴하면서 고기능이었기 때문에 히트제품이 되었다.

　즉, 리코와 캐논은 그때까지 사무실의 필수 기기로서 설치되고 있었던 복사기와 팩시밀리를 하나의 제품으로 하여, 이미지스캐너 등의 부가가치와 공간 절약 효과를 활용해 시장을 획득하는데 성공하였다. 그리고 두 회사가 복합기 사업에서 얻은 이익의 대부분은, 그 부품인 레이저프린터(복사기) 부분의 공헌에 의존한 것이었다.

마쓰시타전송(松下電送)과, 후발주자임에도 세계에서 가장 얇은 제품을 만드는 등의 기술적 우위로 가정용 팩시밀리 시장에 신규로 진입한 샤프는 단일 기능 팩시밀리로 완전한 가격경쟁에 돌입했다. 이 두 회사 모두 사무용도 생산하고 있지만, 샤프는 가정용에 강하고 개인용 팩스 출하대수에서는 시장 1위가 되고 있다. 그리고 이 두 회사는 일반 종이 팩시밀리를 실현하기 위해 광폭필름에 의한 라인 열전사 헤드 방식을 채용하였다. 이 방식은 열전사 필름의 대부분을 이용하지 않은 채 폐기해 버리는 낭비가 심한 방법이지만, 그만큼 필름을 비싸게 판매할 수 있기 때문에 팩시밀리기기 제조회사의 수입원이 되었다. 이 시점에서 팩시밀리 사업은 소모품 비즈니스 모델로 전환한 것이다.

⑤ 분업

이익확보를 위한 중요한 전략으로서 제2장에서 다양한 형태가 논의된 「분업」도 반드시 고려되어야 할 전략이다. 컨센서스에 의한 표준화는 반드시 시장제품의 모듈화를 진행시키기 때문에 모듈화된 부분마다 분업을 하는 것이 사업전략 차원에서 효과가 높다. 이러한 내용을 사례를 통해 정리한 것이 제5장이었다. 이 분업에서 중요한 것은 분담하는 기업의 강점에 따라 같은 영역이라도 이익의 크기가 달라진다는 것이다. 각 기업, 각 국가가 강점 분야를 이익 영역으로 해서 분업을 하면, 그러한 분업을 하는 기업이나 국가 전체에게 이익이 되는 사업구조를 확립할 수 있다.

제5장에서는 DVD 분야에서 히타치제작소와 LG전자와의 합작기업 사례가 분업을 효과적으로 활용한 사례로서 분석되고 있다. 이와 같이 전세계 규모로 일어나는 아키텍처 변화 속에서 분업은 전세계 차원에서 실시되어야 하며, 국제기업간의 제휴가 사업전략에 큰 영향을 주게 된다.

분업에서 기술적인 요점은 인터페이스 표준의 존재가 분업을 위한 결절점이 된다는 점이다. 인터페이스 표준으로 둘러싸인 기술은 그 단위로 모듈화가 되고, 그 내부는 블랙박스화가 가능하게 된다. 어느 부분을 표준화하느냐에 따라 분업하는 양이 변화하고, 그것은 결과적으로는 수익의 변화로 연결된다. 즉, 인터페이스 표준의 설정은 수익을 분할하는 기능을 가지고 있는 것이다.

오늘날 제조업에서 신흥공업국의 제조능력은, 이를 효과적으로 활용하지 않으면 시장에서 이길 수 없을 정도로 중요한 영향력을 가지고 있다. 이러한 시장환경에서 표준화를 잘 활용하여, 분업에 참여하는 회사들이 각각 이익을 올릴 수 있도록 분업을 추진하는 것이 사업전략상 중요한 과제가 되고 있다. 인텔이 자사 사업과 이익의 확대를 위해 대만의 PC관련 기업의 성장을 교묘하게 이용하여 성공한 것이 그 전형적인 예일 것이다.

4. 비용절감

① 컨센서스 표준에 의한 비용 절감

제1장에서 언급한 바와 같이 비용 절감을 위한 컨센서스 표준화란, 표준화에 의해 얻어지는 시장확대 효과를 제품매출 증대의 형태가 아니라 원재료 및 제조설비의 가격하락 형태로 얻는 경우이다. 이것은 동시에 조달제품 부분에서의 기술개발 비용을 삭감하는 것으로도 이어진다. 즉, 이 표준화는 표준화된 제품의 상위 계층 쪽에 위치하는 사용자에게 이점이 있는 표준화이며, 사용자가 리더 기업이 되어 추진함으로써 실현된다.

다만, 실제로 표준화되는 제품의 제조회사가 이 표준화를 받아들여 제조하지 않으면 의미가 없기 때문에 제2장에서는 이러한 포지셔닝을 사용자 및 공급자의 컨센서스에 의한 표준화로 설정하였다. 사용자가 표준화된 제품의 조달을 약속함으로써 하위 계층 쪽의 공급자에게 큰 시장을 약속하는 것이다. 즉, 컨센서스 표준에 의한 시장확대를 보증함으로써 공급자에게 표준화 참가의 인센티브를 제공하고 표준화를 실시하는 것이다.

그러나 본질적으로 표준화를 결정하는 주체는 표준화된 제품의 사용자와 공급업자로 구성되기 때문에 표준화에 따른 이익 및 불이익은 반드시 기업간에 일치하지는 않는다. 예를 들면, 광커넥터 표준화를 주도한 NTT는 커넥터의 사용자이며, 이 표준화에 적극적으로 참가한 교환기 제조회사는 커넥터의 공급자였다.

사용자인 NTT에게 있어 표준화하는 목적은 광커넥터의 저가 조달과 커넥터 부분의 비경쟁화를 통한 연구영역의 한정 즉 비용절감이었다. 이 때문에 NTT는 표준화한 커넥터에 관한 기술을 적극적으로 공개하여 시장경쟁을 심화시켜 커넥터 가격을 낮추는데 성공하였다.

그러나 이 표준화 활동에 참가하고 있던 커넥터 제조회사에게 있어서는 자사제품이 가격 경쟁에 노출되게 되어 표준화의 혜택을 얻을 수 없었다.

이와 같이 비용절감의 표준화에서는 하위 계층의 제조기업들이 통상 원하지 않는 표준화를 상위 계층 사업자가 추진하여야 한다. 그렇게 하기 위해서는 조달을 하는 상위 계층 기업이 집결하여 시장 점유도를 높인 다음에, 서로 단결하여 표준화를 추진해야 할 것이다. 이것은 반드시 시장지배력을 배경으로 사용자 쪽에 유리한 표준화를 밀어붙이는 것만은 아니다. 사용자 쪽이 단결함으로써 공급업자 쪽에 제품의 안정적 조달확대라는 안도감을 제공한다. 또 동시에 만약 공급업자가 표준화에 참가하지 않고 그 제품을 제조하지 않으면, 어디에서도 조달할 수 없다는 위기감을 높이는 것으로 이어진다.

제2장에서 소개한 반도체 300mm 웨이퍼와 관련한 표준화에서는 전세계 반도체 제조업자가 공동으로 표준화를 실시하는 것을 통해 확실한 시장을 공급업자에게 보여주는데 성공하고 있다. 또, DVD-ROM의 표준화에서는 타임워너 등 할리우드를 중심으로 하는 콘텐츠 산업계가 집결하여 1994년에 DVD Advisory committee를 결성하고, DVD-ROM의 이용자로서 표준화 콘셉트를 제시하는 등 강력한 영향력을 발휘하였다. 이 그룹의 관여가 없었던 기록형 DVD에서는 표준이 하나로 정리되지 않아 복수 표준이 병존하는 형태가 되었다는 것을 보더라도, 사용자 쪽이 단결하였을 때 그 영향력이 매우 크다는 것을 알 수 있다.

② 비용절감 표준화에서의 Win-Win의 실현

지금까지 살펴보았듯이 비용절감을 목적으로 한 표준화의 경우는 실제 제조업자가 이익을 잃는 표준화가 되기 쉽다. 그러나 표준화를 좋은 방향으로 실시하면, 조달자 측은 비용절감을 실현하고 제조자 측은 시장확대에 의한 이익을 확보할 수 있다. 즉, 쌍방이 이익을 얻는 Win-Win의 관계를 실현할 수도 있다.

(1) 자동차 강판의 사례

그 사례로서 자동차 강판의 표준화를 들 수 있다. 자동차 강판은 차종이나 사용부위마다 사양이 달라 그에 대응해야 하기 때문에 강판의 종류가 많고 자동차회사 각사가 철강회사 각사에게 각각 발주하는 경우도 있다. 그래서 업계 전체에서 650개가 넘는 품종이 존재하고 있었다.

이러한 품종의 증대는 각각 제품의 가격저하를 방해하고 동시에 철강회사뿐만 아니라 발주를 하는 자동차회사에게도 관리 및 유통 비용을 높이고 있었다. 그리고 사고 등이 일어났을 때는 조달처를 바꾸는 것이 어렵다는 위험이 있다는 점이 인식되기 시작했다. 그래서 철강연맹이 중심이 되어 1996년부터 1998년에 걸쳐 표준을 정비하였다. 그 결과, 650개였던 품종을 150개 정도까지 줄이는데 성공하였다. 이에 따라 철강회사 쪽 자동차회사 쪽 쌍방이 제품 및 재고를 관리하는 업무를 효율화할 수 있었다.

이 표준화의 특징은 두 가지이다. 하나는 강판규격을 성능 표준화했기 때문에 규격표를 보기만 해서는 그 강판을 만들 수 없고 각사가 독자적인 기술력으로 이 규격을 달성해야 한다는 점이다. 이 규격의 수준은 JIS나 ISO표준보다는 기술적으로 엄격한 수준이지만, 일본 철강회사라면 대부분이 제조 가능한 수준으로 설정되어 있다고 한다.

그리고 자동차회사는 이 기본표준에 몇 가지 특수조건을 덧붙임으로서 독자 기능을 가진 강판을 입수할 수 있게 되었다. 표준이 성능표준이기 때문에 제조 노하우 등이 공개되어 있지 않은 것에 더하여 자동차회사가 요구하는 이러한 엄격한 품질의 제품은 많은 제조기술 요소를 높은 수준으로까지 올리지 않으면 달성할 수 없다. 그래서 중국이나 한국 등의 철강 회사에게 따라 잡히지 않게 되어 있다고 한다.

또 하나의 특징은 이 표준화는 업계단체인 일본철강연맹이 주가 되어 이루어졌는데, 연맹이 직접 표준을 작성하고 그 표준을 자동차업계에 제안하는 형태로 성립시켰다는 점이다. 이 표준책정의 중심이 된「표준화센터」에 관해서는 제7장에서도 조직으로서의 성공사례로서 소개하였는데, 철강업계는 다른 산업에서 볼 수 없는 충실한 표준화 체제를 실현하고 있다. 이 표준화센터에서 표준을 직접 작성하고, 사용자 쪽인 자동차업계에게 제안하는 형태를 취함으로써 표준안에 각 회사의 기술력과 노하우를 집어넣을 여지를 남기는데 성공한 것이다.

(2) 반도체 300mm 웨이퍼 반송장치의 예

또 하나의 Win-Win 사례로서 앞에서 언급한 반도체 300mm 웨이퍼의 표준화를 들 수 있다. 300mm 웨이퍼 표준화는 디바이스 제조업자에 의해 주도되었지만, 그 영향을 가장 많이 받은 곳은 반도체 제조에서의 반송시스템을 담당하는 장치산업이었다. 장치 및 원재료 산업 중에서도 반송시스템을 담당하는 반송장치 즉 캐리어 시장은 이 표준화의 영향을 강하게 받아서 어느 시장에서도 기업의 도태가 일어나고 있다.

캐리어란 반도체 웨이퍼가 공정간을 이동할 때 밀폐상태로 수납되는 용기이다. 반송장치에서는 회사 수가 표준화 전후로 7개에서 3개로, 캐리어에서는 주요 회사 수가 5개에서 3개로 줄어 들어 과점화가 진행되었다. 또 그 때까지 수동으로 이루어지고 있던 제조장치 속에 집어 넣고 꺼내는 작업이 자동화됨에 따라 로봇 시장이 확대되었다. 그래서 13개 회사가 새롭게 진입하였으나, 결과적으로는 6개 정도가 남아 있다.

자동차 강판의 경우는 일본 국내업계 전체가 협력하여 해외기업에 대한 Win-Win을 실현하였지만, 반도체 웨이퍼의 경우는 기술력이 있는 기업이 살아남을 수 있었다는 의미에서의 Win-Win이다.

이러한 표준화 활동 중 먼저 처음으로 표준화된 것이 캐리어이다. 캐리어의 표준화 활동에는 엔테그리스(미), 어시스트(미), 신에츠폴리머, 미라이얼 등이 참가했다. 여기에서 표준화된 것은 기본적으로 캐리어의 외부 모양에 관한 것이었으며, 캐리어의 강도나 청결도 유지방법 등 캐리어 제조상의 필요성능에 관해서는 표준화하지 않았다. 달리 말하면 캐리어와 반송기기나 로드포트와의 인터페이스 부분을 표준화하였다고 할 수 있다.

이 분야에서는 엔테그리스와 어시스트는 기존기업이었지만, 신에츠폴리머는 웨이퍼가 공업을 하는 신엔츠화학 그룹의 회사이며, 가공된 웨이퍼의 운송에 사용되는 운송용 포장용기(Shipping Box) 제조회사였다. 그러나 캐리어의 표준화에 적극적으로 관여하여, 새로운 기술이 활용되어 높은 청정도를 실현할 수 있는 캐리어 클로즈 방식에 운송용 포장용기 분야에서 단련된 클린박스 기술을 응용하여 캐리어 제조업에 진입하는데 성공하였다.

결과적으로 캐리어는 엔테그리스, 미라이얼, 신에츠폴리머의 3개 회사가 점유율 경쟁을 하고 있다. 그리고 디바이스 메이커의 자회사로서 존재하고 있던 몇몇 캐리어 제조회사는, 클로즈 방식이라는 신기술을 도입한 표준화된 제품과 가격경쟁에 이길 수 없어서 표준화 후 폐업하였다.

그 다음으로 이루어진 반송장치의 표준화에서는 일본의 디바이스 메이커를 고객으로 하는 무라타기계, 일본기업이지만 한국 및 대만 등의 디바이스 메이커를 고객으로 하는 다이후쿠, 그리고 미국의 어시스트, 이 3개 회사가 남았지만, 이 중 표준화를 적극적으로 추진한 것은 무라타기계와 어시스트였다.

반송장치는 원래 제조라인의 기본부분으로, 공장설계 전체의 일부로서 디바이스 메이커가 주도하는 성향이 강한 영역이었다. 이 때문에 디바이스 메이커 각사에 반송기기를 담당하는 자회사가 존재하고, 이들이 반송장치의 제조를 하청하고 있었다.

무라타기계는 독립계 반송기기 제조회사였기 때문에 이러한 계열에 좀처럼 들어갈 수 없었다. 그런 이유에서도 300mm의 표준화를 중요한 기회로 보고 표준화에 적극적으로 대응하였다.

이 표준화는 원래 디바이스 메이커가 비용절감을 위해 주도한 표준화였다. 그래서 디바이스 메이커 자신이 계열 차원의 조달을 없애고 가장 싼 곳에서 조달하겠다는 자세를 명확히 하였다. 이러한 점도 무라타기계 등과 같은 비계열 메이커에게 의욕을 불러 일으켰다. 결과적으로 반송기기 시장은 표준화 후 4배로 확대되었다고 하지만, 가격은 4분의 1이 되었다. 그 결과 무라타기계의 경우도 매출액은 늘었지만 이익률은 내려가서 이익은 늘어나지 않고 있다. 그리고 다이후쿠는 표준화 활동에는 적극적이지 않았지만, 표준화 후 반송장치 판매에서는 대만 및 한국 등을 시장으로 해서 적극적으로 판매를 늘려 이익을 올리고 있다고 한다.

마지막으로 표준화된 로드포트는 캐리어가 수평열림(FOUP) 방식이 되었기 때문에 크게 확대된 시장이라고 할 수 있다. 이 표준화는 어시스트와 인허브(후에 브룩스에 매수됨)가 중심이 되어 추진되었다. 이 시장에서 특이한 것은 TDK다. 로드포트는 새로운 시장으로 12~13개 회사가 표준화 후에 신규 진입하였지만, 그 중 많은 회사가 철수하였다. TDK는 그러한 상황에서 표준화 활동에 도중에 참가하였다. 그리고 정보를 입수하면서 자사가 길러온 광디스크 제조기술 중 무진(無塵) 로드포트 기술을 응용하여, 반도체용 로드포트시장에 진입하는데 성공하였다.

이와 같이 비용절감을 위한 표준화도 단지 품종의 삭감이나 단순화가 아니라, 여러 가지 신기술을 덧붙이면서 다른 것과의 접속을 위해 필요한 인터페이스 부분만을 표준화하고, 내부에 독자 기술을 발휘할 가능성을 남겨 두는 것이 중요하다. 그리고 표준화되는 쪽 기업이 독자기술을 가지고 있다면, 이는 큰 비즈니스 기회가 되는 것이다.

③ 비용절감형 표준화에서 적극적 대응의 중요성

비용절감형 표준화의 경우는 특히 자신의 제품이 표준화되어 버리는 하위 계층에 있는 기업에게는 적극적으로 표준화를 추진해야 하는 인센티브를 찾기가 어렵다. 그러나 비용절감 요구는 시장확대기가 지나고 시장이 포화된 이후에도 이익을 계속 늘리기 위한 필수적인 일이며, 반드시 조달기업 측이 그러한 요구를 하게 된다.

이 요구를 그대로 받아들여, 자사 제품을 표준화 해버리면 앞서 말한 광커넥터 예와 같이 이익을 잃을 가능성이 높다. 그것을 회피하기 위해서는 가능한 한 빠른 단계에서 스스로가 표준화를 추진하고 이익을 남길 수 있는 형태로 표준화를 완성시켜야 할 것이다.

하위 계층 쪽 기업에게는 확실히 표준화를 추진해야 하는 인센티브는 적지만, 다른 기업이 표준화해 버릴 위험성을 생각한다면, 스스로가 적극적으로 표준화를 하는 이점은 크다. 이러한 표준화 활동에서는 표준화를 상위 계층 기업의 말대로 해서는 안 되며, 자신이 적극적으로 표준화를 추진하여, 기술력이 낮은 기업이 도태되어 「기술력이 있는 기업이 시장에 남을 수 있는 표준화」를 제안해 나가는 것이 중요한 전략이 된다.

그리고 비용절감을 하는 표준화에 있어서 표준화를 추진하는 사용자 측에서 중요한 것은, 먼저 어디를 표준화하는 것이 가장 비용절감으로 이어지는지를 충분히 검토하고, 같은 이익을 얻는 동료를 폭넓게 모으는 것이다. 그리고 표준화가 성공하면, 그 성과를 적극적으로 활용하여야 한다. 앞서 언급한 바와 같이 컨센서스 표준에 의한 비용절감형 표준화는, 그 활용에서 시장참가자 전원이 비용절감의 이익을 얻기 위해 만약 표준화 후에 충분한 투자를 하지 않고 표준화 성과를 이용하지 않는 경우, 타사에게 큰 우위를 주게 되기 때문이다.

도표 8-1 사업 활동에 표준화를 활용하는 기본전략

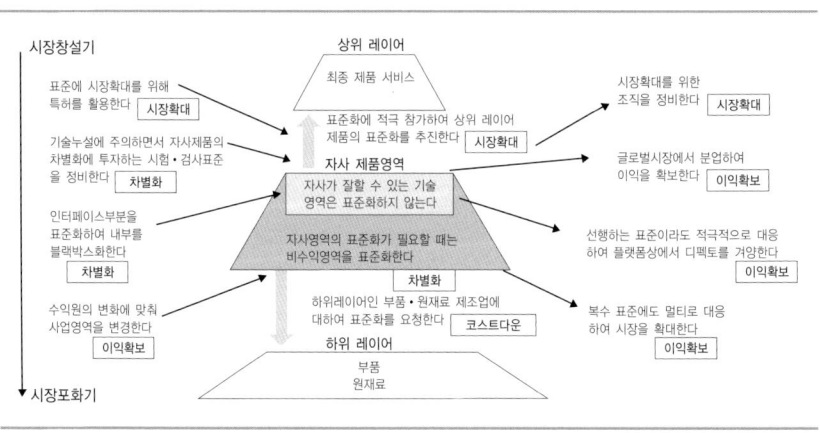

지금까지 성공한 예로서 소개해 온 300mm 웨이퍼 표준화의 경우는 표준화에 적극적으로 참가한 일본 회사는 노하우 등의 축적을 고려하면, 이 표준의 도입에 관하여 한국 및 대만 기업에 대하여 1년 이상의 우위를 확보하고 있다고 했다. 그러나 반도체 업계는 2000년의 호조를 마지막으로 하고 과거에 없었던 반도체 불황에 돌입하였다. 그래서 특히 영향이 컸던 일본의 반도체 제조회사는 300mm 웨이퍼의 설비투자를 할 수 없었다.

가장 빨리 300mm 웨이퍼에 대응했던 인피니온이 1999년에는 300mm 웨이퍼에 의한 반도체 생산을 개시하였고, 표준화의 리더였던 인텔이 2001년에, TI가 2002년에, Micron이 2003년에 개시하였다. 이에 대해 일본에서는 르네사스가 2001년에 개시할 수 있었을 뿐이고, 다른 회사는 300mm 웨이퍼에 의한 생산개시가 2년에서 4년 늦어지게 되었다.

이에 대해 표준화 활동에는 참가하고 있었지만 적극적 주체가 아니었던 대만의 TSMC는 2001년에, 한국의 삼성전자는 2002년에 300mm 웨이퍼로 생산을 개시하고 있었다. 나아가 그 차이를 확대한 것이 그 후의 계속적인 투자였다. 인텔, 삼성전자, TSMC가 그 후에도 매년 300mm 웨이퍼에 대한 투자를 계속했다. 이에 대해 일본기업은 계속적으로 투자를 할 수 없어서 그 후 반도체 시장에서 크게 뒤쳐지게 되어 버렸다.

또한 반도체 제조회사는 투자에 실패했지만, 반도체 제조장치 회사는 이 표준화에 대응하여 자동화된 반송장치에 대응한 반도체 제조장치를 개발하여, 이것을 미국, 한국, 대만 등의 반도체회사에 판매해서 큰 이익을 얻었다. 그러나 그러한 활동이 반대로 일본의 반도체 회사들을 뒤쳐지게 해 버린 것은 안타까운 일이다.

어쨌든, 컨센서스 표준화는 표준화 리더뿐만 아니라 모든 관계자가 동시에 그 편익을 얻을 수 있는 표준화라는 점을 염두에 두어야 한다. 그리고 표준화 활동과 그것을 활용하기 위한 투자활동을 병행시키는 것이 중요하다.

3. 컨센서스 표준전략 활용을 위하여

1. 전략의 기본요소

지금까지 여러 가지 컨센서스 표준화를 활용한 사업전략을 정리하였다. 이러한 전략을 적극적으로 활용한다면, 사업전략상 다양한 우위를 획득할 수 있을 것이다.

이러한 우위를 획득하는데 있어서 중요한 점은 다음과 같이 네 가지로 요약할 수 있다.

(1) 어디를 어떻게 표준화하면 자사에게 유리한지를 확정한다.

컨센서스 표준을 활용하는데 있어서 가장 중요한 것은 사업상의 수익영역을 확정하여, 표준화할 곳과 하지 않을 곳을 확실히 하는 것이다. 당연히 표준화하지 않는 쪽이 좋은 경우도 있고, 디팩토 표준화를 추진하여야 하는 경우도 있을 것이다.

(2) 가능한 한 빨리 표준화 원안 작성에 착수한다.

표준원안이나 사양서의 경우 컨센서스 표준에서도 최초로 작성한 자가 압도적으로 우위를 갖는다. 컨센서스의 장소에 들고 가기 전에 원안을 완성해 두는 것이 필수적이다.

(3) 이해가 일치하는 동료를 모아서 표준화한다.

컨센서스 표준인 경우는 이해관계가 어느 정도 일치하는 동료를 모으지 않으면 어떤 곳에서도 표준화를 완성할 수 없다. 「경쟁하고 싶지 않은 영역」을 확보하여 이해관계가 일치되도록 하고, 또 시장에서 강력한 라이벌이 되지 않는 동료를 찾아내는 것이 컨센서스 표준을 활용하는데 있어서 필수적이다.

(4) 표준화의 성과활용을 위해 필요한 투자를 한다.

컨센서스 표준화의 경우, 표준화의 이익은 누구라도 활용할 수 있다. 이 때문에 표준화 후에 그것을 활용하기 위한 투자를 하지 않으면, 표준화 활동에 참가한 이점을 잃을 뿐만 아니라 비즈니스 차원에서 큰 손해가 된다. 컨센서스 표준화의 경우, 그 성과를 이용할 체제까지를 준비한 후에 표준화에 임할 필요가 있다.

2. 어떤 조직이 필요한가?

이상 네 가지 점을 실현하기 위해서는 어떤 구조나 체제를 가진 조직이 필요할까? 필요한 조직이라는 관점에서 기업활동의 바람직한 모습을 제안한다.

① 표준화 활동의 전사적 추진

기업에게 있어 먼저 중요한 것은 표준화 활동을 한 명의 연구자나 기술자에게 맡기는 것이 아니라, 사업전략의 일환으로서 전사적 관점에서 표준화의 효과 및 영향을 파악할 수 있는 체제를 구축하는 것이다. 이러한 일이 하나의 사업부나 연구소 내에서만 이루어지면, 앞 부분 ⑴에서 언급한 내용 즉 수익원을 파악하고 표준화 영역을 확정하는 것이 곤란해진다.

표준화의 중요성에 대한 인식은 높아지고 있지만, 전사적인 표준화 조직을 정비한 기업은 매우 적고, 그 조직이 전사적 사업전략 속에 들어가 있는 사례는 일본에서는 전무하다고 해도 좋을 것이다.

일본에서 많은 표준화 담당 부서는 연구소나 공장에 흩어져 존재하고, 전사적 조직을 가지고 있다고 해도 많은 경우 지적재산부 안에 속해 있다. 그리고 일본기업의 지적재산부의 많은 경우는 지적재산을 획득(특허신청)하고 관리하는 조직이며, 전략적으로 지적재산을 활용하는 조직으로는 되어 있지 않다.

표준화를 사업전략으로 활용하기 위해서는 사내 사업전략을 수립하는 부서에 가까운 곳에 표준화와 지적재산의 활용을 전략적으로 다루는 팀을 두고, 이 조직이 사업전략의 논의에 항상 참가하는 체제를 구축하여야 한다.

② 사업부를 초월한 역할의 분담

일본의 대기업에서는 기업 내 책임분담을 명확히 하기 위해 사업부제가 채택되어 있고, 수익도 사업부 단위로 평가하는 형태가 되어 있는 경우가 많다. 그러나 표준화 활동과 같이, 표준화를 하는 장소와 그에 따라 이익이 나오는 장소가 다른 사업에서는 이러한 사업부제는 표준화의 효과를 효과적으로 활용하는데 있어서 큰 장벽이 된다.
　사업부를 초월한 사업전략을 입안하고, 시장을 확대하기 위한 사업부와 이익을 확보하기 위한 사업부가 역할을 분담하는 등, 전사적으로 하나가 되어 사업전략을 입안하여 실행할 수 있는 조직이 표준화의 활용에서는 매우 효과적이다.
　만약 이것이 가능해진다면, 풀세트형 또는 수직통합형이라 불리는 경우가 많은 일본의 종합형 대기업은 해외의 전문분야형 기업에서는 불가능한 역동적인 사업전략을 전개할 수 있을 것이다.

③ 해외자회사의 활용

　컨센서스 표준을 만들어내려면 많은 동료가 필요하다. 그리고 오늘날 글로벌 시장에서는 그 컨센서스는 국제적으로 획득할 필요가 있고, 해외 각국 회원의 협력이 필요 불가결하다.
　이러한 국제적인 컨센서스의 장에서 일본은 고립되기 쉽다. 유럽과 같이 우호국도 많지 않고 미국과 같은 세계에 대한 지배력도 없다. 아시아에서조차 역사적 배경으로 인해 동료를 모으기가 어렵다.
　이러한 때에 기업 특히 글로벌 차원에서 활동하는 대기업은 해외자회사나 지점을 적극적으로 활용해야 한다. 일본과 같이 모든 분야 공업제품의 제조업자가 치열하게 경쟁하는 국가는 적다. 특히 유럽에서는 그 국가의 대표적 산업 이외의 제조업자는 존재하지 않는 경우도 많다. 그러한 경우, 해외자회사나 지점에 근무하는 현지국 멤버가 각각 국가의 대표로서 표준화 논의에 참가하는 것은 의외로 쉽다. 이미 미국이나 유럽의 대기업에서는 그러한 활동이 적극적으로 이루어지고 있는데, 일본기업과의 차이는 더욱 커지고 있을 뿐이다.

④ 표준작성과 보급을 위한 표준화 조직

　컨센서스 표준을 작성하고 성립시키기 위해서는 처음에는 되도록 적은 멤버가 참가하고, 나중에 표준이 완성된 후에는 되도록 많은 멤버가 참가하는 것이 바람직하다. 이것을 실현하기 위한 방법이, 표준을 작성할 때 포럼을 이용하는 것과 표준을 작성한 후에 규모가 큰 표준화 기관을 활용하는 것이다.

표준을 작성할 당시에는 해당 사업의 상위 2개 회사에서 표준원안을 조정하는 것 등이 가장 효과적이다. 그러나 표준을 작성하는 멤버에 대해서는 항상 개방적으로 해 두지 않으면, 부정경쟁방지법상 문제가 될 가능성도 있다. 그래서 표준의 작성을 추진하면서 회원수를 늘려 나가는 조직관리가 매우 중요해진다.

그리고 표준을 완성한 후에는 그 표준에 권위를 부여하기 위하여 국제표준화기구 등에 그 표준을 가지고 가서, 디쥬르 표준화를 한다. 이와 같이 조직을 상황에 맞게 활용하게 되면, 표준을 원활하게 만들 수 있고 또 그 보급을 이룰 수 있게 된다.

컨센서스 표준은 포럼표준으로 끝나는 것이 아니라, 최종적으로 디쥬르 표준으로 가져가는 것을 통해 그 효과를 지속시키며 확대하는 것이 가능해진다. 디쥬르 표준으로 하는 것의 이점은 많고, 단점은 거의 없다. 이 디쥬르 표준의 이점에 관해서는 권말의 보론①에서 정리하였기 때문에 반드시 그 부분을 참조하기 바란다.

3. 어떤 인재가 필요한가?

사업전략을 수립하고 표준화 전략을 짜고 그것을 위한 조직을 만들어 실행하는 것은 결국 「사람」이다. 마지막으로 이 「사람」 육성에 관한 과제를 제언한다.

① 표준화를 능숙하게 활용하는 사업전략 입안자

지금 가장 필요한 것은 이 때 까지 말해 온 표준화가 사업에 미치는 영향을 정확히 예측하고 그것을 사업전략에 집어 넣을 수 있는 인재이다. 달리 말하면, 무엇이 표준화되고 무엇이 표준화되어 있지 않은 것이 자사 이익으로 연결되는지를 예측하고, 그 표준화 환경을 실현하기 위한 전략을 그릴 수 있는 인재이다.

이러한 인재에게 가장 필요한 것은 자사가 가진 모든 기술적 자산을 파악하고, 그 지도를 그리고, 이익이 되는 영역을 통찰할 수 있는 능력이다. 물론 현재 사업전략을 수립하는 인재의 많은 경우가 이러한 능력을 갖고 있을 것이다. 그러나 그 중에서 표준화 활동의 영향을 정확히 파악하고 있는 인재는 아직 적을 것이다.

또, 컨센서스에 의한 표준화 활동은 당초의 계획대로 진행되지 않는 경우도 많다. 다른 주체와의 합의를 필요로 하는 작업이기 때문에 그것은 당연하다. 사업전략 입안자는 이러한 불확정성을 충분히 파악하고, 사업 전략 및 표준화 전략을 입안하여야 한다.

② 표준화, 경쟁법, 지적재산권법을 이해하는 지적재산 관리자

작금에 많은 기업에서 지적재산권법에 관한 전문가를 활용하게 되었지만, 표준화를 활용하기 위해서는 이와 동시에 표준화 관련법, 그리고 독점금지법 등 경쟁법을 이해하고 있는 전문가가 꼭 필요하다.

특히 표준화 활동은 독점금지법과의 관계가 애매한 부분이 많고, 잘못된 활동이 독점금지법 위반으로 문책당할 가능성이 높다. 법을 위반하지 않고 법을 활용해서 표준화를 올바르게 활용하기 위해서 이러한 기술관련 법규의 전문가를 육성할 필요가 있을 것이다.

③ 표준원안을 작성할 수 있는 기술자

앞에서도 말했듯이 컨센서스 표준의 경우에도 제일 먼저 표준원안을 작성한 기업이 유리하다는 점은 틀림없다. 그러나 표준책정에는 어느 정도의 전문지식과 숙련이 필요하며, 하루 아침에 이런 일을 할 수 있는 것은 아니다.

사내에서 이러한 전문가를 육성하는 일도 필요하지만, 제7장에서 소개한 철강연맹과 같이 업계가 하나가 되어 인재를 육성하고 확보하는 것도 효과적이다. 또, 일본규격협회나 경제산업성 등 공적 기관과 연대하여, 이들의 자원을 활용하는 것도 효과적인 대책일 것이다.

④ 영어 커뮤니케이션 능력이 뛰어난 표준화 전문직

컨센서스 표준을 자신에게 유리한 형태로 만들어내는 최대의 요점은 커뮤니케이션 능력이 있는 인재의 활약이다. 특히 국제표준 획득에서는 높은 영어능력과 동료를 잘 모으는 능력이 필수적이다.

다만, 이 분야에서 일본 대표가 구미 각국 대표에 견줄 정도로 활약하는 것은 상당히 어렵다. 영어교육에 관해서 여러 가지로 논의되고 있지만, 단기적으로 효과는 바랄 수 없다. 이에 대응하는 유일한 방법은 면밀한 조사데이터로 입증되는 의견을 문서로서 발신하는 것이다. 면밀한 데이터는 일본이 잘 하는 분야이고, 그것을 문서화 함으로써 다른 나라 대표에게 강한 인상을 남겨 거기서부터 논의를 개시하는 것이 가능해진다. 이렇게 하면 국제교섭을 하는데 있어서 아주 유리한 환경을 만들 수 있다.

그리고 일본 기업의 경우, 표준화 활동을 연구소의 연구자나 공장의 기술자가 담당하고 있는 경우가 많다. 그들은 기술적으로는 뛰어나도 경영이나 이익확보의 관점이 부족한 경우가 많다. 한편 유럽이나 미국에서 온 표준화 활동 참가자 중 많은 경우는 영업이나 사업전략에 가까운 부서의 인재이다. 이러한 점을 고려하면, 일본 기업도 그러한 인재를 표준화 활동에 파견할 필요가 있을 것이다.

⑤ 표준화에 관해 이해가 있는 경영자

마지막으로 가장 바라는 것은 표준화 활동을 이해하고 그것을 지원하는 경영자가 생겨나는 일이다. 현재 표준화 활동은 회사 내에서도 자원봉사 활동으로 보여지는 경우가 많고, 특히 경영자는 표준화 활동을 이익에 공헌하지 않는 활동으로 평가하기 쉽다. 이 때문에 사내에서 표준화 담당자의 처우나 평가도 낮고 전략부문과 연계하는 것도 도모할 수 없다.

또, 조직의 항목에서 말했듯이 여러 사업부를 관련시켜 이익배분을 하는 사업전략을 구축할 수 있는 것은 리더십이 있는 경영자뿐이다. 표준화 활동을 통해 이익을 확보하는데 있어서 일본의 수직통합형 종합기업의 경우는 다른 회사가 할 수 없는 획기적 전략을 한 회사 내에서 실현할 수 있는 가능성을 가지고 있다. 그래서 회사

전체를 고려한 전략을 수립할 수 있는 경영자에게 기대하는 바가 크다.

맺음말

　이상, 제1장부터 제8장까지 다양한 측면에서 표준화 활동을 분석하였고, 컨센서스 표준의 중요성과 사업에서의 활용방법에 관한 요점을 정리하였다. 본서에서 다룬 사례에 관해서는 각 사례가 개별 논문이나 보고서에 정리되어 있기 때문에 그것들을 보면 보다 더 깊이 이해할 수 있을 것이다.

　본서에서는, 어떻게 표준화를 사업전략으로 활용할 것인가에 초점을 맞추었다. 전략이란 「싸움」을 「다스려」 쉽게 이기는 방법이다. 그리고 컨센서스 표준화는 그야말로 싸움을 다스리기 위한 최적의 수단이 되는 것이다.

　표준화의 효과를 알고 그것을 활용하여 싸우고 싶지 않은 장소를 「휴전지대」로 함으로써 진정으로 싸워야 할 장소에 모든 자원을 투입하여 사업경쟁에 승리한다. 본서의 독자 여러분이 그것을 위해 컨센서스 표준을 효과적으로 활용한다면, 본서를 정리한 가치가 있었다고 할 수 있을 것이다.

(江藤 学, 新宅 純二郎)

보론

권말 보론으로서 본문에서 소개할 수 없었던 상세한 분석을 3편 수록한다. 먼저 「**디쥬르 표준화의 가치란**」에서는 컨센서스 표준 중, 공적인 기관, 예를 들면 국제적으로는 ISO, IEC, ITU 등, 각국 국내에서는 JISC, ANSI, BSI 등에 의해 작성된 「**디쥬르 표준**」에 대하여 그 가치를 정리한다. 본문에서는 컨센서스 표준의 공통적 성격에 초점을 맞추어 여러 가지 분석을 하였다. 그런데 컨센서스 표준 중에서도 디쥬르 표준은 디쥬르 표준만이 가질 수 있는 다양한 이점과 동시에 다양한 결점을 갖고 있다. 이 이점을 잘 이해하고, 표준을 작성하는 장으로서의 포럼과, 표준을 보급하는 장으로서의 공적 조직을 잘 구분하여 활용하는 것은 사업전략상 큰 가치가 있을 것이다. 이러한 디쥬르 표준의 가치에 관하여 「**디쥬르 표준화의 가치란**」에서 소개한다. 「**그룹에 의한 컨센서스 표준**」에서는 급속히 증가하고 있는 포럼이나 컨소시엄에 의한 활동의 많은 경우가 표준화 활동을 목적으로 하고 있다는 점을 보여주고, 그러한 활동을 하는 그룹의 실태를 IT분야를 중심으로 상세하게 분석하고 있다. 이러한 그룹에서의 표준화 활동과, 그것이 디쥬르 표준과 융합하고 있는 오늘날의 상황을 인지하는 것은, 표준화를 사업에 활용하기 위한 중요한 지식이 될 것이다. 그리고 이 보론에서 사용되고 있는 「**포럼 표준**」, 「**컨소시엄 표준**」, 「**컨센서스 표준**」 등의 용어 정의는 이 책 본문 안의 정의와 미묘하게 다르다는 것을 알 수 있을 것이다. 특히 「**컨센서스 표준**」은 새로운 개념이며, 아직 그 정의는 「**표준화**」 되어 있지 않다. 이 보론에서 소개된 컨센서스 표준의 정의에 비해, 본문 제1장에서 제시한 바와 같이, 이 책에서의 컨센서스 표준은 상당히 폭넓은 개념으로서 정의되어 있다. 보론의 세 번째는 이산화탄소 배출권 거래에 관한 「**규칙**」의 표준화 사례. 공업제품처럼 기술적 제약이 절대적 한계선으로 존재하고 있는 경우의 표준화와 달리, 규칙의 표준화는 여러 이해관계자가 각각 자신에게 가장 이익이 되는 규칙을 제안하기 때문에 컨센서스를 얻기가 매우 어려운 분야이다. 본 사례에서는 국가간 협의로 정해진 「**교토 크레디트**」라는 소위 디쥬르 표준을 핵심으로 해서, 그 주변에 컨센서스 표준이 생성되는 메커니즘을 규명하고 있다. 그래서 이 사례는 「**컨센서스 표준**」의 생성과정과 그 조직론을 생각하는데 있어서 참고가 되는 사례이다. 공업표준화뿐만 아니라 여러 가지 국면에서 컨센서스 표준화의 중요성이 증대되고 있다고 할 수 있을 것이다.

디쥬르 표준의 가치란

머리말

본서에서는 주로 컨센서스 표준에 관해 논의해 왔는데, 컨센서스 표준 중에서도 국제표준이나 국가표준 등 특히 공적 기관에 의해 정해진 표준을 디쥬르 표준이라고 부른다.

국제표준으로는 ISO(국제표준화기구)나 IEC(국제전기표준회의)가 유명하고, 국가표준으로는 JIS(일본공업규격), JAS(일본농림규격) 등이 유명하다. 이러한 기관에 의해 책정된 디쥬르 표준은 합의를 얻는 분야가 천차만별이고 기업이나 공업회 등의 이해관계자도 여러 분야에 걸쳐 있기 때문에 컨센서스를 형성하기 어렵고 책정될 때까지 일정시간을 필요로 한다. 그러나 일단 제정되면, 그 내용이 널리 공개되기 때문에 누구나 자유롭게 열람하고 사용할 수 있어서 사회적으로 공평하고 신뢰성도 높다는 이점이 있다.

또 상품 및 서비스나 기술의 시험방법이나 검사방법을 디쥬르 표준으로 정하는 것은 기업에게 편리함을 가져다 줄뿐만 아니라 소비자에게 안도감을 주어, 사회 인프라 전체의 안정성을 지탱하는 것으로 이어진다. 기업의 회계기준, 환경대책, 제품안전, 품질안전 등, 소비자가 안심하고 생활할 수 있는 사회를 만들고, 기업이 거래를 원활하고 효율적으로 해서 사회적 책임을 충분히 다할 수 있는 환경을 정비하는 일에 있어서 디쥬르 표준의 가치는 대단히 높다.

따라서 표준화의 가장 대표적인 기능인 호환성이나 안전성 확보에 합당한 디쥬르 표준은 그 사회적 효용 때문에 각국에서도 주로 국립연구소 등 공적기관이 솔선하여 국제표준이나 국가표준 등으로서 책정하는 경우가 많다. 또 최근 사회경제의 글로벌화에 따라 상품이나 서비스가 전세계에 자유롭게 유통되게 되었는데, 이것은 디쥬르 표준이 호환성을 확보하여 필요 최소한의 품질보증을 해 온 공적의 덕분이 크다는 것은 말할 것도 없다. 특히 1995년 WTO/TBT협정(무역의 기술적 장벽에 관한 협정)의 발효에 따라 국제표준이 각국 국가표준과 부합하게 되었다. 이에 따라 각국 시장의 상호 결합이 가속화되고 나서는, 무역의 확대와 함께 구미 선진국뿐만 아니라 아시아 등 신흥공업국에서도 디쥬르 국제표준의 중요성이 비약적으로 높아지고 있다.

그러나 한편으로 국가표준이 국가마다 다르거나 국제표준과 국가표준이 다른 경우에는 이것이 상품이나 서비스의 자유로운 유통을 방해하여 자유무역시장의 확대를 저해하는 요인이 될 수 있다. 그래서 현재 WTO 세계무역기구에서 환경정비를 위한 조정이 매년 이루어지고 있다.

이 장에서는 이 디쥬르 표준의 가치에 관하여 이해할 수 있도록 디쥬르 표준을 작성하는 대표적 기관이나 그 표준 책정 프로세스 등에 관해 언급하고, WTO 세계무역기구의 개요, 디쥬르 표준에 특히 관련이 깊은 협정에 관하여 그 개요를 소개한다.

1. 국제표준화기관

국제표준으로서 가장 대표적인 것이 ISO 국제표준화기구나 IEC 국제전기표준회의에서 작성되는 표준이다. ISO, IEC 이외에는 ITU 국제전기통신연합이 통신 분야의 표준화 활동을 하고 있다.

도표 ①-1 ISO의 조직 개요

출처 : 「国際標準化活用の ススメ」(初版)에서 발췌

도표 ①-2 ISO 전문위원회와 일본국내 심의단체의 예

예 : 전문위원회와 국내심의단체			
• TC1나사	일본나사연구협회	• TC68금융서비스	일본은행금융연구소
• TC2구름베어링	(사)일본베어링공업회	• TC92화재안전	건축주택국제기구
• TC8선박해상기술	(재)일본선박기술연구협회	• TC94방호구	(사)일본보안용품협회
• TC10제도(製圖)	(사)일본기계학회	• TC104화물컨테이너	(사)일본선주협회
• TC12기호단위	(재)일본규격협회	• TC146대기질	(사)산업환경관리협회
• TC17철강	(사)일본철강연맹	• TC147수질	(사)산업환경관리협회
• TC22자동차	(사)자동차기술회	• TC159인간공학	일본인간공학학회
• TC29공구	(사)일본공작기기공업회	• TC176품질관리	(재)일본규격협회
• TC38섬유	(사)섬유평가기술협의회	• TC204ITS기술	(사)자동차기술회
• TC43음향	(사)일본음향학회	• TC207환경관리	(재)일본규격협회
• TC44용접	(사)일본용접협회	• TC223사회안전	경제산업성
• TC45고무	일본고무공업회	• TC224상하수도	하수도대책협의회
• TC61플라스틱	일본플라스틱공업연맹	• TC229나노테크	(독)산업기술총합연구소

① ISO(국제표준화기구 : International Organization for Standardization)

　ISO는 1946년에 설립된 스위스의 제네바에 본부를 둔 비정부조직이다.

　2008년 현재 157개 국가 및 조직이 가맹하여, 전기, 통신을 제외한 모든 분야의 국제표준을 작성하고 있다. 참가 각국으로부터 1개 회원단체만이 등록되고 있다. 일본에서는 1952년의 각료양해에 근거하여, JISC 일본공업표준조사회가 등록되어 있다. 회원에 관해서는, 모든 결의사항에 대한 투표권이 부여된 보통회원(Member Body), 투표권 등이 제한된 통신회원, 구독회원 등 모두 3종류의 회원 레벨이 설정되어 있다. 국제표준의 작성 시에는 정해진 1국1표의 투표 규칙에 따라 약 3년간의 기간에 걸쳐 꼼꼼하게 검토가 이루어진다. 보유한 국제표준의 수는 현재 1만 7,000개나 된다.

　ISO의 조직구성은 도표 ①-1과 같다. 총회는 주요 임원과 회원 단체가 지명하는 대표자 등으로 구성되는 회합이며, 매년 1회 개최된다. 이사회는 운영을 결정하는 기관이며, 주요 임원 및 18개 회원 단체의 대표로 구성된다. TMB 기술관리평의회(Technical Management Board)는 이사회에서 선출된 의장과 12명의 멤버로 구성되고, ISO에서의 국제표준화 책정 규칙의 결정이나 각종 조정을 하고 있다.

　실제 국제표준화 활동은 기술 분야마다 설치된 TC(전문위원회: Technical Committee) 안에서 참가회원의 논의로 이루어지고 있다. 해당 기술분야에 관심이 있는 회원 단체는 투표권을 갖는 P멤버(Participating)와 참가권리만 가진 O멤버(Observer)를 선택한 후 엑스퍼트를 파견하게 된다. 덧붙이자면 ISO 9001 품질관리는 TC176에서, ISO14001 환경관리는 TC207에서 검토를 하고 있다.

　(http://www.iso.org/iso/en/ISOOnline.frontpage)

② IEC(국제전기표준회의 : International Electrotechnical Commission)

　IEC는 1904년에 미국의 세인트루이스에서 개최된 국제전기대회에서 합의되어 1906년에 설립된 국제표준화 기관이다. ISO와 마찬가지로 민간의 비정부조직이며, 스위스 제네바에 본부를 두고 있다. 표준화 대상 분야는 전기기술이며, 2008년 현재 67개 국가 및 조직이 가맹되어 있다. 일본으로부터는 JISC 일본공업표준조사회가 등록되어 있다. 표준작성의 절차는 ISO와 대략 같고, 약 3년을 필요로 한다. 표준의 보유수는 약 5,000 이상이 된다. IEC의 조직은 명칭 등에 약간의 차이가 있지만, ISO의 조직과 유사점이 많다.

그리고 ISO와 IEC의 공통분야라고 할 수 있는 소프트웨어나 정보전자 분야에 관해서는 ISO와 IEC가 공동으로 JTC1(Joint Technical Committee)이라는 전문위원회를 설치하고 있고, 최근 정보전자기술의 발전과 함께 활발한 표준화 활동이 전개되고 있다. (http://www.iec.ch/)

도표 ①-3 IEC의 조직개요

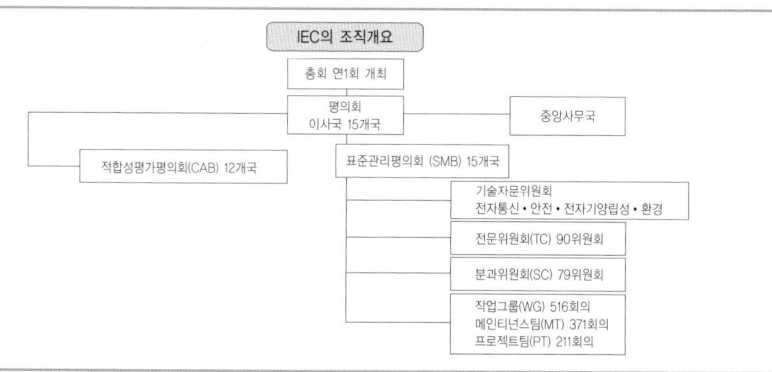

출처:「国際標準化活用の ススメ」(初版)에서 발췌

도표 ①-4 IEC/JTC1의 전문위원회와 일본 국내심의 단체의 예

예 : 전문위원회와 국내심의단체			
• TC1용어	(재)일본규격협회	• TC82태양광발전시스템	(사)일본전기공업회
• TC4수차(水車)	(사)전기학회	• TC101정전기	(재)일본전자부품신뢰성센터
• TC5증기터빈	(사)화력원자력발전기술협회	• TC105연료전지	(사)일본전기공업회
• TC15개체전기절연재료	(사)전기학회	• TC111전기전자시스템	(사)전자정보기술산업협회
• TC21축전지	(사)전지공업회		
• TC32퓨즈	(사)전기학회	• JTC1정보기술	(사)정보처리학회
• TC34전구	(사)일본전구공업회	• SC17카드와 개인인증	(사)정보시스템산업협회
• TC47반도체 디바이스	(사)전자정보기술산업협회	• SC27보안기술	(사)정보처리학회
• TC61가정용 전기기기	(사)일본전기공업회	• SC37바이오메트릭스	(사)정보처리학회

③ ITU(국제전기통신연합 : International Telecommunication Union)

ITU는 전기통신에 관한 국제표준의 책정을 목적으로 해서 1947년에 스위스의 제네바에 설치된 국제연합의 조직이다. 가맹국은 189개국에 이른다. 전파의 국제적인 분배 및 혼신방지를 위한 국제적인 조정, 전기통신의 세계적 표준화의 촉진, 개발도상국에 대한 기술원조의 촉진 등의 역할을 담당하고 있고, ITU-T 전기통신분야, ITU-R 무선통신분야, ITU-D 전기통신개발 분야의 3개 부문으로 나누어져 있다.

ITU는 ISO, IEC라는 민간조직과는 달리 국제연합 기구로서 참가국도 비교적 많고, 또 전세계 600개를 넘는 기업 회원이 참가하고 있다는 것도 특징이라고 할 수 있다.

일본의 경우는 총무성을 창구로 해서 많은 전기통신분야의 기업, 학회 등이 참가하고 있다. (http://www.itu.int/home/index.html)

2. 국가표준/역내표준

국제표준에 대하여 각각의 국가가 독자적으로 정한 표준을 국가표준이라고 부른다. 일본의 경우는 JIS 일본공업규격과 JAS 일본농림규격이 여기에 해당한다.

JIS에는 현재 약 1만개나 되는 표준이 존재한다. 그 책정에는 분야마다 각 공업회가 합의에 근거해 JIS원안을 작성하고, 공업표준화법에서 정해진 JISC 일본공업표준조사회가 최종적으로 표준책정이나 재검토를 결정하고 있다.

국가표준은, WTO가맹국의 경우, TBT협정이나 정부조달협정에 따라 국제표준에 부합시켜야 한다. 지역특성이나 국가특유의 내용이 일부 가미되는 경우도 있지만, 많은 국가표준은 각국에서 공통으로 되어 있는 경우가 많다.

그러나 그 운용방법은 각국마다 크게 다르다는데 유의할 필요가 있다. 예를 들면, 중국에서는 국가표준의 많은 경우는 강제이고, 표준의 사용이 의무화되어 있다.

일본의 경우는 국가표준은 기본적으로는 임의적인 것이며, 표준에 따를 것인가의 여부는 사용자의 재량에 맡겨지는 경우가 많다. 식품이나 제품 등 인체에 영향을 미칠 가능성이 있는 안전 분야 등에서는 일본에서도 국가표준을 강제법규에 인용하는 것을 통해 강제규격과 같은 효과를 가진 것도 있다. 또 구미에서는 정부와 각서 등을 체결한 민간조직이 국가표준의 책정, 규격발행 출판 등의 역할을 하고 있는 국가가 많다. 또 유럽 등과 같이 EU가맹국을 중심으로 해서 역내표준을 책정하고 있는 경우도 있다.

① JISC (일본공업표준조사회 : Japanese Industrial Standards Committee)

JISC는 1949년 공업표준화법의 제정에 따라 모든 공업부문에 걸친 표준화 기관으로서 경제산업성에 설치되어 있는 심의회이다. 여기에서 공업표준화법에 근거하여 JIS(일본공업규격)의 제정 및 개정 등, JIS마크 표시제도, 시험소 등록제도 등, 공업표준화의 촉진에 관한 심의나 검토를 하고 있다. 또 ISO에는 1952년, IEC에는 1953년부터 일본내 유일한 회원으로서 등록하여 국제표준화 활동에 참가하고 있다.

JISC 조직의 경우는, 최종결정을 하는 총회 아래에 표준부회, 적합성평가부회가 설치되어 있고, 각 부회 아래에 JIS심의 등을 하는 기술전문위원회가 26개 분야로 나눠져 설치되어 있다. 실제의 표준화 활동에 관해서는 분야별 공업회나 학회 등이 국내심의단체로서 등록되어 있고, 대학이나 연구소의 연구자, 기업의 엔지니어 등이 각각 멤버로서 활동하고 있다. ISO나 IEC의 국제회의에도 이들 국내심의단체의 멤버가 JISC대표 엑스퍼트로서 참가하여 활약하고 있다.
(http://www.jisc.go.jp/index.html)

도표 ①-5 JISC의 조직개요

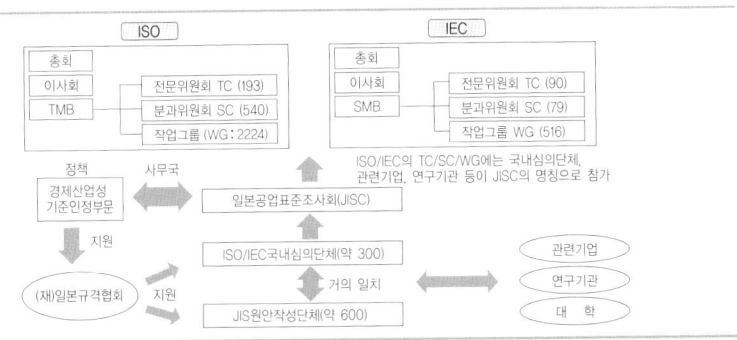

출처 :「国際標準化活用の ススメ」(初版)에서 발췌

② ANSI(미국규격협회 : American National Standard Institute)

　1918년에 발족하여 미국에서 표준화 활동을 하는 사단법인이다. 미국을 대표하여 ISO나 IEC에 참가하고 있다. 실제의 표준화 활동이나 표준작성의 실무는 800개 기관의 SDO 표준책정기관 (Standards Developing Organizations)이 실행하고 있다. (http://www.ansi.org/)

③ BSI(영국규격협회 : British Standards Institution)

　1901년부터 전신 조직이 활동을 개시하였고, 1929년에 법인격을 부여 받은 표준화 기관이다. 영국 내에서의 표준화 활동을 추진하고, 표준의 보급촉진을 담당하는 단체이다. 영국을 대표하여 각 국제표준화 기관에 참가하고 있다. (http://www.bsi.org.uk/)

④ DIN(독일규격협회 : Deutsches Institut für Normung)

　1917년에 독일연방정부와의 계약에 따라 설립되었는데, 국가표준, 유럽표준, ISO 등의 국제표준의 표준화에 종사하는 민간조직이다. (http://www2.din.de/)

⑤ CEN(유럽표준화위원회 : Comite Europeen de Normalisation)

CENELEC(유럽전기표준화위원회 : Comite Europeen de Normalisation Electrotechnique)

CEN은 1961년에 설립되어, 유럽에서의 전기전자기술, 통신기술 분야를 제외한 전분야의 표준화를 추진하는 위원회이다. 전기전자기술 분야는 CENELEC 유럽전기표준화위원회가 담당하고 있다. 참가자격은 EU국가 및 EFTA멤버로 한정되며, 약 30개국이 등록되어 있다. EU국가에서는 국가표준에 우선하여 EN규격(유럽표준)을 사용하여야 한다는 규정이 있고, CEN/CENELEC에서 책정된 유럽표준은 반자동적으로 국가표준이 되기 때문에 각국 모두 표준화 활동에 대하여 적극적으로 대응하는 경향이 있다.

(CEN: http://www.cen.eu/cenorm/index.htm

CENELEC: http://www.cenelec.org/Cenelec/Homepage.htm)

⑥ ETSI(유럽전기통신표준화기구 : European Telecommunications Standards Institute)

ETSI는 CEPT 유럽우편전기통신주관청회의에 참가하는 모든 국가가 중심이 되어 1988년에 설립된 기관이며, 유럽의 전기통신기술에 관하여 필요한 표준화를 수행하고 있다. (http://www.etsi.org/)

3. 다른 디쥬르 표준화기관

① IEEE(전기·전자기술자협회 : The Institute of Electrical and Electronics Engineers)

IEEE는 1884년에 설립된 전기전자기술에 관한 세계 최대의 학회이다. 컴퓨터, 바이오, 통신, 전력, 항공, 전자 등의 기술 분야에서 지도적인 역할을 담당함과 더불어, 국제회의의 개최, 논문지의 발행, 기술교육, 표준화 등의 일을 추진하고 있다. ANSI에 의해 SDO 표준책정기관으로 등록되어 있고, IEEE가 책정한 표준은 미국의 국가표준으로서 발행된다. (http://www.ieee.org/)

② ASTM International(미국재료시험협회 : American Society for Testing and Materials)

ASTM은 1898년에 설립된 세계 최대급의 표준제정기관이다. 100개국에서 총 3만 명 이상의 제조업자, 사용자, 최종소비자, 정부, 학회대표자 등이 회원이 되어, 각 분야의 표준화에 공헌하고 있다. IEEE와 마찬가지로 ANSI의 의해 SDO 표준책정기관으로 등록되어 있고, 책정한 표준은 미국의 국가표준으로서 발행된다. (http://astm.org/)

4. 디쥬르 표준화기관의 상호관계

① ISO, IEC, ITU의 협조

1976년에 ISO와 IEC는 협정을 체결하여, 양쪽에 관계가 깊은 정보전자 분야를 다루는 전문위원회로서 JTC1 정보기술전문위원회(Joint Technical Committee)가 설립되어, 정보 분야에서의 국제표준화를 추진하고 있다.

또 ISO, IEC, ITU는 2001년에 WSC 세계표준협력(World Standards Cooperation)을 설립하여, 산업계, 정부, 소비자 등 다양한 이해관계자의 표준화활동에 대한 참가를 촉진하기 위한 전략을 구축하고, 기술교육, 비즈니스 스쿨 등을 통해 표준화 교육을 보급하고 있다.

② ISO와 CEN의 협조

ISO와 CEN에 관해서는 전자는 전세계를 대상으로 후자는 유럽지역을 대상으로 한다는 점에서 컨센서스의 크기는 다르지만 활동분야는 동일하기 때문에 상호 이해 촉진을 위해 1991년에 빈(Wien) 협정을 체결하고 있다. 본 협정의 주된 목적은 표준화 업무에 활용할 수 있는 자원을 최적으로 활용하는 틀을 제공하고, 양 표준화기관에서 추진되고 있는 작업의 투명성을 높이기 위한 정보교환 시스템을 제공하는 것이다. 그 협정에서는 국제표준화를 우선한다고 되어 있다. 그렇지만, 유럽 단일시장에는 당장은 국제적인 필요성이 낮은 표준이나, 국제적 차원에서는 우선도가 낮지만 EU에서는 긴급하게 필요한 표준 등, 특수한 상황이 있다는 점도 인정되고 있고, 이러한 점들을 배려한 내용이 들어가 있다.

또 빈 협정에서는 CEN에서 책정 중인 표준안은 ISO 국제표준원안으로서 신속한 절차(Fast-track procedure)를 통해 투표에 부칠 수 있다는 점이 인정되고 있다. 또 동시에 ISO 표준안은 CEN에서도 원안으로서 투표에 부쳐지는(병행투표제도) 것이 인정되고 있다. 그리고 IEC와 CENELEC 사이에도 드레스덴 협정이 1996년에 체결되어 있다.

5. 국제표준화의 프로세스: ISO의 경우

통상 디쥬르 표준의 책정은, 각 분야의 전문위원회가 멤버로부터 신규안건의 제안을 받는 것으로부터 시작된다. 각 전문위원회에서는 몇 단계의 심의를 거쳐 표준원안을 작성하고, 최종적으로 각국의 투표에 의해 국제표준이 탄생한다. 제정에는 보통 3년 정도가 걸리는 경우가 많다. 여기에서는 ISO에서의 국제표준화 책정 프로세스를 예로 들어 설명해 보자.

국제표준을 제안하려면 보통, 각 TC를 담당하는 국내심의단체(많은 경우 대상제품의 공업회 등)에 설치된 TC 국내위원회에 원안을 제안하고, 심의에 참가한다. 국내위원회는 업계의 주요기업, 연구자, 중립적인 입장의 유식자, 연구기관이나 사용자 등 관련업계의 이해관계자 등으로부터 검토를 받고 승인을 받은 후에, 국내심의단체의 사무국을 통해 ISO의 해당 TC에 신규로 제안을 하게 된다.

① NP(작업항목: New Proposal)의 제안

각국 가맹기관이 새로운 표준의 책정, 현행 표준의 개정을 제안한다. 이것을 받아들여 각국은 제안에 찬성인지 반대인지를 3개월 이내에 투표하도록 한다. 투표한 TC의 P 멤버 과반수가 찬성하고 5개국 이상의 P멤버가 심의참가를 표명하면, 책정과 개정을 시작한다.

② WD(작업원안: Working Draft)의 작성

제안의 승인 후, TC 내의 WG(워킹그룹)에서 WD 책정을 담당할 엑스퍼트를 TC 간사가 P멤버와 협의하여 임명한다. 임명된 엑스퍼트는 WD를 작성, NP제안 승인 후 6개월 이내에 TC에 WD를 제출한다.

③ CD(위원회원안: Committee Draft)의 작성

WD는 CD안으로서 등록되어 TC의 P멤버에게 의견 조회를 위하여 회부된다. P멤버의 의견을 기반으로 하여 간사를 중심으로 CD안을 검토하고, 필요에 따라 수정한다. TC총회에서의 컨센서스 또는 P멤버의 투표에 넘겨, 3분의 2 이상의 찬성을 얻은 경우에 DIS 국제표준원안으로서 등록한다.

④ DIS(국제표준원안: Draft International Standard)의 책정

등록된 DIS는 TC멤버뿐만 아니라 모든 ISO 멤버국에 투표를 위해 회부된다(투표기간 5개월간). 투표한 TC P멤버의 3분의 2 이상이 찬성하고 반대가 투표 총수의 4분의 1 이하이면, DIS는 승인되어 FDIS 최종국제표준안으로서 등록된다. 그리고

DIS가 부결된 경우, TC의 간사가 중심이 되어 DIS를 수정하고 재투표한다. 반대표가 던져지지 않은 경우는 직접 발행을 추진한다.

⑤ FDIS(최종국제표준안 : Final Draft International Standard)의 책정
 FDIS의 투표는 중앙사무국에서 ISO에 등록된 전 멤버국에서 실시된다(투표기간 2개월. 이 단계에서 표준내용의 수정은 인정되지 않는다). FDIS는 투표한 TC의 P멤버 3분의 2 이상이 찬성하고 반대표가 투표총수의 4분의 1 이하인 경우에 승인되어 국제표준으로서 성립한다. FDIS가 승인되지 않은 경우에는 수정원안을 CD, DIS, FDIS에 다시 제출하거나, 각종 기술문서로서 발행을 검토하거나, 프로젝트를 취소하여 새롭게 방침을 결정할 필요가 있다.

⑥ IS(국제표준 : International Standard)의 발행
 FDIS의 승인 후, 국제표준으로서 발행한다(발행기간은 NP제안승인으로부터 36개월 이내).

⑦ 국제표준 이외의 관련문서
 ISO에서는 정식 국제표준 외에 다음과 같은 기술문서가 존재한다. 보통 국제표준화의 프로세스에는 약 3년의 기간이 필요하지만, 긴급안건의 경우나 표준책정의 합의를 할 수 없었던 경우, 기술적으로 개발 도중인 경우 등 상황에 따라 참고로서 공표하여 시장의 요구를 파악하기 위하여 아래 문서들이 잠정적으로 발행되는 수가 많다.

- TS(기술사양서 : Technical Specification)
- PAS(일반공개사양서 : Publicly Available Specification)
- TR(기술보고서 : Technical Report)

이러한 문서는 정식 국제표준이 아니며 보통 3년간의 유효기간도 설정되어 있지

만, ISO로고가 붙여지는 기술문서로서 국제표준에 준한 활용이 기대된다.

6. WTO(세계무역기구)

여기에서는 국제표준과 국가표준의 관계를 이해하는데 불가결한 WTO(세계무역기구)의 개요에 대하여 설명한다.

1930년대 세계적 불황 시에 많은 국가는 관세의 인상, 무역수량제한, 외환제한 등의 무역장벽을 만들어 자국 산업을 보호하려고 해왔지만, 결과적으로 전세계적으로 규제가 남발되어 질서가 어지러웠던 아픈 경험이 있다. 그 반성을 바탕으로 제2차 세계대전 후에 세계 국민의 경제적 번영, 고용의 확대, 생산수준의 향상을 위해 자유롭고 원활한 무역의 발전이 필요하다는 생각이 생겨났다. 이러한 생각 아래 무역을 활성화는 체제를 만드는 일이 시작되었고, 1948년에 GATT(관세 및 무역에 관한 일반협정)가 발족하였다.

도표 ①-6 WTO협정

세계무역기구를 설립하는 마라캐시협정 (통칭 : WTO설립협정)

★부속서1A : 물품의 무역에 관한 다각적 협정
   (A) 1994년의 관세 및 무역에 관한 일반협정(통칭 : 1994의 가트)
   (B) 농업에 관한 협정
   (C) 위생식물검역조치의 적용에 관한 협정(통칭 : SPS협정)
   (D) 섬유 및 섬유제품(의류를 포함)에 관한 협정(통칭 : 섬유협정)
   (E) 무역의 기술적 장벽에 관한 협정(통칭 : TBT협정)
   (F) 무역에 관련된 투자조치에 관한 협정(통칭 : TRIMs협정)
   (G) 1994년의 관세 및 무역에 관한 일반협정 제6조의 실시에 관한 협정(통칭 : 안티덤핑협정)
   (H) 1994년의 관세 및 무역에 관한 일반협정 제7조의 실시에 관한 협정(통칭 : 관세평가협정)
   (I) 선적 전 검사에 관한 협정
   (J) 원산지 규칙에 관한 협정

(K) 수입허가절차에 관한 협정
　　(L) 보조금 및 상쇄조치에 관한 협정
　　(M) 세이프가드에 관한 협정
★부속서1B : 서비스의 무역에 관한 일반협정(통칭 : GATS)
★부속서1C : 지적소유권의 무역관련 측면에 관한 협정(통칭 : TRIPs협정)
★부속서2 : 분쟁해결에 관한 규칙 및 절차에 관한 양해(통칭 : 분쟁해결양해)
★부속서3 : 무역정책심사제도
★부속서4 : 복수국간 무역협정
　　(A) 민간항공기무역에 관한 협정
　　(B) 정부조달에 관한 협정
　　(C) 국제낙농품협정(1997년 말에 종료)
　　(D) 국제우육협정(1997년 말에 종료)

　　GATT는 발족 후 약 50년 동안에 8회에 걸친 다각적인 교섭을 해왔다. 그 동안 참가국도 제1회의 23개국 및 지역에서 제8회에는 123개국 및 지역으로 비약적으로 확대되었다. 또 EC(유럽공동체) 등 지역무역협정의 출현이나 무역에 관한 국제분쟁 처리 규칙의 재검토 등, 국제무역을 둘러싼 환경변화에 대응하기 위하여 제8회 우루과이라운드 교섭결과를 바탕으로 1994년 모로코의 마라케시에서 「WTO 세계무역기구를 설립하는 협정」이 작성되었다. 그리고 이를 근거로 1995년에 GATT를 이어받은 형태로 WTO(세계무역기구: 본부는 제네바)가 발족하였다. 2007년 10월 시점에서 151개국 및 지역이 가맹하고 있다.
　　WTO협정에는 국제표준화나 기준인증분야와 특히 관련이 깊은 두 가지 원칙이 있다. 하나는 최혜국대우원칙인데, 이는 어떤 국가에 주는 가장 유리한 대우는 다른 모든 가맹국에 대해서도 주어져야 한다는 것이다. 예를 들면 어떤 가맹국에 대해 관세율을 인하한 경우, 모든 가맹국에 대한 관세율도 마찬가지로 인하하여야 한다는 것이다.
　　또 하나는 내국민대우원칙인데, 국내생산 보호를 목적으로 해서 내국세 등의 규제를 수입상품에 적용하여서는 안 된다는 것이다. 예를 들면 국내제품에는 낮은 국내세를 부과하는 한편, 수입품에는 높게 과세하는 차별적인 대우를 하는 것을 금지하는 것이다. 이 두 가지 원칙에 따라 무역에 관한 차별대우를 철폐하고, 보다 자유로운 무역의 환경정비를 추구하고 있다.

　WTO협정은 WTO설립협정 및 그 부속서로 구성되고, 물품뿐만 아니라 서비스나 지적 소유권 등도 대상으로 하고 있다. 부속서1A에서부터 부속서3까지의 각 협정은 WTO설립협정과 일체를 이루고 있고, WTO 모든 가맹국 사이에 적용된다. 한편, 부속서4의 각 협정은 각각 독립된 협정이며, 각 협정의 체결국 사이에서만 적용되는 것으로 되어 있다.

　따라서 뒤에서 언급되는 TBT협정은 부속서1A이며 WTO가맹국에 일괄 적용된다. 하지만 정부조달 협정은 부속서4로서 WTO가맹과는 별개로 참가하게 된다는 점에 유의할 필요가 있다.

TBT협정(무역의 기술적 장벽에 관한 협정)

　가맹국은 품질이나 안전성의 확보, 환경의 보전 등이라는 관점에서 상품의 품질이나 시험방법 등에 관한 기준과, 기준에 적합한지를 평가하는 인증제도를 독자적으로 정하고 있다. 그런데 이러한 제도나 기준은 운용방법에 따라 수입제한이나 수입품에 대한 차별적인 대우를 하는 것이 되어, 결과적으로 자유무역의 장벽이 될 수 있다. 또 외국상품의 적합성 평가를 받는 것이 국내 상품에 비해 곤란한 경우에도 제도 자체가 시장진입의 장벽이 되는 수가 있다. 이러한 장벽을 철폐하고 국제적인 조화를 추진하기 위하여 TBT협정이 합의되었다. 이 TBT협정은 WTO가맹 시의 일괄적인 수락의 대상이 되는 협정이며, 모든 WTO가맹국에 적용된다.

　제2조에서는 WTO가맹국의 강제규격(상품의 특성이나 생산공정 및 방법에 관한 준수가 법률에 의해 의무화되어 있는 기준)에 관한 기본원칙에 대한 내용이 기재되어 있다. 즉, 강제규격이 정당한 목적(국가의 안전보장, 사기적 행위의 방지, 건강안전의 보호, 동물의 보호, 환경 보전)의 달성을 위하여 필요한 경우 이상으로 무역제한적이어서는 안 된다는 점이 규정되어 있다. 또 강제규격이 필요한 경우는 국제표준을 기초로 해서 이용하는 것 등이 규정되어 있다.

　제4조에서는 가맹국에서 정하는 임의규격(강제규격과는 달리 상품 또는 생산 공

정·방법에 관하여 반드시 법령에 의한 규정으로 되어 있지 않은 기준)에 대해서는 무역장벽이 되는 표준책정을 회피하고 국제표준을 기초로 해서 책정하도록 규정되어 있다.

또한 제5조에서는 가맹국의 적합성 평가절차는 국제표준화 기관이 공표한 지침을 기초로 하도록 의무화하고 있다.

정부조달협정

TBT협정과 함께 중요한 것은 WTO정부조달협정이다. WTO정부조달협정은 WTO협정의 부속서4에 포함되는 협정 중 하나이며, WTO협정 일괄수탁의 대상이 아니다. 즉, 개별적으로 수락을 한 WTO가맹국만이 이 정부조달협정의 구속을 받게 된다. 2007년 8월 현재, 체결국 및 지역은 선진국을 중심으로 40개국 및 지역이고, 가맹 신청 중이 8개국 및 지역이며, 옵서버가 11개국 및 지역인 상황이다. 큰 시장으로서 주목되고 있는 인도나 중국은 가맹하지 않고 있다. 일본은 1995년에 이 협정을 비준하였다.

정부조달협정은 GATT 시대부터의 내국민대우원칙이나 최혜국대우원칙에 더하여, 적용 범위를 상품뿐만 아니라 서비스조달도 포함하도록 확대하였고, 대상기관을 중앙정부에서부터 지방정부나 정부관계기관까지로 확대하고 있다. 일본에서는 대상기관이 중앙정부기관, 47개 도도부현, 12개 정령지정도시, 73개 특수법인, 66개 독립행정법인으로 되어 있다.

이 협정에서는, 정부조달의 거래금액 규모를 고려할 때 자유무역체제에 미치는 영향이 매우 크다는 이유 때문에, 정부조달에서의 국산품의 우대가 비관세장벽이 되는 것을 피하고, 외국상품 및 서비스와 국내상품 및 서비스 사이의 차별을 없앤다는 목적을 가지고 있다.

제6조에서는 조달기관이 조달하는 상품 및 서비스의 기술사양은 국제표준이 존재할 때에는 해당 국제표준을 근거로 정한다고 규정되어 있다.

도표 ①-7 정부조달협정 체결국

정부조달협정 체결국(2007년 8월 현재)

1. 체결국·지역(40)
   캐나다, 유럽공동체(EU가맹 27개국 및 유럽위원회), 홍콩, 아이슬란드, 이스라엘, 일본, 한국, 리히텐슈타인, 네덜란드령 알바, 노르웨이, 싱가포르, 스위스, 미국

2. 가맹신청·교섭국·지역(8)
   알바니아, 그루지야, 키르기스, 몰도바, 오만, 파나마, 요르단, 대만

3. 옵서버국·지역(11)
   아르헨티나, 아르메니아, 호주, 카메룬, 칠레, 중국, 콜럼비아, 크로아티아, 몽골, 스리랑카, 터키

_맺음말

　최근 경제의 글로벌화와 함께 세계 어디에서나 자유롭게 상품의 무역이 가능한 세상이 되어 가고 있다. 또 수출입의 대상도 예전의 상품에서 서비스나 지적재산으로 확대되는 등 매우 다양하게 변하고 있다. 이 시장경제의 발전에는 기업의 편리성이나 소비자의 안심감을 높이고 사회 인프라기반 전체의 수준을 높이는 것이 필수적이다. 그야말로 디쥬르 표준의 진가가 발휘되는 시대라고 할 수 있다. 그러나 자유무역을 하는 가운데 각국이나 지역경제특별구의 전략이 서로 대립 관계를 낳는 수도 있다. 또 국가나 지역에 따라 강제규격과 임의규격을 취급하는 방법이 다르고, 강제법규와의 관계도 각각 다르다.

　디쥬르 표준은 국민이 안심하며 안전하고 편리한 생활을 영위하고 기업이 건전한 경쟁을 하는 환경을 정비하기 위하여 매우 중요한 도구라는 점이 충분히 이해되어야 한다. 그리고 정부 등 공적기관만이 아니라 업계단체에서 민간기업에 이르기까지 모두가 폭넓은 지식을 가지고 높은 관심을 가질 필요가 있다.

(小野 高宏)

그룹에 의한 컨센서스 표준화

권위와 상반되는 반대쪽의 극단적인 대체안은 합의이다.
합의란, 이해관계가 모여 모두가 무리 없이 받아들이는 수단이다.
Kenneth J. Arrow[1]

머리말

IT분야의 그룹 표준화는 2000년 이후에 더욱 활발해져, 미국을 중심으로 해서 국제화하고 대규모화하는 경향이 나타나고 있다.[2] 이 보론에서 말하는 그룹에 의한 표준화란, 일반적으로 업계단체, 컨소시엄, 포럼, 위원회 등의 조직활동에 의한 표준화이며, 기업, 표준책정기관 (SDO)이나 정부기관 등이 포함된다. 그리고 특별히 단서가 없는 경우는 이 보론에서는 그룹은 컨소시엄, 포럼, 위원회 등을 포함하는 것을 의미한다.

IT관련 표준화를 위한 그룹의 설립이 시작된 것은 미국에서 1980년대 말부터다. 그 후 1990년대 이후에 그 설립이 눈에 띄기 시작하였다(도표②-1). 일본에서도 이 시대에 이미 경쟁전략론의 관점에서 볼 때 그룹에 의한 표준화가 진전되고 있었다는 보고내용도 있었다. 예를 들면 山田英雄은, 디팩토 표준에도 디쥬르 표준에도 포함되지 않는 시장출시 전의 규격간 경쟁에 있어서 컨소시엄이 관여하였다는 점을 지적하였다.[3] 그러나 山田는 표준과 컨소시엄이 가지는 관계의 일부를 지적하고 있는데 그치고 있다. 즉, 컨소시엄의 기본활동과 전체상을 명확히 하지 않고 그 활동의 일부만 해명하고 있다.

도표 ②-1 컨소시엄의 실제 수 변화

활동목적	1995	1998	2001	2004	2006
디팩토 표준화	9(16)	18(23)	24(23)	18(18)	16(17)
프리 표준화 (디쥬르 표준)	9(16)	9(12)	12(12)	10(10)	12(13)
실장사양·상호접속성	23(41)	28(35)	26(25)	36(36)	38(43)
기타	15(27)	24(30)	41(40)	36(36)	28(30)
건수(%)	56(100)	79(100)	103(100)	100(100)	94(100)

주 : 괄호 내 비율
출처 : 情報通信技術委員会技術調査委員会(2006) 『情報通信関係のフォーラム活動に関する調査報告書(第12版)』 표 2.5를 기초로 필자 작성

한편 de Vries, Rada, Jakobs는 IT의 기술표준에 관하여 이론과 실제를 체계화한 책을 간행하였고, Krechmer는 그룹에 의한 표준화를 SSO(standards-setting organization)라 부르면서 이를 표준개발책정자, 실무 및 실용자, 최종이용자의 시각에서 논하고 있다.[4] 또 Warner는 「기업은 시장경쟁의 회피 및 우회의 수단으로서 급격하게 공적 표준화를 책정하는 쪽으로 변화하고 있다」라고 하면서,[5] 업계별로 그룹 단위의 블록제휴(Block Alliances)가 형성되어 있다고 분석하고 있다. 그러나 이들 연구에서도 그룹의 본질이 규명되어 있다고 말하기는 어렵다.

이 보론의 내용은, 이러한 문제의식에서 지금까지의 접근방법을 보완하고 그룹의 전체 활동을 명확히 하기 위해, 관련 업계단체를 비롯한 조정 및 매개 조직에

대한 기존연구를 검토하는 것이다.

1. 그룹의 실태

그룹의 실태를 나타내는 포괄적인 조사보고서는 적다. 유일하게 정보통신기술위원회가 1994년 이후 매년 보고하고 있는 『정보통신 관계의 포럼활동에 관한 조사보고서(제12판)』(2006)에 따르면, 2003년 이후에 조사대상이 되는 IT분야의 그룹 수는 100개 정도로 그 추이가 나타나고 있다. 그 활동목적은 크게 세 가지로 분류할 수 있다.

첫째, 「표준화」가 목적이며, 디팩토 또는 디쥬르 표준화를 목적으로 한다. 둘째, 「실장(實裝)사양 및 상호접속성」이라는 목적이 있다. 「실장사양」은 하드웨어에 소프트웨어를 집어넣거나, 회로, 부품, 기능을 추가하거나 하는 실용화 작업이다. 「상호접속성」은 어떤 기능의 달성을 목적으로 해서 기기를 접속 가능한 상태로 하는 실용화 작업이다. 셋째, 「기타」의 목적이 있는데, 이것은 대상기술을 보급하는 보완활동이며 마케팅이다.

도표 ②-2와 같이 그룹 중에는 대규모인 것도 있어서 참가멤버수가 500개 이상인 것이 7건, 200개 이상인 것이 22건 있다. 소재지별로는 참가멤버수가 300개 이상인 것은 북미에 집중되어 있다. 200개 이하인 경우는 역시 북미에 소재하는 경우가 가장 많지만, 유럽과 일본에 소재하는 경우가 상대적으로 늘어나고 있다. 대규모의 그룹으로는 GSM Association(이동통신: 유럽), PCISIG(마이크로컴퓨터의 PCI 아키텍처: 미국), USB-IF(PC접속 인터페이스: 미국), UpnP(PC기기 접속: 미국), EPC Global(IC 태그: 미국), ITS America(첨단 도로교통시스템: 미국) 등이 있다.

도표 ②-2 컨소시엄의 실제 수 변화

멤버 수	본부가 유럽 소재	본부가 일본 소재
501 이상	PCISIG, GSM Association, USBIF, UpnP, EPC Global, TM Forum, ITS America	없음
401~500	PICMG, OMG, OASIS, OMA	T-E
301~400	W3C, WiMAX, OGC	없음
201~300	LONMARK, WfMC, EMF, DLNA, TOG, UMB Forum	ECOM

출처 : 情報通信技術委員会技術調査委員会(2006) 『情報通信関係のフォーラム活動に関する調査報告書(第12版)』표2.6을 기초로 필자 작성

2. 그룹의 연구

1. 그룹과 업계표준의 개념

그룹 중 자주 거론되는 컨소시엄의 경우 그 개념은 다양하다. 또 컨소시엄과 같은 뜻으로 쓰이는 용어로는 포럼이나 위원회가 있지만, 그 개념의 구별은 반드시 명쾌하지는 않다. 연구보고를 통해서 말할 수 있는 것은, 일반적으로 컨소시엄은, 독립된 조직체(기업, 행정, 연구기관)가 기술 및 연구개발에 관련되는 목적을 가지고 제휴를 한 형태라는 점이다.

de Vries는 Weis와 Cargill의 연구에 근거하여 컨소시엄을 구체적으로 세 가지로 유형화하여 제시하고 있다. 그 내용은 다음과 같이 명쾌하다.[6] 세 가지 유형의 경우 조직 자신은 표준을 개발하지 않지만, 그 유형은 다음과 같다. 즉, ① 공적 표준화 기관(예를 들면 ISO, IEC, ITU 등), ② 활동에 참가하여 표준책정에 관여하고 영향을

주는, 산업분야별로 특정기술을 위한 표준화 기관, ③ 특정표준의 표준화에 찬동하는 경쟁기업이 협동하는 조직형태를 가지면서 타기술 방식에 대한 대항수단으로서 설립되는 형태 등이다. 또 그 연구에서는 R&D와 컨소시엄의 관계에 관해서도 내용이 기술되어 있다.

2. 그룹과 마케팅

컨소시엄이 기술 및 연구개발에 관한 전략적 제휴로서 본격화한 것은 1980년대 중반이라는 보고가 있다.[7] 이렇게 된 것에는, 뒤에서 말하듯이 미국 정부의 국내산업 보호정책, 프로페이턴트 정책이 크게 기여하고 있다. 이에 따라 IT기술의 보급에 관한 마케팅과 커뮤니케이션은 변화를 초래한 것이다.

교환 커뮤니케이션

코레이(Corey, E.R.)는 컨소시엄과 업계표준과의 관련을 다음과 같이 말하고 있다. 유력한 기업들로 구성되는 컨소시엄은, 그 기업들이 제품 총생산량의 대부분을 차지하기 때문에 특히 IT분야에서는 국가적이거나 국제적인 디쥬르 표준을 만드는 것을 목적으로 하는 경우도 있다. 이것은 컴퓨터 산업에서 보여지는 오픈 시스템(open system)화에 대응하기 위해서이다. 이 분야는 타사제품과의 상호접속성이 확보되지 않으면 실효성이 없고, 표준의 경우는 통합도가 높은 공적 표준에 의해 기술이 규정되어야 할 필요가 있기 때문이다.

한편, 디팩토 표준은 IBM이나 AT&T 등과 같은 유력한 기업에 의해 책정되어 왔는데, 기술의 라이프사이클 단축화 경향에 따라 비용 부담이 커지고 있다. 또 이러한 편파적인 책정방식에 업계가 따를지 어떨지는 불명확해서, 표준을 책정하는 기업은 위험을 안게 된다. 따라서 기업은 위험 회피의 관점에서 업계가 공인하는 합리적인 책정프로세스를 가진 공적 표준에 관심을 두게 되었다. 예를 들면, 1988년에 설립된 컨소시엄인 CAD Framework Initiative는 좋은 예로, 컴퓨터용 디자인에 관한

상호조작 표준을 공적 표준으로서 개발하는 것을 통해 이 방식을 세계적으로 보급시켰다.[8]

코레이 연구는, 1970년대에 설립된 기술 및 연구개발 컨소시엄의 특징 중 하나가 표준화를 목적으로 한다는 점을 명확히 하고 있다. 그리고 기업의 표준화 전략이 단독 디팩토 표준 획득형에서 합의형성에 의한 디쥬르 표준 획득형으로 전환하는 경위를 보여주고 있다.

이와 같이 표준전략은 전환하였지만, 가령 공적 표준인 디쥬르 표준을 책정했다고 해도 그것만으로 기술이 보급되는 것은 아니다. 코레이는 6개 사례를 조사하여, 기술의 보급에는 마케팅 활동이 중요하다는 점을 지적하고 있다.

기업이나 컨소시엄이 개발한 기술의 이전 및 보급은 누군가가 주도적으로 하지 않으면 이루어지지 않는다. 일반적으로 그것은 제품이나 서비스에 반영되어 시장에 보급된다. 거기에서는 생산자인 기업과 구입자인 소비자의 교환 커뮤니케이션이 성립된다. 경영학에서는 이러한 교환 커뮤니케이션을 「마케팅」으로 다루고 있다.[9]

실제의 표준화와 관련된 컨소시엄의 활동은 조사해 보면, 기술을 보급시키기 위해서는 표준화하는 것은 당연하지만, 그 기술표준의 보급을 촉진하기 위한 서비스 활동이 컨소시엄에 의해 상당히 이루어지고 있다. 기술은 책정되기만 해서는 보급되지 않고, 이용자에 대한 마케팅이 필요하다. 「기술보급에서의 컨소시엄 기능은 넓은 의미로는 컨소시엄의 마케팅 기능이다[10]」라고 여겨지고 있다. 코레이가 지적한 내용은, 기술개발과 함께 기술보급이 컨소시엄의 마케팅활동에 따라 크게 영향을 받는다는 점을 명확히 하고 있다. 나아가 표준화가 이런 활동에 깊게 관여하고 있다는 점을 시사하고 있다.

IT분야에서는 최근 「표준과 표준화」의 급속한 변화가 있고, 그에 따라 한층 오픈 시스템이 진전되었다. 1980년대 이후, IT분야에서는 산업구조가 변화하였다. IBM, HP, DEC 등의 걸리버형 벤더에 의한 수직통제형 시장은, 하드웨어 및 소프트웨어의 제반 요소를 독자적으로 공급하는 세분화된 벤더로 구성되는 수평형 시장으로 변화하였다. 상대적으로 상류에 위치하는 벤더의 힘은 작아지고, 중류의 벤더나 하류의 유저 힘이 강화되었다. 그에 따라 표준화 프로세스의 형태도 변화하였다.

즉, 표준화 프로세스는, 걸리버형 벤더의 단독주도에 의한 것에서 다양한 벤더와 유저가 관여하는 컨소시엄 형태로 변화한 것이다. 빌 게이츠(Gates III, Willam H.)는 IT분야의 이러한 변화에 대하여 자세하게 말하고 있다.[11] 게이츠에 따르면 1980년대에 컴퓨터 업계는 수직통합된 벤더에서 고객본위의 수평통합 체제로 재편되었다. 똑같은 동향은 전기통신 업계에도 보인다고 한다. 또 게이츠는 이 때 이후 「사상 처음으로 표준 소프트웨어의 플랫폼과 표준 하드웨어가 조합되어, (표준화됨으로써) 규모의 경제를 창출하고 있다[12]」라고 지적하고 있다. 이것은 바로 경영 패러다임의 대전환이며, 「표준화 경제[13]」의 출현이라고 할 수 있을 것이다.

3. 업계단체

그룹은 기업 등의 조직의 집합체 즉 「조직의 조직」이다. 또 그룹은 여러 조직의 이해관계나 목적을 조정하여 매개하는 역할을 가지며, 「매개조직」으로서의 위상을 가진다.[14] 예전부터 이러한 조직에 대한 연구는 적었다. 왜냐하면 조직연구의 주류가 기업 등의 단독조직체를 중심으로 이루어져 왔기 때문이다. 그러나 기업간 제휴나 NGO, NPO의 활동이 주목 받게 된 오늘날에는 매개조직의 연구는 중요해지고 있다.

Staber는 업계단체를 연구 대상으로 하고 있다.[15] 그는 미국내 업계단체를 산업정책과 관련한 그 유효성 및 성과를 이론과 실증 양쪽에서 분석하고 있다. 본 연구에서는 매개조직에 관하여 「바로 최근까지도 조직의 역사적 특징을 인식하기 위한 조직사회학은 불충분했다. 본 연구는 조직의 역사적 특징과 사회적 내포성(embeddedness)을 명확히 하는 것으로, (생략) 기업간 조직(업계단체)에 관련되는 모든 문제를 해명하는 것이다[16]」라고 말하고 있다.

조직론에서는 기업은 환경제약 요인에 대처하기 위하여 다양한 메커니즘을 이용한다. 그것에는 내부성장, 합병, 합작사업 그리고 업계단체가 있다. Staber에 따르면, 업계단체는 각각 독립된 업계조직의 연대체로서 환경변화에 대처하는 방책이나 행동을 도모하기 위한 목적으로 형성된다. 또 업계단체의 자율성 및 독립성은, 해당 경제활동과 같거나 유사한 특정분야에 전적으로 종사하는 것을 통해 생겨나고 또 유지되고 있다.[17]

도표 ②-3 업계단체의 특징

특징	내용
개념· 체제조성	① 경계유지 : 자립성을 가지고 참여와 퇴출을 행하는 단체의 활동영역에 대해서 경계설정을 한다. ② 목표지향 : 자원·행동에 대해서 회원의 합의를 토대로 특정목표를 지향한다. ③ 활동시스템 : 단체의 기능·행동을 세트로 자원을 배분한다.
내부조직구조	이중구조 : 중역조직과 최고경영자 조직
회비	참가기업의 규모, 매출 등에 의해 결정
참가행사권리	① 회원의 의안투표권 ② 회원은 기업정보의 제공·공개를 할 의무 ③ 회원의 워킹그룹 등 전문분야 참가권 ④ 유력한 기업회원이 중요 포스트를 점유하는 경향
활동	① 선택적 서비스 : 회원 간의 정보교환·거래관계의 중개 서비스 ② 코스트회계 : 표준매뉴얼, 코스트계산서, 분개 등의 정보제공 ③ 마케팅 : 상표, 심벌 등의 제정에 의한 선전·마케팅 ④ 업계관계구축 : 노무관계의 조정이나 노조와의 교섭 ⑤ 기술표준책정 : 유형, 크기, 품질 등의 규격·규준의 책정 ⑥ 기술·연구개발 : 생산·제품에 관한 기술개발·조사 ⑦ 교육·정보 : 회원에 대한 업계 정보, 기술훈련 등의 기회 제공 ⑧ 홍보 : 업계를 대표해서 사회활동을 포함한 홍보 ⑨ 기타

출처 : Staber, Udo H.(1982) The Organizational Properties of Trade Associations. (Ph. D. dissertation, Cornell University) University Microfilms International, Chapter IV를 요약하여 필자 작성.

업계단체의 구체적 활동을 도표 ②-3에 나타내었다. 그 활동들은 주된 세 가지 목적에 근거하고 있다. 즉, ① 단체가 대표하는 업계의 정당화 및 적법화의 추진, ② 정부행정기관과의 관계 강화, ③ 회원기업 의견교환의 장 및 기회 제공, 등이다.

구체적인 활동으로는 적법 및 행정관계, 홍보, 통계조사, 교육, 표준화 등이 중요하다. 이러한 활동은 업계의 제품 및 서비스를 세상에 알리고 보급시켜 나가려는 의도를 바탕으로 하고 있다. 또 활동의 종류 및 수도 하나가 아니며, 업계단체가 다양한 마케팅 전술을 전개하고 있다는 점이 명확하게 제시되어 있다.

이론분석에 관해서는, 업계단체가 사회적 및 경제적 환경 속에 들어가 있고(embedded), 제품 및 기술이 정당하고 적법한 사회적 및 경제적 가치를 가져다 주지 않는 한, 업계는 생존해 나갈 수 없다는 점이 제도화 이론의 시각에서 설명되고 있다.[18] 매개조직으로서의 업계단체는 이러한 특징을 가지고 있고, 마케팅, 기술 및 연구개발 활동을 하는 그룹으로 파악될 수 있다.

3. 표준화의 융합과 수렴

1. 국제표준의 신속화 제도

최근 정보기술분야에서는, 전통적인 디쥬르 표준화의 정식 프로세스로 국제표준화를 하는 것에는 시간이 너무 걸려서, 이는 기술 수명주기와 시장요구에 맞지 않는다는 점이 명백해졌다. ISO/IEC JTC1은 이러한 시간이 걸리는 정식 프로세스의 문제를 해소하기 위하여 신속절차 제도를 새롭게 만들었다.

PAS(Publicly Available Specifications)는 책정단계에 있는 표준을 단기간에 디쥬르 표준화할 수 있는 제도이며, ISO/IEC JTC1에서 1995년 1월부터 도입되고 있다. 제안할 수 있는 표준은 반드시 이미 존재하는 것일 필요는 없다. 즉 표준이 실용화되어 있어야 한다는 조건은 없기 때문에 책정기획단계의 표준이라도 제안할 수 있다. 또 제안자는 국가대표기관(NB)으로 한정되지 않고, 민간기업이라도 가능하다. 지금까지 JTC1의 PAS 제안자로는, 예를 들면 X/Open(UNIX시스템 표준: 미국),

EWOS(네트워크 프로토콜: 유럽), DAVIC(디지털 오디오 비쥬얼: 유럽), VESA(비디오 주변기기: 미국), IrDA(적외선 광무선데이터통신: 미국) 등의 그룹이 있다.

PAS 제안기관이 되기 위해서는 신청자에 대한 사전조사가 JTC1에서 이루어져야 한다는 점이 PAS 제도에서는 의무화되어 있다. 그리고 일단 신청이 승인되면, 민간기업을 포함하여 그룹은 2년간 PAS 제안기관으로서 국제표준원안(DIS)을 JTC1에 직접 제안할 수 있고, 보통 5단계인 표준화 프로세스의 제4단계에 해당하는 DIS 투표단계부터 시작할 수 있다. 그리고 2년으로 되어 있는 제안자 기간의 유효기간은 절차를 거쳐 연장 가능하다.

통상, 어떤 그룹도 국가표준기관의 정식 프로세스(5단계)를 거치지 않으면, JTC1에 DIS를 제안할 수 없다. 그렇지만, PAS 제도를 이용함으로써 그룹은 자신이 기획한 표준을 단기간에 또 쉽게 국제 디쥬르 표준으로 할 수 있게 되었다. 예를 들면 선마이크로시스템즈가 1997년에 인터넷 프로그래밍언어 JAVA를 PAS로 제안한 사례가 유명하다.

또 하나의 신속화 제도는 패스트 트랙 절차이다. 패스트 트랙도 본래의 JTC1의 표준화 작성단계를 건너뛰어, DIS를 제안단계부터 시작할 수 있는 제도이다. 다만 제안자가 될 수 있는 것은 NB나 JTC1과 관계가 깊은 기관(카테고리 A 리에종: Ecma International, ITU)으로 한정된다.

또 제안할 수 있는 표준은 이미 존재하는 표준이고, 실용화되어 있는 것이어야 한다.

일반적으로 국제표준까지의 소요기간은 2~3년 정도이지만, 상기 두 제도를 이용하면 최단 6개월에 국제표준화(IS)를 할 수 있다.

2. 컨센서스 표준

Cargill은 표준화 프로세스가 그룹 형태로 바뀐 점을 파악하고, 컨센서스 표준(consensus standards)이라는 개념을 도입하고 있다.[19] 이것은 디팩토 표준 즉 기업간 시장경쟁의 결과 「사실상의 표준」이 된 시장지배력 표준과는 다른 프로세스를 거쳐 만들어진다. 컨센서스 표준은 이해관계자 그룹의 합의에 따라 표준화가 주도된다. 컨소시엄이나 포럼은 이해관계자 그룹의 대표적인 예이다.

컨센서스 표준의 경우는 일반적으로 표준책정기관(SDO: Standards Developing Organizations) 등의 합의의 장에서 표준화가 이루어진다. 구체적으로는 이해관계자가 표준화 위원회(committees) 등에 임의로 참가하여 표준화를 추진하는 방식으로 결정된다. 이 방식에서는 관계 기업이 그룹을 조직화하고, 표준화 기관 자신이 구조화되고 조직화되어 간다. 그룹방식이 등장한 이후, 예전에 벤더에 의한 표준형성 방식이 주류였을 때에 비하면 보다 개방적인 시스템이 진전되었다고 한다. 컨센서스 표준의 특징은 다음 두 가지 점이다.

① 표준형성 프로세스에 진입하는 이해관계자가 존재하는지 어떤지
② 유저 인터페이스에 관해 벤더가 유저 측의 이용을 고려하고 있는지 어떤지

이 두 가지 점은 IT산업의 변화에 맞춰 필요에 의해서 생겨난 것이다. 산업구조의 변화에 따라 벤더와 유저 메이커(user maker)와의 관계는 종전보다도 하드웨어나 소프트웨어 호환성이나 공통화 때문에 더욱 긴밀해졌고, 각각에 산재한 개별문제가 쌍방의 공통문제로 바뀌었다.[20] 컨센서스 표준은 이러한 공통문제를 합의를 통해 해결하는 기능을 가지고 있다. 즉, 양자의 이해를 일치시키는 타협점으로서의 표준화 프로세스가 지향된다. 그러나 이해가 일치하여도 양자가 완전히 합의한다고는 보장할 수 없다. 합의의 형성이란, 견해를 바꾸면 타협할 수 있는 선택방법의 모색이기도 하다.

도표 ②-4 표준화의 경쟁구조

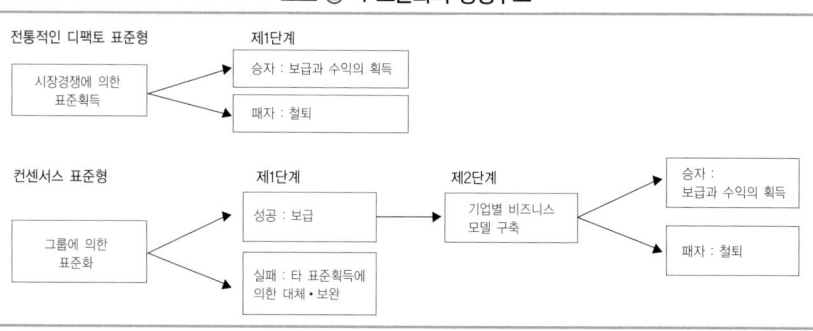

도표 ②-4에는 이러한 산업변화가 유발한 표준화 경쟁구조의 변화를 나타내고 있다. 예전에는 디팩토 표준의 경쟁 프로세스가 주된 것이었지만, 최근에 보이듯이 컨센서스 표준형성에 의한 경쟁 프로세스가 출현하였다. 전자는 단계가 하나인 구조이지만, 후자는 두 단계의 구조를 가지고 있고 표준화를 둘러싼 경쟁은 복잡한 양상을 보이고 있다. 이러한 구조적 변화가 경쟁의 질적 변화를 초래한 것이다.

_맺음말

이 보론에서는 IT분야에서 그룹이 융성해지는 동향을 살펴보고, 그것이 컨센서스 표준 형성에 깊이 관계되어 있다는 점을 명확히 하였다. 그 배경에는 IT시장이 수직형 산업구조에서 수평형 산업구조로 변화한 결과, 단독기업이 지배적인 계층적 조직구조를 형성하여 경쟁우위를 유지하는 것이 더욱 어려워졌다는 점이 큰 영향을 미치고 있다. IT 시장은 이전에는 유력한 벤더가 주도하고 있었다. 그러나 구조변화에 따라 거래관계가 변화하고, 벤더(생산자 및 공급자)와 유저(소비자 및 이용자)의 관계도 서로 이해관계를 갖는 교환형으로 변화하였다.

표준화 프로세스에서도 교환형의 성향을 지닌 컨소시엄 등과 같은 그룹이 등장해왔다. 이들 그룹 내에서는 각각의 기술 분야에 있어서 우수한 전문기업들이 서로 연계하여 표준화를 추진하고 있다. 그룹은 컨센서스 표준을 만들어내는 「기반」으로서의 기능과 역할을 담당하고 있다. 기업은 먼저 그룹을 통해 컨센서스 표준을 형성하고, 그 다음에 각각 독자적인 비즈니스 모델을 구축함으로써 사업수익을 얻으려 하고 있다.

컨센서스 표준화는 기업에게 있어서는 디팩토 표준화를 대체하는 방책이며, 또 전통적인 디쥬르 표준화가 지니는 번거로운 절차를 유연한 시장지향 형태로 변화시키고 있다.

(梶浦 雅己)

【주】

1. ケネスJ. アロー, 村上泰亮訳 『組織の限界』 岩波書店, 1976年, 82項.
2. 梶浦雅己 「グループによる標準化の実態」 『JAFTAB』 第44号, 2007年3月, 238-240項.
3. 山田英夫 『デファクト・スタンダード』 日本経済新聞出版社, 1997年, 3章.
4. de Vries, H. J. *Standardization*. Kluwer Academic Publishers, 1999. Rada, R., "Consensus Versus Speed," in Jakob Kai (ed.), *Information Technology Standards and Standardization: A Global Perspective*, Idea Group Publishing, 2000, pp.19-34. Krechmer, Ken, "Open Standards Requirement," In Jakob Kai (ed.). *Advanced Topics in Information Technology Standards and Standardization Research*, Idea Group Publishing, 2006, pp.27-49.
5. Warner, Alfred G., "Block Alliances and the Formation of Standards in the ITC Industry," in Jakob Kai (ed.), *ibid.*, 2006, pp.50-70.
6. Weis, M. B. H. and C. F. Cargill, "*Consortia in the standards development process.*" *Journal of the American Society for Information Science*, 43 (8) September, 1992, pp.559-565.
7. 「1984년에 미국국내 협동법안이 성립되어, 350개 이상의 R&D 컨소시엄이 등록되었다」 Gibson, D. V. and E. M. Rogers, *R&D Collaboration* on Trial, Harvard Business School Press, 1994, xv.
8. 이 컨소시엄 예산의 3분의 1은 공적 자금에 의거한다.
9. AMA 「전미마케팅협회」의 1985년 개정 정의에 따른다.

10. Corey, E. R., *Technology Fountainheads*, Harvard Business School Press, 1997, p.94.
11. Gates III, W. H. *Business @ the Speed of Thought*, Warner Books, 1999. (大原進訳 『思考スピードの経営』 日本経済新聞出版社, 1999年, pp.473-476)
12. Gates III, W. H. *ibid.*, 일본어 번역서, 4항.
13. 표준화의 경제 패러다임에 관해서는 梶浦雅己 『IT 業界標準』 文眞堂, 2005年.
14. 山倉健嗣 『組織間関係』 有斐閣, 1993年, 163項. 조정조직이나 중개조직과 마찬가지로 「여러 조직을 조정하고 매개하는 조직체」를 의미하는 것으로 山倉교수가 만든 말임.
15. Staber, U. H., The Organizational Properties of Trade Associations. (Ph. D. dissertation, Cornell University) University Microfilms International, 1982.
16. Staber, U.H. *ibid.*, Preface xiii-xiv.
17. Staber, U.H. *ibid.*, pp.3-4.
18. 제도화 관점은 조직이 제도화된 환경 속에 들어가 있는 존재라는 전제를 가지고 있다. 개론에 관해서는 앞에서 언급한 山倉 저서 제2장을 참조.
19. Cargill, C. F. *Open System*, Prentice Hall, 1997, p.54, p.111.
20. 특히 유저 중, 벤더가 제공하는 OS 등의 플랫폼에 부수된 애플리케이션을 개발하는 경우, 이들을 유저 메이커(User Maker)라고 표기한다. 이 범주에는 하드웨어 개발, 프로그램 등의 소프트웨어 개발이 포함된다.

배출허가증 인증에서의 표준화[1]

━ 머리말

1. 문제의식

배출허가증 인증제도란, 경제활동에 의한 온실효과가스의 배출량이 어느 정도인지를 제삼자가 확인하는 것이다.[2] 이것을 통해 온실효과가스 삭감 프로젝트에서 생겨난 거래 가능한 배출허가증의 양이 결정된다. 따라서 정확한 인증은 배출허가 거래 등 경제적 수법을 이용한 온실효과가스 삭감을 위한 정책의 근간에 관련되는 문제이며, 비용측면에서 효율적으로 온실가스를 삭감하는데 있어서 매우 중요한 역할을 담당하고 있다.

그래서, 교토 메커니즘(뒤에서 언급)에서 다루어지는 배출 설정량 중, 실질적으로 선진국의 배출 설정량 증가로 이어진다고 하는 클린 개발 메커니즘(CDM)에 관해서는, CDM 이사회를 중심으로 하는 국제적인 시스템이 많은 규칙을 정하고 있다. 그러나 그 이외에 관해서는, 실제로 배출 설정량의 인증을 어떠한 프로세스로 할 것인지에 관해서는 정부조직 등에 의한 통일된 견해나 디팩토 표준화 같은 것이 있지 않다.

즉, 동일한 프로젝트에 의한 삭감량을 인증하였다고 하여도, 인증하는 주체가 다르면 그 결과가 다를 가능성이 있는 것이다. 이러한 현재 상황은 배출허가증 거래의 비용효율성이라는 이점을 손상할 가능성이 있다. 또 동시에 향후 배출 설정량의 시장거래가 활발해졌을 때에는 시장의 혼란을 초래할 염려가 있다.

배출허가증 거래는 거대한 시장으로 성장할 것으로 확실시되고 있고, EU는 이미 배출허가증 거래에 관련된 표준화 전략의 주도권을 잡기 위한 방책으로서(교토 메커니즘과는 별도의) 독자적인 배출허가증 거래 체제를 시작하고 있다. 이것은, 배출허가증 거래의 제도를 숙지시키고, 동시에 EU형 거래관행을 디팩토 표준으로 하여 선행자 이익을 얻으려는 의도라고 생각된다. 이러한 움직임에 대한 대응은 경제적 이익과 크게 관련되는 문제이며, 향후 시장이 확대되기 전에 정확하게 현재 상황을 파악하고 그것에 근거하여 전략을 책정할 필요가 있다.

배출허가증 거래의 효율성을 유지하기 위해서는 세계 표준의 인증방법이 바람직하지만, 일본과 EU만을 비교해도 이미 다른 인증방법이 확산되고 있다. 거래시장의 확대와 함께 시장통합에 대한 움직임이 활발하게 되면, 서로 다른 시장에서 유통되고 있는 배출허가증을 어떻게 통합할 것인가를 논의하게 될 것이다. 이러한 배경을 바탕으로 이 장에서는 표준화 전략의 중요한 부분인 「인증방법의 표준화」에 관해 그 현상과 정책적 의미를 검토한다.

2. 배출허가증의 종류

표준이라는 관점에서 정리하면, 기존의 배출허가증은, ① 교토의정서 체제에서 그 세칙이 정해져 있는 교토 크레디트와, ② VERs(Verfied Emission Reductions)라 불리는 그 이외의 크레디트로 나눌 수 있다. 이 중 교토 크레디트의 경우는, 각국 정부의 대표자가 모이는 「기후변동에 관한 국제연합 체제 조약(UNFCCC)」의 회합인 COP에서 그 상세한 내용이 정해져 있어, 이는 디쥬르 표준이라고 할 수 있다. 그런 한편, 기업의 CSR 활동 등에서 널리 이용되고 있는 VERs는 많은 표준이 난립하고 있는 상태에 있다.

도표 ③-1 시장에 유통되는 배출허가증의 종류

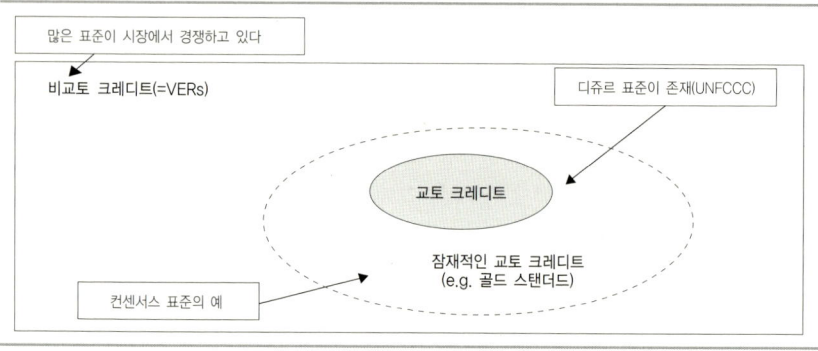

출처 : 저자 작성

3. 교토 크레디트란

지구온난화 문제에 대처하기 위하여 정해진 교토의정서는 온실효과가스 배출삭감의 구체적인 수치목표를 선진국을 중심으로 한 부속서I국에 부과하였다. 구체적인 내용을 보면, 전체적으로 1990년에 비해 적어도 5%의 삭감을 하도록 하고, 일본 6%, 미국 7%, EU 8% 등 각국에 개별적인 목표가 의무화되었다. 체결국은 제1약속기간이라 불리는 2008년부터 2012년까지의 기간에 이 배출삭감 목표분을 뺀 배출설정량을 얻게 된다. 구체적으로는 일본의 경우, 기준 연도인 1990년의 배출량에서 6%를 뺀 것을 5배 한 것으로 약 59억 톤이 된다. 이 배출 설정량을 AAU라 한다.

교토의정서는 배출삭감 목표로서 구체적인 수치목표를 부과함과 동시에, 「교토메커니즘」이라 불리는 세 가지의 유연성 조치를 강구하였다. 그 주된 특징은 도표 ③-2와 같다.

이 중, CDM과 JI는 베이스라인 앤드 크레디트(baseline and credit) 방식을 채용하고 있다. 즉, 어떤 프로젝트를 실시함에 따라, 그렇게 하지 않으면 배출되었을 온난화 가스의 배출레벨(종종 BaU: Business as Usual이라 불린다)과 비교해서, 프로젝트 실시에 의한 삭감효과를 측정하는 것이다. 이 두 가지의 차이가 잉여배출 설정량이 되어 거래가 가능해진다. 그리고 CDM으로부터 발생하는 배출설정량을 CER, JI로부터 발생하는 배출설정량을 ERU라 부르면서, 이 둘을 구별하고 있다.

   각국은 AAU의 범위 내에 자국내의 온난화 가스의 배출량을 억제하는 것이 원칙이다. 그러나 교토의정서는 앞서 말한 바와 같이 유연성 조치를 강구하고 있고, CER 및 ERU를 추가할 수 있다. 또 그 밖에 삼림에 의한 이산화탄소 흡수 즉 삼림 싱크에 의한 흡수분인 RMU(흡수원천 활동에 의한 흡수량)도 추가할 수 있다. 나아가 AAU, CER, ERU 및 RMU(이것들을 총칭해서 교토 유니트라 한다)를 합계하여도 국내의 온난화가스 배출량이 그것을 상회하는 경우, 도표 ③-2에 나타나 있는 배출량 거래를 할 수 있다. 교토의정서의 틀에서는 교토 유니트의 어느 것도 국제배출량 거래(2008년 이후에 실시)에서 취득 및 이전을 할 수 있다.

도표 ③-2 교토 메커니즘의 개요

	대응조문	개요
CDM	제12조	온실효과 가스배출량의 수치목표(총 배출설정량)가 설정되어 있는 부속서 I 국이 관여하여 수치목표가 설정되어 있지 않은 비부속서 I 국(도상국)에 있어서 배출삭감(또는 흡수증대) 프로젝트를 실시하고 그 결과 발생한 배출삭감량(또는 흡수증대량)을 기초로 하여 크레디트가 발행된다.
공동실시 (JI)	제6조	온실효과 가스배출량의 수치목표가 설정되어 있는 부속서 I 국끼리가 협력하여 부속서 I 국 내에서 배출삭감(또는 흡수증대)프로젝트를 실시하고 그 결과 발생한 배출삭감량(또는 흡수증대량)을 기초로 하여 크레디트가 발행된다.
배출량거래	제17조	온실효과 가스배출량의 수치목표가 설정되어 있는 부속서 I 국간에 배출설정량의 취득·이전(거래)을 행하는 것

출처 : 環境省(2006)

1. 배출허가증 인증표준의 현황

1. 국가 차원에서의 배출량 인증

교토의정서 체결국은 국내의 온실효과가스 배출량을 계측하여, 정해진 형식의 인벤토리로서 관리할 필요가 있다. 이 국가별 인벤토리의 작성은 IPCC(기후변동에 관한 정부간 패널)가 제공하는 가이드라인을 사용하여 톱다운 형식으로 계산한다. 구체적으로는 IPCC(1995)를 기초로 하고, 삼림 싱크 등의 취급에 관해서는 IPCC(2003)을 적용하고, 그 이외에 관해서는 IPCC(2000)을 이용하게 되어 있다. 즉, 디쥬르 표준이 확립되어 있다고 할 수 있다.

이 작업은 정부가 실시하는 것이며,[3] 뒤에 언급하는 통상적인 민간인증기관이 실시하는 프로젝트 차원의 배출허가증 인증업무와는 직접 관계가 없다. 그러나 교토의정서의 삭감목표가 준수되고 있는지 어떤지를 최종적으로 확인하는 것은 국가 차원에서의 인증결과이다. 따라서 이 두 가지 인증방법이 달라,「있어야 할 배출허가증이 없는」사태가 일어날 가능성이 있다는 점이 우려되고 있다. 즉, CDM 등의 프로젝트에서 충분히 배출삭감이 이루어졌다고 하면, CER의 잉여 설정량을 배출허가증 거래 시장에서 매각할 수 있다. 그런데 나중에 이루어지는 톱다운 형식의 국가 차원의 인증을 하고 보니 삭감이 충분하지 않아, 매각해버린 CER이 자국의 삭감의무 달성에는 필요했었다고 하는 상황이 일어날 수가 있다.

2. 프로젝트 차원에서의 인증

톱다운형으로 계산되는 것은 국가별 인벤토리만이고 그것 이외는 프로젝트 차원에서 평가된다. 프로젝트 차원 안에서는 CDM은 그 프로세스가 표준화되어 있다고 생각할 수 있다. 왜냐하면 CDM은 CDM이사회가 엄격하게 정한「방법론(methodology)」을 이용하지 않으며 공식적으로는 인정되지 않기 때문이다. CDM에 대하여 이러한 엄격한 방법이 취해지고 있는 것은, CDM이 교토의정서에서 삭감목표를 부과 받지 않은 개발도상국과의 베이스라인 앤드 크레디트 방식에 의한 프로젝트이기 때문이다. 베이스라인에 관한 인식이 다르면, 지구 전체 차원에서 결과적으로 대폭적으로 배출량이 증가하기 쉽다.

CDM/JI를 뺀 프로젝트 차원의 배출허가증 인증방법은 톱다운 방식처럼 세계표준이 확립되어 있다고 할 수 없는 상황에 처해 있다. 도표 ③-3은 프로젝트 차원의 대표적인 인증 가이드라인을 정리한 것이다.

도표 ③-3 프로젝트 베이스의 표준화의 시도

	명 칭	표준의 종류	개 요
1	ISO 14064/65	디쥬르 표준	2006년 3월에 발행된 국제규격으로 온난화 가스의 배출·삭감량의 산정·보고·검증에 관한 것이지만 구체적이지는 않다
2	GHG프로토콜	컨센서스 표준	미국 싱크탱크가 중심이 되어 정리한 것으로 산정의 실무지침이 기술되어 있고 세계표준이라 불리는 경우도 있다
3	EUETS의 가이드 라인	디쥬르 표준	「EUETS Directive 2003/87/EC」및「M&R Decision of 29/01/004」가 각국이 공통으로 준수하여야 할 룰이다
4	IETA에 의한 가이드 라인	컨센서스 표준	배출권리거래의 업계단체인 IETA가 정리한 것으로 Validation & Verification Manual이라 불리고 있다
5	온실효과가스 배출량 산정·보고	디쥬르 표준	에너지절약법의 개정에 따라 새로이 정해진 제도. GHG 프로토콜 공표제도의 가이드라인을 참고로 해서 작성되어 있다

출처 : 인터뷰 및 각종 자료를 참고로 저자 작성

배출허가증의 인증은 크게 배출사업자가 실시하는 것과 인증기관이 실시하는 것, 두 가지로 나눌 수 있다. 도표 ③-3의 ISO 14064/65의 경우를 보면, ISO 14064가 기본적으로 배출사업자에 관한 것이고, ISO 14065가 인증기관에 관한 것이다. 이 두 가지는 모두 파트 I, II, III으로 나눠져 있고, 각각 조직, 프로젝트, 검사에 관한 규정이 쓰여져 있지만, 큰 틀의 모습을 기술한 것에 불과하다. 이것은 CDM 등에 의한 기존 규칙과의 정합성을 손상하지 않도록 한다는 관점에서 정리되었기 때문이다. 그래서 이 표준만으로 실무를 수행하는 것은 불가능하고, 추가적인 가이드라인이 필요하다. 실제로 ISO 14064 안에는 구체적으로는 GHG 프로토콜을 참조하도록 지시하고 있는 부분도 있다.

GHG 프로토콜이란, 미국의 싱크탱크인 World Resource Institute (WRI)와 1992년 지구 서미트를 목표로 전세계 경제인이 모여 설치된 회의인 World Business Council for Sustainable Development(WBCSD: 지속가능한 개발을 위한 세계경제인 회의)가 중심이 되어 세계에서 수백 명 단위로 전문가를 모아 책정한 가이드라인이다. 2004년에 사업자 배출량의 책정 보고 기준이 되는 WBCSD and WRI(2004)가 책정되었고, 이어서 2005년에 프로젝트의 삭감량 산정 보고 기준으로서 WBSCD and WRI(2005)가 책정되었다.

일본의 배출사업자가 따라야 할 가이드라인으로서 환경성이 책정한 「사업자로부터의 온실효과가스 배출량 검증 가이드라인」은 GHG 프로토콜을 기초로 일본에서의 사용 상황에 맞춰 개량한 것이다. 현재는 이 「사업자로부터의 온실효과 가스배출량 검증 가이드라인」은 발전적으로 해소되어, 「지구온난화 대책의 추진에 관한 법률 시행령의 일부를 개정하는 정령」에 따라 시행된 「온실효과가스 산정 · 보고 · 공표제도」가 라이드라인을 계승하고 있다.

이 제도는 삭감의 의무는 부과하지 않지만, 운수부문도 그 대상으로 되어 있고, 일본 국내 온실효과가스 배출량의 70%를 커버한다. 그런 의미에서 뒤에 언급하는 EU에 의한 배출허가증 거래제도(EUETS)보다도 포괄적인 구조로 되어 있다. 이 제도의 실시와 더불어, 2006년 11월에 「온실효과가스 배출량 산정 · 보고 매뉴얼 ver.1.1」이 새롭게 발표되었는데, 이것도 GHG 프로토콜이 기초가 되고 있고, 세계

표준의 가이드라인으로서 충분히 통용될 수 있는 것이다.

한편 인증기관에 관해서는 모든 인증기관이 따라야 할 지침으로서, IETA(국제배출허가증 거래협회)에 의한 「Validation and Verification Manual」이 존재한다. 현재로서는 대부분의 인증기관이 「Validation and Verification Manual」을 기초로 해서 인증업무를 하고 있지만, 이 매뉴얼은 ISO와 마찬가지로 큰 틀을 정하고 있는 데 불과하다. 그래서 각 인증기관은 독자적인 기준을 만들어 인증을 하고 있는 것이 실상이다.

2005년부터 개시된 EU역내의 배출허가증 거래는 EUETS라 불리고 있다. 이 EUETS에서 각국이 인증을 할 때 따라야 되는 가이드라인은 European Commission(2003) 및 European Commission(2004)이다. 전자는 온실효과가스의 배출기업이 자사의 배출량이 얼마인지를 선언할(verification이라 불리고 있다) 때 이용하는 것이고, 후자는 각 기업의 verification을 받아서 모니터링을 하는 검증기관이 따라야 하는 가이드라인이다.

3. EUETS가 초래하는 문제

인터뷰에 따르면 EU는 역내 전체의 배출허가증 거래의 표준화를 추진하고, 그 노하우를 다른 나라 시장에도 판매할 생각이다. 가령 일본에서 EU의 방법을 채용하게 되면, 지금까지의 인증 프로세스뿐만 아니라 이미 인증한 허가증도 재검토하는 것으로 되기 쉽다. 또, 마찬가지로 인터뷰 결과에 따르면, EU역내의 수수료 비지니스 업계도 이러한 노하우를 적극적으로 해외시장에 판매하려는 자세를 보이고 있어서, 일본의 환경 컨설팅 관련 업계(사업회사를 포함)에도 우려가 확산되고 있다. 실제로 그런 사태가 벌어지면, 기존 배출량에 대한 EU방식에 따른 「평가교체」나 「배출량의 할인」이 논의될 것으로 생각되기 때문이다.

EUETS가 앞서 나간 것은, 제도 면에서도 일본의 배출허가증 취득을 어렵게 하는 문제를 안고 있다. 그것은 EU역외 국가가 EU국가(현실적으로는 동유럽의 여러 국가)와 JI를 맺는 것을 어렵게 하고 있다는 점이다. 왜냐하면 배출삭감의 이중계산을 막기 위하여 교토 유니트로서 인정하여 EUETS 외에 매각한 것은 EUETS 내의 크레디트(EUA라 불린다)로서 카운트할 수 없기 때문이다. 한편, JI의 상대방도 EUETS 참가국이라면, 서로 EUA로 충당하는 것으로 해도 문제는 되지 않는다. 결과적으로 일본에게 있어서 러시아를 제외한 가장 유망한 JI의 후보처라고 하는 동유럽 국가와 JI를 맺을 가능성은 극단적으로 낮아진 것이다.

2. 표준화에 의한 프리미엄 서비스의 확립

CDM은 교토의정서의 제12조에 규정되어 있는데, 그 조문에는 CDM의 목적으로서, 선진국의 온실효과가스 삭감의 보조와 더불어 개발도상국의 지속가능한 발전에 공헌한다는 내용이 있다. 그러나 세계 유수의 환경 NGO인 WWF는, CDM 프로젝트로서 기안되어 있는 것의 많은 경우는 프레온 파괴 등 선진국의 온실효과가스 삭감에는 공헌하여도 개발도상국의 지속가능한 발전에 대한 공헌은 기대할 수 없는 것이 대부분이라고 인식하고 있었다. 그 때문에 WWF가 리더가 되어 세계의 환경 NGO의 협력을 얻어, 재생가능 에너지를 중심으로 한 보다 수준 높은 스탠더드로서 「골드 스탠더드」가 정해졌다.[4]

이 프로세스에는 약 40개 세계 각지의 NGO가 참가하여 전원이 찬동하는 것으로써 표준을 작성하였다는 점에서 이는 컨센서스 표준이라 할 수 있다. 실제로 당시에는 의견이 나눠져 있던 삼림 등 흡수원천의 활용에 관한 프로젝트는 일부 NGO의 반대가 있어서 표준에 포함되는 것이 보류되었다.

이러한 프리미엄 서비스가 가능해진 것은 앞서 말했듯이 CDM이 그 인증과정을 거의 표준화하고 있기 때문이라고 생각된다. 기준으로 하는 통상적인 CDM이 정확히 정의되어 있기 때문에 그 위에 위치하게 되는 「골드 스탠더드」를 비교적 쉽게 차별화할 수 있었던 것이다. 그래서 환경개선의 관점에서도 CDM 이외의 배출허가증 인증의 표준화가 필요하다고 할 수 있다.

이러한 고부가가치 환경 비즈니스는 기업의 CSR에 대한 관심의 고조와 함께 그 수요도 증가하고 있어서, 새로운 비즈니스 기회로서 주목 받고 있다. CER의 거래는 상대적으로 이루어지는 경우가 많기 때문에 골드 스탠더드에 의한 CER이 어느 정도의 가격으로 거래되고 있는지는 알 수 없다. 그렇지만 인터뷰 결과에 따르면 골드 스탠더드의 배출허가증이 통상적인 CER 보다 20% 더 높은 가격으로 거래된 사례가 있다고 한다. 또 2006년의 독일 월드컵에서는 대회기간 중에 증가한 CO_2의 배출량을 CDM 프로젝트를 지원하는 것으로 상쇄하는 「오프셋」을 실시하였는데, 이 때 이용된 크레디트는 골드 스탠더드였다. 일본에서도 2007년 2월에 주식회사 도쿄방송(TBS)이 TBS방송센터의 연간배출량 약 3만 4,000톤의 6%에 상당하는 2,000톤의 골드 스탠더드를 구입하였다.

Davies(2007)에 따르면 지금까지 골드 스탠더드로서 생겨난 크레디트는 35만 톤인데, 이미 800만 톤의 구입의뢰가 생겼다고 한다. 이처럼 프리미엄 크레디트 시장이 확대되면, CDM은 환경개선과 함께 개발도상국의 지속 가능한 발전에 더욱 더 공헌해 갈 것으로 기대된다. WWF는 앞으로도 대규모 행사 등에서 위와 같은 시스템을 지원해 나갈 방침이며, 이는 관련기업에게 있어서는 새로운 비즈니스 모델로서 주목해야 할 사례일 것이다.

맺음말

일본은 현재, 교토의정서 준수를 위해 국비를 들여 배출허가증 구입을 추진하고 있지만, EUETS와 같은 제도적 요인 때문에 구입이 어려워지는 것에 대한 위기감이 강해지고 있다. 앞서 언급한 「온실효과가스 산정·보고·공표제도」와 그에 따르는

「온실효과가스 배출량 산정・보고 매뉴얼」은 EUETS의 가이드라인과 비교해 볼 때 환경보전이라는 관점에서 결코 뒤떨어지지 않는다. 그렇지만 앞으로 국제적인 배출허가증 거래가 널리 확대되었을 때 이 방식을 계승할 수 없게 될 가능성은 부정할 수 없다.

배출허가증의 인증 비즈니스 시장에서 EUETS가 존재감을 확립할 수 있었던 것은, EU가 역내의 배출허가증의 인증표준화에 재빨리 대응했기 때문이다. 교토의정서의 첫 번째 약속기간에 들어가 있는 현재, 일본도 서둘러 신속하게 대응해야 하는 상황이 되고 있다.

(山本 雅資, 大沼あゆみ)

【주】
1. 이 보론의 작성에 있어 주식회사 中央青山서스테너빌리티인증기구 吉田麻友美씨, 경제산업성 산업기술환경국 환경교섭관 遠藤健太郎씨, 같은 국 환경정책과 환경경제실 과장보좌 山澄克씨, 환경성 지국환경국 지구온난화대책과 과장보좌 二宮康司씨, 같은 과 吉田宏克씨, WWF Japan 자연보호실 기후변동 담당 오피서 山岸尚之씨, 전원개발주식회사 경영기획부 지구환경그룹 그룹리더 中山寿美枝씨, 같은 부 과장 塚田夏樹씨로부터 이야기를 들었다(인터뷰 실시순, 소속 등은 모두 인터뷰 실시 시점의 것). 이 자리를 빌어 감사의 뜻을 전하고 싶다. 당연한 것이지만, 혹 오류가 있다면 그것은 모두 필자의 책임이다.
2. 제도에 따라서는 「인증」이라는 단어가 특정한 경우에 한정되어 사용되는 수가 있지만, 이 보론에서는 제3자에 의한 배출량의 확인 작업을 모두 「인증」이라 부르기로 한다.
3. 国立環境研究所(2006)에 근거하여 정부가 UNFCCC에 제출한다.
4. 골드 스탠더드에 관한 상세한 내용이나 그 효과에 대해서는 大沼・山本(2007)를 참조하기 바란다.

참고문헌

영 문

- Akamatsu K. (1962) "A Historical Pattern of Economic Growth in Developing Countries," The Developing Economies, Preliminary Issue, No. 1, pp.3-25.
- Andrew J.P. and H.L. Sirkin (2006) Payback, Harvard Business School Press. (重竹尚基、小池仁監訳『BCG流 成長へのイノベーション戦略』ランダムハウス講談社)
- Blind K. et al. (2002) Study on the Interaction between Standardization and Intellectual Property Rights, Fraunhofer Institute of Systems and Innovation Research.
- Cargill C.F. (1997) Open System, Prentice Hall.
- Casper S. and F. van Warrden (eds.) (2004) Innovation and Institutions: A Multidisciplinary Review of the Study of Innovation Systems, Edward Elgar.
- Corey E.R. (1997) Technology Fountainheads, Harvard Business School Press.
- David P.A. (1985) "Clio and the Economics of QWERTY," American Economic Review, 75(2), pp.332-337.
―― (1995) "Standardization policies for network technologies: The flux between freedom and order revisited," in R. Hawkins, R. Mansell, and J. Skea. (eds.) Standards, Innovation and Competitiveness: The Politics and Economics of Standards in Natural and Technical Environments, Cheltenham: Edward Elgar.
- Davies N. (2007) "The inconvenient truth about the carbon offset industry," The Guardian, June, 16.
- DIN (2000) "Economic Benefits of Standardization: Summary of Results," Berlin: Beuth Verlag GmbH.

- DTI (2005) "The Empirical Economics of Standards" DTI ECONOMICS PAPER, No.12
- Ecma International (2005) "Ecma International," Ecma/GA/2005/008.
- European Commission (2001) "Interaction between Standardization and Intellectual Property Right," European commission Joint Research Centre.
―― (2003) Directive 2003/87/EC of the European Parliament and of the Council of 13 October 2003 establishing a scheme for greenhouse gas emission allowance trading within the Community and amending Council Directive 96/61/EC, available at http://ec.europa.eu/environment/climat/emission/implementation_en.htm.
―― (2004) Commission Decision of 29 January 2004 establishing guidelines for the monitoring and reporting of greenhouse gas emissions pursuant to Directive 2003/87/EC of the European Parliament and of the Council, available at http://ec.europa.eu/environment/climat/emission/mrg_en.htm.
- Farrell J. and G. Saloner. (1985) "Standardization, Compatability, and Innovation," RAND Journal of Economics, 16 (1), pp.70-83.
―― and G. Saloner (1986) "Standardization and Variety," Economic Letters, Vol.20, No.1.
―― and C. Shapiro (1988) "Dynamic Competition with Switching Costs," RAND Journal of Economics, 19.
- Fomin VV. and Lyytinen K. (2000) "How to distribute a cake before cutting in into pieces: Alice in Wonderland or radio engineers' gang in the Nordic Countries?," Information Technology Standards and Standardization: A Global Perspective, Idea Group Publishing.
- Fujimoto T., G.E. Dongsheng and Oh Jewheon (2006) "Competition and Cooperation in Automobile Steel Sheet Production in East Asia," MMRC Discussion Paper, No.73. (http://www.ut-mmrc.jp/dp/PDF/MMRC73_2006.pdf)

- Gates III William H. B. (1999) @The Speed of Thought, Warner Books. (大原進訳『思考スピードの経営』日本経済新聞出版社)
- Gawer A. and Cusumano M.A. (2002) Platform Leadership, Boston, MA: Harvard Business School Press. (小林敏男監訳『プラットフォーム・リーダーシップ』有斐閣)
- Gerst M. and R. Bunduchi (2005) "Shaping IT standardization in the Automotive Industry-The Role of Power in Driving Portal Standardization," Electronic Markets, Vol.15, No.4, pp.335-343.
- Greenstein S. and V. Stango (eds.) (2006) Standards and Public Policy, Cambridge University Press.
- Grindley, P. (1995) Standards, Strategy, and Policy: Cases and Stories, Oxford University Press.
- Hemenway D. (1975) Industrywide Voluntary Product Standards, Cambridge, MA: Ballinger Publishing Company.
- Iansiti M. and R. Levien (2004) The Keystone Advantage: What the New Dynamics of Business Ecosystems Mean for Strategy, Innovation, and Sustainability, Boston: Harvard Business School Press.
- IEC (2006) International Standardization as a Strategic Tool: Commended Papers from the IEC Century Challenge 2006, IEC.
- IETA (2004) Validation and Verification Manual, Version 4, available at http://www.ieta.org/ieta/www/pages/index.php?IdSiteTree=1146.
- IPCC (1995) Revised 1996 IPCC Guidelines for National Greenhouse Gas Inventories.
─── (2000) Good Practice and Uncertainty Management in National Greenhouse Gas Inventories.
─── (2003) Good Practice Guidance for Land Use, Land-Use Change and Forestry.

- ISO (1982) Benefits of Standardization, ISO. (松浦四郎訳・解説『標準化便覧』日本規格協会)
- ―― (2004) "Global Relevance of ISO Technical Work and Publications," ISO/TMB Implementation Guidance.
- Katz M.L. and C. Shapiro (1985) "Network Externalities, Competition, and Compatibility," American Economic Review, 75(3), pp.424-440.
- Krechmer K. (2006) "Open Standards Requirement," in Jakob Kai (ed.), Information Technology Standards and Standardization Research, Idea Group Publishing.
- Ogawa K., Shintaku J. and Yoshimoto T. (2005) "Architecture-based Advantage of Firms and Nations: New Global Alliance between Japan and Catch-up Countries," Annals of Business Administrative Science, No.4, 3, pp.21-38. (http://www.gbrc.jp/GBRC.files/journal/abas/ABAS4-3.html)
- Rada R. (2000) "Consensus Versus Speed," in Jakob Kai (ed.), Information Technology Standards and Standardization: A Global Perspective, Idea Group Publishing.
- Rohlfs J. (1974) "A Theory of Interdependent Demand for a Communication Service," Bell Journal of economics and Management Science, 5 (1), pp.16-37.
- Sanders T.R.B. (1972) The aims and principles of standardization, ISO. (松浦四郎訳・解説『標準化の目的と原理』日本規格協会)
- Shapiro C. and H.R. Varian (1999) Information Rules: A Strategic Guide to the Network Economy, Harvard Business School Press, Boston: MA. (千本倖生、宮本喜一訳『「ネットワーク」の法則』IDCコミュニケーションズ)
- Shintaku J., K. Ogawa and T. Yoshimoto (2006) "Architecture-based Approaches to International Standardization and Evolution of Business Models," International Standardization as a Strategic Tool: Commended Papers from the

IEC Century Challenge 2006, IEC.
- Staber U.H. (1982) The Organizational Properties of Trade Associations. (Ph. D. dissertation, Cornel University) University Microfilms International.
- Swann G.M.P. (2000) The Economics of Standardization, Manchester Business School.
―――― and T. P. Watts (2002) "Visualisation Needs Vision: The Pre-Paradigmatic Character of Virtual Reality," in S. Woolgar (ed.), The Virtual Society?, Oxford University press.
- Theurl T. (ed.) (2005) Economics of Interfirm Networks, Mohr Siebeck.
- UNIDO (2006) Role of standards.
- Updegrove A. (2008) "the Consortiuminfo.org Essential Guide to Standard Setting and Standard Setting Organizations," available at http://consortiuminfo.org/essentialguide/.
- Vernon R. (1966) "International Investment and International Trade in the Product Cycle," Quarterly Journal of Economics, 80, 2, pp.190-207.
- de Vries Henk J. (1999) Standardization: A Business Approach to the Role of National Standardization Organizations, Kluwer Academic.
―――― (2006) "Standards for Business - How Companies Benefit from Participation in International Standards Setting," International Electrotechnical Commission.
- Warner A.G. (2006) "Block alliances and the Formation of Standards in the ITC Industry," in Jakob Kai (ed.), ibid., pp.50-70.
- WBCSD and WRI (2004) The Greenhouse Gas Protocol: A corporate accounting and reporting standard, Revised ed.
―――― (2005) Greenhouse Gas Protocol: The GHG Protocol for Project Accounting.
- Weis M.B.H. and Carl F.C. (1992) "Consortia in the standards development process," Journal of the American Society for Information Science, 43(8)

September, pp.559-565.
- World Bank and IETA (2006) State and Trends of the Carbon Market 2006, Washington DC, October 2006.

일 문

- 淺羽 茂(1995)『競争と協力の戦略－業界標準をめぐる企業行動』有斐閣
- アロー、K.J.(1976)『組織の限界』(村上泰亮訳、岩波書店)
- 板橋正章(2006)「特集7高速引張試験方法ISO化の動き」『Materials and Processing Division Newsletter』日本機械学会機械材料・材料加工部門
- 内田康郎、梶浦雅己(2006)「自動認識技術における標準化の戦略」研究・技術計画学会 第21回年次学術大会報告要旨
- ───(2007)「標準の類型化とオープンポリシーに基づく標準化の戦略」梶浦雅己編著『国際ビジネスと技術標準』文眞堂
- 江藤 学(2006)「自転車産業における標準化と産業競争力」研究・技術計画学会 第21回年次学術大会報告要旨、2006年10月21日
- ───(2007a)「知的財産と標準化」『知財ぷりずむ』2007年8月号、経済産業調査会
- ───(2007b)「自転車産業の競争力に規格が与えた影響」『開発技術』第13号
- ───(2008)「標準化活動におけるパテントポリシーの役割」『研究・技術・計画』Vol.22, No.3/4
- 大沼あゆみ、山本雅資(2007)「プレミアムつきのカーボンクレジットについて－WWFのゴールド・スタンダードとカーボンマーケット」『環境情報科学』第36巻3号
- ───、松波淳也、山本雅資(2007)「カーボンマーケットの差別化における標準の役割」『研究・技術計画学会 年次学術大会講演要旨集』22
- ───、松波淳也、山本雅資(2006)「排出許可証の認証手続きにおける標準の役割」『研究・技術計画学会 年次学術大会講演要旨集』21(2)
- 岡本博公、富田純一(2008)「鉄鋼産業における標準化」『平成19年 標準化経済性研究会報告書』経済産業省

- 小川紘一(2006)「製品アーキテクチャ論から見たDVDの標準化・事業戦略－日本企業の新たな勝ちパターン構築を求めて－」MMRC Discussion Paper, No.64.
- ―――― (2006)「DVDにみる日本企業の標準化事業戦略」経済産業省標準化経済性研究会編『国際競争とグローバル・スタンダード』日本規格協会
- 梶浦雅己(2005)『IT業界標準』文眞堂
- ―――― グループによる標準化の実態」『JAFTAB』第44号、2007年3月
- 加藤 恒(2006)『パテントプール概説－技術標準と知的財産問題の解決策を中心として』発明協会
- 亀岡京子(2006)「評価次元の作りこみを通じた問題解決プロセス－エーザイによる新薬の研究開発の事例」京都大学経済学会モノグラフシリーズ、No.200606107.
- 環境省(2004)『事業者からの温室効果ガス排出量検証ガイドライン』
- ―――― (2006a)『図説京都メカニズム』
- ―――― (2006b)『温室効果ガス排出量算定・報告マニュアル』ver.1.1.
- 貴志奈央子(2007)「半導体製造工程の標準化と差別化―「ロードポート」のケース」『赤門マネジメント・レビュー』6(6)
- 栗原史郎、竹内 修編者(2001)『21世紀標準学』日本規格協会
- 桑嶋健一(1999)「医薬品の研究開発プロセスにおける組織能力」『組織科学』33(2)
- 経済産業省標準化経済性研究会編(2006)『国際競争とグローバル・スタンダード』日本規格協会
- 公正取引委員会(1999)「特許・ノウハウライセンス契約に関する独占禁止法上の指針」
- ―――― (2003)「技術標準と競争政策に関する研究会報告書について」
- ―――― (2005)「標準化に伴うパテントプールの形成等に関する独占禁止法上の考え方」
- ―――― (2007)「知的財産の利用に関する独占禁止法上の指針」
- 国立環境研究所(2006)『日本国温室ガスインベントリ報告書』
- 国領二郎(1999)『オープン・アーキテクチャ戦略』ダイヤモンド社
- 駒木秀明(2004)「光触媒の国際標準化」『化学経済』51(6)

―――(2006)「光触媒産業の動向と標準化の意義」『産業と環境』35(3)

―――(2007)「光触媒をめぐる標準化の動向」『産業と環境』36(9)

● 事業戦略と標準化経済性研究会「事業戦略への上手な国際標準化活用のススメ(初版)」http://www.jisc.go.jp/international/susume.html

● 新宅純二郎、小川紘一、善本哲夫(2006)「光ディスク産業の競争と国際的協業モデル：摺り合わせ要素のカプセル化によるモジュラー化の進展」榊原清則、香山晋編『イノベーションと競争優位』NTT出版

――― 、許 経明、蘇 世庭(2006)「台湾液晶産業の発展と企業戦略」『赤門マネジメント・レビュー』5, 8. (http://www.gbrc.jp/GBRC.files/journal/AMR/AMR5-8.html)

――― 、許斐義信、柴田 高編(2000)『デファクト・スタンダードの本質』有斐閣

――― 、善本哲夫(2006)「光ディスクの標準化による国際競争と国際協調戦略」経済産業省標準化経済性研究会編『国際競争とグローバル・スタンダード』日本規格協会

――― 、立本博文(2007)「インテルに見る国際標準化の戦略的活用」『経済Trend』2007年6月号、日本経団連

● 椙山泰生、中原久美子(2008)「試験方法の標準化とデファクト標準―家庭用エアコンにおける新冷媒採用の事例―」京都大学 大学院 経済学研究科 Working Paper, J-69.

● 高梨千賀子(2007a)「PC汎用インターフェースをめぐる標準化競争～USBとIEEE1394の事例」一橋大学 大学院 博士論文

―――(2007b)「標準化プロセスにおけるOrganizing Discipline」研究・技術計画学会 第22回年次学術大会報告書要旨

● 武石 彰、青島矢一(2002)「シマノ―部品統合による市場の創造」『一橋ビジネスレビュー』2002年夏号、東洋経済新報社

● 竹内浩士(2004)「光触媒JIS制定・標準化と今後の課題」『化学経済』51(6)

● 竹田志郎(2006)「多国籍企業の競争行動と業界標準」『経済論集』86号、大東文化大学

● 立本博文(2007)「PCのバス・アーキテクチャの変遷と競争優位－なぜIntelは、プラットフォーム・リーダシップを獲得できたか」MMRC Discussion Paper, No.171.

──── (2008)「GSM携帯電話①標準化プロセスと産業競争力―欧州はどのように通信産業の競争力を伸ばしたのか」MMRC Discussion Paper, No.191.
- 中央青山サステナビリティ認証機構(2005)『排出権取引ハンドブック』中央経済社 通商産業省編(1998)『産業技術の動向と課題』通商産業調査会
- ティモシェンコ, S.P.(1974)『材料力学史』(最上武雄監訳、川口昌宏訳、鹿島出版会)
- 土井教之、新海哲哉、田中 悟、林 秀弥(2008)「パテントプールと競争政策―実態の展望と課題」関西学院大学産業研究所、ディスカッション・ペーパー
- 富田純一、立本博文(2007)「半導体産業における標準化戦略―300mmシリコンウェハ標準化の事例に学ぶ」SEMI NEWS, Vol.22, No.3. SEMI.
──── 、立本博文(2008)「半導体における国際標準化戦略―300mmウェハー対応半導体製造装置の標準化の事例」MMRC Discussion Paper, No.222.
──── 、東 正志、岡本博公(2007)「鉄鋼産業における戦略的標準化」MMRC Discussion Paper, No.177.
- 長岡貞男編著(2005)『技術標準にかかる必須特許の成立過程及びその構造的特徴についての研究』大学における知的財産権研究プロジェクト研究成果報告、一橋大学
- 名和小太郎(1990)「技術標準対知的所有権」中央公論社
- 日経エレクトロニクス(2007)「QUALCOMMの闘い標準化と特許」『日経エレクトロニクス』2007年7月16日号
- 日本経団連(2008)「産業界における国際標準化への取り組み状況に関するアンケート調査結果」
- 日本工業標準調査 HP http://www.jisc.go.jp/
- 橋本毅彦(2002)『<標準>の哲学』講談社
- 原田節雄(2004)『ユビキタス時代に勝つソニー型ビジネスモデル』日刊工業新聞社
- 藤野仁三(1998)『特許と技術標準』八朔社
──── (2003)「JPEG規格の特許問題」『CIAJ JOURNAL』Vol.43, No.3.
- 藤本隆宏(2004)『日本のもの造り哲学』日本経済新聞出版社

─────、新宅純二郎編著(2005)『中国製造業のアーキテクチャ分析』東洋経済新報社

─────、武石 彰、青島矢一編(2001)「ビジネス・アーキテクチャ:製品・組織・プロセスの戦略的設計」有斐閣

─────、大鹿 隆(2006)「製品アーキテクチャ論と国際貿易論の実証分析:2006年改訂版」MMRC Discussion Paper, No.72. (http://www.ut-mmrc.jp/dp/PDF/MMRC72_2006.pdf)

- 朴 英元、文 桂完、立本博文(2008)「製品アーキテクチャ視点からの韓国移動通信産業の成功要因と企業戦略」MMRC Discussion Paper, No.195.
- 堀川祐司(2003)「技術の二重性−CMP装置産業における計測・評価技術の意味」『組織科学』37(2)
- 三菱総合研究所(2006)「先端技術分野における技術開発と標準化の関係・問題に関する調査報告書」
- 安井あい(2007)『革新技術分野における標準化と知的財産権の連携型企業戦略に関する研究』東北大学大学院工学研究科博士学位論文
- 山倉健嗣(1993)『組織間関係』有斐閣
- 山田英夫(1992)「規格競争における『良い競争業者』」研究技術計画学会 第7回年次学術大会講演要旨集

─────(1996)「世代間規格競争とデファクト・スタンダード」研究技術計画学会 第11回年次学術大会講演要旨集

─────(1997)『デファクト・スタンダード』日本経済新聞社

─────(1998)「規格競争における後発逆転の戦略」研究技術計画学会 第13回年次学術大会講演要旨集

─────(2004)『デファクト・スタンダードの競争戦略』白桃書房

- 渡部俊也(2004)「光触媒技術の普及と標準化戦略」『経済トレンド』52(11)

[집필자 일람] (집필순)

江藤学(えとう・まなぶ): 에토 마나부 편저자, 제1장, 제6장, 제8장 담당

立本博文(たつもと・ひろふみ): 다츠모토 히로후미 제2장 담당
立命館大学(리츠메이칸대학) 이노베이션매니지먼트연구센터 객원연구원

高梨千賀子(たかなし・ちかこ): 다카나시 치카코 제2장 담당
立命館大学(리츠메이칸대학) MOT대학원 테크놀러지매니지먼트연구과 준교수

内田康郎(うちだ・やすろう): 우치다 야스로 제3장 담당
富山大学(도야마대학) 경제학부 교수

椙山泰生(すぎやま・やすお): 스기야마 야스오 제4장 담당
京都大学(교토대학) 경영관리대학원 준교수

新宅純二郎(しんたく・じゅんじろう): 신타쿠 준지로 편저자 제5장, 제8장 담당

小川紘一(おがわ・こういち): 오가와 코이치 제5장 담당
東京大学(도쿄대학) 지적자산경영총괄기부강좌 특임교수

善本哲夫(よしもと・てつお): 요시모토 테츠오 제5장 담당
立命館大学(리츠메이칸대학) 경영학부 준교수

土井教之(どい·のりゆき):도이 노리유키 제7장 담당
関西学院大学(간사이가쿠인대학) 경제학부 교수

長谷川信次(はせがわ·しんじ):하세가와 신지 제7장 담당
早稲田大学(와세다대학) 사회과학종합학술원 교수

徳田昭雄(とくだ·あきお):도쿠다 아키오 제7장 담당
立命館大学(리츠메이칸대학) 경영학부 준교수

小野高宏(おの·たかひろ):오노 다카히로 보론① 담당
経済産業省(경제산업성) 산업기술환경국 기준인증유닛 기준인증정책과 계장

梶浦雅巳(かじうら·まさみ):가지우라 마사미 보론② 담당
愛知学院大学(아이치가쿠인대학) 상학부 교수

大沼あゆみ(おおぬま·あゆみ):오오누마 아유미 보론③ 담당
慶応義塾大学(게이오기주쿠대학) 경제학부 교수

山本雅資(やまもと·まさし):야마모토 마사시 보론③ 담당
慶応義塾大学(게이오기주쿠대학) 글로벌시큐리티연구소 조교

【편저자 소개】

新宅純二郞(しんたく・じゅんじろう): 신타쿠 준지로 제5장, 제8장 담당
東京大学(도쿄대학) 대학원 경제학연구과 준교수
1958년생. 도쿄대학 경제학부 졸업, 도쿄대학 대학원 경제학연구과 경제학박사. 学習院大学(가쿠슈인대학) 경제학부 조교수, 도쿄대학 대학원 경제학연구과 조교수를 거쳐 현직

〈주요 저서〉
「日本企業の競争戦略」(有斐閣)
「競争戦略のダイナミズム」(共編、日本経済新聞出版社)
「デファクト・スタンダードの本質」(共編、有斐閣)

江藤学(えとう・まなぶ): 에토 마나부 제1장, 제6장, 제8장 담당
経済産業省(경제산업성) 산업기술환경국 인증과장, 경제산업연구소 컨설팅펠로 역임
1960년생. 1985년 大阪大学(오사카대학) 대학원 기초공학연구과 수료, 동년 통상산업성에 입성
경제협력개발기구 일본정부대표부 일등서기관, 산업기술종합연구소 공업표준부장, 경제산업성 산업기술환경국 기준인증정책과 공업표준조사실장, 경제산업성 산업기술환경국 관리시스템표준화추진실장 등을 거쳐 현직(그 사이, 東京工業大学(도쿄공업대학) 비상근강사, 오사카대학 비상근강사, 東北大学(도호쿠대학) 비상근강사를 역임)
현재 一橋大学(히토츠바시대학) 이노베이션연구센터 교수 재직

Consensus HYOUJUN SENRYAKU
By Junjiro Shintaku and Manabu Eto
Copyright ⓒ 2008 by Junjiro Shintaku and Manabu Eto
First published in Japan in 2008 by Nikkei Publishing Inc.
Korean translation rights arranged with Nikkei Publishin Inc.
through Shinwon Agency Co.
Korean translation rights ⓒ 2010 by KPCMEDIA
이 책의 한국어판 저작권은 신원에이전시를 통해 Nikkei Publishing Inc. 와 독점계약을 맺은 KPCMEDIA에 있습니다.

저작권법에 의해 한국내에서 보호를 받는 저작물이므로 무단전재와 복제를 금합니다.

비즈니스 성공을 위한
21세기 표준전략

1판 1쇄 인쇄 · 2010년 10월 15일
1판 1쇄 발행 · 2010년 10월 25일

편 저 자 · 신타쿠 준지로, 에토 마나부
역   자 · 이형오, 이면헌
발 행 인 · 박우건
발 행 처 · 한국생산성본부 정보문화원
　　　　　　서울시 종로구 사직로 57-1(적선동122-1)생산성빌딩
등록일자 · 1994년 9월 7일
전   화 · 02)738-2036(편집부)
　　　　　　02)738-4900(마케팅부)
F A X · 02)738-4902
홈페이지 · www.kpc.or.kr
E-mail · kskim@kpc.or.kr
I S B N · 978-89-8258-616-3 13320

정가 18,000원

※ 잘못된 책은 서점에서 즉시 교환하여 드립니다.